中 国 训 诂 学 报

第一辑

中国训诂学会《中国训诂学报》编辑部　编

商务印书馆

2009年·北京

图书在版编目(CIP)数据

中国训诂学报.第 1 辑/《中国训诂学报》编辑部编.
北京:商务印书馆,2009
ISBN 978－7－100－06210－7

I.中… II.中… III.训诂－中国－丛刊 IV.H13—55
中国版本图书馆 CIP 数据核字(2008)第 175103 号

ZHŌNGGUÓ XÙNGǓ XUÉBÀO

中 国 训 诂 学 报

第 一 辑

中国训诂学会《中国训诂学报》编辑部 编

商 务 印 书 馆 出 版
(北京王府井大街36号 邮政编码 100710)
商 务 印 书 馆 发 行
北 京 瑞 古 冠 中 印 刷 厂 印 刷
ISBN 978－7－100－06210－7

2009 年 7 月第 1 版　　　开本 787×1092 1/16
2009 年 7 月北京第 1 次印刷　　印张 18¼
定价:32.00 元

主管：中华人民共和国教育·部

主办：中国训诂学研究会

编辑：《中国训诂学报》编辑部

出版：商务印书馆

顾问：许嘉璐　赵振铎　郭锡良　赵克勤　许威汉
　　　向熹　祝鸿熹　白兆麟

主编：李建国

副主编：朱小健　史建桥

编辑委员会（按姓氏音序排列）：

责编：李晓静

目　　录

发刊词

20世纪70年代末,中国在结束了多年的封闭、内乱后,实施改革开放,开启国门,中国人重新走向世界,中国也开始融入世界。当时,新的科技革命的浪潮方兴未艾,世界经济一体化的趋势已露端倪,中国与西方发达国家的差距已不可计。此种情景,极大地刺激了有着辉煌历史记忆的炎黄子孙,中国人决心迎头赶上,接受挑战,抢回失去的时间,复兴中华民族,实现东方大国的光荣与梦想。正是这种民族自觉的情怀,催生了中国社会的转型,促动了中国经济、文化的飞速发展。也正是在这种政通人和的社会背景下,以1981年5月中国训诂学研究会成立为标志,古老的训诂学得以复生。

二十多年来,作为中国最具本土特色和生命力最强的学术之一,中国训诂学在各种文化的交融互动中吸纳新知,充实自强,在古今学术的传承嬗变中完善自我,开拓发展。训诂学在语文教学科研领域,在古籍整理研究方面,在辞书编纂工作中,以及为其他专业服务方面,发挥着别的学科无可替代的作用。由于种种原因,一直以来,中国训诂学研究会尚无连续性的书刊为其喉舌。2004年中国训诂学研究会第七届年会期间,与会理事在讨论学会工作时,认为新一届理事会要有新气象,应尽快筹办专门性的学术刊物。会后,秘书处与以出版语言学系列期刊、一直大力支持学术研究著称的商务印书馆进行磋商,得到商务印书馆领导的积极帮助。经过两年的筹措,现在《中国训诂学报》终于面世了。

《中国训诂学报》由中国训诂学研究会主办,是研究训诂学的专门期刊。本刊的宗旨是:接续传统,弘扬和发展中国固有学术文化;荟萃训诂研究最新成果,介绍最新理念方法;集结训诂专业人才,开展学术交流,促进学术发展。训诂学是中国的本土学术,也是中国发端最早、历史最久、实用性最强的应用学科。在人类世界进入经济一体化和政治、文化多元化的当今世界,只有富于民族特色的学术,才是构建绚丽多彩的世界文苑的异花奇葩。因此,举凡专门研究训诂学的文章,均属本刊采撷之列。在互联网信息化时代,学者当有世界性的视野和兼容并包的博大胸怀,以示学术的自由、平等、多元和繁荣。本刊将摒除狭隘的宗派之见,恢弘学术流派的争鸣,举凡实事求是、并有灼见的文章,作者不分中外,方法无论新旧,文字不拘长短，皆属本刊欢迎之列。人才是学术发展的根本，提携后进，扶植新秀，继往开来，壮大训诂专业队伍，是本刊义不容辞的责任。举凡训诂研究之新人新作，只要持之有故，言之成理，皆在本刊优先选用之列。

　　《中国训诂学报》是有志于研究训诂的学者们笔耕的领地，更是中国训诂学研究会会员自己的学术家园，希望学界同仁贤达，本会会员，共同守望家园，辛勤耕耘，精心呵护，促其茁壮成长。我们相信，在新时代里，传统训诂学一经应用先进理念、方法和手段，与现代学术对接，必将老树发新枝，结出丰硕的果实。《中国训诂学报》就将是展示训诂学新成果的窗户，是高扬中国训诂学的旗帜。

《中国训诂学报》编辑部

词义是怎么演变并被解释的

——词义的主观因素考察[*]

许嘉璐

词义是怎样被演变并被解释的？我一直在思考这个问题。那么到底为什么要讲这个题目呢？因为在教学和科研过程中，我有两个突出的感觉。第一个感觉，语言，中外语言学界提供给我们的知识和研究的方法更多的偏重于语法——语音比较简单——论著也很多，语法压倒了一切。而我自己的感觉是，语言关键在语义，缩小就是词义，要把词义搞清楚，只是平面地叙述一个词有哪些意义是不够的。这只是一个是什么，不是为什么。而研究任何问题，应该主要是研究为什么。比如关于词义演变的问题，研究的现状很不能满足人们的需求。第二个感觉，汉语，因为就像以前我在课上所说的，我在十多年前开始介入到计算机对汉语和汉字的处理这个领域，当我越来越深入的时候，就越来越感觉到语义在汉语的构成、人对汉语的理解、机器对汉语的理解、人对汉语的使用、机器对汉语的处理中是最最重要，是压倒一切的，我们要搞清楚汉语的语义，而恰好是汉语的语义学很不发达。已有的汉语语义学的一些著作，基本上是西方已有的语义学的翻版。而大家知道，要对一种语言进行研究，研究的思路要根植于对象语的特点。世界上没有统一的语言，拿一个模式去套所有的语言肯定不行。这样我的学术研究也催促我要进一步地思考。

关于词义的演变问题，主要讨论四个方面。第一，以往的研究概况；第二，语言的性质；第三，词义的主观性；第四，如何探询词义的主观性。这里要说明，我刚才谈的都是语义，现在我要说词义，因为词毕竟范围小，考察的对象明确，语就很泛了。我们还是把它缩小到词，但是道理是一样的。

---

[*] 本文在讲稿基础上整理而成。

一 以往的研究概况

在讲到以往的研究概况中,我讲五个问题:一是描述词义演变的趋势,二是描述词义演变的途径,三是描述词义演变的条件,四是描述词义内部的演变,第五,给出"某,某也"的答案——"某,某也"是中国古代训诂学给一个词进行解释的最通用的格式,最常见的格式。就像这个(拿起水杯),水杯,"此,水杯也",这就是"某,某也"。

描述词义演变的趋势,在西方的各个流派中,主要是讲词义的扩大、缩小和转移。这三种方式在我看来并不是给我们描述词义演变的过程,而是给出词义演变的结果。中国在古代研究词义语义的就是训诂学。训诂学讲本义、引申义,还有一个假借义,这次我不涉及——因为假借义实际上已经不是这个词的意义,是借的别的词的意义。对于本义、引申义,中国训诂学的研究不仅仅只着眼于一个一个词个体是如何从本义引申出引申义的,而且注意到群体。这一点自古就有,后来用得比较突出的就是清代的王与段——王念孙和段玉裁。通常我们说到他们的时候都说段王,但今天我把它倒过来,说成王段,就是因为研究一群词如何一起来演变,在这个问题上王念孙要高明于段玉裁。大约二十年前,我在他们研究的基础上,又根据自己的观察,提出"同步引申"的概念。"同步引申"说的就是群体沿着一个方向去引申的问题,这有我的文章在。有的教材也把这个概念放进去作为词义引申的一个规律。这样一个演变的趋势,无论是扩大、缩小还是转移,无论是本义、引申义,讲到本义、引申义的时候,无论是讲一个个词的个体的引申还是讲群体的引申,都是描述性的,没有给出我们所期望的为什么是扩大了,为什么缩小了,为什么转移了,为什么引申了。因此,对于语义学这种状况,《不列颠百科全书》这样评述:"在哲学和语言科目中,语义学是对语言的各种符号和它们的意义之间的关系的研究,虽然它们以不同的方法和为了不同的目的而研究语义学,两者都力图解释人们如何从语言表述中获得意义。跟前两个方面(指语音和句法)所做的相比,语言学家们在语义学方面几乎毫无建树。这个大有争议的主题把语言学家们分裂成好几个阵营。"分成哪几个阵营了呢?"解释语义学派的成员研究不依赖于使用条件的语言的结构。生成语义学派的人们与之相反,坚持认为,必须承认语言在交际和交流上的巨大力量,认为句子的意义就是句子的一种使用功能。"换句话说,解释语义学派不管结构,不管一个词或者其他什么语言单位处在什么位置上;而生成语言学派就紧紧地依靠结构,只有词或语在句子里、在一个结构里它才有它的使用功能,或者说获得了它的意义。扩大、缩小、转移这个概念实际是什么？其实扩大是指词的外延的扩大，缩小也是外延的缩小，而转移不过是内涵的变化。扩大缩小转移的理论主要出自 1880 年德国赫尔曼保罗的《语言史原理》、1921 年法国房德里耶斯的《语言论》、1938 年美国布龙菲尔德的《语言论》。从 1880 年到 1938 年也经过了 50 多年，从 1938 年到现在，又经过了 70 年，至今我们还没有清醒点。

但是有的学者已经看出了这个问题，并且感到了今后研究的方向，这就是上海的徐烈炯先生。他在他的《语义学》里指出："语文学家早就指出语义演变的扩展律和紧缩律。"请注意，他没有说语言学家，他说的是语文学家。这个语文学，在我的体会，就是指中国的训诂学。也就是说，扩展律指的是一个语义在演变的时候，它所适用的范围、所涵盖的范围扩展了，紧缩律反之。同时他又说"这些并不是科学意义上的规律"，我非常赞成。这仍然是描述，"这些并不是科学意义上的规律，不能用来说明过去词义为什么演变，也不能预测未来词义怎样演变"。同时，俄国的一位语言学家斯特洛也娃也指出，"对词义变化的事实分类与描写多，探究变化原因少；对词义变化外因说得多，对内因研究得少"。

那么看看中国，我们谈引申义是谈演变了，比喻义怎么演变的呢？从比喻开始，也就是转义——后面我要引用我们的百科全书的说法。假借义是中国训诂学里发现和屡屡论述的问题，严格的说，假借的问题是文字的问题，不是语言的问题，但是引申义、比喻义和假借义，是训诂学常谈的三个主要的东西，我还是把它们列出来，来介绍中外的现状。

关于本义，《中国大百科全书》"指一个汉字由最初书写的字形上所反映出来的意义"。怎么谈语的问题、词的问题又出来字呢？这就是中国语言的特点，研究中国语言不涉及到字是不可能的事情。汉字的特点有表意的功能，它同拼音文字是线性的纯符号不一样。就这个问题，语言学家屡屡提出来——中国古代语言学不科学，字词都不分。是的，字词不分，鼎鼎大名的段玉裁在他的《说文解字注》里就是字词不分，字与文不分。从抽象理论上字与词无法分，到实践上无法分。再一个，无须分，分了没法研究了。"本义是对引申义、转义和假借义来说的，也可以称为基本意义。""汉字数量很大，除一小部分象形字和表意字以外，大多数只能从古代文献中去探求其最早使用的意义，很难知道最初的意义。"这就是为什么许慎在解释字的时候，近代以来人们考究甲骨文金文意义的时候都是从字形入手。

什么叫引申义呢？百科全书说"由一个词的本义引申出来的相关的意义"。"引申义通常是对本义来说的，引申义必然跟本义在意念上有一定的联系，否则不能称之为引申义。"比喻义是"就汉字(词)的原有的某义因比喻而产生的意义。比喻义也是一种引申义。""语词的词义出于比喻的,在双音词里比较多。"举两个例子,一个是"灰心",一个是"眉目"。灰心,是比喻,是心死如灰,并不是灰色的心。眉目,本来指人面庞上的两个器官,说事情有眉目了,这是一种比喻。

转义是"指汉语语词由固有的意义转换借代出来的另外的意义"。"转义与原来的词义内容多少总是有联系的;假借义则全无联系,两者不同,不能相混。"换句话说,转义有两种:一种是跟原来有联系的;一种是无联系的,无联系的意义就是假借,有联系的意义就是引申义。比如牙齿的"齿",不齿于人类这个齿,就有关联。因为说话要通过口,需要齿的开合,不齿于人类就是人类不愿意提它。齿冷,某人做事实在是太可笑了,让人们齿冷就是笑话,哈哈一笑,牙露了。唇亡齿寒,唇开了齿也寒啊。

上面主要谈了以往关于词义演变的研究状况。但还有缺憾。一是研究个别词的词义演变多,对词义整体演变研究的少。这就是当年为什么我要做同步引申这样一个研究。但是同步引申并不是整体研究的全部,只是其中的一角。二是对怎样演变说得多,对为什么这样演变说得少。语言是介于主观世界和客观世界的现象。过去把语言都当成是客体研究,外在于人的主观意识,事实上,语言就是介于主观与客观之间,同时受着客观主观的制约。既然它是主观与客观之间的东西,因此既有外在、外因,也有它的内在、内因,所以不能只究其外而忽视其内。内在、内因就是人的思维、心理,心理包括他的感情,它是客观现象的反映,是对客观的摄取、判断、加工和输出。语言的整个系统,是客观的反映,客观的关系——客观事物之间的关系,一个事物与另一个事物它们之间的关系,要用句子表达,也是客观事物的反映,也是我摄取、判断、加工和输出,但是无论是词还是它的意义,句和它的意义,都受着主观客观的制约。这好像还没有人说,但是我告诉你们,这非常重要。这跟我下面要讲的词义是如何被解释的,应该怎样解释,关系至为密切。词和它的意义的演变有必然因素,也有偶然因素,一律用必然来解释,就必然扞格不通,解释不通。

分析词义内部的演变呢?在中国的训诂学里没有,即使有,也是比较含混的。20世纪70年代以来,西方出现了语义场、义位、义素这些研究方法,一时间,中国大量地引进,论著多如牛毛,现在还在我们的大学课堂、教科书里占有一定的比例,但是在学术界研究语义场、义位、义素这样的风气已经过了。什么原因?我不知道。在我看来,就是因为它没用。因为,进行语义场、义位、义素的研究,是语言学家已经彻底地了解了研究对象之后,设计出方法把它解剖分析,从哲学上说延续的是西方哲学的还原论,要把一个事物研究到基因,都研究透了,可以归复到语言的整体,研究的结果发现回不来了。第二,没有实用价值,对于人们认识语言没有多少帮助。过去的现状,说到中国的语文学,语文学中的训诂学,通常就是给你这当什么讲,这是什么意思。

总而言之,过去以描述为主,给出的是结果、现状,没有探索原因,而中国和外国的语言学家已经开始意识到不行了,或者极言之毫无建树,或者指出了只给了是什么,没给为什么,特别是演变的为什么。有的语言学家提出要注意人们的思维,我强调就是语言介于主观客观之间,不能只看外在和外因,要看内在和内因,内因就是人的主观方面,同时语言受着主客观的约束、制约。

二　语言的性质

1.本质功能。我认为语言的本质功能不是思维与交流的工具,它的本质功能就是交流,如果要提到思维,也要把思维放到后面去,因为思维是交流派生的。语言的发生,索绪尔说的,是偶然的。语言首先产生是交流促成的,并不是思维的结果,因此它的命名是偶然的。那么为什么一定要把一个东西命名呢? 为的是交流,而不是为了思维。今天我们把一个新发明的元素起了名字,新出现的一个机器起个名字,是为了交流,也为了思考。原始人产生语言不是为思考,它的本质就是交流,交流什么内容呢? 不外乎客观与主观的事物。交流的目的是协调关系和行动。本质功能并不等于它全部的功能,还有些非本质的。它的本质是协调人际关系,因为要交流客观和主观事物,所以首先需要给客观和主观事物命名,在语言发生学中,没有人明确地说先出现的是什么样的词,我个人认为,这就是思辨,谁也找不到证明,靠思辨,我也是。首先出现的是传统上所说的名词,就是给事物命名。命名最初是给"物"命名,然后给"动"命名,就是给行动、动作、发生过程来命名。至于连词、介词,那是比较晚的事情。因为要利用语言交流,协调关系和行动,所以语言需要约定俗成。

2.中介的性质。第一方面,它是事物与概念之间的中介。事物是一种客观存在。概念是对事物本质特征的概括。但是命名又是另外一回事。要把一个概念跟事物联系起来,需要词汇,需要语言。复杂的事物一个词就不行了,这常常要用短语,要句子甚至一个句群。不管怎么样,语言是事物与概念之间的中介。第二方面,是交流各方之间的中介。这无须说,它有交流功能嘛,我要表达一个东西,你能理解；你介绍一个东西，我听了以后要明白。第三方面，语言是主观所创造的。这主观指的是人的意识。没有受过哲学训练的人往往是把人当成主观世界。其实在哲学上的主观世界就指人的思想、意识，包括人体自身也是客观。因为命名这个东西为"手"或者"hand"，是对客观事物命名，只有人的意识才是主观的。但是，当人对事物命名进而扩展成为一个语言系统的时候，它虽然是主观创造的，反映着主观，可它又成了人的客观。今天我们把语言作为一个对象来研究，是作为一个客观的对象。同时，创造语言、理解语言都受到了客观的限制，也受到主观的限制。

3.信号的性质。语言既然是一种中介，是为了协调人们行动的一种交流的工具，那么同时它具有一种信号的性质。信号在传输过程中是要耗损的，是递减的。用别的物质手段来传输，信号要耗减。比如手机，就是物质的，有的时候信号不好，就是信号耗损。语言一样，也是必然要耗损。这耗损有语音的耗损。语音的传递距离是有限制的，越远越模糊。语速不当，信号也耗损，说话人的习惯也会让信号耗损。比如有人说话，爱吞尾音。有语法耗损如口语与书面语有差别。实际上在人和人交流的时候是不顾及语法的通不通的，各国都如此。以对方能理解为最高要求，只要懂得就行了，不是以文辞之美为衡量的标准。另外还有语义的耗损和语境的丢失等。

三　词义的主观性

首先，词义是人脑的产物；其次，词义是人要表达的内容；再次，词义是思想感情能表达和不能表达的内容的综合物。

（一）词义是人脑的产物。不是上帝赐予的，也不是事物自备的。是语言的偶然性。人脑怎么产生语义或者是词义，语义产生以后的特点是什么，这是要深入思考的。人脑产生词义的过程，首先是对事物进行区分，区分的第一步是主客观的区分。人类不是一开始自称为人类的时候就把自己和大自然区分开了，也不是把自己和所有的动物区分开了。虽然今天我们找不到这样原始的生活的情景或者是范例，但是人类学家根据人类不同发展阶段特别是原始阶段的社会观察记录和分析可以看出来，今天在原始部落中或者传说中，仍然有人与客观不能区分的遗迹，人第一步是把自己和客观区分开来，第二步是对客观进行分类。"人"是个词，它反映的是个概念，这个概念是对于事物本质特征的摄取。深入的思考开始了。这种深入是朝着两个方向的，一个是横向的，与人并列的是哪些；一个是纵向的，人的各种特征，与人有关的事物。这是词义在人脑中产生的过程。概念并不等于事物，也不等于事物之义。因为对事物的认识和反映以及产生一种欲望、一种心理的趋向，要给这个事物命名，是因人而异的。当人类扩展到不同地区里生活，就又因地而异了。其实因地而异的核心、本质还是因人而异。我们都知道黄鳝——鳝鱼。你看，黄鳝是鱼吗？但是叫鳝鱼。到我家乡，既不叫黄鳝，也不叫鳝鱼，叫"长鱼"。"长鱼"是跟"圆鱼"相对的。那个是圆的，这个是长的。鱼当然都是长的，但是黄鳝，它细细的，它的直径跟它的长度对比，尤其显得长，因此别的不能叫长鱼，包括带鱼都不能叫长鱼，唯独黄鳝叫长鱼。泥鳅也不叫长鱼，因为泥鳅短。这是因地而异。其实因地而异，在本质上还是因人而异。不知道哪位第一次叫它"长鱼"，叫长鱼了就叫开了。无论叫黄鳝，还是叫鳝鱼，还是叫长鱼，只是个命名。

那么这里有个问题，今天的语言学研究，常常是从个体往回倒着来。我认为，要研究人的语言发生的过程，在研究词义的时候，扩展到语义的时候，应该从类开始。特别在计算机处理语言的时候，一个一个词，根据词典字典所规定的义项输到计算机里去，到现在为止，仍然处理不了成片的语言——短的语言串还可以，句群处理不了；同时，这种语义的生成，计算机的生成，生成不了。很重要一个原因，就是从大到小切分，切到的个数。其实，任何一个民族的语言的词，它都是一个系统。这种系统，不能从语言里自身去找，应该从事物的逻辑分布去想。以大统小，就是抓住了纲，能带出目来。

《尔雅》："弘、廓、宏、溥、介、纯、夏、幠、庞、填、嘏、丕、弈、洪……大也。"学过古汉语都知道，这些词，在《尔雅》的编者看来，都是"大"也。然后，"迄、臻、极、到、赴、来、吊、艐、格、戾、怀、催、詹，至也。"为什么《尔雅》会是这样一个解释方法？后来的训诂学研究证明，并不是这一个"大也"所解释的所有的词，"至也"所解释的所有词，都直接表达的是"大也"和"至也"这个意思，因此，凡是用"大"的地方，有时候不能换，用"至"的地方，你也不能换，可见，"至"、"大"等等，《尔雅·释诂》的所有的词、词串、词群，都反映了一点：区分、归类，同时反映了先民是先掌握"大也"这个概念，"至也"这个概念，以及"美"等等，这些概念，然后再细加区分的。这里面既有区分也有联想，编者是把沾"大"字边的都归拢到一起用一个"大"解释，这是沿着义的方向进行联想、汇集的。

人的联想路径有音与义二条。刚才说的是义，现在说音。"勹"的字型，外面今天看来好像包在外边，它本身也是"包"，所以至今台湾沿用的注音符号、注音字母ㄅ（b）、ㄆ（p）、ㄇ（m）、ㄈ（f）的ㄅ（b）就用它，是"包"字的一半儿，用ㄅ，就是接近"包"这个音，实际它是一个圆周，就像今天包东西，纸包东西、布包东西啊，包成是个圆的一样，里边是两横，为了美化，才一点儿一提，这表示是在一个圆体当中的均衡。"圆"本身是中国文化中一个极其重要的概念，中国人崇尚圆，因为圆没有起点没有终点，每一点和中心的距离是一样的，因此它体现的是圆融，这不多说了。这个"匀"后来加个"土"字就念"jun"，均是做陶器的时候那个圆盘，大家在电视上或者是在工厂里能看到，这个圆盘现在用电，过去脚一踩它转起来，泥往上一放，这一转，各方受力就一样，只要手往那儿放，转起来以后就是圆的，就是陶器，以后就引申为"平均"。

"旬"里面如果不是两横，而是"日"，也是日转了一圈，所以我们今天称为"旬"，一旬十天，在中国人的脑子里，它是转了一圈。那么与"旬"无关的，"笋"，竹笋出土的时候什么样子呢，圆圆的。这个旬加个竹。"巛"（旬）加个彳、加个辶（辵），表示走路，表示转圈，这是巡行，巡行可以三角巡行，可以直线的巡行。这个"徇"的区别就在于，它一定是所有点走到。因而，无论是《左传》，还是《国语》《尚书》，谈到徇营，就是每个营垒走到，等于是转一个圈，因此用这个字。

均和巡、均和笋、均和徇，差别很大，它是凭着音的联想。当语言定型之后，发 hun 这个音的时候——（今天变成 xun），——古人就有一种臆想出现，圆圆的，于是凡是沾圆的东西，很多都用相关的音去称呼它。

人的联想路径有"音""义"两条：沿着"义"这一条，就是训诂学当中的"义训"；沿着"音"这一条联想、造词、命名、交流，就是"音训"。训诂学的任务就是把"音训"、"义训"结合起来，再加上汉字的构形，来解剖古代的词语和成段的文字。

（二）词义是人要表达的内容。这个话似乎也是人人尽知的。但是细想，这里还有很多的学问。首先，词义是客观存在，你不说话，或没有说话的能力，词义也照样存在，只要有语言就有词义。但是词义只有在人们进行交流的时候它才真实的存在。换句话说，词义的存在是一种自在的状态。当说话的时候，运用词义的时候，你的话所表达的词义，言语里所表达的词义，才是自觉的存在。这样平时词义的客观存在我们称为储存的状态。接下来再深入思考，储存状态的词义是不同于交流时候的词义的。一个词，一个语，它的意义常常是多方面的，就在人类的社会中存在，在人的大脑中存在。当用的时候，在一个语言环境下，语言学上叫做表达的单一性、语用的单一性，你只用了其中的一个意思。这个时候的义，才真实地在客观上实现了，二者是不同的。当然我也可以有意地运用一个词语的意义的模糊，让对方猜不到、想不到我说的什么意思，故意让它产生歧义，那这是属于修辞问题、表达问题。储存状态的词义不同于交流时的词义，从这个角度说，词义是人要表达的内容。换句话说，人在交流的时候，词义和词义才是真实的。这是对前面的话的再一次的论证。

但是储存状态的语义和交流时候的语义是有重合的，并不是截然不同的，否则就不能交流了。这些意义平时储存在哪儿？就储存在你我的大脑中。幼儿跟着爸爸妈妈、身边的人学语言，到幼儿园和小朋友一起说话学语言，年纪越大，他掌握词的语义，每个词的语义越来越丰富，都存在人脑里，又是约定俗成的。为了方便人们使用，于是就编词典。词典，一个词下列几个义项，都是储存的，但是词典所列的义绝不是那个词的全部的义。

(三)词义是思想感情能表达与不能表达的内容的综合物。第一个问题，思想感情都能表达吗？在人类研究人的思想、研究人的语言的学科里，实际上存在着两种观点：一种是说语言是思想的真实；另一种观点是认为思想感情不能靠语言完全地表达出来。第二个问题，词义不管那些不能表达的思想感情吗？语言是一种工具，是介乎主客观之间的东西，语言是协调与交流的一种媒介，当然，按说人的思想感情应该由词义负责表达。它又要负责表达，又有它表达不了的，这是悖论。但是，它是客观存在的。

接下来自然产生第三个问题：词义是怎样表达那些不能表达的思想感情的？

古人说，诗——没有哪一个人解释古诗能解释得十全十美，完全体现作者的意思，"要在感悟"，关键在于我们读诗要有所感悟。你有所感悟了，你感悟的那个东西，你也表达不出来，不能完全表达出来，但是还要表达。

语言学过去过分地死板，认为世上的一切，语言都能表达，这是误解，而"不可言说"、"书不尽言，言不尽意"在中国的哲人那里早就有传统。这样，语言文字要表达那些能表达的东西，同时把不能表达的东西也留下空间让后人读的时候去体会，去感悟。

语言、词义的功能就在这里，传达的是传达者的主要的东西，好学深思者就是抓到主要的东西，尽可能去填充，词义所没有表达的内容，但是永远填充不完。词义的发展、演变，也是靠着人的联想、想象、类推。传输，就是从客观上摄取、判断，赋予词一个意义，然后输出，接受者又利用自己的联想、想象、类推来接受。怎么样联想、想象和类推呢？人往往是依照着词义的某一个特征，或者是依照着某词词义与另外一个词的词义在某点上的相似与相通，来进行联想、想象和类推的。

依据是如此，出发点是如此，线路呢？是沿着时间、空间、事物的性质、功能等几条线索，由甲物向乙物延伸。顺便举个例子，"吃"，词义是怎么演变的呢？吃，往嘴里送东西咀嚼,咽下去。"吃亏"呢?虚化。就是沿着吃是自己进了口吞掉,咀嚼之后吞下去,沿着这个特点,向着他物延伸。人与人之间的吃亏占便宜这种非食物的东西,也是到了嘴里。不单到嘴里,还得咀嚼,咀嚼之后还不能吐出去,不得不咽下去,这才叫"吃亏"。吃闭门羹,羹,古代食物。古代闭门的时候是有祭祀的,其中祭物里有羹。现在用比喻义。这种词义的演变全是按照刚才的规律:靠人们的联想、想象类推,是依照某一物的特征或者和某一物在某个点上的相似、相通沿着时间空间性质功能几条线向他物延伸。

附带说说,词和词的关系是多种多样的,主要的决定性的,不是结构关系,而是"义"的关系。在这点上,汉语尤其明显。结构关系是义和义之间的关联所决定的,同时也是为它服务的。正因为这样,所以汉语的句法非常灵活。"饭吃了没有呀,你?"你看这不是整个颠倒了?"饭吃了没有,你?"应该是"你吃了饭没有?"所以我们教外国学生常常出来讲话都是非常规矩的,有的时候就像在背社论。我们平常怎么说的呀?一上讲堂,就要教人家这个书面的了!结果是在大学校园里学得挺好,一进北京的胡同,老百姓一说话全不明白。

再举个例子:"花"。花,谁不明白呀?flower。花了,两个意思,当然意思很多。一个意思:钱买了东西了。这个花是假借,它是化,化了,化学的"化"。后来说俗了就是读"花"这个音,"花"这个音就加草字头了。如果追到几十年前的文章还写"化了"。"怎么化了呢?"中国人就问。老百姓创造也很高明。我二十块钱变成这玩意儿了!钱换了物了,化为物了。另外一个"花了",女孩子买那个红色的短裙、套服或者买了挺好的一个牛仔裤。穿完了一洗,坏了,假的,掉色!"呜……,你看我这衣服花了!"是不是?一条儿一条儿的。为什么是花了呢?跟我们那花脸是一样的,这儿一条那儿一条。"花心","千万别跟他交朋友啊,这个人花心"。"玉米花",玉米花和韭菜花有什么不同?韭菜开的花为花,玉米花是经过爆之后,每个玉米开了花了,所以结构相同,意义不一样。"天花",更有意思了。别的花都好,唯独这天花需要拿粉给它填上。但是为什么呢?忌讳。文雅词。尽管是给人留下了疤痕,不好看了,说是天然的、上天赐予的脸上开花了。这个"花"的意义的演变在词典里绝不会有。很多情况下没有的。所以索绪尔曾经说过,"作为类比结果的创造,首先只能是言语的;它是孤立的说话者的偶然产物"。作为类比结果的创造首先只能是言语的。类比的前提是分类,类比结果的创造在于语词上的语言的创造,首先只能是言语的,那就是说老百姓,所有的用语言的人在生活里创造的。它是孤立的说话者的偶然产物,就是某人在某时某地某种情语境下说了那么一次,但是如果说得好,马上被社会、周边的人接受然后扩散开来。按照语言传播的规律,大家认可了,也就是约定俗成了,于是才进入到语言。像北京经常出现这样的词、新词语"膀爷",赤膊的爷们儿。"的哥""的嫂""的姐"等,这又从"打的"这儿又延伸了。这些词恐怕就是我们的出租汽车的司机彼此这么一称呼,再加上现在传媒一下传播开来,而且"类比在演化的理论中占有举足轻重的地位"。这就是我刚才说的分类。分类之后联想、想象、类推。河北师范大学的校长苏宝荣教授写的《词义研究与辞书释义》说:"引发词义演变的因素,往往不是理念的逻辑发展,而是特征的形象联想。因此,汉语在词义变化上,比喻性引申和特征性转移特别活跃和突出。""引发词义演变的因素往往不是理念的逻辑发展而是特征的形象联想。"这就开始追寻到了词义为什么演变的主观因素了。"因此汉语在词义变化上,比喻性引申和特征性的转移特别活跃和突出。"联想因人而异,具有偶然性。因此需要语言的扩散——被社会认同。人们常常在类比之后进行联想,联想的空间是什么呢? 是词义的有限和运用的无限给人们联想造成的空间。词义的有限就是有的不能表达,但是需要表达的东西又是无限的。

　　当然在谈词义演变的时候,靠着联想、想象和类推,这里面有必然有偶然,因人而异,是由言语中个体偶然的创造被社会所接受,但是语言的结构对于语义的演变是有影响的,这就是双音的趋势。义的转移以及字形的连带的多重的因素,这里面有的可以预测的就是属于必然的,有的是不可以预测的就是偶然的,"垃圾"这个词,从古至今,各个方言没有,都称为 le se,la sa,方言不同,为什么成"垃圾"了呢,因为这个词当时在广大民间是不存在的,是在文人的笔下和口中的,老百姓不知道它念什么,口语只有 le se,《红楼梦》中,贾母还说过让贾宝玉离开那宫灯,说上面有 le se,容易掉下来眯了眼,就是尘土积攒多了之后又有衣服的毛什么的连成了串。解放后扫盲,专家定了要认这两个字,土字边一个立,土字边一个及,扫盲老师还教 le se,但是扫盲了,还没接受这个教育的这么一看这不是 la ji 嘛,于是 la ji,la ji 叫起来,等到规范这个音的时候要从众,约定俗成嘛,于是就叫垃圾了。

　　字形连带,"息",本意是鼻息,呼吸的气,所以休息。休而息,由休息后来演变成熄灭,因为是出的气。在南北朝的时候,"息"就带有儿子的意思了,大概古人呢觉得儿子就像自己呼吸的气一样,至关重要,派生的,是由自己衍生出来的,那么儿子娶了媳妇呢,嫁了人的女人都叫妇,进到家来自己儿子的妇就叫息妇。因为这个妇字有女子边,它表达的是与女人有关,于是又加上了个女字边。整个演变过来的,由息演变成特指的儿子的妇,演变的机制就是想象、类推等等,和索绪尔所说。

不但实词如此,虚词也是如此,在现代汉语中,我们的介词和连词几乎都是动词变来的,比如以、于和与,"以"本来是用的意思,"于"是在的意思,也有往的意思,"与"是给的意思,那么原来是实词,当句子的结构使"以"和后面的词处于次要地位的时候,后人命名为介词。"与"因为是给,给就有一个给者和被给者,二者发生关系,从给东西到不给东西两人发生关系也称与,甲与乙,都这样虚化。怎样虚化的呢?就是根据它词义的特征的某一点,和别的事物有相近,说两个人之间的关系有相近,于是联想、想象、类推。"和"也是如此,"和"本来指声音之和,然后扩到人与人的关系之和,一说到人际关系的和,就不是一个人,就有甲方、乙方,即使一堆人对一个人,这一堆人也是一方,我是一方,产生联系,这种联系就用"和"来代表,同时"和"又受到"与"的这种辐射、连带、同步,就产生了连词的用法。

四 探询词义的主观性

主要讨论三个问题:人类是怎么认识事物的;人类是怎么解释语义的;释义的类别。

人类是怎么认识事物的,既然是人类认识事物,自然是主观的。事物是客观存在的,人去认识它,然后造出一个词,赋予这个词一个意义,这个意义又不等于那个事物,是纯主观的。前人造词,运用词,写成文字留下来,同时代的人要给别人写的书、文章作解释,这就是汉语作为第二语言进行教学所必备的,解释语义。留下来,千百年后,后人解释,像我们今天看古书,这就是训诂,也是一种解释。这种解释并不都是一样的。我们要学古人,要分类。人类怎么认识事物的?首先是区分,这是认识事物的开始。区分当中,很重要的一点,主体和客体的区分,就是 me and them,我和它们,这个区分,至今未完全解决。这在原始、比较原始的社会形态下没有解决,至今在文明的国家里也没有完全解决。比如,宗教的存在。我们尊重宗教,但是作为无神论者,也要清醒地看到,宗教它在主客体的问题上,在很多问题上它是混淆的。同时还要区分客体,这就是对客观事物的分类问题,区分的问题了。至今也没有解决。没有区分,没有认识,就无从谈词义。我到此为止都是讲词义是怎么获得的,怎么演变的,这些都是水。那怎么解释词义了?就是把握着词义的产生与演变的规律,翻过来,就渠成了。所以前边用的时间多,后边用的时间少。人们是怎么解释词义的?人们误以为自己解释的就是他人和前人的原意,社会也作如是观,也是这样看的,实则任何人的解释都带有自己的想象、联想和推理在内,受到他接受的信号,解释这个信号那个语境的影响。人们的区别只在于有的是自觉的,也就是有意识的,有的是不自觉的,是无意识的。

　　人们是怎样解释词义的,每个人有他自己的语境,没有,语言是不能尽意的。每个人有自己的语境、心情,有自己思维的定势。释义是有不同的。我把它分成是训诂的释义与经学的释义。我的太老师,黄侃先生说:有小学的训诂,有经学的训诂。他指的是《说文》、《尔雅》这样的训诂,叫小学的训诂。经学的训诂就指的《尚书》、《五经》吧,《五经》《四书》,古人的注释。他说:小学的训诂贵圆,经学的训诂贵专。什么叫圆,就是词典上的释义是无所不适用。经书的训诂,某,某也。就是这个句子当这个讲,离开这个句子,某就不是某也了,是某二了,某三了。但是贵圆,拿来硬搬也不行,还得变通。我说的不是这个含义,是训诂学家的训诂与经学家的训诂释义是不一样的。另外一个方面,历史的释义和即时的释义不一样。历史的释义就是训诂,即时的释义就是当代。在这里,我们要强调的是语境对于词义的作用。可以说是决定性作用。语境绝不是现在现代汉语语言学理论书本上说的那种语境,语境是无限的,语境是不能完全复原的。因而,人与人之间、即时之间、古今之间的解释,不可能做到完全的揭示或者说十全十美。另外,今后语义研究的突破口,就在于研究人的主观方面,包括主观与客观的关系方面。现在研究认知语言学、认知心理学,有一个偏向——我个人认为是偏向——就是跟着西方人走,做大量的试验,结果现在西方的认知心理学是越搞越细,派别林立,最后大家回不来了。最后这个词怎么认识、怎么理解、怎么解释,说不上来。恐怕我们研究人的主观方面,是不是一定要只走西方心理学的道路?我个人认为应该更注意前人的经验、前人的语感,因为前人的书是不虚作的、不空作的、不轻作的,是一代代的积累。这种大脑外部的观察与经验的积累,有时候比打开脑壳还科学。这就是我们的老师俞敏先生在一篇文章里调侃的话。他说不要看我们中国的小学家没有西方那一套思辨的理论,他说有时候拿着原始弓箭来射,比拿现在的枪射得还准。这是老先生晚年说过的话,这里面包括前人的经验,包括训诂,训诂里不要只重视经典的文,包括对诗的解释,后代诗歌的解释和经学的成果,现在训诂学界的一个大问题,大问题之一,就是把训诂与经学割断了。

　　相对真理和绝对真理的原理适应于词义的研究。就是刚才我所说的,我们任何时代对于前人的解释,都是有局限的,主客观的局限,不可能做到极致。因而,对现有的西方理论,认为某一理论一出就可以得到彻底的回答,我是质疑的。包括对乔姆斯基的转换生成语法,我从根上是质疑的。那么涉及到我们计算机对语言的处理,不要寄希望于计算机可以像人那样处理语言。今天达不到,明天达不到,永远达不到。一千年后也达不到。一千年后人的脑子、人的语言、人的思维又发展了,你机器总是有限的。

语义是最具民族特点的事物之一,研究的时候,不能不把民族特点这一点放在首位。因为,不同的民族在看到同一个事物、接触同一个事物的时候,产生的分类、联想、想象和推理是很不同的,而词义就站在脊柱上。今人胜昔处,不在术语和形式化,而在于依照语言的规律,尽量不带主观色彩。我说的是训诂,既要了解经学,吸取营养,又要摆脱经学的束缚,要从语言的规律上去探寻结论。

从湘方言的"盖"和"罨"谈到对古代语言学文献的正确释读

北京大学中文系　郭锡良

一

湘方言中双峰话和衡山话把"盖"这类动作既说成"盖",又说成"罨"。双峰音是:盖[kue35],罨[kæ31],衡山音是:盖[kæ35],罨[kẽi 44]①。这是两个近义词。人们可以说"把杯子盖上","把箱子盖上","把锅盖盖上";也可以说"把杯子罨上","把箱子罨上","把锅盖罨上"。但是只能说"拿块布/张纸把它盖上",却不能说"拿块布/张纸把它罨上";只能说"拿张草席把晒在禾场上的稻谷盖上",却不能说"拿张草席把晒在禾场上的稻谷罨上"。我们认为,"盖"和"罨"是语义、用法有部分交叉而语音上并无联系的两个词,而且是古已有之的;它们在现代方言中的词义和用法之间的差别与它们的本义不同有关。

先说"盖",《说文》:"盖,苫也。""盖""苫"两字都既用作名词,又用作动词。"苫"用作名词,《广韵·盐韵》失廉切,本指盖屋用的白茅苫,引申泛指用白茅等编成的覆盖物;用作动词,《广韵·艳韵》舒赡切,本指编茅盖屋,引申泛指用席、布等物来遮盖东西。"盖",用作名词或动词,完全同音,《广韵·泰韵》古太切。名词本指盖屋用的茅草编织物,引申泛指器物上部有遮蔽作用的东西,也特指车盖;动词表示覆盖、搭盖,引申泛指一切有遮蔽、掩盖作用的动作行为。

---

① 双峰音据《汉语方言词汇》(第二版);衡山音据本人 20 世纪 80 年代带研究生赴衡山实地调查本人祖籍衡山县后山望峰话资料。彭泽润《衡山方言研究》记衡山县前山城关话载:"口(盖)kẽi 134用盖子罩住,盖:～盖子,～锅子盖(读成'亘')。"又:"口(按)ken 441摁,按。"(221 页)锡良按《衡山县志·方言》此音作 kẽi 344捱(627 页)彭著记音有误当作 kẽi 44。

　　再说"醢",《说文》:"醢,小杯也。"段注:"《方言》曰:'盅、械、盏、盌、閜、㼡、㯯，桮也。自关而东赵魏之间曰械……按'械'盖即许之'醢',音同字异。许则械训匧,各有本义也。"按段玉裁的分析,"醢"和"械"两个字都表示"杯"这个词,"械"还表示"匧"(箱子)。另据《广韵·感韵》:古禫切。"醢,《方言》云:'箱类',又云:'覆头也'。"这就是说,"醢"也能表示箱子。《正字通》载:"醢,古送切,音贡……旧注音感,训器盖。"其实,可以说:"醢"是表示一种带盖的器皿。这是"醢"的名词用法。同"盖"一样,"醢"也有动词用法。《汉语大字典》引宋人葛长庚《水调歌头·自述》:"草涨一湖绿,天醢四山青。"这里的"醢"就是覆盖、笼罩的意思。名、动对应表现得最明确的是"械"和"缄"。"械"作名词,指带盖的器皿,"缄"多作动词,表示封闭、遮蔽,《广韵·咸韵》:"缄,缄封。古闲切。"

　　正因为"盖"本是指盖屋用的茅草编织物,而"醢"是指带盖的器皿,于是造成了后来两个"盖"义动词之间的词义特点:"盖"是表示从上面用东西把对象遮盖起来,使它免受外物的侵袭或侵蚀;"醢"是表示从上面用东西把对象关闭起来,以免它流失或腐败。我们还注意到,双峰、衡山话中不但有"盖"和"醢"这两个近义动词,还有一个"捵",它同"醢"在语音上是阳去(衡阳话是浊去)和上声的区别,意义上自然也有明显区别。比如:描写武松打虎,可以说,"他两只手[捵]住哒老虎咯脑壳"。概括地说,"[捵]"是表示用手从上面把东西压住,类似北京话的"摁"。这是湘方言利用音变造词的例证之一。

　　"盖"、"醢"共存,不只双峰、衡山话如此,湘方言其他不少地方也一样,比如沅江、衡阳、临湘[①]。据《汉语方言词汇》(第二版),不但湘方言,其他不少南方方言,如南昌、温州、广州等地方言也是"盖"、"醢"共存。这进一步说明"醢"不是个别地方新产生的方言词,而是古已有之,在南方许多地方使用,这很像在北方话中"盖"和"苫"共存,双峰和衡山话中不用"苫",吴、粤、客赣方言似乎也很少用;由于"苫"在书面语中并不罕见,人们就把它认作通语。"醢"尽管在书面语中很少出现,但是这不应该影响它古已有之并在南方话中广泛使用的事实。

二

　　如上所述:"盖"南北通用,"醢""苫"南北分用,三个词都是历史悠久的词语,不是后起的方言词。这是三个字,也是三个词,应该是不存在疑义的。可是潘悟云在

---

　　①　分别咨询了陈其光(沅江话)、莫衡(衡阳话)、杜纯梓(临湘话)三位先生。

《汉语历史音韵学》中却说:

> "'盖'在南方许多方言中还有见母覃韵上声读音,折合成上古音就是[＊kom]。后人不知它就是'盖'这个词的另一种读音,就造了一个方言字'豔'去代表它。"(129页)

我在《历史音韵学研究中的几个问题》中批评潘书乱谈谐声原则反映上古汉语形态时,附带指出"这本书知识性错误实在太多",举了两个例子:一个是"雇"字,批评作者连《广韵》都没有读懂;一个就是这里提到的"'盖'这个词有两个读音",也是犯了知识性错误。为了让大家看清双方的辩论态度,我不得不把原来交锋的话引得全一些。我引出上面他的这段话后,就分析说:

> "《广韵》覃韵上声是感韵,感韵'古禫切'小组首列'感'字,收有这个字。注云:'《方言》云:箱类。又云:覆头也。又音贡。'我对方言所知甚少,不知南方哪些方言说'盖'这个词(还是这个字,不知作者到底指什么。是一个词还是两个词,都值得讨论)有这个音。作者也没有交代,我只能推测了。可以肯定,《广韵》的注释中的'方言'是指扬雄的名著《方言》,而不是指现代的方言。今本《方言》卷五作械。它绝不是后人造的方言字,《说文》就收了这个字,注云:'小杯也。'段玉裁《说文解字注》引《方言》后说:'按,械盖即许之豔,音同字异。'"(458页)

在这里,我是分两层意思来批评潘书的。第一层是批评"盖""还有见母覃韵上声读音"这个论断的。首先,应该分清字和词,"词"是音义的结合物,有点语言学的基本知识,都不应犯这样的错误。其次,不管是指"盖"这个字还是词,一个入声韵的字或词都不可能有个阳声韵的又读。第二层是批评"豔"是后人造的方言字这个论断的。我从《广韵》谈到《方言》、《说文》都是论证"豔"是早已存在的古字,把它说成后人造的方言字,也是知识性的错误。

我对潘书的批评出来后,麦耘气势蛮足地出来打抱不平,质问我,除了我指出的错误例子外,"还有多少?"还说什么"如果这真的就是最离谱的错误,那么我对潘书反而就比较有信心了。"我在《音韵问题答梅祖麟》中,不点名地反驳了他,说道:"我真不知道质问者为什么不自己再审核一下潘书,看看自己能否发现更多错误,再来'仗义执言'。"也点到他在网上以权威的面孔指手画脚教训人的情形,并且不客气地作出了一个评价:"俗话说:'内行看门道,外行看热闹。'看来这位批评者至今都没有看清潘书的门道,还处在'看热闹'的境况之中。"(495页,在《古汉语研究》发表时,应编辑部的要求,这段话删去了,收入《汉语史论文集》(增补本)时,恢复原样。)后来麦耘承认,"雇"字是潘悟云错了,也就是说:连《广韵》都没有读懂;但是仍坚持"氍"字是后起方言字,在网上遭到了一位网友的批评,那位网友表示自己不懂广州话,麦耘于是以广州方言权威研究者自居,教训人家不懂广州方言就先回去学会了再来说话。我看在眼里,没有说什么。

麦耘的出手大概鼓励了潘悟云,去年(2005)潘悟云在《音史新论——庆祝邵荣芬先生八十寿辰文集》中发表了《字书派与材料派——汉语语音史观之一》,这是一篇歪曲前人成果、逻辑混乱、自相矛盾、错误加胡编的奇文。他一开篇就引用了王力先生《略论清儒的语言研究》中的两段话:"清儒凡是相信材料时,就做出了成绩;凡是迷信字书时,就陷于错误。""古代的字书和训诂书都是个人的著作,个人的知识无论多么渊博,也终是有限的,而不可能每一句话都讲得很对。"他竟然断定"这就是王力先生论述字书与材料之间关系的根据"(368页),并拿来作为他自己划分字书派和材料派的张本,硬给王力先生贴上他潘悟云的标签。要知道,王先生这篇论文是发表在《新建设》1965年的8、9期,正是"文革"的前夕,学术界的名人大都被迫要写文章批判封、资、修。王先生的文章分成两节,第一节,写清儒"值得肯定的地方",简单地提出了四点;第二节,写"应该批判的地方",展开来谈了两点,一是"缺乏历史主义",二是"缺乏辩证法"。潘文引用的两段话,就都在讨论"缺乏辩证法"的段落中(69页)。王先生不过是说:清儒有时过分迷信字书,这是缺乏辩证法,哪来"论述字书与材料之间的关系"?潘悟云不但把这个论断强加给王先生,还非常霸道地指责人家引用古文献材料、《汉语方言词汇》,就是字典派;而他引用古文献材料、《汉语方言词汇》就是"面向活的语言",就是材料派。潘文自我划派,抬高自己,压低别人,其目的无非为他研究中系统的不科学和大量的知识性错误打掩护,并企图拉成小宗派来救援自己学术上的破产。本文无意浪费笔墨来揭露他理论上的荒谬和反驳孙玉文的无理,只准备解剖一下他有关"盖""氍"向我提出的反批评。

他引了上文举出的他在《汉语历史音韵学》中的那段话后,就说:

"于是,郭老先生就去翻字书,发现今本《方言》卷五有个'械'字,《说文》作'氍',注云:'小杯也。'这下子算是找到了潘悟云的知识性错误;他居然不知道南方方言中盖义的'氍'字早在《说文》中就已经有了。我不由得愕然,南方方言中盖义的'氍'与《说文》中小杯义的'氍'真的是一回事?如果是这样的话,现代汉语近指代词'这'就不是后造的方言字,因为古代还有一个作'迎'讲的疑母仙韵去声的'这'。他犯了一个常识性的错误:字与词不能混为一谈。"(372页)

这里首先必须指出,正如前面我们已经说过,我对潘书"盖"有"见母覃韵上声"的批评分两层意思:一是字词不分,不管是指"盖"这个词还是这个字,都不应有"见母覃韵上声"这个音读;第二层才是论证"𪉢"不是后造方言字。由于潘悟云在《汉语历史音韵学》中谈到"盖""𪉢"时,闭口不谈出处是从《汉语方言词汇》(第二版)那里来的,却搬出"见母覃韵上声"的中古音读和上古音,我当然只能根据作者提供的线索"去翻字书"《广韵》。从感韵中找到了潘书提到的"𪉢",再从"𪉢"下的注顺藤摸瓜,查阅了《方言》和《说文》,指出《广韵》的"𪉢"最早见于《方言》,也见于《说文》,今本《方言》作械,段玉裁下的断语:"按,械盖即许之'𪉢',音同字异。"我的考察过程清清楚楚,不知潘文为什么既要删去我对他的第一点批评,又要把我对他的第二点批评删改成现在的样子。用隐瞒对方论点、歪曲对方论据的办法来讨论问题,不仅是虚弱的表现,而且历来都会被人斥责和轻视。图得一时混人耳目,恐怕是划不来的。现在本文对"盖""𪉢"作出了更全面的论述,指出了"𪉢"与《方言》的"械"与《说文》"𪉢"字"小杯"义的关系,说明了"𪉢"与"盖"的语义差别,并进一步说明了今方言中名词"𪉢"和动词"𪉢"的意义联系。"盖"义的"𪉢"与《说文》中"𪉢"的"小杯"义有没有关系,潘悟云还可以反驳,不过恐怕要拿出真凭实据。

其实他在使用《汉语方言词汇》(第二版)时,早就看到了编者是把各方言"盖"义的阳声韵的词列作"盖"的同义词,而不是"盖"的另一种语音形式,标注了它的本字"𪉢",编者的观点在这里表明得清清楚楚。可是潘悟云不作任何交代,一手把材料拿过来,把它变成了自己的"新说"——"盖这个词的另一种读音","是上古汉语形态的反映",后人"就造了一个方言字'𪉢'去代表它"。(122—129页)又指责孙玉文相信《汉语方言词汇》,就是"不知道上面的方言记录与本字考释都是学者的个人的研究",就是迷信字书,就要被打入字书派(368页);他不需要任何理由,凭空下结论,就是面向口语、富有革新精神的材料派。这完全是颠倒黑白。我们在上文已经证实《汉语方言词汇》(第二版)标注的本字是正确的,应该给予充分肯定①。所谓的"盖这个词的另一种读音","是上古汉语形态的反映",都是子虚乌有的胡猜。潘悟云应该知道,根据现有的论证,你即使不承认"𪉢"是本字,最不济也只能说是用了一个假借字;说什么后造的方言字,就是把语言文字最基本的一些概念都搅乱了。我们看六十年代《汉语方言词汇》的第一版,只有温州、广州、厦门、潮州、福州列有"盖"的阳声韵同义词的记音,编者在这里大都没出汉字,只以口代表;惟有广州话记音[k'am35]的前面,加有噒字,这个才是后造方言字。在著作中把这

---

① 王福堂先生看了本文初稿后,认真地提出:"《词汇》只是收集别人的成果,'𪉢'不是《词汇》考证出来的;而是白婉如说本字是'𪉢'。"表现出了与潘悟云完全不同的学风。

两种情况搅混在一起，只能是概念混乱的表现。更有甚者，潘悟云还在《字书派与材料派》一文中提出：现代汉语近指代词"这"也是后造的方言字，从而指责郭某犯了字、词不分的常识性错误。我真佩服他的狡辩和勇气。试问：近指代词"这"在现代汉语里是哪个地方的方言？是谁论定了历史上它是个方言词？前人讨论它的来源时有哪几种意见？文献中还用过"者""遮"等来表示它，是不是这些字也都是后造方言字？潘文要下断语，要不要先回答这些问题？要知道，任何学科都有自己的基本规范，不是谁想怎么说就可以怎么说，要改变共同规范，先必须提出理由，做出明确交代。潘文潘著根本不守这些学术规范，表现出既缺乏基本知识，对古代语言文献正确释读的能力都不具备，却又好师心自任的坏学风。

　　潘文还同在其他文章中一样，大演汉藏语比较的招数，举了"盖"义词在藏文、泰文、越南语、佤语、南岛语中的多个形式。我在《音韵问题答梅祖麟》中早已批评过他这方面的表现，这里只补充指出：汉藏诸语言，他除汉语外，一门少数民族语言都没有掌握，全靠翻字典来找同源词，以这样的治学态度和语言水平来作汉藏语历史比较，我不知道他的话有几分可信。有个研究藏语的朋友告诉我，潘悟云谈汉藏比较的文章，引用藏文时，四个例子中就有三个是错误的。我认为这个话是很值得重视的。潘文说："材料派是面向活的语言的，他们不断地在拓展材料来源，根据新材料提出各种假设。这些假设在字书派们看来会是一种'臆测'。"（375页）是的，学风轻浮，经常出知识性错误而不改正的人，要取得信任是不容易的。试想，如果一个人连《方言》、《说文》、《广韵》等古代语言学文献都不能正确释读，一使用自己所操方言的材料就随意作出错误的结论；那么，拓展到他根本不掌握的语言作材料时，他所作的论断或假设能不是臆测的，恐怕也不太容易吧。李方桂先生在《口述史》中批评白保罗专靠双语词典搞古音构拟和决定汉藏同源词是"纯属胡闹"，批评把白保罗的著作当作"圣经"，亦步亦趋地跟着白保罗的人"太可悲了"；这对潘悟云及其"同志"（潘文用语）来说，应该是一针见血的定评①。我认为，没有比这更贴切的批评了。

---

①《李方桂口述史》：（一）"众所周知，他（指白保罗，下同）至今还在研究各种不同的语言。你们知道，他使用所有的词典，从中抽出许多词汇来，编出了他那本书——叫什么来着？（罗：他主要有两本著作：《汉藏语言概论》和《澳泰语言与文化》。）"（94页）"对，他肯下功夫，把许多东西拼凑在一起，不管对错，然后就开始写书。［笑了］因此，大人物都得下苦功夫。"（94页）"嗯，我以为所有此类构拟纯属胡闹。"（95页）（二）"是这样，他说：'啊，这是这样构拟的。'至于他为什么这样构拟，无人去深究。既然本尼迪克特这样构拟，好吧，这就是圣经，这太可悲了。"（95页）

参考文献

[1]　北京大学中文系语言学教研室,《汉语方言词汇》(第二版),语言出版社,1995。

[2]　潘悟云,《汉语历史音韵学》,上海教育出版社,2000。

[3]　郭锡良,《历史音韵学研究中的几个问题》,原载《古汉语研究》2002 年第 3 期,收入《汉语史论集》(增补本),商务印书馆,2005。

[4]　郭锡良,《音韵问题答梅祖麟》,原载《古汉语研究》2003 年第 3 期,收入《汉语史论集》(增补本),同上。

[5]　潘悟云,《字书派与材料派》,载《音史新论——庆祝邵荣芬先生八十寿辰文集》,学苑出版社,2005。

[6]　王力,《略论清儒的语言研究》,原载《新建设》1965 年 8、9 期,收入《王力文集》第 16 卷,山东教育出版社,1990。

[7]　李方桂,《李方桂先生口述史》,清华大学出版社,2003。

后记:本文原是 2006 年赴湖南参加"首届湘方言国际学术会议"所写的论文,题目是《从湘方言的"盖"和"齇"谈到音韵学研究的方法问题》。初稿送请王福堂、鲁国尧、王洪君、孙玉文等教授审阅,承提供宝贵意见,多有采纳。并遵王福堂教授的意见,删去了批评麦耘《汉语史研究中的假设与证明》一节,王教授指出:"内容离本题较远,适宜另外成篇。"2007 年为参加中国训诂学会九月在邯郸召开的学术研讨会,删去了有关古音研究的第三节,对第二节也略作修改,改成现在的题目,以应会议的需要,并望能听到更多宝贵意见。

训诂学性质认识分歧之刍议

中国人民公安大学　贺友龄

摘要：学者们对训诂学的性质有着不同的认识，对其研究范围、研究目的等也有不同的看法。诸家分歧的焦点主要在于：其一，训诂学的研究范围是字(词)义还是对古籍书面语言的全面解释？其二，训诂学的学科属性是词义(语义)学还是解释学？要弄清这一问题，必须找出分歧的根源，分清训诂学的历史状况和对训诂学说未来发展的规划。如果从训诂实践的历史考察，传统的训诂多指字词训释和研究工作；而如果从训诂学的学科定位及其发展考虑，则不妨将训诂学的范围扩大，把它看成是解决古书中语言障碍的学问。这样，不仅保留了传统学术的特色，而且对于文化传承更具有实用价值。

关键词：训诂学　语义学　解释学　分工派　综合派

一　"训诂学"性质的不同界定

"训诂"与"训诂学"都是逐步形成并不断发展的概念。对于如何界定"训诂"与"训诂学"，其内涵与外延究竟是什么，清代以前很少有人专门对此加以探讨。

唐孔颖达《毛诗·周南·关雎诂训传疏》："诂训传者，注解之别名……诂训者，通古今之异辞，辨物之形貌，则解释之义尽归于此。"这大概是最早对"诂训"(即"训诂")的界定。之后，也有一些学者对"训诂"加以说明，如清代马瑞辰《毛诗诂训传名义考》："盖诂训本为故言，由今通古皆曰诂训，亦曰训诂。"

这类说明虽然都是对"训诂"学科性质揭示的有益尝试，但或是针对《毛诗故训传》之名义，或局限于《尔雅》"释诂"、"释训"二篇篇名，且语焉不详，并不能算是从学科意义上对"训诂"的定义。

从现代学科角度重新审视"训诂"，尝试对"训诂学"加以科学界定，是近百年以来的事情。20 世纪初，受西方语言学的影响，学者们开始用现代学科观念重新审视中国传统的语言文字之学——"小学"，章太炎(炳麟)先生率先对它加以重新界定。太炎先生在《国粹学报》丙午(1906 年)第十二、十三号发表《论语言文字之学》一文，文中说："合此三者(按：指文字、训诂、声韵)，乃成语言文字之学。……其实当名'语言文字之学'方为确切。……实则小学之用,非专以通经而已。"太炎先生将"小学"易名为"语言文字之学",并非是简单的名称改换,也不仅仅是将"小学"从"经学"的附庸地位独立出来,而是意味着认识上的突破和思想上的飞跃,标志着"语言文字学"学科概念的产生。应该说,太炎先生是中国现代语言文字学的首倡者。

进一步将"训诂学"从"小学"中独立出来,并尝试以现代学科观念加以界定者,则是其弟子黄季刚(侃)先生。季刚先生进一步对学科概念加以探讨:"夫所谓学者,有系统条理,而可以因简驭繁之法也。明其理而得其法,虽字不能遍识,义不能遍晓,亦得谓之学。不得其理与法,虽字书罗胸,亦不得名学。"[1]对于训诂与训诂学,黄先生云:"诂者,故也,即本来之谓。训者,顺也,即引申之谓。训诂者,用语言解释语言之谓。若以此地之语释彼地之语,或以今时之语释昔时之语,虽属训诂之所有事,而非构成之原理。真正之训诂学,即以语言解释语言,初无时地之限域,且论其法式,明其义例,以求语言文字之系统与根源是也。"[1]

黄季刚先生的界说中,将"诂"、"训"解为"本来"和"引申",即字词的本义和引申义,并不是对"诂"、"训"语源的说明,而是强调了词义的系统性,突出了训诂的重点;"以语言解释语言,初无时地之限域"扩大了训诂的范围;"论其法式,明其义例"指出了作为"学"的训诂内容;"求语言文字之系统与根源"则明确了训诂学的目的。黄季刚先生于20世纪20年代初在多所大学讲授训诂学,其讲授提纲《训诂述略》后来在《制言》第七期发表,这是第一部阐述训诂学理论体系的专著。应该说,黄季刚先生是现代训诂学的建立者。

自章、黄之后,学者们开始用现代学科观念对训诂学理论进行系统探讨。民国间发表的训诂学专著有何仲英《训诂学引论》、杨树达《训诂学大纲》和《训诂学小史》、齐佩瑢《训诂学概论》、陈钟凡《训诂发凡》、胡朴安《中国训诂学史》等。新中国成立后至70年代末改革开放之初的三十年中,由于种种原因,理论著作反而很少,只有陆宗达先生的《训诂浅谈》作为《语文小丛书》之一种由北京出版社1964年出版。在台湾则有正中书局民国六十一年(1972)出版的林尹《训诂学概要》。改革开放以来,训诂学开始复兴,训诂学概论性专著与教材纷纷问世。从1980年陆宗达先生《训诂简论》的出版首开风气,至今不到三十年的时间里,据笔者所见就有60多部,关于训诂研究的论文更是不胜枚举。

然而,在对训诂学学科性质的认识上,却存在着很多分歧,呈现众说纷纭的局面。从众多通论性训诂学著作和一些讨论训诂学性质的论文中可以看出,诸家的论述对训诂学的定性不同,在研究范围、研究目的等方面也有不同的看法。

二 分歧的焦点及其分析

对于诸多说法,有人将之归纳为"分工派"与"综合派"两家。[2]

有人归纳为四种观点:1.训诂学即语义学|词义学;2.训诂学是汉语语言学|语文学的一个部门,是综合性学科,不等于语义学|词义学;3.训诂学即阐释学;4.训诂学是研究正确解释语言的学科。[3]

有人归纳为五种看法:1.解释说;2.词义说;3.综合说;4.实用说;5.书本子上的考古学。[4]

仔细考察诸家的说法,可以发现对训诂学的界定相互交错,很难将之截然分成几派。而且,有的著作中,论述的内容与其对训诂学的界定又有不符。例如,周大璞在《训诂学要略》中说:"训诂学也就是语义学。"[5]在其《训诂学初稿》中说:"训诂学就是以词义解释为主要研究对象的一门学问。"[6]但二书中却都将古书的注释划入训诂的内容,如"串讲文意"、"说明章旨"乃至"分析句读"、"阐述语法"、"说明修辞手段"等等,可见书中论述的内容与其对"训诂学"的界说是不甚相符的。有些学者的论述中"语义学"概念也比较含混,是单指词义还是连同句义甚或篇章之义?有的学者前后论述也略有差异。

如果舍弃枝蔓而从大处着眼,我认为诸家分歧的焦点主要有二:

1.训诂学的研究范围是字(词)义还是对古籍书面语言的全面解释?——这是对传统训诂学的认识分歧。

2.训诂学是词义(语义)学还是解释学?——这是对训诂学的学科定位和发展方向的分歧。

在大多数学者的论述中,这两个问题是相关联的:即认为研究范围是字(词)义的学者往往主张训诂学的发展方向就是词义(语义)学;而认为研究范围是对古籍书面语言的全面解释的学者往往主张训诂学的发展方向是解释学。

要弄清这一问题,不能简单地评判谁是谁非,必须找出分歧的根源,分清训诂学的历史状况和对训诂学未来发展的规划。

(一)从历史实际分析两派的意见

从历史来看,自汉至清近 2000 年来,传统训诂学是个发展的过程,训诂工作的范围不是一成不变的,人们对训诂的认识也随之不断深化。今人的这两种说法,其实古皆有之。

1. 训诂局限于字词训释

我国对古书的诠释工作开始得很早,应该于周代即已发生①。今天所能见到最早的注释书则是汉初《毛诗故训传》。汉代经学的兴起,推动了注释的发展,注释开始成为一种有组织有系统的工作,既包括以语言文字的说明为主的字(词)义解释,也包括对文本中的语法、修辞、逻辑、篇章等问题的说明,还包括了以义理的解释为主的文意阐释,以及其他类型的注释。汉代盛行"经学",注经是经学家的重要工作。但这些注释书并不被看为"小学"著作,而是归入"六艺"的《易》、《书》、《礼》等类中。注释范围扩展后,注释书也都归入相应的经、史、子、集诸部,而不入不附属于"经部"的"小学"类。可见古代目录学家不把注释书看作训诂学著作,而是分属经学、史学、子学以及文学等。

汉儒认为,注释与训诂是不同的概念,例如:

《汉书·扬雄传》:"雄少而好学,不为章句,训诂通而已。"

《后汉书·桓谭传》:"博学多通,遍习《五经》,皆诂训大义,不为章句。"

《后汉书·郑兴传》:"歆美兴才,使撰条例、章句、传诂,及校《三统历》。"

《后汉书·儒林传上·杨伦传》:"扶风杜林传《古文尚书》,林同郡贾逵为之作训,马融作传,郑玄注解,由是《古文尚书》遂显于世。"

以上用例中可见,汉儒的观念中,"训诂"与分章析句加以解释的"章句"不同,与"传"、"注解"等注释也不同。

而且,训诂并不包括注经中的"义理"和注史中的增补史实内容。钱大昭《三国志辨疑》自序说:"注史与注经不同:注经以明理为宗,理寓于训诂,训诂明而理自见;注史以达事为主,事不明训诂虽精无益也。"

也不包括考据的内容,《四库全书总目》宋洪兴祖《楚辞补注》提要:"汉人注书,大抵简质,又往往举其训诂而不备列其考据。"宋吴仁杰《离骚草木疏》提要:"征引宏富,考辨典核,实能补王逸训诂所未及。"

可见,这些学者所谓"训诂",只指字(词)义的训释,既包括《尔雅》类的对字(词)义的训释专书,也包括注释书中对字(词)义的训释部分,而整部的注释书如《毛诗故训传》、郑玄的群经注释之类,汉儒是不把它视为训诂书的。换言之,训诂

---

① 《后汉书·徐防传》:"《诗》《书》《礼》《乐》,定自孔子。发明章句,始于子夏。"章句是古人注疏的一种体裁。

只是注释中的一部分,即对字(词)义的训释部分,而这些训释的汇总及研究的专书都是为解释文献中字(词)义服务的,因此也是训诂。故自汉至清,《尔雅》一直被看作训诂创始之作,历代图书目录多将《尔雅》及其他雅学著作归为"小学"类,而《毛诗故训传》之类的注释书从不归入"小学类"。这种观念至清代一直占据正统位置,《四库全书总目·经部·小学类》"惟以《尔雅》以下编为《训诂》",只收录《尔雅》、《方言》、《释名》之类 12 部,都是训释字词意义的著作。

2. 训诂就是解释

最早明确提出这一观点的是唐代的孔颖达,《毛诗·周南·关雎诂训传》正义:

> "诂训传"者,注解之别名。…诂者古也,古今异言,通之使人知也;训者道也,道物之貌,以告人也。…然则"诂训"者,通古今之异辞,辨物之形貌,则解释之义尽归於此。

这段话常被现代学者作为"'训诂学'就是'解释学'"的根据。例如陆宗达先生对孔颖达这段话是这样加以说明的:

> 孔颖达的意思是说,诂和训,是解释语言的两个不同的法则:(一)"诂"是解释"异言"的。所谓"异言",就是同一事物因时代不同或地域不同而有不同的称呼……(二)"训"是"道形貌"的。所谓"道形貌",就是对文献语言的具体含义,进行形象的描绘、说明。这就不只是以词来解释词,而且要用较多的文字来达到疏通文意的目的。他包括对词的具体含义和色彩的说明、对句子结构的分析、对修辞手法的阐述以及对古人思想观点和情感心理的发觉,内容十分丰富。他所解释的语言单位也不只是词,还包括句、段、篇。……对于语言的内容来说,无非是包含社会所公认的概括意义和运用者所取的具体含义这两个方面;对于语言的单位来说,无非是词、句、段、篇。所以孔颖达说"解释之义归于此"。[7]

陆宗达先生的这段话,也可以看作是对其师黄季刚先生"训诂者,用语言解释语言之谓"这一界说的注脚。

由此可见,训诂学就是"词义学"或是"解释学"这两种说法都于古有征,各有各的道理。清代以前"训诂"的范围本来就不很确定,更没有对"训诂学"的明确界定。今天这两种说法不过是各取一端罢了。而"解释"的对象当然包括字词,也就是说,两种说法只是范围广狭不同,并不能算是严格对立的两种观点,陆宗达先生说"训诂"有广义和狭义"两个不同的含义",[7]倒可以消弭这两派的意见分歧。

（二）从学科的发展定位分析两派的意见

"词义学"和"解释学"两种说法的分歧缘由，除对传统训诂范围认识不同外，更重要的是对"训诂学"的学科定位不同，反映了两派学者对训诂学今后发展的期望不同。

训诂学自汉代初步形成传统学术，至清达到鼎盛且向现代学科转型，民国初年章太炎、黄侃二位先生正式开启对训诂学向现代语言文字学转化的探讨，至今百余年来，学者们一直在对传统加以总结的基础上，试图对训诂学进行新的学科定位，所以出现种种分歧是正常现象。

1. "词义（语义）学"派

王力先生说："语言学也可分为三个部门：第一是语音之学，第二是语法之学，第三是语义之学。这样，我们所谓语义学的范围，大致也和旧说的训诂学相当。"[8]

陆宗达、王宁先生认为，传统的训诂学就是"古汉语词义学"，而今后的发展方向则是："如果把它的研究对象范围扩大到各个时期的汉语，包括现代方言口语的词义，就产生汉语词义学。可见，训诂学就是历史语义学，也就是科学的汉语词义学的前身。"[9]

王宁进一步阐释说："（训诂学）自身独立研究的范围必须是也只能是古汉语词汇而且偏重于词义方面。……而从它那里，便可能发展出真正切合实际的汉语词义学。"[10]

这一学派十分重视与现代学科体系的接轨，这是我国近现代的一种学术发展趋势。晚清时期，西方近代意义的学术分科观念、分科原则及学术门类逐步传入中国，中国传统人文科学中缺乏严格系统性和充分理论化知识的先天缺陷显露出来，中国的传统知识系统受到了西方近代学术的严峻挑战。特别是中国传统文化受到"五四"新文化运动和"文化大革命"两次猛烈冲击后，中国的传统知识系统如何向近代意义的知识系统演进，更成为学界普遍关注的问题。

中国现代语言学学科体系的建设，基本借鉴了西方语言学的学科体系。但语义学、词汇学、词义学等学科的研究范围、目的、方法等，与我国传统的训诂学并不相同。举例来说，这派学者常以"语义学"比况训诂学，但当代西方的语义学流派很多，既可以指对自然语言中词语意义的研究，也可以指对逻辑形式系统中符号解释的研究。即使是语言学的语义学，门类亦很多，一般意义的"语义"，应该理解为包括语素、词、短语、句子以至篇章在内的所有语言单位的意义。王力等先生所云，大概只是对应"语义学"中的"词汇语义学"部分。即便如此，从研究目的到研究方法,与我国传统训诂学都不相同。例如,"词汇语义学"经常采用语义场和义素分析等方法,对词义进行定量的静态分析;而训诂学则更多关注字词在使用中的动态意义,以及从中归纳出来的概括意义,即所谓"以经考字,以字考经"。

虽然研究对象都是"词义",但理论基础不同,研究目的和方法也不尽相同,以彼例此,势必方枘圆凿,格格不入。洪诚说训诂学"不等于词义学",[11] 殷孟伦说"训诂学并不等同于西方的语义学",[12] 就是看到了其中的差异。

学术有共性,也有个性。训诂学就是我国独特的学术。章太炎、黄侃先生特别注重"独有"的国学,有日本记者问章太炎:"先生讲何种学?"答曰:"中国之小学及历史。此二者,中国独有之学,非共同之学。"[13]

中国之"小学"之所以"独有",是因为我们汉字的"独有",也因为我们悠久历史遗留下来的丰富文献典籍的"独有"。汉字作为表意体系的文字独立于世界文字之林,中国古籍的丰富也独步世界,由此生发出来的"小学",其治学目的和方法都是"独有"的。那么,为什么我们非要拿西方的学科体系来套自己独有的学术呢?

2. "解释学"派

这一学派主张训诂学的功能是为阅读古代典籍服务,其研究对象不限于字词义,而是要综合运用语言学各部门的有关知识,来解决古代文献的语言障碍的问题。因此有人称之为"综合派"。

许嘉璐先生特别强调训诂学"综合性"的特点,认为"语言以及用语言形式表现的名物、典章、文化、风习等等都在诠释范围之内",对"现代训诂学"定位于"诠释",其发展方向是"应该在更高的层次上把训诂学与社会学、文化学等等结合起来,这就是所谓训诂学研究的延伸"。[14]

这一学派与"词义(语义)派"相比,明显区别有二:

一是相对来说,具有保守传统的倾向。尽管也提出训诂学"应该在更高的层次上"的发展,但也只是在旧的传统学术体系框架之中,是"延伸"而不是变革。但这并不是说这种观念等同于传统观念,而是说这一派在诠解文献语言上以整体为对象,以综合为手段,自觉地同社会学、文化学相结合,这是一种对象区间与方法论的延伸,即许嘉璐先生所说的"训诂学的延伸"。

说这派学者"保守传统",更在于其没有试图用西方的学术理论对训诂学加以改造或规范。尽管"解释学"、"诠释学"的名称与西方学科 hermeneutics 的中译名称"诠释学"或"解释学"相同①,但学者们并没有用西方学科框架去比况训诂学。中国有中国的解释学,西方有西方的 hermeneutics。尽管二者有着相似的源头:都是从"注经"开始:西方的《圣经》,我国的儒家"六经"。由于历史文化以及语言文字特点的不同,西方并没有太多的古籍经典需要诠释,特别是从语言文字方面的解释;而中国则从注经迅速发展为对经史子集古代典籍的全面阐释。当西方的诠释学向哲学的路上发展以后,就跟中国古代的古籍注释完全不是一回事了。

二是强调实用性。比较一致的认识是,中国传统学术特别是在社会人文科学方面,清代以前一直是重实用而轻理论。张世禄"中国训诂学过去并非纯粹属于字义的理论研究,而是大部分偏于实用的研究,实际上,可以认为是读书识字或辨认词语的一种工具之学",[15]洪诚"训诂学是为阅读古代书面语服务的一门科学"[11],白兆麟"训诂学研究的是解决古代文献的语言障碍的问题"[16]等说法,都是强调了训诂学的实用性。

当然,并不是说这派学者全然不顾训诂学的理论建设,只是指出了传统训诂学重实用的事实,而且将训诂学的发展目标锁定在全面解决古代文献中的语言障碍、为阅读古书和整理传承古书服务之上。

三　关于训诂学性质的几点思考

我们没有必要纠缠于两派观点的对错是非的问题。关键是今天如何用现代的眼光重新审视这一古老的学术,尽快将训诂学的性质、范围及其在现代社会科学坐标系上的位置等最根本的理论问题探讨清楚。有些问题完全可以重新加以科学的界定,以利于训诂学的顺利发展。

(一)　分工还是综合

总体来看,西方科学讲分工,而东方学术更强调综合。我认为,这是由于历史传承文化背景所造成的差异,辩证地看,应该说各有利弊。

现代主张"分工"的观点,应该说是比较符合传统对训诂认识的主流观念,古代学者心目中的训诂工作主要就是字(词)义的训释。

---

①　Hermeneutics,中译为阐释学、解释学、诠释学或释义学,"可以宽泛地定义为对于意义的理解和解释的理论或哲学"。"在当代社会,释义学主要是作为社会科学的哲学、艺术和语言哲学、文化哲学及文艺批评理论出现的。"(见张汝伦《意义的探究——当代西方释义学》,辽宁人民出版社,1986年版"引言"。)

但从发展的眼光来看,主张"(训诂学)自身独立研究的范围必须是也只能是古汉语词汇而且偏重于词义方面",[10]则可能会削弱训诂学的实用性。再说,这种"汉语词义学"与现有的"词汇学"的关系如何呢?进一步说,如果我们的训诂学真的发展成为"词义学",那么,训诂学是否还有存在的意义呢?这些,似乎都是需要认真探讨的问题。

主张"综合"的观点,虽然不是历史传统的主流观点,但也有其合理性。传统的训诂学作为"小学"之一科,原本附属于"经学"而存在,但在古人观念中,对经书的注释书是经学著作而非训诂著作。而注释范围扩大到史、子、集各类典籍之后,古人也都把它们看作属于各自领域的研究著作,而不认为是训诂著作。也就是说,在古人观念中,"训诂"只是古书注释中的字词训释部分,而整体意义上的注释,古代并没有一个相应的学科来概括。今天讲"综合",即训诂学是对古代书面语言的全面解释,正可以将古书注释工作统摄起来。不仅将传统的"经学"包括进来,而且将古代对史、子、集各类典籍的注释以及对其语言的研究通通统摄为"训诂"。

说训诂学是综合性学科,包括两层意思:一、研究对象是古代典籍书面语言的全部,而不仅仅是字词部分;二、解释的内容不限于语言文字,"语言以及用语言形式表现的名物、典章、文化、风习等等都在诠释范围之内"[14],训诂学是"关涉到各方面知识的综合性学科"。[12]

说训诂学是综合性学术,并不意味囊括古书所涉及的所有学科而包打天下。比如说,古代中医名著《黄帝内经》的注释工作,需要由精通中医的训诂学家或者精通训诂的中医专家来做,才能做好。但并不意味训诂学的内容包含了中医学。同样,对史学著作的注释需要一定的历史知识,训诂学显然也不包含史学。

以与训诂学关系最为密切的音韵学、文字学来说,由于汉字表意体系的特性,形、音、义是紧密相关的,训诂学的研究对象是意义,但意义从来不会孤立存现,或依附于形(字义),或依附于音(词义)。故此训诂字词之义时,必须利用文字学、音韵学的研究成果,"据形索义"和"因声求义"就成为训诂求义的主要方法。然而,这也不说明训诂学包含了文字学和音韵学。

陆宗达先生说:"当语法学和修辞学还没有独立出来的时候,这两个门类的内容,也是包含在训诂学中的。"[7]而独立之后,在注释古书时也常常需要对其文句中的语法修辞加以分析说明,但也不能说训诂学包含了语法学和修辞学。

训诂学也不是解释学或古书注释学,因为除了随文而释的工作之外,训诂学还要对古代书面语言进行整体研究,既包括像《尔雅》、《说文》之类通释字词的训诂专著,也包括像《读书杂志》、《经义述闻》、《诸子平议》之类的文义考证。而古书注释学中的版本、校勘、注音以及标注方式、古文翻译等内容,虽然训诂学也时有涉及,但却不是其关注的重点。

(二)　重实用还是重理论

训诂学的传统就是重实用,也就是扫除古代书面语言障碍,为阅读古书、整理和阐释古书服务。随文而释的注释书自不必说,即使是通释字词及考释文义之类的专著,其目的也是如此。这一重实用的宗旨不应该丢弃,在现代乃至将来都有其重要意义。中华民族有着悠久的历史,优秀传统文化的传承不会终止,古籍的阐释也永远不会终止。

首先,中国古籍浩如烟海,今人用现代汉语阐释的古籍毕竟有限,即使加上古人已经注释过的古籍,也十不足一,古籍注释和整理工作尚任重道远。其次,新的历史文献也不时得以发现,如敦煌卷子本、陆续出土的简帛书等等,都需要用训诂工作来破译阐释。再者,即使是经过前人解释的文本,今天也有重新解释的必要,以后仍然还有重新解释的必要。因为,传统文化的传承过程,就是对古代典籍不断阐释的过程。传统文本与理解者之间存在着重建关系,实质上也是一个再构建的过程。在这一过程中,传统作为一种新的精神创造,体现着对现时代的意义,历代的注释工作,也正是几千年传统得以承续的重要原因。

当然,这并不是说训诂学要抛弃理论研究。新的西方语言学理论我们需要借鉴,前辈学者几千年积累下来的传统训诂学理论我们也应该继承,并将之系统化。只有在理论指导下,训诂实践才能更好地发展,训诂学才能更好地适应现代社会,训诂传统才能在现代社会中更好地发挥其"实用性"。

(三)　守旧还是创新

其实这是个伪问题。至今未见哪位学者主张完全保守传统训诂的一切,更何况 2000 多年的训诂实践也清楚地体现了变化发展的过程。其实问题是:保持中国式传统学科的基本模式,还是与西方语言学接轨甚或合并? 许多学者在这方面作了积极探讨,对训诂学认识的分歧也多缘于此。

训诂学似乎陷入两难境地:如果守旧,则担心在现代语言文字学体系中找不到合适的位置,训诂学会逐渐式微而最后走向终结;而如果按照现代学科体系对训诂学加以彻底改造,使之成为"词义学"或"词汇学",变成所谓"新训诂学",那么训诂学则可能脱胎换骨而最后也走向终结。

我们认为,"西学"固然有其理论系统严谨之优势,而"中学"也有其客观实用的价值。这有点像"西医"与"中医"的关系——分之则两美,合之则两伤,各有各的用途。如果有所取舍地坚守 2000 多年来的治学传统,注意吸收现代词汇学、语义学以及相关学科的成果,着力加强理论建设和应用性研究,那么,训诂学不仅完全可以走出它目前所面临着的二难处境,并且完全可以走向成熟与繁荣。

(四) 小结

综上所述,如果从训诂实践的历史考察,我同意"分工派"的看法,即传统的训诂多指对书面语言中的字词训释和研究工作。而如果从训诂学的学科定位及其发展考虑,我同意"综合派"的观点,不妨将它定位为解决古书中语言障碍的学问,一方面继承传统的重在字词释义和研究的训诂之学,另一方面将经学、史学、子学以及文学中的注释统摄起来。这样,不仅保留了传统"国学"的学术特色,而且对于中华民族独特的文化传承更具有实用价值。唯有如此,古老的训诂学才能得以创新和发展,才能在现代学术体系中以鲜明的"国学"特色和传承传统文化的重要作用而占据一席之地。

参考文献

[1] 黄侃述 黄焯编. 文字声韵训诂笔记[M]. 上海:上海古籍出版社,1983.

[2] 杨光荣. 训诂学的现代观念[J]. 太原:山西大学学报(哲社版)2004 年第 8 期.

[3] 张月明. 训诂学性质研究述评[J]. 内蒙古电大学刊(哲社版),摘自中国论文下载中心网。

[4] 赵诚. 训诂学回顾与展望[J]. 古汉语研究,1998.

[5] 周大璞. 训诂学要略[M]. 武汉:湖北人民出版社,1984.

[6] 周大璞. 训诂学初稿[M]. 武汉:武汉大学出版社,1987.

[7] 陆宗达. 训诂简论[M]. 北京:北京出版社,1980.

[8] 王力. 新训诂学[C]. 龙虫并雕斋文集,第一册,北京:中华书局,1980.

[9] 陆宗达 王宁. 训诂方法论[M]. 北京:中国社会科学出版社,1983.

[10] 王宁. 训诂学[M]. 北京:高等教育出版社,2004.

[11] 洪诚. 训诂学[M]. 江苏:江苏古籍出版社,1984.

[12] 殷孟伦. "训诂学"的回顾与前瞻[C]. 子云乡人类稿. 济南:齐鲁书社,1985.

[13] 李运富. 章太炎黄侃先生的文字学研究[R]. 北京师范大学新闻网.

[14] 许嘉璐. 关于训诂学方法的思考[J]. 北京:北京师范大学学报(社科版),1988 年第 3 期.

[15] 张世禄. 训诂学与文法学[J]. 学术,1940 年第三辑.

[16] 白兆麟. 简明训诂学[M]. 浙江教育出版社,1984.

训诂学与数字化

苏州大学文学院　王继如

摘要：训诂学是中国文化中最古老的学问之一，由于它是从汉语言文字的本质中生发出来并为汉语言文字的学习和研究作出过并将继续作出很好的服务，所以，只要汉语言文字还存在，这门学问就不会消亡。

另一方面，汉语典籍的数字化则是信息社会的新课题。如今，汉语典籍的数字化程度已经相当高了。以汉语典籍为研究对象的训诂学面对这样的形势不能不在手段上有所进步。

这种进步表现在：

1.训诂工作者获取信息的途径更加开阔、更加便捷；

2.由于信息获取的方便，可以比较方便地发现古籍中过去未被注意的新词新义，解决疑难问题的可能性也提高了；

3.由于数字化的文献统计某字或某词的用例既方便又准确，那么，对一个字或词的各个义项的研究，对一个字或词的意义历史演变的研究，都可以做得更为准确，可以有数量的分析。这为专书词典、断代词典、历时词典的编撰提供了许多方便。

这就是说，随着汉语典籍数字化的推进，不仅是训诂工作者的手段有所变化，训诂的实质内容也会有一定的拓宽。

但是，由于汉语典籍数字化的平台尚未臻于完善，有的文字的校勘存在一些问题，有的未加标点，所以如果不对照纸本文献（或图版）仔细研读而贸然使用，也会闹出笑话。即使是校出很精良的电子文本，使用者限于功力而读错的例子也不少。

因此，在汉语典籍大量数字化的今天，阅读古籍能力的熏陶和培养更显得重要。

关键词：训诂学　数字化　传统　现代

一

汉语是一种孤立语，记录语言的文字自汉代以来绝大部分是形声字（将汉字仅仅归为表意文字在理论上是错误的），这种文字从本质上来说就是词，所以日本汉学家藤堂明保提出"词—字"这样的概念。这种"词—字"内部曲折是很少的，没有格的变化，也不用格助词之类的黏着成分，语法关系相当简单，这

就是汉语语法学所以产生很迟的根本原因,因为无此需要。但是,文字的三个
要素形、音、义之间产生的信息盈余及由此产生的矛盾运动却非常突出,甲字
可以通过其音与乙字相同或相近而读为乙字并表示乙字的意义(即是通假)在
古籍中是大量出现的,在明清的白话著作中也不少见。因此,了解字义成为汉
语典籍阅读中的首要问题。这与印欧语言是不同的,在那种语言中,语法关系
是更为重要的。

如何了解字义? 正是训诂学指明了途径。汉语训诂学正是为了了解汉字的
三个要素形、音、义之间矛盾运动而产生的。因此,中国很早就有训诂工作,《毛
诗故训传》已经做得非常出色,到了东汉末年,训诂学已经发展得很有体系了。
而启蒙教育,也是将训诂摆在非常突出的位置的。如北魏孝明帝正光二年《女尚
书王氏讳僧男墓志》说到王僧男的启蒙教育时,说:"时年有六,聪令韶朗,故简充
学生。惠性敏悟,日诵千言,听受训诂,一闻持晓。"[1]可见传统教育重视训诂之
一斑。这种教育,是抓住汉语言文字的特点的。我们今天的教育对此很不注意,
值得反思。

训诂学是中国文化中最古老的学问之一,由于它是从汉语言文字的本质中生
发出来并为汉语言文字的学习和研究作出过并将继续作出很好的服务,所以,只要
汉语言文字还存在,这门学问就不会消亡。

任何涉及汉语古代典籍的研究课题,都不能不对训诂学加以留意,否则,就会
犯错误。下面举两个例子:

名满天下的胡适先生,在其《中国哲学史大纲(卷上)》[2]的导言中也强调史料
的整理必须充分重视训诂,说:"清代的训诂学,所以超越前代,正因为戴震以下的
汉学家,注释古书,都有法度,都用客观的佐证,不用主观的猜测。三百年来,周秦
两汉的古书所以可读,不单靠校勘的精细,还靠训诂的谨严。"但是,也偶有失误的
地方,如对《老子》的"天地不仁,以万物为刍狗"就有误读之处。钟泰先生的《中国
哲学史》[3]第一编第三章有附文《〈老子〉天地不仁以万物为刍狗解》,对此有所驳
正。文云:

　　《老子》曰:"天地不仁,以万物为刍狗。"胡适之作《中国哲学史》盛称其言。

---

　　① 赵超编《汉魏南北朝墓志汇编》,天津古籍出版社 1992 年版,第 124 页。引用时核对
过原碑拓片。
　　② 商务印书馆 1919 年初版。
　　③ 商务印书馆 1929 年初版。

而谓"天地不仁"者,言其不是人也。古者尝视天为有意志、有智识、有喜怒之主宰,故以天为与人同类。是为天人同类说。而老子则谓天地不与人同性,打破古代天人同类之谬说,而立后来自然哲学之基础。故拟老子之说为思想之革命。其后梁任公撰《先秦政治思想史》亦沿胡说。并谓与《诗》之言"昊天不惠"、"昊天不平"正同。指为当时神权观念之动摇。然吾统观《老子》全书,知其说之出于穿凿,未足据为定论也。夫胡氏以仁为人,其所引以为据者,则《中庸》"仁者人也",《孟子》"仁也者人也"二言。不知此二"人"字,皆言人之所以为人,非便指人身而言。以今逻辑论之,则二"人"字乃抽象名词,非具体名词也。故以人为仁之训则可,而以人易仁则不可。然则老子曰"天地不仁",岂得引此为说,而谓不仁即不是人乎? 且果如胡氏之意,亦只得云"非仁",不得云"不仁"。"非"字之与"不"字,其意固有殊矣。况下文云:"圣人不仁,以百姓为刍狗。"以"天地不仁"为不是人,亦可谓"圣人不仁"为不是人乎? 推胡氏之心,不过欲说老子不信天为有神,以见天道之果无知耳。然"天网恢恢,疏而不失",《老子》之言也;"天道无亲,常与善人",亦《老子》之言也。老子果信天为无神无知者乎? 抑信天为有神有知者乎? 夫读一家之言,当合观其前后,而后可论其主张如何。今但称"天地不仁,以万物为刍狗",而不顾"天网恢恢,疏而不失",不顾"天道无亲,常与善人",乃至不顾其下句"圣人不仁,以百姓为刍狗",断章取义而为之说,又安得无误乎! 虽然,此不能以怪胡氏也。自王弼之注而已误矣。王注曰:"仁者必造立施化,有恩有为。造立施化,则物失其真。有恩有为,则物不具存。物不具存,则不足以备载矣。地不为兽生刍,而兽食刍。不为人生狗,而人食狗。无为于万物,而万物各适其所用。则莫不赡矣。"夫以不仁为无恩,则是矣。若其所以解刍狗者,则未为得实也。信如王氏之言,地不为兽生刍而兽食刍,不为人生狗而人食狗。则天地自天地,人兽自人兽,刍狗自刍狗。天地之于万物,曾无与焉于其间,岂得言以言(疑为"无"字之误——引者)为乎? 且兽食刍人食狗云云,似言刍狗者不啻言草芥、言荼毒。无地且勿论,老子尝疾民之饥以其上食税之多矣,而乃曰圣人以百姓为刍狗,谓草芥其民、荼毒其民者为圣人,不几于率兽食人之奖乎? 是尚得为老子乎哉! 夫古之能明老子之意者,莫过庄子。《庄子》之书载师金之言曰:"夫刍狗之未陈也,盛以箧衍,巾以文绣,尸祝斋戒以将之。及其已陈也,行者践其首脊,苏者取而爨之而已。将复取而盛以箧衍,巾以文绣,游居寝卧其下。彼不得梦,必且数眯焉。'(《天运》)然则刍狗者,刍灵之类耳。刍狗之为物,当时则贵,过时则弃焉。是故言天地以万物为刍狗者,犹言功遂身退天之道也而已。然其言不仁者何居? 曰:老子不有言乎? 曰:"正言若反。"夫虎狼非仁也,而庄子曰:"虎狼仁也。"(《天运》)知虎狼之可以言仁,则知天地圣人之可以言不仁矣。《易》曰:"生生之谓易。"生生,仁也。然故者不去,新者不生,故有生则有杀矣。自其杀而言之,非不仁而何? 然而不仁即所以为仁。是则正言若反也。胡氏读《老子》,不知正言若反之义,而又中于王氏刍狗之说,益之自不信天,硬牵老子以就己意。而梁氏不察,以为胡氏之创解,此其所以俱失也。至若《诗》人言"昊天不惠"、"昊天不平",正见呼天而语,词意之迫,尤不得以为神权观念动摇之证。当另为文辨之,兹不复赘。

其谓老子的"天地不仁"并非破天人同类之说,言之凿凿,所据就是训诂的功底。说"不仁"之意是任自然,"刍狗"并非"刍"和"狗"二物(自王弼注已误),而是一物,是用草扎成的狗,用于祭祀时谢过求福,用时尊荣,用后即弃之如弊屣。所说皆是。(参见下文)

著名的中国思想史专家侯外庐先生在西北大学担任校长期间,做过关于鲁迅思想的报告,他对鲁迅的"迅"的解释,就与人不同,他说:"《尔雅·释兽》云:'牝狼,其子獥,绝有力,迅。''鲁'既取自母姓,'迅'古义为狼子,'鲁迅'由此可理解为牝狼的一个有大力的儿子。这一笔名,颇标志了鲁迅思想发展途径的一个特点,这和他前期思想所表现出来的背叛封建士大夫阶级的性质,是名实相互的。"对于这个新颖的解释,当时听报告的张洲先生赞叹"他对鲁迅'迅'字的见解就卓尔不群"。①实际上,侯外庐对《尔雅》这段话的理解是不十分准确的。《尔雅》的原文是:"狼:牡貛,牝狼,其子獥,绝有力,迅。"依舍人的解释是:总名为狼的动物,公的叫做貛,母的叫做狼(与总名犯复),子叫做獥,绝有力的狼叫做迅(舍人曰:"狼:牡名貛,牝名狼,其子名獥,绝有力者名迅"),并不是牝狼之子叫做迅。而且"其子獥"的"其"也并非只指"牝狼",也指"牡貛";"牝狼"的意思也不是母狼,而是母者名为狼。说"迅"的古义为狼子,"鲁迅"取义于牝狼的一个有大力的儿子这种说法,训诂学上是站不住的。(参见下文)

二

训诂学对于理解汉语典籍的重要性已如上述。只要汉语典籍存在一天,只要

---

① 见张洲《回忆侯外庐校长》,《西北大学学报》1997 年第 1 期。

还有人要研读这些典籍,训诂学就是不可或缺的。随着计算机的出现和使用的普及,随着汉语典籍数字化的发展,训诂学这一古老的传统学科并不面临着挑战,反而是得到了更好的发挥。

目前,大规模做汉语典籍数字化的,就公司而言,有在北京的书同文公司。他们做了《四库全书》检索版(以文渊阁本为底本)、《四部丛刊》检索版、《康熙字典》检索版等。其录文极为认真,异写、俗写一依原本(可惜转化为 Word 文档时一些冷僻字不能显示),还有图版的书页可供校对。这些典籍都有自己的检索平台,可以通过纯文本文档而得以转入 Word,支持国标扩展码和 Unicode 码。但所有文章都不作标点,据说是因为难以标点得没有错误。

就个人而言,北京的尹小林所做的《国学宝典》已经囊括了多种文献,其中有《全上古三代秦汉三国六朝文》、《全唐文》等,据说已经有 3.5 亿字的汉语典籍文本数据,数量之大,叹为观止,文加标点,是其长处。但由于原来的平台是 Ucdos,使用不太方便,在该平台所造的汉字(该平台原有的字库只有国标码 6763 个汉字),自然到 Word 中也无法显示。由于数量太大,以一人之力(虽然其手下有几个录入人员),难保录文和标点不出现错误。现在,尹小林先生已经组建了"北京国学时代文化传播有限公司",又推出了中国历代基本典籍库的《隋唐五代卷》。该典籍库除《隋唐五代卷》外,还计划推出《先秦两汉魏晋南北朝卷》、《宋辽金元卷》、《明清卷》,四种共收入三千多部重要的汉语典籍,约 6 亿多字。2003 年春我与尹小林先生见过面,他说将文献录入做得精不是他的所长,某字该作某,专家们还讨论不休呢,他的长处是做得多。这是他给自己的定位。

至于做出部分汉语典籍的电子检索版的,还有青苹果公司(有廿五史光盘,用 pdf 格式)等等,南开大学也做有廿五史光盘。个人为研究所做的电子文本,更是更仆难数。

台湾中华电子佛典协会则制作有电子版的《大正藏》(第 1 至第 55 册暨 85 册),这个本子是在萧镇国先生所做电子文本的基础上详加校对而成的。萧镇国先生当时使用台湾的图书馆码录入的,转换成 big5 码后出现对应上的问题,故需再详加校对。中华电子佛典协会所做《大正藏》版本有两种格式,一种是 html 格式,一种是 rtf 格式。冷僻字用拼合的办法来显示,有一套拼合的规则,很易于实施。台湾中研院有巨大的汉语典籍数字化的数据库,其廿四史是开放的。香港中文大学也在做巨大的汉语典籍数字化数据库,有甲骨文、金文、简牍的资料。自然,做这些数据必须有显示这些文字的软件。

　　可以说,汉语典籍的数字化程度已经相当高了,已经蔚为大观了。如果有一个有权威的机构加以协调,避免重复劳动,使之向文本的精校和平台的开发以及通用上发展,则学人获益会更多。但目前看来,还不可能出现这样的机构。

　　这众多的数字化汉语典籍,对训诂学来说,自然是一种极大的嘉惠。以汉语典籍为研究对象的训诂学面对这样的形势不能不在手段上有所变化,而且训诂的实质内容也会有一定的拓宽。这种进步表现在:

1. 训诂工作者获取信息的途径更加开阔、更加便捷。

　　古人从事训诂工作,必须读许多书,积累许多语料,证明一义,必举多例。有时等了数十年,方发现佐证,所以他们不得不慨叹:"学不可无年。"现在我们有了许多数字化的汉语典籍,获取信息的途径就开阔了许多,便捷了许多。

　　如上举"刍狗"一词,我们用书同文公司的《四库全书》检索版,在几分钟之内,便可以得到结果:"刍狗"一词在《四库全书》中的 787 卷中都出现过,共出现 969 次(由于检索引擎本身存在一些问题,不能肯定这个数字是绝对正确的)。其中《淮南子》卷 11 中 1 次,卷 16、17 中各 2 次。《三国志》卷 12 中 1 次,卷 29 中 7 次。我所以特别提出《淮南子》和《三国志》,是因为这里的用例能很好地说明到底"刍狗"是什么,有什么用处。

　　《淮南子》卷 11《齐俗篇》:"譬若刍狗土龙之始成,文以青黄,绢以绮绣,缠以朱丝,尸祝袀袨、大夫端冕以送迎之。及其已用之后,则壤土草蓟(蓟字从王念孙说改,读为芥。原文为'艹'下'剢',奇字)而已,夫有孰贵之?"许慎注:"刍狗,束刍为狗,以谢过求福。土龙,以请雨。袀,纯服。袨,墨齐衣也。端冕,冠也。"

　　卷 16《说山篇》:"圣人用物,若用朱丝约刍狗,若为土龙以求雨。刍狗待之而求福,土龙待之而得食。"高诱注:"求犹得也,待刍狗之灵而得福也。土龙致雨,雨而成谷,故得待土龙之神而得谷食。一说土龙,待请雨之所,得食酒肉者也。"

　　卷 17《说林篇》:"譬若旱岁之土龙,疾疫之刍狗,是时为帝者也。"高诱注:"土龙以求雨,刍狗以求福,时见贵也。"又"刍狗能立而不能行,蛇床似麋芜而不能芳。"高诱注:"蛇床臭,麋芜芳。"

　　《三国志》卷 29《魏志·周宣传》:"尝有问宣曰:'吾昨夜梦见刍狗,其占何也?'宣答曰:'君欲得美食耳。'有顷,出行,果遇丰膳。后又问宣曰:'昨夜复梦见刍狗,何也?'宣曰:'君欲堕车折脚,宜戒慎之。'顷之,果如宣言。后又问宣:

'昨夜复梦见刍狗,何也?'宣曰:'君家欲失火,当善护之。'俄遂火起。语宣曰:
'前后三时,皆不梦也,聊试君耳。何以皆验邪?'宣对曰:'此神灵动君使言,故
与真梦无异也。'又问宣曰:'三梦刍狗而其占不同,何也?'宣曰:'刍狗者,祭神
之物。故君始梦,当得余食也。祭祀既讫,则刍狗为车所轹,故中梦当堕车折
脚也。刍狗既车轹之后,必载以为樵,故后梦忧失火也。'宣之叙梦,凡此类也,
十中八九,世以比建平之相矣。"

据这些数据来看,"刍狗"就是扎草为狗形,疾疫时用于求福禳灾,此时要文饰妆扮
一番。祈祷之后,侍祭者可享用祭品,而刍狗即便弃置,人踏车轹,随后就将它当做
柴草,一烧了事。《三国志》的例子特别能说明问题。

明乎此,就更加明白"天地不仁,以万物为刍狗"之意了。刍狗的产生、荣华、弃
置、焚灭,是其自然的过程。此言天地不施仁恩,只是让万物顺其自然的过程生灭
而已。钟泰先生驳胡适先生的说法是正确的。

但是钟先生在《庄子发微》中对《天运篇》师金之言中"刍狗"作更深入的解释
时,却又产生了一些问题。钟先生说:"'刍狗',如刍灵,以茅草扎作人形,以殉葬,
则谓之刍灵;以祭祀,则谓之刍狗。后世画神像于纸,以竹为骨而张之,谓之纸马,
即刍狗之变。纸马非马,知刍狗非狗矣。李颐云:'结刍为狗。'非也。(王弼注《老
子》'以万物为刍狗',分刍与狗为两事。曰:'地不为兽生刍,而兽食刍,不为人生
狗,而人食狗。'其说尤为荒谬,盖自秦以后,刍狗之制已不存。故魏、晋间人已不知
刍狗为何物,而各以其意说之。不知狗之为言苟也,以其暂制而用之,故谓之苟,岂
象狗形者哉?——原注)"[1]"刍狗"必不作人形,而作狗形。也不用于殉葬,而用于
禳灾求福。三国魏时人尚知"刍狗"之形制,周宣之言可证。至于为什么要作狗形?
这就不容易回答了。从民俗的角度来说,今日广东潮汕地区还有黑狗可以辟邪之
说,或者是其意型的孑遗?

---

① 上海古籍出版社 1988 年版,第 324 页。

至于钟先生提到的"纸马",则是一种印有神像的纸,有时神像骑着马,用于祭祀逝者或敬神,用后即焚化。近代的纸马,见下图:①

《明文海》卷 105 李濂《纸说》有云:"古者祭祀用牲币,秦俗牲用马。唐玄宗渎于鬼神,王玙始凿纸为钱以代币,凡祷祠必焚纸钱加以画马,谓之纸马。今江浙之贾,水舸陆车载纸贸易者,舵相摩而毂相击也,而冥纸用之几半。十室之邑,数家之村,必有鬻纸马之肆。寺庙坛壝斋醮葬祭,无处无时而不焚化,此其暴殄者四也。"《日知录》卷 27:"古人用以事神及送死,皆木偶人木偶马(鲁相史晨孔庙后碑云:'饬治桐车马于渎上。'——原注)今人代以纸人纸马。"看起来,纸马是从古代的明器偶马演变而来的,可能开始是用纸(当然还需要做骨架的竹木之类)扎成马形,以后简化就在纸上画马形,再后来也可以画神像,骑马或不骑马都可以了。其用途,先是用于作逝者的陪葬,焚烧之以示此意,《宋史·礼志二十七(凶礼三)》记载契丹贺正使为本国皇太后成服,有"焚纸马,皆举哭"之语。也可以用于敬神,大概也要焚化。《博异记》"王昌龄"条记王昌龄坐船路过马当山,按习俗当谒庙。"乃命使赍酒脯、纸马献于大王,兼有一量草履子上大王夫人,而以一首诗,令使者至彼而祷

---

① 此图取自陶思炎着中国民间文化探幽丛书《风俗探幽》俗信篇,东南大学出版社 1995 年版。

之。诗曰:'青骢一疋昆仑牵,奉上大王不取钱。直为猛风波里骤,莫怪昌龄不下船。'"就诗来看,所献纸马应该是有马形的。据李濂之说,纸马是在唐玄宗时出现的。今日检《东京梦华录》卷7"清明节"条,《梦粱录》卷6"十二月"条,都有"纸马铺",其营业范围是做各种祭祀敬神的纸制品。这样看来,纸马的形制、用途与刍狗还是不同的,特别是没有刍狗那由享受荣华至被人贱弃的变化。

又如"迅"古义是否为母狼之子的问题,既然其句子是"绝有力,迅",我们可以检索《尔雅》中,句型为"绝有力,×"的例子,从中归纳出表述的意思来。《尔雅》中这类句型有共13例:

1.雉,绝有力,奋。(释鸟)

2.麋……绝有力,狄。(释兽,下同)

邢昺疏:其绝异壮大有力者名狄也。

3.鹿……绝有力,麚。

邢昺疏:绝有力者名麚。

4.麕……绝有力,豜。

5.狼……绝有力,迅。

邢昺疏:此辨狼之种类也。舍人曰:狼,牡名獾。牝名狼。其子名獥。绝有力者名迅。孙炎曰:迅,疾也。

6.兔……绝有力,欣。

7.豕……绝有力,豟。

邢昺疏:绝有力名豟,即下篇豕高五尺者也。

8.熊……绝有力,麙。

9.驹骡……绝有力,駥。(释畜,下同)

郭璞注:即马高八尺。

10.(牛)绝有力,欣犌。

11.羊……绝有力,奋。

12.犬……绝有力,狤。

13.鸡……绝有力,奋。

郭璞注:诸物有气力多者,无不健自奋迅,故皆以名云。

根据这13个例子来看,"绝有力,×"中的"×"应该都是名词,指的是某种动物中非常壮健有力的,不是指某种动物的幼子。所以孙炎说:"迅,疾也。"理解为形容词,也是不合文例的。至于这些动物中的壮健者所以如此得名,自然是这些名词也有壮健迅猛之义。最后一例郭璞注:"诸物有气力多者,无不健自奋迅,故皆以名云。"得其命名之原。

正是因为有了这些数字化的典籍,获取信息非常便利,我们对这类疑难问题的认识才能很快深入。

2. 由于信息获取的方便,可以比较方便地发现古籍中过去未被注意的新词新义,解决疑难问题的可能性也提高了。

研究训诂的人,很注意所谓新词、新义。当然,这些词和义实际上并不新,只是被历史的烟尘所埋没而已。我们今天把它挖掘出来,一方面是为了读懂古书,另一方面是为了研究词汇和词义的历史发展,便于编写大型的历时词典。由于用数字化的汉语典籍获取信息极其方便,古籍中过去未被注意的新词、新义发现就容易了许多。

如《大目干连冥间救母变文》有:"行普心于世界,而(读为如)诸仏之本原(愿)。"①"普心"一词过去无人注意,我以为可能指普度众生之心。行此心于世界,正如诸佛的本愿。这样理解,觉得应该不太离谱,但没有佐证,总觉得不太放心。后查阅台湾中华电子佛典协会制作的电子版《大正藏》(第 1 册至第 55 册暨第 85 册),得到 22 条,方知"普心"指周普一切之心,并不专用于普度众生。如:《大集大虚空藏菩萨所问经》卷 1:"普心等于诸有情,妙心等住于彼岸。"《正法华经》卷 10:"谓众贾人,不宜恐畏,等共一心,俱同发声,称光世音菩萨,威神辄来拥护,令无恐惧,普心自归,便脱众难,不遇贼害。"《华严经探玄记》卷 9:"有力者明佛有普加力,有悲者明有普加心。自有普力无普心亦不致疑,自有普心无普力亦不可怪。"

使用数字化的汉语典籍,不仅新词、新义的发现更为容易,疑难语词索解的可能性也提高了许多。有一些长期得不到确解的语词,借助于数字化的汉语典籍,经过认真思考,也可以解决了。

如"诎指"、"拘指"、"句指"这一组同义词,历来得不到确解。先看下面的资料:

《战国策》卷 29《燕策一·燕昭王收破燕后即位章》:"郭隗先生对曰:'帝者与师处,王者与友处,霸者与臣处,亡国与役处。诎指而事之,北面而受学,则百己者至。'"诸祖耿《战国策集注汇考》:"鲍彪曰:屈指也。○吴师道曰:屈指,犹言折节。○金正炜曰:按《管子·侈靡篇》:'承从天之指',注:'指,意

---

① 此据石谷风先生收藏的《晋魏隋唐残墨》中的异本,安徽美术出版社 1992 年 10 月版。此本与《敦煌变文集》中所收九个本子不同。

也。'《吕览·行论篇》'布衣行此指于国',注:'指犹志也。'字本作'恉'。《说文》、《广雅》并云:'恉,意也。''指'即'恉'之借字。"①缪文远《战国策新校注》:"诎,通屈。"下引吴师道和金正炜说(均已见上)②何建章《战国策注释》:"诎指而事之:舍弃己意而侍奉贤者。《法言·渊骞》于省吾《双剑誃新证》:'"诎""屈"同字。'指:《汉书·司马迁传》颜注'意也。''诎指'或解作'折节'、'屈尊'亦可。"③范祥雍《战国策笺证》引鲍彪、吴师道说后,又引其他诸家之说:"张居正云:'诎指'作'屈己'。○横田惟孝云:'诎指'犹'拘指',拱手也。(下引《说苑》,见下引)诎指而事之,北面而受学,执弟子礼也。○中井积德云:'指'疑当作'节'。○于鬯云:或云:'指'盖读为'稽',即稽首。又'诎指'二字叠韵,或古语。○[按]'诎指'即'屈指'。'指'与'恉'通。《说文》:'恉,意也。'朱骏声《通训定声》云:'经传皆以"旨"以"指"为之。'《广雅·释诂》:'恉,志也。'则'诎指'犹言'屈意'或'降志'也。吴训折节,义近。中井以为字讹,谬。《说苑·君道篇》之'北面拘指'亦此义(上文'南面听朝'、'西面等礼'与此并列为文,'北面拘指'犹言'北面而屈志'也)。横田误解。鲍、于说并非。"④(为清眉目,各人的说法间加"○"号)

《说苑·君道篇》:"北面拘指,逡巡而退以求臣,则师傅之材至矣。"

《淮南子·修务篇》:"今取新圣人书,名之孔墨,则弟子句指而受者必众矣。"张双棣《淮南子校释》:"李哲明(据刘家立《淮南集证》引)云:'句指者,盖恭谨之状,《说苑·君道篇》"北面拘指,逡巡而退以求臣,则师傅之材至矣",即此义。'○双棣按:李说是。刘台拱校《说苑》亦谓'拘指'即此之'句指',《盐铁论·刺议》云:'仆虽不敏,亦当倾耳下风,摄齐句指,受业于君子之涂矣。''句指'义与此同,亦谨敬之谓也。"⑤

《盐铁论·刺议》:"仆虽不敏,亦当(姚范谓'当'疑'尝')倾耳下风,摄齐句(字亦作勾)指,受业径(马非百谓'受业'当在'径'字下)于君子之涂矣。"王利器《盐铁论校注》:"案'句指',卑恭之貌。杨树达曰:《淮南·修务篇》:"今取新(《校注》本漏新字)圣人书,名之孔墨,则弟子句指而受者必众矣。"器案:

---

① 江苏古籍出版社 1985 年版,第 1555 页。标点符号有改动,错字迳行改正。

② 巴蜀书社 1987 年版,第 1051 页。

③ 中华书局 1996 年版,第 1112 页。

④ 上海古籍出版社 2006 年版,第 1686 页。

⑤ 北京大学出版社 1997 年版,第 2019 页。

"《说苑·君道篇》:'北面拘指,逡巡而退以求臣,则师傅之材至矣。''拘指'即'句指'。"①马非百《盐铁论简注》:"句,章句。指,指要。《北齐书·邢邵传》:'晚年尤以五经章句为意,穷其指要。'这是说逐句了解书中要旨。"②

这个"诎指",可以说是异说纷呈了。归纳起来,约有如下六说:①"指"通"恉",也就是压制自己的想法和意愿。金正炜、何建章、范祥雍持此说。②折节。吴师道、中井积德持此说。因为"指"毕竟不等于"节",所以中井要说字讹。③屈己。张居正持此说。④拱手。横田惟孝持此说。⑤稽首。于鬯说。于氏又说二字叠韵,全然不解音韵。⑥弯曲手指。鲍彪持此说。

这些解释,除鲍彪说外,没有一种是切合的。从师受教,为什么一定要扭曲自己的意志?说是恭敬之状者,未能解释为何屈指便是恭敬之状。说"诎指"便是"折节","指"与"节"语义上也说不出其关联来。如果我们将这些材料联系起来考察,便会发现,"诎指"、"拘指"、"句指"都用在受学的语境中。古人求学,登堂见老师,必行趋登之礼,而下身为裳,趋登不便,必须弯曲手指提起裳的下摆,这就是"抠衣",也就是"摄齐(音 zī,衣裳的下摆)"。"诎指"、"拘指"、"句指"就是弯曲手指,其意就是将要"抠衣"("摄齐")以受教。宋人尚行此礼,所以鲍彪只注"屈指"而读者即明。后代不明此礼,便越说越离谱了。

3. 由于数字化的文献统计某字或某词的用例既方便又准确,那么,对一个字或词的各个义项的研究,对一个字或词的意义历史演变的研究,都可以做得更为准确,可以有数量的分析。这为专书词典、断代词典、历时词典的编撰提供了许多方便。

此理至明,限于篇幅,我就不展开来说了。过去一些学者做专书词典,都是用手工作业的方式,手工作业,非常费时费力,且恐有遗漏。有了数字化的文本,那就轻松多了,而且其周遍性有十足的把握。推而广之,用来编断代词典、历时词典,自然也就轻松许多。现在,中国社会科学院的一些先生们正在使用各种数字化的汉语典籍编撰近代汉语词典,相信一定会比已有的一些词典做得更好。但是,我这里所说的轻松是指获得信息来说的,并不意味着主体的创造性思维的减轻。

上面三点说明,随着汉语典籍数字化的推进,不仅是训诂工作者的手段有所变化,训诂的实质内容也会有一定的拓宽。

---

① 天津古籍出版社 1983 年版,第 321 页。
② 中华书局 1984 年版,第 199 页。

三

由于数字化汉语典籍带来的许多便捷,也使得一些浮躁的读书人,不愿意做沉潜读书的工夫,而只是到有关的光盘上、网站上去检索、下载数据,甚至于不管这些数据有没有读懂,拿来就用,以至于引用的数据支离破碎、句读错误百出、材料和论点背离等等现象屡次出现。

这里固然有数字化文本上的原因,由于汉语典籍数字化的平台尚未臻于完善,有的文字的校勘存在一些问题,有的未加标点,所以如果不对照纸本文献(或图版)仔细研读而贸然使用,自然会闹出笑话。

但是,即使是校出很精良的电子文本,使用者限于功力而读错的例子也不少。其实,不仅是电子文本如此,纸本文本,考订再精,如阅读者没有相当深厚的文史素养,读错的也不在少数。

因此,在汉语典籍大量数字化的今天,阅读古籍能力的熏陶和培养更显得重要。有了比较扎实的文史功底,数字化的汉语典籍便是使其腾飞的双翼。而如果没有这种功底,随意引用数字化的汉语典籍,反而会使自己露馅、掉分。

另一方面,数字化的汉语典籍要做得更好,还须在三方面下工夫:一是检索平台的改进、优化;二是检索程序的多样、深化(如在检索到的材料中进行二次检索、注文的排除或添加等);三是文本的校订、加工(如正确的标点等)。

以上所说,是自己在使用数字化的汉语典籍进行训诂实践中的一些体会,不当之处,希望指教。

陆宗达先生与汉语训诂学的传承和发展

陆宗达先生(1905—1988)，字颖民，祖籍浙江省慈溪县，生于北京。1926 年经由吴检斋先生认识黄侃(季刚)先生，甫一相见，便为黄先生的学问风采所倾倒，旋即登门拜师，成为黄门入室弟子。此后追随黄侃先生游学南北，学习传统语言文字之学，尤精于汉语训诂学。还在 20 世纪 30 年代初，陆先生即在北京大学设课讲授训诂学。自台海分割之后，陆先生是大陆境内守望传统、高扬训诂学旗帜、传承并发展章黄之学的第一人，也是承接近代训诂学并将其推进于当代学术之林的最主要的学者之一。今年是先师陆先生诞辰一百周年，逝世十七周年。十七年来，在渐次稀释的记忆中，每一想及当年先生讲学授课的情景，先生的音容笑貌依然如在目前。值此学术盛会之际①，谨以此文纪念先师陆先生。

一

近代国学大师黄侃先生早年投身反清革命，留学日本，参加同盟会，师从章太炎先生学习语言文字之学。辛亥革命后，目睹革命党内歧见重重，袁世凯虎视眈眈，以天下事已不可为，遂弃政从教，专心致力于经学、文学、小学，特别是训诂学的教学和研究。他认为："人类一切学问，当以正德、利用、厚生为三德"，主张学问应当"为生民立命，为往圣继绝学，为万世开太平"②。1932 年他致书陆先生，便以"刻苦为人，殷勤传学"八字相策励，意气勤勤恳恳。陆先生恪守师教，终生不渝。早在1928 年从北大毕业留校任教后，即开科设课，教授汉语训诂学，并在学界获得了一定的名望。③ 以后虽历抗日战争、解放战争，在艰难竭绝之中，对训诂学的教研也

---

① 本文为 2005 年 10 月 15 - 17 日"纪念《周礼正义》出版百年暨陆宗达先生百年诞辰学术研讨会"论文。

② 李庆富《蕲春黄先生雅言札记》，《制言》第 41 期。

③ 陆昕《我的祖父陆宗达》，《陆宗达语言学论文集》，第 684 页，北师大出版社，1996 年 3 月。

未曾稍息。20世纪50年代之初,大陆取法苏联,实行计划经济,大学院系调整,专业条块分割,学界欧风盛行,惟苏联马首是瞻,传统学术文化受到冷落和排斥,训诂学一度被打入冷宫,几成空白。1957年陆先生发表了《谈一谈训诂学》一文,在肯定汉语研究取得许多成就的前提下,开门见山地说:"大家都把全力集中于语法理论的研究,而没有注意到它的历史发展,没有注意到它的使用特点;因此在教学当中,学生常会碰到许多困难,而感到语法教学的实用意义不大。"接着指出,中国训诂学中,在许多地方涉及到语法的问题,"如果加以整理和分析,是有助于汉语发展规律和汉语独具特点的了解的",所以他要为文介绍一下训诂学。文章最后,他提出建议说:"今后要把我们的研究对象的领域扩大,并且尽可能跟有关的一切学术部门加强联系,把语言这门一向被人认为是较枯燥的学科,输送以应有的青春活力;把这门过去脱离实用意义的学科,恢复它长远以来就密切结合实际的优良传统,从而使祖国的语言宝库愈益丰富,并且进一步为社会主义文化建设事业服务。"①这篇文章恰中肯綮地说出了当时汉语研究中崇洋媚外,脱离实际、脱离历史传统、脱离民族语言特点的偏颇,至今仍有意义。今天读来,这不过是一篇普及训诂学的文字,但是不要忘记,当时可是在动辄获咎、方兴未艾的"反右斗争"之中呀!陆先生本着中国知识分子固有的学术良心,以极大的学术勇气和实事求是的精神,守望民族语言传统,期盼学术健康发展。1964年,时值大陆刚刚渡过经济困难时期,陆先生又出版了《训诂浅谈》一本普及性读物,简捷明快、深入浅出地向社会广大读者介绍了训诂和训诂学的知识。只此一书一文,犹如空谷足音,即在中国大陆重新树起了汉语训诂学的旗帜,高扬民族精神,使濒临绝境的古老学科重新为世关注。上世纪七十年代末八十年代初,在大陆科学文化春天到来的时候,他又以《训诂简论》和《说文解字通论》两书及相关论文,最早宣告了训诂学的复生。

除了著书立说,在纸介媒体上宣传和普及汉语训诂学之外,陆生先将更多精力倾注在教学育人方面。在传统文化式微、训诂学后继乏人的困境中,陆先生身体力行,殷勤传学,使古老的学术一脉相传,不绝如缕。20世纪60年代初,他和萧璋、俞敏先生一起开课授学,培养了一批传统语言学的研究生,为学术发展储备了有生力量。中经"文化大革命"的狂风暴雨,到20世纪70年代末,大陆改革开放,学术文化进入新境界,陆先生独立招收研究生,又培养了一批训诂学专业的硕士和博士生,成为今日大陆训诂学的骨干力量。

---

① 《陆宗达语言学论文集》,第115-123页,北师大出版社,1996年3月。

为了团结国内训诂专业工作者,壮大教学科研队伍,进一步振兴汉语训诂学,弘扬祖国传统优秀文化,在陆先生与老一辈学者的倡导下,1981年5月,于武汉成立了中国训诂学研究会。因众望所归,陆先生被选为首任会长。中国训诂学研究会的成立,标志着训诂学重新登上学术殿堂,第一次有了群众性的学术研究团体,凝聚了国内从事训诂教学和研究的学术力量,从而使汉语训诂学以前所未有的规模和力度在更广阔的境域里发展开来。在这次会议上,与会者一致呼吁学术界应该高度重视训诂学,高等院校应尽早恢复或开设训诂学课,以使这门实用价值很大的科学得到普及。时过一年,大陆境内即有数十所高校开设了训诂学课程。面对训诂学迅速发展的形势,陆先生清醒认识到:"训诂学虽然是门古老的学科,但系统全面地讲授,这在旧中国的大学里也并不多见,因此作为一门课程它又是年轻的,在其发展过程中出现的问题也就更急需解决。"①为此,他及时撰写了《关于训诂学教学的几个问题》一文,根据自己的教学实践,就课程的性质、目的、内容以及教学方法、师资队伍建设、教材编写等方面高屋建瓴地提出建设性意见,引领了此后训诂教学的稳步发展。

二

传统语言文字学虽分文字、音韵、训诂三科,但畛域有别而相互为用。黄侃先生说:"音韵者何?所以贯穿训诂而即本之以求文字之推演者也。故非通音韵,即不能通文字、训诂,理故如此。然不通文字、训诂,亦不足以通音韵。此则徵其实也。音韵不能孤立,孤立则为空言,入于微茫矣。故必以文字、训诂为依归。"②黄先生晚年主要从事训诂学的研究,认为"学问文章皆宜由章句训诂起",把训诂学视为既是国学的基础,又是小学的终结和归宿,文字学、音韵学只是训诂学的轮翼和工具。而许慎的《说文解字》集形、音、义为一体,是文字训诂学的不祧之祖。因此,他教陆先生读的第一部文字训诂专书就是《说文》,并谆谆告诫说:《说文》是文字训诂的基础,攻"小学",由《说文》起步最为便捷。要求陆先生集中精力,学通、学透,然后再读古代文献的注疏和其他文字训诂专书,便可触类旁通,一隅而三。陆先生秉承师教,以《说文》为根基,下大力气,精研《说文》,对许书篆文篇次说解烂熟于

① 《关于训诂学教学的几个问题》,《陆宗达语言学论文集》,第299页,北师大出版社,1996年3月。

② 黄焯编《文字声韵训诂笔记》,第149页,上海古籍出版社,1983年4月。

心,几于不看原书即能指示出处;然后熟读先秦两汉文献及其他文字训诂专书,将专书训诂与传注训诂相贯通,将字义训诂与文意训诂相衔接,互动互补,交相为用,卓有成效地发挥了训诂学在教学科研中的作用。

陆先生以研治《说文》名家,"文革"后期,当他居家赋闲时,即秘密为上门求学者开讲《说文》,并写成《论说文解字》、《说文简述》等文。此后,又陆续刊出《〈说文解字〉的价值和功用》、《六书简论》等学术性和考释性的文章数十百篇,著作《训诂简论》、《说文解字通论》、《说文同源字新证》等书。无论著书还是为文,其要都在以《说文》通训诂。他说:"《说文解字》以形义统一的原则,据一义而定本字本义,本字定而字明,本义定而引申义、假借义明,这使得《说文解字》在训诂上具有特殊的重要作用。"因此"《说文》的研究最终还要落实到由形、音而探求词义上",训诂是《说文》的落脚点。而应用《说文》来解决训诂问题,"不外是利用其本字、本义的材料,或借字借义的材料,来帮助我们阅读古书,了解古代文献的词义"[①]。我们在他的讲学和著述中,随处都能发现他信手拈来、熟练运用《说文》来解决文献疑难词义的事例。他在《我与〈说文〉》一文中总结自己治学方法时说:"几十年来,我总是离不开以《说文》作桥梁,通过运用《说文》,帮助自己解决古代文献语言中的疑难问题,解决《说文》与训诂研究的普及与应用的问题,解决发展汉语词义学的理论与方法诸问题。"[②]《说文》是陆先生研治训诂学的出发点和途径,毕其终生,一以贯之。学问之事,厚积而薄发,重要的是论不虚作,言不空谈。陆先生的讲学为文,可谓继承了章黄学派的传统,贯彻了从客观材料出发的实事求是的朴学精神。

三

黄侃先生晚年精力粹于训诂学,继章太炎先生之后,把训诂学纳入语言学的范畴,给出了新解释,提出了新任务,写出了我国第一部粗具规模的训诂学教材——《训诂学讲词》,第一个建立了训诂学的理论体系。同时对词义系统、字源和语源展开深入研究。[③] 可惜天不假年,壮志未酬即遽归道山。时隔半个世纪,在世界已进入高科技信息化时代,面对科学技术的突飞猛进和现代化进程的日新月异,汉语训诂学如何承前启后、继往开来、不断开拓创新,历史地摆在了后世学人面前。陆先

---

① 《说文解字与训诂学》,《陆宗达语言学论文集》,第 337 - 345 页,北师大出版社,1996 年 3 月。

② 《陆宗达语言学论文集》,第 613 页,北师大出版社,1996 年 3 月。

③ 《陆宗达语言学论文集》,第 641 页,北师大出版社,1996 年 3 月。

生晚年思考最多、用力最勤的就是总结章黄之学,尝试着从传统训诂学里探讨和提升现代训诂学的理论方法,以先进的学理引领学术实践。他在《关于训诂学教学的几个问题》一文中说:"章、黄(侃)于本世纪初曾致力于训诂学理论的建设,但草创未精;现在又过去了半个多世纪,自然科学、社会科学已有极大的发展,有益于训诂学者多多。如果我们不沿着前代大师的足迹加强理论的研究,并用以统观和剖析古人的成果、指导训诂实践,那么我们只能停留在几百年前的高度上,甚或达不到这个高度;如果在我们的训诂学教学中不以科学的理论作为指导,那就是引导学生向后看,他们所获得的,充其量不过是略加分类的材料而已。"并指出:"这里所说的科学理论,并不只是指普通语言学一类学科的研究结果,还包括蕴藏在历代训诂著作中对于语言规律的深刻揭示和有关方法论的思想。"特别强调训诂学所要解决的是汉民族历史语言中的问题,是汉语的特殊规律。① 深厚的语言学学养,丰富的教学科研实践,长期的观察考量,致使他的这种开拓性的尝试是卓有成效的。这方面的成果,集中体现在《训诂方法论》一书。在此书中,他尝试运用现代的思维科学和语言科学,从总结章黄开创的训诂原理、方法出发,经过分析、归纳,提出了三种系统的训诂方法,即"根据形义关系的规律而有的'以形索义'方法,根据音义关系的规律而有的'因声求义'方法和根据词义本身运动变化与相互联系的规律而有的'比较互证'方法"②。应该说,这种在师说的基础上的因端发挥、深入发掘和系统开拓的理论方法,在当时是领先的,至今仍被广泛引用着。此外,对于章黄所开创的字源学和词源学的理论方法,也作了新的探讨,使之更趋缜密和科学。我们从论文集《浅论传统字源学》一文中可见一斑。陆先生在《从段玉裁的〈说文解字注〉谈起》一文中说:"历史无法割断,文化皆有渊源,后人吸取前人的成果是必不可少的;而时代在前进,科学在发展,后人胜过前人又是历史的必然。只有抱着既虚心而又不迷信的态度,才能正确进行批判地继承文化遗产的工作。"③这就是他对待前代学术和历史文化的态度,无论是在逆境中还是顺境中,都是如此。

四

汉语训诂学历史悠久,被视为绝学,普通人望而却步。而一种学术,必须"为生

---

① 《陆宗达语言学论文集》,第 301 - 302 页,北师大出版社,1996 年 3 月。
② 陆宗达、王宁著《训诂与训诂学》,第 25 页,山西教育出版社,1994 年 9 月。
③ 《陆宗达语言学论文集》,第 251 页,北师大出版社,1996 年 3 月。

民立命",即关乎国计民生,方能为普通民众所认识、接受并掌握,这样它才有生存、发展的空间。陆先生有鉴于此,遵从师说,一生研治文字训诂学,始终重视学术的普及和应用,从文献材料出发,密切联系实际,学以致用。

首先,他非常关心语文教学,主张中学语文教师要学一点训诂学。他在《学点训诂》一文中,从训诂可以帮助解决词语教学的疑难问题,可以帮助把词语教学系统化,可以帮助丰富文化知识,加深对文意的了解,可以帮助理解和权衡注释的正确与否等方面,说明训诂学对中学语文教学所起的作用,希望大家共同努力来学习训诂学,运用训诂学,发展训诂学。① 为此,他结合语文教学中经常遇到的问题,写了许多浅显易懂、短小精致的文章,宣传训诂学,普及训诂知识。如收在论文集中的《谈"加"、"暂"、"数"的词义训释》、《"尉剑挺"解》、《"丽土之毛"与"不毛之地"》等等,直接服务于中学语文教学,服务于基础教育。

其次,他根据社会需要,撰文普及名物训诂、历史文化知识。这些文章涉及到文学、医学、烹饪学、天文学、地理学等,涵盖了社会生活的各个方面,谈古论今,纵横捭阖,要言不烦,并且总是与训诂相联系。他的论文集中收有《"刘"字的本义与避讳》一文,是一篇千字短文。文章从"刘"是中国的一个大姓说起,介绍了刘字的本义、引申义及其同源词,再说到许慎著《说文》时因避讳而改字,最后文末一句"避讳影响训诂,此为一例",收住全文,点明主旨。收入论文集中此类文章甚多,其目的就在于"这类知识应当让青年知道,增强爱国主义"。② 为了达到这个目的,他无论发言讲学,还是著书为文,向来以浅显易懂、生动有趣、引人入胜见长,能将深奥枯燥的学术理论化作通俗明白的话语娓娓道来。这种"化腐朽为神奇"的功夫是从深厚的学养中生发的,更值得今日治学者取法和学习。

此外,陆先生从 20 世纪 50 年代起一直关注国家的语言文字规范工作,不仅出任文字改革委员会委员,积极参与其事,而且撰写文章发表意见,还和俞敏先生合写《现代汉语》,也有弄清普通话的基础方言北京话语法规律的意思。③ 训诂追求的是正确地认识和使用字词的形、音、义,以便进一步准确理解经籍文意。从《尔雅》的正名命物,到汉代经师的正文字、解词释义,再到许慎以"六书说""理群类,解谬误,达神恉"著作《说文》,形成了注释训诂和辞书训诂两大门类。自尔以来,历代

---

① 《陆宗达语言学论文集》,第 279－282 页,北师大出版社,1996 年 3 月。
② 《让青年一代了解中国古代文化》,《陆宗达语言学论文集》,第 313 页,北师大出版社,1996 年 3 月。
③ 许嘉璐《汉语规范史略·序》,语文出版社,2000 年 3 月。

训诂学家所从事的工作，无非广义上的语言文字规范之能事。正因如此，古往今来，我国语言学家除了注释经籍文献，研究语言文字外，多有参与编纂辞书者，力图利用语文辞书贯彻语言学研究成果，普及语言文字知识，指导普通读者正确认识、理解和使用语言文字。作为研究文字训诂的专家，陆先生继承了我国语言学家的优良传统，不但参与语文规范的工作，还亲自参加《新华词典》的编纂实践，担任《现代汉语词典》（试印本）的审订委员和《汉语大词典》的学术顾问，倾注了一个语言学家对语言文字应用的满腔热情。在亲历了辞书编纂后，他曾撰文指出："辞书编纂是关系到整个民族学习和生产的大事，也是关系到保存和发展文化科学技术成果的大事……它的重要意义自不待言。辞书的编纂，成败不在一词一语诠释的得失，而在取舍、编排、查检方法和处理纷繁的具体问题的原则的科学而得当。……艰苦细致的编纂实践一定要与深入广博的理论研究结合起来，才能使工作进行得更好，这是众所周知的事实。"[①]这段言简意赅、语重心长的话，蕴涵着重要的辞书编纂理论和实践经验。辞书是一个开放的系统，由于语言的变异性和社会约定俗成性，辞书的编纂永远滞后于语言的发展，所以它的收词释义就难免挂一漏万，难免一词一语释义的错失。但对于辞书编纂而言，最为重要的尚不在此，而是看有无严谨、规范、科学的编纂体例和方法，有无吸收最新语言科学研究的成果，是否在研究的基础上从事编纂。近年来，我国辞书业发展飞快，各种辞书纷至沓来，花样翻新，可是有理论研究、有新的体例方法的原创性的精品辞书并不多见，根本原因即在于此。所以说，陆先生的这段至理名言，至今对于辞书编纂仍具有现实指导意义。在纪念陆先生百年诞辰的时候，我们应继承和发扬前辈学者的治学传统，更多地关注和参与辞书编纂、语文教学以及语言文字规范化工作，让训诂学更好地为社会服务。

---

① 《继续走理论与实践相结合的道路》，《陆宗达语言学论文集》，第 566 页，北师大出版社，1996 年 3 月。

陆宗达的《说文》学与辞书编纂

商务印书馆　史建桥

陆宗达先生(1905—1988)是我国当代著名的语言学家,在传统语言学包括训诂学、文字学、音韵学各方面都颇有建树,特别是在《说文》的研究上造诣极深,形成了具有自己独特风格的《说文》学,在学界享有很高的声誉。陆先生还是一个著名的辞书学家,他参加了《新华词典》的编纂工作,并担任过《现代汉语词典(试印本)》审订委员会委员、《汉语大字典》和《汉语大词典》的学术顾问,为我国的辞书事业做出了突出的贡献。

陆先生说过,"从文献语言材料出发,以《说文解字》为中心,以探讨词义为落脚点;重视继承,建立适合汉语特点的汉语语言学;面向现代社会,重视普及和应用",是其治学的指导思想[①]。而辞书编纂,就是"面向现代社会,重视普及和应用"的一个重要方面。陆先生十分重视辞书的社会价值和功用,善于利用《说文》中的材料,充分运用从《说文》中总结出来的经验和方法,给我们辞书工作者带来许多重要的启示,这是陆先生留下的一份珍贵的学术遗产,值得我们很好地继承和发展。

一

陆先生的《说文》学给我们的第一个启示是,要重视辞书的社会价值和功用,认清辞书工作者的重要职责。

陆先生曾经指出,"辞书编纂是关系到整个民族学习和生产的大事,也是关系到保存和发展文化科学技术成果的大事"[②]。在研究《说文》的过程中,他正是从这样的高度来认识和评价《说文》的社会地位和用途的。

---

① 《我与〈说文〉》,《陆宗达语言学论文集》,北京师范大学出版社 1996 年。
② 《继续走理论与实践相结合的道路——祝贺〈辞书研究〉创刊三周年》,《辞书研究》1982年第 5 期;《陆宗达语言学论文集》,北京师范大学出版社 1996 年。

他认为"《说文》是我国语言学史上第一部分析字形、说解字义、辨识声读的字典","从全世界的范围来考察,《说文》也是出现最早的、系统性合于科学精神的、具有独创的民族风格的字典"。① 作为一部集录语言文字并加以分析和解释的辞书,《说文》具有哪些价值和功用呢? 在汉代,就存在着只是把语言文字的研究以及辞书和识字课本等同起来的看法,汉代儒生卢植曾在上疏中对当世"流俗"将语言文字的研究"降在小学"②提出了批评。许慎作《说文》,其目的并不止于语言文字的研究本身,他针对当世的流俗时弊,在《说文解字·叙》里强调"文字者,经义之本,王政之始",也就是为了治经治政,为社会现实服务。陆先生肯定了许慎的这种认识,并对辞书的社会价值和功用作了进一步的发掘和拓展。他认为辞书不仅仅具有解释字词的作用,还可以从中了解历史,了解社会。他首次从理论的高度将《说文》中所收的文字与当时的社会生产、生活联系起来进行研究,打破了过去一般只将使用《说文》单纯视作了解字词意义的观念,加深了人们对辞书的社会价值和功用的认识。

在《介绍许慎的〈说文解字〉》一文中,陆先生阐述了怎样利用《说文解字》的四个方面:一、六书之说;二、古书的词义;三、古史材料;四、古代文化知识。③ 前两个方面涉及到语言文字方面的资料,后两个方面涉及到古代社会文化方面的资料。在《论〈说文解字〉》一文中,陆先生又说:"由于语言文字的发展是社会发展的反映,所以我们从《说文解字》所收的文字和许慎的说解上,也可以了解古代社会发展的一些情况。"例如,从《说文·玉部》所收的 124 个字中,可以看到统治阶级如何残酷地剥削劳动人民的劳动以供他们穷奢极欲的生活需要,也可以看到劳动人民在治玉工艺方面的智慧、才能和技艺的发展情况。又如,从《说文·草部》所收的 445 个字中,可以了解二千年前我国对草本植物的研究和利用所取得的巨大成就。又如《丸部》"𪃷"字,许慎解说为"鸷鸟食已,吐其皮毛如丸",可以知道我国在东汉时期就对猫头鹰的生活习性有了细密的观察。所以,《说文解字》对于研究我国古代科学文化的发展,是一部极有参考价值的著作。④ 他得出了这样精辟的结论:"总之,我们不应把《说文》只当作研究语言文字的参考资料,更不能把它只看成说解字义

---

　　① 《〈说文解字〉通论》引言,北京出版社 1981 年。

　　② 《后汉书·卢植传》。

　　③ 《北京师范大学学报》1961 年第 3 期;《陆宗达语言学论文集》,北京师范大学出版社1996 年。

　　④ 《陆宗达语言学论文集》,北京师范大学出版社 1996 年。

的字典,偶尔去翻检一下,而应该看作一个历史知识的宝库,引起充分重视和深入研究,以利于批判地继承古代文化遗产,发展新的科学文化。"①

陆先生的以上论述,从两个方面阐明了辞书的价值。一是辞书的认识价值。"语言文字的发展是社会发展的反映",而收录语言文字的辞书则是当时社会面貌的一个缩影。一定时代的辞书特别是具有权威性的辞书,它所收的字词及其诠释,反映了当时人们生产和生活的具体状况以及科学文化所达到的水平,同时也反映了当时人们对自然和社会的思想认识所达到的水平,也就是反映了一定时代的文明程度和社会进步程度。汉代的《说文》是如此,以后各个历史时期的重要辞书也是如此。二是辞书的应用价值。辞书通过对语言文字的阐释和规范,可以使人们的思想交流和信息传递跨越时间和空间的限制,更好地发挥语言文字作为社会交际工具的重要作用。一方面由此认识古代,了解历史,"以利于批判地继承古代文化遗产";一方面由此认识现实,把握未来,为促进社会进步,"发展新的科学文化"服务。

当前,人类正在由工业社会步入信息社会,科学文化的快速发展和信息量的急剧膨胀给辞书编纂提出了更高的要求。我们辞书工作者应该像陆先生那样对辞书的社会价值和功用予以充分的认识和高度的重视,担负起自己的职责,真正做到与时俱进,努力创造出不负于这个时代的优秀辞书来。

二

陆先生的《说文》学给我们的第二个启示是,要善于利用《说文》中的材料,以帮助我们弄清字词的形、音、义,做好辞书的释义工作。

他指出《说文》"在字形、字音、字义方面的说解,是研究汉语和汉字发展史的重要资料"。② 在《〈说文解字〉及其在文献阅读中的应用》一文中,他提出了三点:第一,解决古代文献中的疑难字词的问题;第二,了解词的引申脉络,掌握词义特点,辨析古今词义的殊异;第三,掌握古代文献用字的规律,以排除文字障碍。③ 在《〈说文解字〉与训诂学》一文中,他从七个方面阐述了《说文》在训诂上的应用:第一,运用《说文》了解古代生产生活的情况;第二,运用《说文》了解古代科学发展的

---

① 《〈说文解字〉通论》引言,北京出版社 1981 年。

② 同上。

③ 《文史知识》1981 年第 5 期;《陆宗达语言学论文集》,北京师范大学出版社 1996 年。

情况;第三,运用《说文》探求名物的来源和追寻词义的特点;第四,运用《说文》解决文字讹误造成的疑难词义;第五,运用《说文》考订新词的古义和古字;第六,运用《说文》探求方言俗语音变义转的轨迹;第七,运用《说文》解释成语的原始意义。[①]这些论述,对辞书的编纂工作都具有重要的指导意义。

陆先生还利用《说文》中的材料,对某些具体字词作出科学而合理的解释,更是为我们树立了典范。在《〈说文解字〉通论》中,就有大量这样的例子。如《左传·僖公二十三年》记载晋国公子重耳流亡国外,"乞食于野人,野人与之块"。从杜预注开始,过去对这一句中的"块"都解释为土块,陆先生根据《说文》中"块"字的正篆作"凷",说解为"从土,凵象形",指出"凵"正是"块"字的形象,说明"块"的意思实际上是指盛土的筐,并引用其他的音义材料加以佐证,认为这样解释才符合事实情理,才是准确地理解了这段文字的本意。[②]又如"襄"字,《说文》说解为"《汉令》解衣耕谓之襄"。陆先生认为"解衣耕"的"衣",是指地的表皮,"解衣耕"是一种耕种方法,就是在天气干旱时,先扒开耕地的表层,然后用表层下湿润的土点播种子,再把表层的土覆盖上去,其作用是保持墒情,有利于种子发芽生长。这就是"襄"字的本义,并由此可知早在春秋时代就已经掌握了保墒、点种的耕作技术。[③]陆先生曾写了一篇题为《小谈释义及其他》[④]的文章,这是他作为《汉语大词典》的学术顾问,审读了其中部分初稿后提出的意见和看法。其中如"窃"字,他认为这个字的义项中有一个假借义混在里面了,即把"窃"解释为"浅"。他指出这样解释见于《说文》"虦"字下"虎窃毛谓之虦苗……窃,浅也",而《说文》常在这样的旁见说解中注明假借义。因此这个意义不能混在"窃"的引申义里。又如"不速之客"这条成语,他认为把"速"释为"请",并没有完全解释清楚,应该是催请的意思,"不速之客"的"速"在《说文》中的本字是"諫",训"餔旋促也"。促就是催请的意思。

在辞书编纂中,还有一个辨别字词的古义与今义的问题。陆先生在他的论著中,利用《说文》中的有关资料进行字词的古义与今义的辨析,解决了不少问题。如"洒"字,今义是泼水,把水散落在地上,那么它的古义是什么呢?陆先生根据《说文》"洒,涤也。古文为灑埽字"的说解,指出从音读和字义上看,洒就是今天所谓用

---

①　《训诂学的研究与应用》,内蒙古人民出版社 1986 年;《陆宗达语言学论文集》,北京师范大学出版社 1996 年。

②　《〈说文解字〉通论》二章一节,北京出版社 1981 年。

③　《〈说文解字〉通论》三章一节,北京出版社 1981 年。

④　《辞书研究》1984 年第 1 期;《陆宗达语言学论文集》,北京师范大学出版社 1996 年。

水洗去泥垢的洗,应该念 xǐ。① 又如"横"字,陆先生说鲁迅的"横眉冷对千夫指"的
"横",如果用今义来解释,很难讲通,眉毛本来就是横的,而且"横眉"如何与"冷对"
相联呢? 查《说文》"横,阑木也",也就是拦门的木头。引申为凡以木遮拦都叫
"横",由此又引申出"纵横"义和"阻挡"义,"阻挡"也就是不顺从、不听从,"横眉冷
对"的"横"用的正是此义,形容眉目的神情。②

　　利用《说文》中的材料,并非易事,汉字的形音义纷繁复杂,是需要下一番分析
研究的工夫的。陆先生的《文字的贮存与使用》③一文,就深入分析了《说文》之字
与文献用字的不同。他说:"从汉字的贮存与使用的角度来研读《说文》,就是一项
必不可少的工作。否则,把《说文》之字与文献用字全然等同起来,有时就扦格难
通,或竟而铸成小谬。"他认为《说文》之字与文献用字不同的情况,有同形而有别音
别义者、同形别音而有意义联系者、同形而音义互易者三种类型。有的人不明白这
种区别,用《说文》中贮存状态的字来硬套使用状态的文献用字,或者用使用状态的
文献用字指责《说文》中贮存状态的字,造成许多混乱。要避免这些错谬,就不要孤
立地、表面地看待《说文》之字和文献用字,对字的形音义交错互求,把握词义与词
义相互联系、相互转化的条件,并以文献用例作为验证的标准。陆先生的这些意
见,对于我们正确地使用《说文》的材料,都是非常有价值的。

　　还有十分重要的一点,那就是陆先生高度称赞《说文》取得的成就及其价值,但
也从不盲目采信《说文》里的材料,对《说文》他是"有肯定,有批评的"④,《说文》中
存在的讹误和不足,他都实事求是地指出来。这也是我们在使用《说文》时需要充
分注意的。

　　人们常说,辞书的释义是辞书的灵魂,准确地解释字词的意义,是辞书编纂的
核心任务。那么,如何把握字词的意义,解决其中的疑点和难点,并恰切而科学地
表述出来,是辞书工作者面临的一个极其重要的问题。而《说文》可以作为帮助我
们探寻字词意义发展演变的轨迹,释疑解难的津梁,正因如此,它是辞书编纂的必
备工具书。陆先生使用《说文》中的说解材料对具体字词所作的分析研究,以及他

---

① 《〈说文解字〉通论》二章二节,北京出版社 1981 年。
② 《〈说文解字〉及其在文献阅读中的应用》,《文史知识》1981 年第 5 期;《陆宗达语言学论
文集》,北京师范大学出版社 1996 年。
③ 《湖南师范大学学报》1987 年第 2 期;《陆宗达语言学论文集》,北京师范大学出版社
1996 年。
④ 许嘉璐《〈说文解字〉通论》序。

所提出的使用这些材料时应当注意的问题，无疑都具有重要的参考作用。

三

陆先生的《说文》学给我们的第三个启示是，要认真总结《说文》编纂的经验和方法，并运用于辞书的编纂工作。

陆先生指出，在《说文》的说解中"包含着许多宝贵的经验，是我们今天的文字学、训诂学应该予以继承和发展的"①。他还说，"我国在辞书编纂上有着悠久的历史和优良的传统。早在汉代，就有了解释五经词义的按义类编排的同义词典《尔雅》、形音义综合诠释的字典《说文解字》、用标准语解释方言的方言词典《方言》以及探索词义来源的同源字典《释名》。这些辞书在材料的搜集和整理上、编排的体例上都达到了一定的水平。尤其是许慎编著的《说文解字》，已有了明确的理论指导……正是因为他把这些正确的理论贯穿在《说文解字》的全书编纂中，才使得这部书取舍有方、编排严谨、体例统一"。② 陆先生基于以上认识，通过分析和概括，总结出许多《说文》编纂的经验和方法，把《说文》的研究提到了一个新的高度，择其要者有以下三个方面：

第一，运用系统的观点来解释字词，编纂辞书。

上面提到，陆先生称赞《说文》是一部"系统性合于科学精神"的字典。辞书就是一个庞大而复杂的系统工程，在总体框架这个大系统下，又包含着若干不同层面的小系统；像字词的形音义，词义的引申演变，辞书的编排等，都构成了各自不同的系统。关于字词的形音义系统，陆先生认为，许慎在编纂《说文》时已有明确的、比较成熟的形、音、义结合的理论作指导，非常注重形、音、义的系统。这种系统不仅表现在每个字、词的说解都分形、音、义三部分，更重要的是，书中的绝大部分字、词都包含在形、音、义的系统中③。他还将形、音、义三者的关系作了一个形象的比喻：字词就好像糖葫芦，糖葫芦上的果子好比字义，果子外皮的糖是字形，串起果子的竹签好比是字音。他说关键是必须用竹签子穿在一起才能成为糖葫芦，因此"以声音为主导"，"用'声音'统帅'形'、'义'是研究文献语言学的重要方法"④。"综合

---

① 《〈说文解字〉通论》引言，北京出版社 1981 年。

② 《继续走理论与实践相结合的道路——祝贺〈辞书研究〉创刊三周年》，《辞书研究》1982年第 5 期；《陆宗达语言学论文集》北京师范大学出版社 1996 年。

③ 《我与〈说文〉》，《陆宗达语言学论文集》，北京师范大学出版社 1996 年。

④ 《〈说文解字〉通论》一章一节，北京出版社 1981 年。

《说文》全书的材料,运用音韵、文字的研究成果,核证古代文献资料,便可求得形音义的统一,达到因形音以求义的目的"①。关于词义的系统,陆先生指出"一个词的几个义项之间是本义和引申义的关系,这就是词义的系统性","要把词的不同含义综合起来,推求语源,阐明变化,找出词义发展的线索,弄清楚它的系统性"。他还提出"从字形的分析上找到字的本义","不但要正确地推导每个字的本义,而且要科学地分析它的引申义","词的引申义不是主观臆测凭空捏造的,而是根据语言的实际切切实实地考查出来的"。只有这样,才能"信而有征地掌握词义的系统性"②。关于辞书的编排系统,陆先生肯定了《说文》在编排上的"严谨",并指出《说文》里"搜集了'文'九千三百五十三,'重文'一千一百六十三,共一万零五百一十六字,并且把这些字按照字形分成五百四十部,'分别部居','据形系联',成为有系统的偏旁编字法"。这种"有系统的偏旁编字法",对后世字书的编纂影响极大,从沿袭《说文》归部为 540 部的《字林》、《玉篇》、《类篇》,再到简化为 214 部的《字汇》、《正字通》、《康熙字典》,以及现代沿用 214 部的《中华大字典》、《辞源》,都"用偏旁立部汇集汉字的办法,仍然是遵循许慎所创立的体例"。③

运用系统的理论和方法,应该是编纂辞书的基本要求。我们既要精心设计好辞书的总体框架这个大系统,又要从宏观到微观,对辞书的各个分系统进行专项加工和审查,注意各系统内部和彼此间的照应,使之协调一致,层层把好关,努力打造精品辞书。而这与找人攒词条,胡乱拼凑的编纂方式是不可同日而语的。

第二,采用标明义界的释义方式,准确、全面地解释字词的意义。

"义界"的概念,最早由章太炎提出:"训诂之术,略有三途:一曰直训,二曰语根,三曰界说。"④黄侃在此基础上明确提出:"训诂者,以语言解释语言之谓,论其方式有三:一曰互训,二曰义界,三曰推因。"⑤陆先生通过对《说文》的分析研究,对章黄的"界说"、"义界"之说作了进一步的发挥。他说,"词的义界就是词所概括的客观事物的本质与属性";"把词所概括的本质和属性用极简洁、很准确、最全面的语言标识出来,这就是标明义界的训释方法"。"极简洁"指的是用尽量少的笔墨,

① 《〈说文解字〉与训诂学》,《训诂学的研究与应用》,内蒙古人民出版社 1986 年;《陆宗达语言学论文集》,北京师范大学出版社 1996 年。
② 《〈说文解字〉通论》二章三节,北京出版社 1981 年。
③ 《〈说文解字〉通论》引言:《〈说文解字〉的价值和功用》,《北京师范大学学报》1978 年第 3 期。
④ 《章太炎书札·与章行严论墨学第二书》。
⑤ 《训诂笔记·训诂构成之方式》,《文字声韵训诂笔记》,上海古籍出版社 1983 年。

"很准确"指的是对词义的内容作出规定,"最全面"指的是对词义的范围作出划分,也就是要用尽量少的笔墨,揭示出词义的内容和范围。陆先生就是这样对"义界"之说作了明确而合理的阐发。他还依据《说文》和先秦文献,归纳出标明义界的表述方式有两种:一种是用极简练的几个字,就能精确、全面地把义界标识出来。如《说文》"达,行不相遇也","遇"字《说文》训逢,逢与逆同义,因此,行路有所阻逆,或两方互相逢逆,那就过不去了。"行不相遇"是通行无阻,所谓通达之义。他认为许慎这样标明义界,甚为新颖。另一种是用叙事或描写的方法,具体说明词的义界。他以《左传·襄公二十八年》中"夫子愎,莫之止,将不出"为例,认为"莫之止,将不出"正是"愎"的含义最具体的抒写。他说"应该用通俗易晓的语言,把词的义界范围准确地解释出来,这样得出的基本义界应该在不同的语言环境里,都能讲通"。①陆先生还指出训释词义的互训、推源、义界这三种方式,一个词并非只能用一种方法,每个词都可以用三种方法来解释。《说文》常常是举其一而让人反其三,而现代语文辞典中用推源的少,用互训、义界的多。②

采用标明义界的方式,即可以确定词与词之间在内涵和外延上的区别,也可以将词中的各个不同的义项恰当地划分开来,因而是辞书编纂中解释词义的一个必不可少的重要方法。如何在辞书编纂中更好地发挥"义界"的作用,这是一个需要进一步深入研究的问题。

第三,使用参互比较的方法,推求字词的意义和用法。

参互比较的方法,是陆先生研读《说文》总结出来的一个行之有效的方法。他说:"词在具体的语言中,才能充分显示出它的生命力。因此,必须在实际语言中进行参互比较,推求词的意义和用法。"通过把意义和用法相同或相近的字词放在具体语境中加以比较分析,能够得出更加可信的结论。例如《说文》"去,人相违也","去"的词义核心是"违",而这正是许慎从古代文献中相互比较而得出来的。《左传·成公十六年》:"有淖于前,乃皆左右相违于淖。"《左传·襄公二十年》:"公赋《南山有台》,武子去所,曰:'臣不堪也。'"这里的"违"、"去"两个词虽然出现在不同的语言环境里,但意义和用法是一样的,都作"躲避"、"避开"讲。③

参互比较方法的作用,还不仅限于此,陆先生在他的论著中,广泛地使用了这

①　《〈说文解字〉通论》一章六节,北京出版社 1981 年。

②　《〈说文〉简述》,《陆宗达语言学论文集》,北京师范大学出版社 1996 年。

③　《〈说文解字〉通论》一章六节,北京出版社 1981 年。

一方法,最引人注意的是他首次明确提出的充分利用《说文》的旁见说解和用《说文》的训释字与被训释字参互比较的见解。

陆先生说,《说文》解释字义、字形,不仅在本篆的说解里加以说明,有时在另一个篆文的说解里也涉及到该篆文,这种旁见的说解也是研究《说文》的重要资料。如《说文》"申,神也",而"虹"字籀文从申,又有"申,电也"的说解,他认为"申"字应根据籀文"虹"下的说解来理解。又如《说文》"卪,二卪也。巽从此";"巽,具也。从丌卪声";"選(选),遣也。从辵、巽。巽,遣之"。他认为古代凡派遣人办事,必有符节,"卪"是将两节合符进行验证,两节合符手续才算完备,所以"巽"训"具";符节为派遣出去的人所持用,没有的话遇到关塞则无法通行,这正是"選"字下说解"遣也"、"遣之"的意思。在"選"字下对"巽"的解释,实际上是对"卪"、"巽"二篆的补充。陆先生归纳起来说,旁见的说解无论是对原篆的形体和说解有所匡正还是有所补充和证明,都能使我们更清楚地了解原篆的语原,有助于我们考察字义的演变。①

陆先生还指出:"我们研究词义,不仅仅要注意被训释字,也必须重视训释字,两者要互相参证,互相比较。"②如《说文》"加,语相增加也",光看这个训释,很难理解"加"的准确含义。再看《说文》里用"加"作训释字有"譜"和"诬",从被"加"训释的这两个字,可以理解"加"所以从"力"从"口",正是以不实之词强加于人,本义是"诬妄"、"诬蔑"。③ 又如《说文》:"暂,不久也。"《说文》以"暂"作训释字的有"突,犬从穴中暂出也","默,犬暂逐人也"。"暂出"是说犬的动作迅速异常,"暂逐人"是说犬的扑逐出人不意。他说只有对《说文》里作为训释字的几个"暂"字加以综合研究,才能深入了解它的含义。④

参互比较的方法,对于我们编纂辞书是非常有用的。我们确立义项,概括词义,也应该利用相关的语料,把被解释的和用于解释的字词放到具体的语境中加以分析比较,这样才能理解得更加准确、全面和深入。受旁见说解的启发,辞书中对单个字词的解释和成语中对相同字词的解释要注意进行比较,保持它们的一致性,避免互相矛盾。受用《说文》的训释字和被训释字参互比较的启发,那些既作为被

---

① 《〈说文解字〉通论》二章五节,北京出版社 1981 年。

② 《〈说文解字〉通论》二章六节,北京出版社 1981 年。

③ 《〈说文解字〉及其在文献阅读中的应用》,《文史知识》1981 年第 5 期;《陆宗达语言学论文集》,北京师范大学出版社 1996 年。

④ 《〈说文解字〉通论》二章六节,北京出版社 1981 年。

解释的条目又在别的条目中用于解释的字词,要综合起来进行考察,弄清相互间的关系,更精确、更全面地掌握它们的意义和用法。

　　陆先生曾深刻地指出:"编好辞书本身是一门专门的科学","艰苦细致的编纂实践一定要与深入广博的理论研究结合起来,才能使工作进行得更好"。[①] 他在《说文》学方面创建的理论和方法,是我们辞书工作者的宝贵财富。我们要进一步发掘、继承和发展,运用于辞书编纂的实践,这对于丰富具有中国特色的辞书学理论,建立完善的辞书学学科是非常有意义的。

---

　　① 《继续走理论与实践相结合的道路——祝贺〈辞书研究〉创刊三周年》,《辞书研究》1982年第 5 期;《陆宗达语言学论文集》,北京师范大学出版社 1996 年。

从孙诒让的《周礼正义》
看他对《集韵》的研究

四川大学中文系　赵振铎

孙诒让在跋方成珪《集韵考正》的时候说：

此书手稿本先生没后亦散出，为先舅祖项几山训导传霖所得，幸未沦队。家中父从项氏写得副本，而诒让又于林子琳丈彬许得先生所著《韩昌黎集笺正平议》，精审迥出方菘卿、陈景云诸书之上。深幸先生遗著先后踵出，不可不为传播。遂请家大人先以此书刊之鄂中，而工匠拙劣，所刻不能精善。修改数四，乃始成书。项氏所弄手稿，间有刺举。元文而缺其校语者，殆尚未为定本。今辄就管窥所及，略为补注。诒让检核之余，间有条记。又尝得钱唐罗镜泉以智校本及长洲马远林钊景宋本校记，其所得有出先生此书之外者，行将续辑之以续先生之绪焉。光绪己卯二月朏后学孙诒让记。

光绪己卯是光绪五年，也就是公元 1879 年。孙诒让当时三十六岁，他曾经打算在方成珪《集韵考正》的基础上对《集韵》再作一番整理，并且已经作了一些准备工作，如收集得罗有高《集韵》校语，马钊《影宋本集韵校勘记》，今天藏于浙江大学图书馆的孙氏遗书还有孙氏手校的马钊校勘记，还有一部《集韵》校本，朱墨满纸，浙大雪克教授告诉我，这虽然是孙家藏书，但是上面的批语不是孙诒让的。他怀疑是方成珪家的，仔细阅读这个本子，其中有些校语超出方氏《考正》之外，值得重视。可惜孙诒让在《周礼正义》写成后四年就去世了。他的这个愿望没有来得及实现。

笔者往年校理《集韵》，并且把他和孙氏《周礼正义》对照阅读，发现孙氏研究《周礼》有许多材料完全可以用来疏释《集韵》，非常精审。于是就管见所及，写了这篇读书笔记。

一

《集韵》收字比《广韵》多，它的《韵例》里面说收字五万余，这是就韵书统计的，以每一个读音算一个字,五个读音就算成五个字,这样一来字就多了起来。实际上如果以方块汉字为单位,一个字不管它有多少个读音都算一个字的话,它也不过三万多个字,就是这样,它收字已经比《广韵》多一万来个。这样庞大的字库,里面有各种各样的异体字是不可避免的。研究《集韵》清理字的异体关系是一项复杂的任务。孙诒让在《周礼正义》里面,对《周礼》的正文和郑玄注里面字的各种关系有不少说明。且看下面的例子:

> 瀺、渔、𩵥、鮫,《说文》:捕鱼也。篆省,或作𩵥、鮫。(《鱼韵》牛居切)

这一组异体字共有四个,根据丁度等人定的体例。他把《说文》收的字作为正体,其余的重文异体排在后面。孙氏在《周礼正义》的《天官·叙官》的"渔人"曾经对这一组异体字有所分析。他说:

> 《釋文》云:"𩵥音魚。本又作魚。亦作鮫,同。又音御。"案:《說文·𩺰部》云:"瀺,捕魚也。"重文渔,篆文瀺,从魚。又《竹部》云:"簗,禁苑也。《春秋傳》曰:'澤之舟簗',重文"鮫,簗或作鮫。从又从魚。"莊述祖云:"鮫即鮫,讀御,蓋古音也。昭二十年《左傳》'澤之萑蒲,舟鮫守之'注:'舟鮫,官名。''鮫'當爲'鮫'之譌。"案莊説是也《王維集·京兆尹張公德政碑》亦有"舟渔衡鹿"之文,可證唐本《左傳》尚有作"鮫"者。但《左傳》舟鮫自是澤虞。非𩵥人也。詳《地官·敘官》疏。此"𩵥"、"鮫"並"鮫"之别體,古叚爲捕魚字。《石鼓文》"渔"字作"𤉲",即从"鮫"之變體。釋慧苑《華嚴經音義》云:"渔,《聲類》作'𩵥'、'鮫'二體。"張參《五經文字》亦云:"'渔'、'𩵥'同。"凡經用古字作'𩵥',注用今字作'渔'。本職先鄭注及《禮運》後鄭注並作"渔人",用正字也。《釋文》别本作"魚",亦"渔"之叚字。《國語·魯語》又有"水虞",韋注亦謂即渔師。詳本職疏。

这里把这几个字的异体关系讲清楚了,还补充了一个"虞"字,也和"渔"有异体关系。

> 楙,《説文》:蕃也。引《詩》"營營青蠅,止于楙"。通作樊。(《元韵·符袁切》)

《集韵·韵例》中说:"凡經史用字,類多假借。今字各著義,則假借難同,故但言'通作某'"。这条就是说"楙"、"樊"两个字可以相通。孙氏在《天官·大宰》"以九職任萬民,二曰園圃毓草木"正义中说:

> 《説文·爻部》:云:"楙,藩也。""樊"即"楙"之叚字。《爾雅·釋言》及《詩·東方未明》傳並云:"樊,藩也。"《詩疏》引孫炎云:"樊,圃之藩也。與鄭義同"。

再举一个例子：

> 彫、剮，《説文》：琢之也。或从刀。通作雕、琱。（《萧韵·都聊切》）

这两个相通的字，孙氏在书中也有论及。《天官·叙官》"追师"郑玄注后面他说：

> 《爾雅·釋器》云："玉謂之雕。"又云："玉謂之琢。"又云："雕謂之琢。"是"雕"、"琢"並爲治玉之名。《荀子·富國篇》引《詩》"追"作"雕"，《説苑·修文篇》又引作"彫"。又《詩·周頌·有客篇》"敦琢其旅"孔疏云："敦雕、古今字。"案：《説文·玉部》："琱，治玉也。""雕"、"彫"並"琱"之借字。"琱"、"追"、"敦"一聲之轉。

有些字在它出现的时候并不一定有异体关系，但是在使用过程中却常常互相代用。"鲜"、"鱻"两字，在《说文》里面是有区别的。《集韵》也把它们分开立项。虽然它们都在《鱟韵》，都音相然切。

> 鮮，《説文》：魚名。出貉國。一曰鳥獸新殺曰鮮。又曰善也。亦姓。

> 鱻，《説文》：新魚精也。从三魚不變。

孙氏认为这两个字在新杀义上有通用现象在《天官·膳夫》有这样一段文字："凡其死生鮮薨之物，以共之膳，與其薦脩之物，及后世子之膳羞。"郑注："鄭司農云：鮮謂生肉，薨謂乾肉。"孙氏正义：

> 《説文·魚部》："鱻，新魚精也。""鮮，魚名，出貉國"。經典多借"鮮"爲"鱻"。此經皆作"鱻"，注皆作"鮮"，亦經用古字，注用今字之例，後"鱻羽"杜注亦云"鮮魚也"。鱻爲生魚，引申爲凡生肉之稱。《尚書·益稷》："庶鮮食。"僞孔傳云："鳥獸新殺曰鮮。"是鳥獸之肉生者並曰鮮矣。《既夕禮》云："魚腊鮮獸。"注云：鮮新殺者生肉，即新殺者也。

"敕"字和"勑"本来是两个字，音义不同。在人们的使用过程中，"勑"字往往用作"敕"字。《集韵》已经如此。

> 敕、勅、勑，《説文》：誡也。兩地曰敕。从攴，束聲。古从力。或作勑，本音賚。世以爲敕字，行之久矣。（《職韻》蓄力切）

孙诒让对此也有考释，《天官·大宰》："乃施典逾邦國而建其牧，立其監，設其參，傅其伍，陳其殷，置其輔。"鄭注："乃者，更申其勑之以侯伯有功得者，加命作州長謂之牧，所謂八命作牧者。"孙氏正义在此段下申诉说：

> 勑，依字当为敕。故《説文·力部》云："勑，勞也。"又《攴部》云："敕，誡也。"案：静經典多借"勑"为"敕。"實則二字音義迥别。鄭此注及《宰夫》《冏胥》

《司市》《遂大夫》《小臣》诸职注并以"勑"为"敕",取通俗也。《周易释文》引《字林》作"敕",亦俗作,《说文》所无。

孙氏为《周礼正义》,占有丰富的资料,其论文字重文异体,所用材料往往有超出《集韵》之外的。且看下面这个例子。

饔、饔,熟食也。一曰割烹煎和之稱。或從雍。(《集韵·钟韵》于容切)

这组异体不算多,只有两个。孙氏在《周礼正义》里面对这组异体字有所解释。《天官·叙官》:"内饔。"正义:"《說文·食部》云:'饔,取食也。''饔'即'饔'之隸變。凡孰食必有割烹煎和故謂之饔,字亦省作'雝',隸變作'雍'。《國語·周語》雲:'佐雝者嘗焉。'韋注云:'雝,亨煎之官也'。"在这条正义前面,孙氏还说:"《少牢饋食禮》有雍人、雍正、雍府,蓋大夫家臣亦有主饔之官,雍正爲長,雍府即其府也。"照孙氏的说法,这组异体字还可以补上"雝"、"雍"两字。

二

释义是辞书的重要组成部分,一部辞书的质量好坏,在很大程度上取决于它释义的如何。《集韵》的单字下面有不少释义,但是限于书的体例和当时辞书编纂的水平,它只有释义,而没有用例。孙诒让在解释《周礼》的经文和郑注的时候,往往举出丰富的例证。可以用来补充《集韵》释义的不备。例如:

師,一曰長也。(《脂韵》蒸夷切)

根据《天官·叙官》"旬师"郑玄注:"師猶長也"。按照训诂学的通例,一个字本来没有那个意义,辗转相通,使它获得了某个意义,训诂学上就用"犹"把它们连接起来。孙诒让对此作了进一步的说明。

《漢書·百官公卿表》注引應劭云:"師者,長也。"《文王世子》云:"師者,教之以事而喻諸德者也。"《周書·謚法篇》云:"教誨不倦曰長。"是師、長並有表率教訓之義。故《曲禮》孔疏引干氏謂凡言師者,訓其徒也。義並與鄭略同。

"誅"是责备的意思。《集韵》:"誅,《說文》:討也。一曰責也。"(《虞韵》追輸切)《周礼》郑玄注里面多次提到这个义项。如:《天官·大宰》:"以八柄詔王馭羣臣:八曰誅於馭其過。"郑注:"誅,責讓也。《曲禮》曰:'齒路馬有誅'。"这个"誅"字前代学者多有解释。孙诒让对此作了总结性的说明。他说:

《司救》注:"誅,誅責也。"義與此同。《廣雅·釋詁》云:"讓、誅,責也。"黄以周云:"鄭意過與罪對,罪重而過輕,故誅,誅責讓引《曲禮》曰'齒路馬有誅'者,鄭彼注云:'路馬,君之馬。齒欲年也,誅,罰也。'賈疏云:'引之者,證誅爲

言語責之,非有刑罪也。'《内史》變'誅'言'殺',欲見其爲恶不止則殺之。"劉敞
云:"誅者,殺也。過當作禍,聲之誤耳。有取其福則有取其禍矣。福稱生則禍
稱誅矣。八柄者,先敍賞而後言罰,賞則先重,罰則後重故誅最後言也。"俞樾
云:"鄭必以責讓釋誅者,疑過失但當責讓不當誅殺耳。不知此過當讀爲禍。
鄭君遂失其解,賈見《内史》八柄變誅言殺,不知其文異義同而曲爲之説,胥失
之矣。"案:劉、俞説是也。王安石、王昭禹、姜兆錫説並同。此經凡言誅雖有訓
責讓者,而此職之誅以《内史》證之,則不得於殺義岐迕,鄭、賈説並未允。

这个辨析是很有道理的。又如:

追,治玉也。或从玉。(《灰韵》都回切)

追有雕琢玉石的意思。《周礼·天官·叙官》"追师"郑注:"追,治玉之名。"孙
氏正义对此阐发说:

《詩·大雅·棫樸篇》:"追琢其章。"毛傳云:"追,雕也。金曰雕,玉曰琢。"
鄭箋云:"《周禮·追師》掌追衡笄,則追亦治玉也"。

"毒"古代表示厚重的意思。《集韵·沃韵》说:

毒、𧮼,《説文》:厚也。害人之艸,往往而生。从屮从毒。古从刀葍。(《沃
韵》徒沃切)

《周礼·天官·医师》:"醫師掌醫之政令,聚毒藥以共醫事。"郑注:"毒藥,藥之
辛苦者。藥之物恒多毒。《孟子》曰:'藥不瞑眩,厥疾無瘳'。"孙氏正义阐明郑玄的
训释说:

《説文·屮部》云:"毒,厚也。"《廣雅·釋詁》云:"毒,苦也。"凡辛苦之藥,
味必厚烈而不適口,故謂之毒藥。《月令》:"孟夏聚蓄百藥。"鄭注云:"蕃廡之
時,毒氣盛。"《素問·藏氣法時篇》云:"毒藥攻邪。"又《移精變氣論》云:"毒藥
治其内,鍼石治其外。"《五常政大論》云:"能毒者,以厚藥;不勝毒者,以薄藥。"
王冰注云:"藥厚薄謂氣味厚薄者也。"《鶡冠子·環流篇》云:"味之害人者謂之
毒,積毒成藥,工以爲醫。"是毒藥者,氣性酷烈之謂,與《本艸經》所云有毒無毒
者異。鄭義根據古訓,不可易也。賈疏謂藥中有毒者巴豆、狼牙之類,殆未達
鄭恉。

这对于解释《集韵》的"毒"字很有帮助。

孙氏在解释词语的意义的时候,常常采用对比的方法,对传统训诂学的"统
言"、"析言","对文"、"散文"多有运用。如:

藪、大澤也……(《集韵》苏后切)

《天官·大宰》:"以九職任萬民,四曰藪牧養蓄鳥獸。"鄭注:"澤無水曰藪。"孫氏正義:"《地官·敘官》'澤虞'有大澤、大藪、中澤、中藪、小額、小藪,注云:'澤。水所鍾也。水希曰藪。'水希即是無水。《華嚴經音義》引《韓詩傳》云:'澤中可禽獸居之曰藪。'無水故可居禽獸也。蓋析言則藪與澤別,統言之則、澤亦通。故《職方氏》'藪澤'注云:'大澤曰藪'是也。"又如:

脩,《説文》:脯也。(《尤韵》思流切)

薄的干肉片称为脯,它和脩有不同,但是有的时候,两者又可以通用。《周礼·天官·膳夫》:"凡肉脩之頒錫皆掌之。"郑注:"鄭司農云:'脩,脯也'。"正义对此作了解释,他说:

《掌客》注及《説文·肉部》並同。《釋名·釋飲食》云:"脯,搏也。乾燥相搏著也。"又曰:"脩,脩縮也。乾燥而縮也。"《膳夫》後鄭注云:"薄析曰脯,捶之而施薑桂曰鍛脩。"賈疏云:"加薑桂鍛治者謂之脩,不加薑桂以鹽乾之者謂之脯。"則脩、脯異矣。先鄭云脩、脯者,散文言之,脩、脯通也。

孙诒让也注意目验的方法,将文献的记载和自己观察的实物联系起来。例如:

《考工記·梓人》:"外骨內骨,卻行仄行,連行紆行,以脰鳴者,以旁鳴者,以翼鳴者,以股鳴者,以胷鳴者,謂之小蟲之屬以爲雕琢。"鄭注:"翼鳴,發皇屬。"正義:"賈疏云:'按《爾雅》:蚍蟥,蚚。郭云:甲蟲也。大如虎豆,綠色。今江東呼爲黄蚚。即此發皇也'。臧琳云:'《説文·虫部》:蚚,蠐蟥,以翼鳴者。《爾雅》:蚍,蟥蚚。《御覽》引孫炎注云:翼在甲裏。茇、發聲同。古人多通用。故《爾雅》作蚍,《周禮》注作發。《爾雅音義》云:蟥本或作黄,黄與皇亦古通'。案:臧説是也,今有綠色甲蟲,形狀如郭説,鳴聲甚清亮,江蘇人謂之金鐘子,當即發皇也"。

按:《集韵·勿韵》分物切:"蚍,甲蟲也,大如虎豆,綠色"。这裏"蚍"字的释文用的是《尔雅·释虫》"蚍"的郭璞注,孙氏的正义有助于解释这个字的意思。

楔、椴、槸,《説文》:槾也。蜀人从殺,《周禮》从埶。(《薛韻》私列切)按:這條材料見於《考工記》,《考工記·輪人》:"直以指牙,牙得則無槸而固。"鄭注:"鄭司農云:'槸,椴也。蜀人言椴曰槸'。"孫氏正义解释说:

程瑤田云:"槸與楔同。《説文·木部》:'楔,槾也'。'槾,楔也'。徐鍇謂'槾,簪也,楣也'。《集韻》:'楔,蜀人从殺,周人从埶。據此注言之也'。段玉裁云:"椴《説文》作楔,其正字也,疏人言椴曰槸者,方言之異也。舉方言證經之槸謂楔也。"

通过这些例子可以看出,孙诒让的《周礼正义》里面有许多材料可以利用来解释《集韵》的字义和词义。这项工作今天还没有多少人做。

三

《集韵》这样大一部韵书,里面有些错讹,孙诒让在《周礼正义》里面也多有涉及。例如:

> 韠,柔革平均也。(《支韵》驱为切)

按:这个字见《考工记·鲍人》郑注引郑司农说。《鲍人》说:"卷而摶之,欲其無迆也"。郑注引郑司农曰:"無迆謂革不。"释文:"韠,音虧,又許皮反。"孙氏正义对这个字表示怀疑,他说:

> "韠"字唐以前字書未見,《類篇·韋部》始有此字,云:"柔革平均也。"案:《釋文》音虧,疑即"虧"之俗。《小爾雅·廣言》云:"虧,損也。"不虧蓋謂革不縮而減損。則卷之無迆也。邪不正之患。《類篇》蓋本此注而失其義。

这个怀疑不能够说没有道理。又如:

> 祴,堂涂。鄭康成曰:若今令辟祴。(《皆韵》居諧切)

按:郑康成说见《考工记·匠人》:"堂涂十有二分。"郑注:"謂階前若今令辟祴也。"正义认为"祴"字不当作"祴",它说:

> 《釋文》辟作甓,祴誤祴。今從嘉靖本與《集韻》十四皆引鄭注合。賈疏亦作辟云:漢時名堂涂爲令辟祴。令辟則今之塼也,祴則塼道者也。莊述祖云:音義祴音陔。《說文·示部》:祴,宗廟奏祴樂。從示,戒聲。《衣部》無祴字。《廣韻》釋典有衣祴,古得切。《一切經音義》傳云:謂衣襟也。未詳所出。明祴字惟釋典有之。令辟祴之緅幾《鍾師》奏祴夏之祴。祴、陔互相借,音義從衣音階皆非是。祴當從示,古哀反。借作陔,《說文》:陔,階次也。堂涂象塼爲階次,故曰令辟祴,無取乎衣祴之義也。

根据孙诒让所引庄述祖的说法《集韵》的"祴"当该作"祴"。又如:

> 鼖、鞼、鼖、鼖,《說文》:大鼓謂之鼖鼓。鼖八尺而兩面,以鼓軍事。或作鞼、鼖、鼖。(《文韵》符分切)

按:这条材料也见《考工记》。《考工记·韗人》:"鼓長八尺,鼓四尺。中圍加三之一謂之鼖鼓。"郑注:"大鼓謂之鼖,以鼖鼓鼓軍事。"孙氏正义解释这条文字兼及它们的异体字。他说:

> 鼖,釋文作賁,云:"本或作鼖,又作鼖。"案《鼓人》作"鼖",《說文·鼓部》

云：“大鼓謂之鼖，从鼓，賁省聲。”或作鞼，賁即鞼之省。《大司馬》經及《毛詩·大雅·靈臺》並作“賁”。惟斂字，字書無，疑有誤。

以孙诒让占有的语料和他的学识功力，如果真的继方成珪后写一部整理《集韵》的著作，一定是胜义纷陈，嘉惠后学，可惜孙氏这个愿望来不及实现，他就离开了人世。今天我们学习孙氏留下来的著作，体会他里面涉及《集韵》的精彩见解，仍然感到受益不浅。

批驳梅祖麟对孙诒让与陆宗达
的批评及其相关论点

梅祖麟氏先后在西元 2000 年 12 月在台北中央研究院历史语言研究所七十周年研讨会发表《中国语言学的传统与创新》一文,再在 2001 年 12 月在香港语言学会 2001 年学术年会发表《有中国特色的汉语历史音韵学》讲辞,其后又在 2003 年的《语言研究》第 23 卷第 1 期,又把 2000 年所发表的《中国语言学的传统与创新》一文,重抄一遍,改名为《比较方法在中国,1926－1998》。这三篇文章有语侵这次我们学术研讨会要纪念的两位学者孙诒让和陆宗达以及其师承。其侵及孙诒让的话,见于在香港语言学会的讲辞,梅氏引了傅斯年在 1928《历史语言研究所工作之旨趣》的话说:

> 章(炳麟)氏在文字学以外是个文人,在文字学以内,做了一部《文始》,一步倒退过孙诒让,再步倒退过吴大澂,三步倒退过阮元。

至于梅氏侵及陆宗达先生的言辞,亦见于在香港语言学会的讲辞。梅氏说:

> 到了二十世纪衍生出来一个浩浩荡荡的章黄学派,徒子徒孙不但有陈新雄、陆宗达等,旁支别流还包括邢公畹、王力、唐作藩、刘钧杰等。

章黄学派算不算有中国特色的语言学? 当然不是——因为它根本不是语言学。

至于梅氏词侵陆宗达先生师承的话,那就更多了。下面我且依着他论文的先后所言,加以一一驳斥。

一　一步倒退过孙诒让是什么意思?

梅氏引傅斯年的话贬斥章太炎,贬斥孙诒让。当时傅斯年讲这些话是有目标的,他的目标是什么呢? 就是要创立以胡适为主的新文学,反对章太炎为首的传统文学。在那个时代,也许有意识形态的作用。至于今日,“五四”运动之功过是非,也尚有许多争论。说句老实话，什么叫一步倒过孙诒让，梅祖麟氏能说得清楚吗？

孙诒让的《契文举例》、《名原》开甲骨文研究风气之先，作《墨子间诂》，《墨子》才能句读，才能使人了解。作《周礼正义》，洋洋钜构，《清儒学案》称其书以《尔雅》、《说文》正其训诂，以《礼经》、《大小戴记》证其制度。研撢廿载，槀草屡易。遂博采汉唐以来 ，迄乾嘉诸经儒旧说，参互译证，以发郑注之渊奥，裨贾疏之遗阙。其于古制疏通证明，较之旧疏，实为淹贯，而注有牴违，辄为匡纠，凡所发正，数十百事。清儒之十四经经新疏，以先生《周礼正义》最为淹洽，已为学界所共认。而今世之所谓学者，恐怕连《周礼正义》摸都没有摸过，居然敢妄下雌黄。学术造诣如此通贯与精深，能到达孙诒让的学术层次，有什么不好！

二　章黄学派的古音学是胡来的吗？

梅氏在 2000 年 12 月发表《中国语言学的传统与创新》一文，及 2003 年《比较方法在中国，1926－1998》均引李方桂先生的话说：

> 一九二九年回国以后，本来是不打算研究上古音的，后来看到章黄学派胡来，实在看不过，这么样才开始研究上古音。

李方桂先生为语言学大师，温文尔雅，待人有礼，对我们这些后生小辈都十分客气，有一次李先生应邀在台湾师范大学演讲，硬拉我跟他坐在一起拍照留念。[①] 对我们后辈尚且如此，怎么可能对前辈学者说出这么一番话来！且李先生逝世多年，死无对证，捏造李先生批评"**章黄学派胡来**"的话，是十分不厚道的，存心也是十分恶毒的。我所以不相信李方桂先生会讲出这样的话来，是从李先生的著作中看出来的。李先生的《上古音研究》，可以说是他晚年的定论。李先生一九七〇年八月二十五日在香港中文大学的演讲词《中国上古音声母问题》说：

> 上古音的研究，在清朝出了很多大学者。如：顾炎武、江永、孔广森、朱骏声、江有诰，一直到后来的章太炎先生、黄季刚先生，对上古音的研究，都有很大的贡献。我们现在研究上古音，只能利用他们得到的材料，另外用一种方法去研究它。[②]

李先生谈到章黄，尊称为先生，并推许对上古音的研究有很大的贡献。这会是

---

① 现在这张照片发表在民国八十三年(1994)三月文史哲出版社出版《陈伯元先生六秩寿庆论文集》内。

② 李方桂《上古音研究》第 96 页，2001 年北京商务印书馆出版。

污蔑章黄学派胡来的人所会有的口气吗？而正好相反，李先生更正面的肯定黄侃的古音学说不是在胡说八道。李先生说：

> 黄侃先生认为古韵有十九个声母，他的十九个声母就指上述第一类韵的十九个声母①，他只是说出古音韵基本声母是这十九个，其余的声母都是变体、变体、再变体。至于怎么个变体，他也不怎么说。但是他心里是有数的，不是在胡说八道。所以老一辈的学术见解我们也要研究。②

对照李先生这篇讲辞，则究竟谁在胡来，就十分清楚了。前年(2003)北京清华大学出版社的《李方桂先生口述史》一书，在谈到王力时，也顺带提到黄侃。李先生说：

> 黄侃是老一辈中国学者之星，老派汉语学者。

又说：

> 不管怎么说，在老一辈学者中，黄侃的确是一位超群出众的学者。

如果读中国语文(或者说汉语语文)没有障碍的话，都应该知道李先生心目中的黄侃，是超群出众呢？还是胡来呢？是褒扬呢？还是贬斥呢？

现在我再举几位年轻一辈的学者的看法，来看看章黄研究的成绩是正面的呢？还是负面的呢？龚煌城院士 1974 年在慕尼黑大学的博士论文《从同源词的研究看上古汉语音韵的构拟》(Die Rekonstruktion des Altchinesishen unter Berucksichtigung von Wortverwandtschaften)一文，即利用章太炎先生《成均图》中的"交纽转"所提供的证据，提出宵、元(寒)韵转的解释，认为宵部所以没有阳声韵 *-ang^w，推测在《诗经》以前，甚至谐声时代以前，曾发生 *-ang^w→an 的音韵变化，即宵部原有阳声韵相配，只是在《诗经》时代已经变入元部去了。③ 龚氏认为章太炎先生所提出之"交纽转"，很可能是原始汉语或汉藏语音变的遗迹。这样说来，章太炎先生

---

① 李方桂先生此文列出声母与韵母配合的第一类有下列声母：
p-(帮)、ph-(滂)、b-(並)、m-(明)
t-(端)、th-(透)、d-(定)、n-(泥)
ts-(精)、tsh-(清)、dz-(从)、s-(心)
k-(见)、kh-(溪)、ŋ-(疑)
ʔ-(影)、x-(晓)、ɣ-(匣)

② 李方桂《上古音研究中声韵结合的方法》。华中工学院中国语言研究所 1983 年 11 月第二期《语言研究》第 3 页。

③ 亦可参见姚荣松 2004《从汉语词源研究的历程看古音与词源学的互动》一文，在《庆祝陈伯元教授七秩华诞论文集》第 178 - 179 页。

的《成均图》还是有他的根据，而不是一无是处，更不是胡来，难道龚煌城也会跟着章太炎胡来吗？也是不合科学的研究法吗？

至于黄侃的古音学说是否如梅氏所指斥的"胡来"，我现在引何大安 2001《声韵学中的传统、当代与现代》一文对黄侃的评论，要梅氏看看何大安的看法如何？何大安说：

> 这个论证程式①的关键是"相挟而变"。就我所知，在黄侃之前，从没有人提到声母韵母"相挟而变"这个概念。这个概念可以推广到什么地步，……但是它的背后，其实有很丰富的意蕴，值得深思。首先，它不但预设了静态的声韵配合（结构），而且预设了声韵母的互动（生成）。其次，相挟而变这个概念，自然会要求我们对声韵的结合形态作动态的、历时的观察，因而就导出了一种在他之前的古韵学家—即使审音派的古韵学家—所不曾想像过的方法。由相挟而变推知古本韵，这不是"归纳"，而是因演绎所作的"预测"；预测的结果与前人的结论相结合，这是"证明"。黄侃从后代语言的结构上的特点（一四等无变声），推测这些特点的历史成因，并进而预测某些古语部类（古韵二十八部）存在，这种新方法—即 4.2 的"分析"、"进求"、"稽之故籍"、"无丝毫不合"②—相当于"内部构拟（拟测）法"（internal reconstruction）。"预测"（即 4.2 的"分析"、"进求"）加"证明"（或"证否"，即 4.2 的"稽之故籍"、"无丝毫不合"），是科学知识的特征，而"韵脚"的归纳却不是。黄侃超越当代的地方，不在他认定古声有十九，古韵二十八（或三十），而在"相挟而变"这个概念，以及因这个概念而导出的"内部构拟法"。

不知梅氏是否也认为何大安也是胡来！如果不是，则你凭什么咬定章黄学派是不科学的研究法！何大安的论文发表在 2001 年，梅氏《比较方法在中国》发表在 2003 年，在发表论文的时候，足以影响你论文观点有极大关系的文章，你难道可以不管，不加研析，而只是炒炒冷饭馊饭，这就是梅氏的科学研究的方法了吗？

三　章黄的古音学说不是语言学吗？

梅氏在《有中国特色的汉语历史音韵学》讲辞中说：

> 到了二十世纪衍生出来一个浩浩荡荡的章黄学派，徒子徒孙不但有陈新

---

① 指黄氏古声十九组与古韵二十八部（晚年三十部）之推理。

② 原文请参看中华民国声韵学会会编印《声韵论丛》第十一辑第 7 页。

雄、陆宗达等，旁支别流还包括邢公畹、王力、唐作藩、刘钧杰等。章黄学派算不算有中国特色的语言学？当然不是——因为它根本不是语言学。

这一段话，梅氏提到本人的名字，列为章黄的徒子徒孙之一。先师林景伊（尹）、潘石禅（重规）、高仲华（明）都是黄侃的入室弟子，我于黄先生是再传弟子身份的小门生，说我是章黄的徒子徒孙，我感到十分自豪。如果梅氏对本人的著作或文章指出其不科学的地方，我一定会虚心求教，如果真是我错了，我一定向你梅祖麟表示感谢。今不此之图，随便开列一些名单，说根本不是语言学，这如何能使人心服呢？因为对我本人，他只指名而没有说出什么地方，我就姑且略过。现在专论章黄的声韵学是不是语言学，首先要问声韵学是不是语言学？我前文引述了李方桂先生在《上古音研究》里的话，说："章太炎先生、黄季刚先生，对上古音的研究都有很大的贡献。"李方桂先生是被梅氏封为主流的上古音系统的。关于章太炎先生的古音学是不是语言学，我且引梅氏最佩服的董同龢先生的话来说明。董先生在《上古音韵表稿》里，谈到脂微分部的问题时说：

> 等到章太炎在《文始》里改以"鬼夔虺衰帅（右无巾旁）隹雷"等平上声字入"队部"，他的意义就跟以前完全两样了。正是得到这一点线索，兼受南北朝诗人有韵以脂韵合口舌齿音字合于微韵的启示，王先生才创立他的"脂微分部"说。

至于黄侃的古音学是否语言学，我现节何大安的说法以为说明：

> 黄侃从后代语言结构上的特点（一四等无变声），推测这些特点的历史成因，并进而预测某些古语部类（古韵二十八部）的存在，这种新方法——相当于内部构拟法，预测加证明，是科学知识的特征。

这样说来，黄刚的古音学说，不光是语言学，还是科学的语言学。

黄侃于民国初年教授于北京大学，从其学声韵学训诂之学的弟子很多，而且后来都成了声韵学的大师，像罗常培就是一位典型的例子。罗常培与赵元任、李方桂合译高本汉的《中国音韵学研究》，且于传统声韵学方面尽力最多，如果黄侃的古音学不是语言学的话，他能教出这么卓越的弟子出来吗？还有精通藏语的俞敏教授也从黄侃问学过，俞敏逝世，其弟子人民大学刘广和教授在《汉语论集》发表论文多篇，皆有关梵汉对音研究之作；另一弟子天津大学施向东著《汉语和藏语同源体系的比较研究》，深究藏汉两种语言，较之那些临时查字典者，更不可同日而语。不仅罗常培、陆宗达、刘赜、俞敏等是黄侃的杰出弟子。甚至于创立中央研究院历史语言研究所的傅斯年，也曾经从黄侃受业，还是黄侃的入门弟子呐！

四　梅祖麟氏正式向董同龢先生学过汉语音韵学吗？

梅祖麟氏在《有中国特色的汉语历史音韵学》讲辞中,对黄侃、王力两位前辈学者多所批评,同时也涉及到本人。黄侃、王力两位先生都是我的太老师,我的博士论文《古音学发微》的指导教授林尹先生、高明先生,都是黄侃的受业弟子,我另外一位指导教授许世瑛先生,则是王力先生在清华大学中文系的学生。所以我有义务为这两位太老师辩护。梅氏也称王力为太老师,他说:

> 王先生是我的太老师,我非常尊敬的前辈学者。

梅氏之所以称王力为太老师,是因为他自认是董同龢先生的学生。他说:

> 因为我很仰慕先生的为人,就想学他那套学问,自己开始读《汉语音韵史》[①],觉得吃力,就想找个机会按部就班地学。1962年在剑桥见到董先生,印地安纳州立大学有意思要聘董先生,同时也想邀我去。我就问董先生:"您去不去印地安纳？您去我也去,您不去我也不去。"意思是想利用在同一学校教书的机会好好地跟董先生念汉语音韵史。董先生说:"台湾还摆着一堆摊子(有研究工作要做,有学生要带),总得要收了摊子才能来。"不料董先生回台湾后不到一年,带学生调查高山族语言,在山上胃病突发,下山后入医院动手术,就此与世长别。

> 我虽然没有上过董先生一堂课,但因为许过愿要做董先生的学生,我自己一直把自己当做董先生的学生。[②]

根据石峰、孙朝奋《访梅祖麟教授》的记载,梅祖麟自述说:

> 大学念的是数学,研究院硕士也是数学,主要兴趣在数理逻辑。这类问题牵涉到哲学问题,而且在哈佛念数学念得不顺,就转到耶鲁去念哲学。

董同龢先生声韵学的功力深厚,名著《上古音韵表稿》推理清晰,我写博士论文《古音学发微》时,得益匪浅,十分敬佩。许愿要做董先生的学生是一回事,做了董先生的学生,受过董先生严格的训练又是另外一回事。因为梅祖麟只是愿做董先生的学生,而没有受过董先生严格的训练,所以对古音,一开口便错。居然把之部

---

①　我在民国四十七年(1958)大学三年级时,读的是董先生著的《中国语音史》三版,丁邦新《董同龢先生语言学论文选集·编后记》云:"在通论方面,先生又以深入浅出之笔贯串从古至今汉语语音演变的历史,写成《中国语音史》一书,后来按遗稿增订篇章并改名为《汉语音韵学》。"好像没听说过董先生有什么《汉语音韵史》!

②　梅祖麟《梅祖麟语言学论文集》第533页,2000年北京商务印书馆。

的"里"字,记成佳部字,并且还为之拟音作〔*rjig〕①,"里"属之部,稍为学过古音学的人都知道。梅氏"里"字错成佳部,也许可以原谅为偶然记忆之误;但梅氏在2003年所发表的《比较方法在中国 ,1962－1998》一文,又把"吏、使"二字作下列拟音:

吏*rjag→li,使*srjag→si。

以梅氏2001年将鱼部的"闾"拟作*rjag例此二字,显然又误认为是上古鱼部字了。没有经过严格古音学训练的人,在数万汉字当中,什么字要归于上古什么部,内心之中,毫无概念,自然动口就错,动手之后,更是白纸黑字,无所逃于天地之间了。对中国字的音韵没有正确的认识,自然所拟的音也就错误百出,贻笑大方了,这样乱来一通的拟音,难怪郭锡良教授要批评梅氏的"岁"与藏语skyod-pa是同源词的说法,"立论不可靠"了。

五　林森两字是什么谐声关系?

梅祖麟批评王力先生所拟测的上古声母时说:

> 王先生拟测的上古音声母有两个特点。第一,和中古声母很像。"黑"、"戚"、"森"、"献"、"还（旋）"、"岁"这几个字,按照王先生的说法,中古的声母就是上古的声母。第二,"墨、黑"、"林、森"等是一对一的谐声字,顾名思义,想来是因"音近",所以才谐声。②

> 林与森两个字是什么谐声关系?我查了大、小徐及清代四大家的《说文解字》,均不得其解。没有一家说是谐声字的,朱骏声的《说文通训定声》说得最为明白,"林"从二木会意;"森"从木、从林会意。没有一家说林、森是有谐声关系的。梅氏这种说法,我在2003〈梅祖麟《有中国特色的汉语历史音韵学》讲辞质疑〉一文,已提出严重怀疑。梅氏不但不知反省,反而多次申说林、森为谐声关系,并指出它们是审二（生母）与来母谐声的例。③我想一定有可靠的张本,请梅氏明白指出是出自哪一版本的《说文解字》,或其他的古籍。不然,随便跑野马的想当然耳,那就是梅氏有科学方法之语言学研究法吗?

---

① 梅祖麟《有中国特色的汉语历史音韵学》论到王念孙《广雅疏证》"闾里一声之转"时说:"'闾'属来母鱼部〔*rjag〕,'里'属来母佳部〔*rjig〕"把之部的"里"错误地归入佳部。

② 梅祖麟《梅祖麟语言学论文集》第394页,2000年北京商务印书馆。

③ 《语言研究》第23卷第1期第20页。

六 王力真的不懂"同谐声必同部"的道理吗?

关于梅氏批评到王力先生这一部分,郭锡良教授的《历史音韵学研究中的几个问题——驳梅祖麟在香港语言学学会年会上的讲话》[1]与唐作藩教授的《王力先生的谐声说》[2]已经驳斥得十分完备了。我在《梅祖麟有中国特色的汉语史音韵学讲辞质疑》一文中,曾引王力先生在《汉语音韵》第八章古音下(4)《谐声偏旁和上古韵部的关系是怎样的》一节说:

> 我们认为谐声偏旁与上古韵部的关系实在是非常密切的,但不是像徐藏所说的上古的音读"本之字之谐声",而是相反,字之谐声偏旁是根据上古词的读音。因此,谐声偏旁能够反映古韵部的一些情况,即"同谐声者必同部"。但是《诗经》时代离开造字时代已经很远,语音已经有了发展,当《诗经》用韵与谐声偏旁发生矛盾时,仍当以《诗经》为标准。例如颙字,《诗经》既拿来押公字(《小雅·六月》),就不必再归入侯部;婎字,《诗经》既拿来押左瑳(《卫风·竹竿》),就不必再归入元部,这叫做阴阳对转。颙从禺声而入东部,是东侯对转,婎从难声而入歌部,这是元歌对转。阳声和入声也可以对转,如《小雅·大田》以螣贼相押,螣字就不必再归入蒸部,而应该直接归入职部。《齐风·甫田》以桀怛相押,怛字就不必再归入元部,而应该直接归入月部。阴声和入声也可以对转,如《唐风·扬之水》以凿襮沃乐相押,《小雅·隰桑》以沃乐相押,沃字就不必再归入宵。[3]

这是多么通达透彻的说法,不但充分了解了"同谐声者必同部"的精义,而且还能进一层体会这一方法的缺失,并不把它视为金科玉律,丝毫不能损益。比起那些死抱法则,不知变通的大学者,相去真不可以道理计了。

七 什么是一声之转?

我在 2003《梅祖麟有中国特色的汉语历史音韵学讲辞质疑》一文曾说,梅祖麟氏一看到"一声之转"四个字,就像豪猪一样,把全身的箭豪都竖了起来,可说是全

① 郭锡良《历史音韵学研究中的几个问题——驳梅祖麟在香港语言学学会年会上的讲话》,《语言文字学》2003 年第 6 期,亦尝发表于北京大学网络上。

② 唐作藩《王力先生的谐声说》,《语言学论丛》2003 年 9 月,并蒙允转载于《汉语历史音韵学研讨会会前参考论文集》第 235 – 250 页。

③ 王力《汉语音韵》重印本第 150 – 151 页,1984 年香港中华书局香港分局。

副武装了。曾国藩在《圣哲画像图记》里说：

> 高邮王氏父子集小学训诂之大成，敻乎不可尚已！

　　自是以后，百余年来，在小学方面，大家都公认王氏父子较之段玉裁氏，似乎是稍胜一筹。今梅氏因为王念孙在《广雅疏证》里用了 138 次"一声之转"，就要把王氏的学术地位降于段玉裁之下。我曾经在 1997 年 4 月 19—20 日，于高雄中山大学举办第一届国际训诂学研讨会上，发表一篇《王念孙〈广雅释诂疏证〉训诂术语一声之转索解》一文，分析了王氏在《广雅疏证》，《释诂》疏证四卷所用一声之转、语转之例共 106 条，几乎百分之九十都是双声字。我在 2003《梅祖麟有中国特色的汉语历史音韵学讲辞质疑》一文，又检查了王国维《尔雅草木虫鱼鸟兽名释例》一文，发现王氏所谓一声之转者，百分之九十也是同声母的双声字。我在 2004《梅祖麟比较方法在中国 1926—1998 一文之商榷》[①]中，检查了章炳麟先生《国故论衡》中的《成构图》、《新方言》、《文始》三种著作，章君所谓的"一声之转"，百分之九十也都是双声字。现在我再举几则孙诒让《周礼正义》里所用一声之转的训诂语，看看它的性质是如何？

　　1.《周礼正义·卷五》第 10 页[②]：

诒让案：《士师》："傅别。"注云："故书别为辨，郑司农云：傅读为付，辨读为风别之别。"又《朝士》："凡有责者，有判书以治则听。"注云："故书判为辨。郑司农读为别。"傅与符付；辨与判并声类相近；辨与别亦一声之转。

按辨别二字的声韵关系：《广韵》上声二十八狝："辨、符蹇切"，并母，狝韵开口三等，上古音并母元部。拟音为 $^*b'jan$；入声十七薛："别、皮列切"，并母，薛韵开口三等，上古音并母月部，拟音为 $^*b'jat$。辨别二字中古、上古皆并母双声。

　　2.《周礼正义·卷九》第 10 页[③]：

祝当为注，读如注病之注，声之误也者，祝注一声之转。《释名·释疾病》云："注病、一人死，一人复得气相灌注也。"

按祝注二字声韵关系：《广韵》入声一屋："祝、之六切"，照母，屋韵开口三等，上古音端纽觉部，拟音为 $^*tji\partial uk$；去声十遇："注、之戍切"，照母，遇韵合口三等，上古音端

---

① 在中央研究院语言学研究所《庆祝龚煌城先生七秩寿庆论文》内。

② 我所用的《周礼正义》是台湾中华书局民国 55(1966)年 3 月台一版，台北。

③ 上古音值的拟测悉据拙著《古音研究》，五南图书出版公司民国 88(1999)初版。下仿此，不更注。

纽侯部,拟音为＊tjiau。祝注二字中古上古皆为同纽双声。

3.《周礼正义·卷十》第18页：

《公食大夫礼》："菁菹。"注云："菁蒉、菁菹也。"蔓芜蒉并一声之转。按蔓芜蒉三字声韵关系:《广韵》上平二十六桓:"蔓、母官切",明母,桓韵合口一等,上古音明纽元部,拟音为＊muan。上平十虞:"芜、武夫切",微母,虞韵合口三等。上古音明纽鱼部,拟音为＊mjua。下平十五青:"蒉、莫经切",明母青韵开口四等,上古音明纽耕部。拟音为＊mieŋ。三字上古皆为明纽双声。

4.《周礼正义·卷二十九》第3页：

吇者懵懵,皆是无知之儿也。案贾本亦作懵吇。眠懵一声之转,《说文》读眠若盲,盖亦以声兼义。

眠懵二字之声韵关系:《广韵》下平十三耕:"眠、莫耕切",明母耕韵开口二等,上古音明纽阳部,拟音为＊mreŋ;上声一董:"懵、莫孔切",明母董韵开口一等,上古音明纽蒸部,拟音为＊məŋ。眠懵二字上古音为明纽双声。《周礼正义》正义虽明言"一声之转"之处不如王念孙《广雅疏证》之多,然其取双声之义则同。故所谓一声之转,实为双声正例,一字之音本在此部,假借用彼部字,是以得相通转。譬如"无"＊mjiua 之与"亡"mjiuaŋ,韵有鱼阳之别,而古声同在明纽,是以得相假借。古书上如此之类,可谓比比皆是。故经学大师若高邮王氏父子,若瑞安孙诒让,若海宁王国维,若余杭章太炎,因为所见者多,自然就习以为常。昔读朱浮《为幽州牧与彭宠书》曰:"往时辽东有豕生子白头,异而献之,行至河东,见群豕皆白,怀惭而还。"今人少亲经籍,不知双声假借之理,岂非所见亦如同辽东之豕吗？

八 一声之转与同源词有关系吗？

郭锡良教授《音韵问题答梅祖麟》一文引述梅氏给郭的信,要郭先生回答他的问题,其中一个是"一声之转是否能用来做同源词研究",郭先生已经在文章里说得十分明白,本来用不着我再来饶舌。但因去年写《梅祖麟比较方法在中国,1926—1998 一文之商榷》时,因要了解章太炎先生的著作里的一声之转的术语到底是什么意思,于是重新把《国故论衡》一篇文章仔细地再读了一遍。发现针对梅氏此一问题,我也可以提出一些看法。

章太炎先生《国故论衡·转注假借说》云：

> 盖字者孳乳而寖多,字之未造,语言先之矣。以文字代语言,各循其声,方

语有殊，名义一也。其音或双声相转，或叠韵相迤，则为之更制一字，此所谓转注也。

盖有语言而后有文字，此天下不易之理。当人以文字代语言，各循其本地之声音以造字，由于方言不同，乃造出不同之文字。例如：广东话"无"读 mou，广东人根据广东方言造字，造出"冇"字，北京人不识"冇"字，为之沟通，唯有立转注一项，使文字互相关联，冇、无也；无、冇也。这不正如考〔*k'ləu〕、老〔*gləu〕也；老、考也，同一类型乎！故章太炎先生《小学略说》云：

> 是可知转注之义，实与方言有关。

方言如何形成，在语音方面，不外乎双声相转与叠韵相迤二途，双声相转，谓声不变而韵变，例如"歌"字，北京 kɣ、济南 kə、汉口 ko、苏州 kəu、温州 ku、广州 kɔ、厦门 kua。韵母虽有 ɣ、ə、o、əu、u、ɔ、ua 之不同，声母都是 k 而不变，这就是双声相转。叠韵相迤，是说韵不变而声变，例如"茶"字，北京 tʂ'a、汉口 ts'a、长沙 tsa、广州 tʃ'a、福州 ta，声母虽有 tʂ'、ts'、ts、tʃ'、t 之差异，韵母则同为 a。这就是所谓叠韵相迤。由于双声相转与叠韵相迤，乃造成方言之分歧，譬如"食"字，中古为神母职韵开口三等字，其中古音为 dʑ'jək，今各地方言，塞擦音声母变作擦音声母，浊音清化，韵母简化，或读北京 ʂɿ、或读汉口 sɿ、或读广州 ʃik，而闽南语读 tsiaʔ，犹保存中古之遗迹，与通语大不相同。初到台湾之大陆人，听台湾人说"食饭"为 tsiaʔ pŋ，因为 tsiaʔ 音既不同于通语之"食"，又不同于通语"吃"，于是以其语言另造一"从口甲声"之形声字"呷"，为之沟通，亦惟有转注一法，呷、食也；食、呷也。食 tsiaʔ 之与呷 tsia 非同源词而何？非一声之转而何？今日台湾选举至为狂热，"当选"转为"冻蒜"，其理亦然。罗常培序周祖谟《方言校笺》云：

> 《方言》里所用的文字有好些只有标音的作用，有时沿用古人已造之字，例如："儇、慧也。"……有时迁就音近假借之字，如"党、知也。""党"就是现在的"懂"字。

现在我们再举一些方言的例子，"当"字北京 taŋ、太原 tɔ̄、温州 tɔ、厦门 tɔŋ、潮州 tuŋ、福州 touŋ。这不是一声之转是什么？"冻"字北京 tuŋ、西安 toŋ、扬州 touŋ、双峰 taŋ 又读 tən、厦门 tɔŋ 又读 taŋ、福州 touŋ 又读 tøyŋ。这不是一声之转，又是什么？高本汉《汉语词类》的衣隐、宸隐、几近、围运不是一声之转，又是什么？高本汉的衣隐可以成为同源词，则王力《同源字典》的熙喜熹与欣忻欣为同源词，又有何不可！最后仍引罗常培先生《方言校笺·序》的话，作为本节的小结。罗先生说："章炳麟的《新方言》，运用古今音转的定律来整理当时的活语言。"当然也包括了方言里的一些同源词在内。

九　改头换面的文章不断发表有什么意义呢？

梅氏 2003《比较方法在中国，1926—1998》一文，与 2000 年在中央研究院历史语言研究所七十周年研讨会上所发表的《中国语言学的传统和创新》一文，二者实在没有太大的差异。既没有新材料，也无新观点，只是把 2000 年的冷饭拿到 2003 年再炒一次而已，同时把章黄学派再污蔑一次而已。古人说："声闻过情，君子耻之。"但如不是君子，那也就无所谓了。冷饭可以炒来炒去，随时端了出来。在这两篇文章里，梅氏都提到 19 世纪德国少壮语言学家（JUNGGRAMMATIKER）所说的"音韵演变规律没有例外"。这句话是不是有其必然性，赵元任先生译高本汉的《上古音当中的几个问题》一文，高本汉说："假设两个完全同音的上古音 li̯ät，一个列字到古音时代仍旧是 li̯ät，又一个例字到古音时代变成了 li̯äi，那是没有道理的。"赵元任先生在这里加了一个注说："同音在同样音的情形下一定要同样变，这原则在语史学上固然很有用，但是怕不能认为完全没有例外，否则在《广韵》同"纽"之下（就是在一个圈儿之下①），怎么常常发现今音分化的现象？ 一个非音的而又能影响音变的情形，就是读书音跟说话的分化。例如在中部有些方言同是咸韵的胡谗切的字，咸、鹹两个字文言读 jen，白话读 ɣan，但是咸字白话用的少，鹹字文言用的少，因此渐渐咸字不论在读书或口语偶用总是读 jen，而鹹字不论书上偶见，或在口语总是读 ɣan，以后就成了分化的局面了。"②高本汉的原文发表在 1928 年③，赵元任先生这篇翻译稿发表在 1930 年《中央研究院历史语言研究所集刊》创刊号。自然早经梅氏过目了，可是没有看见梅氏有片言只字解说，这总令人遗憾吧！ 难道说科学的语言学，可以完全忽略跟你相反的意见！ 如果没有看过，那就更说不过去了。

---

①　新雄案：《广韵》同纽的字（在一个圈儿下），后来起了分化的，随便翻了几页，我们看到有钟韵○余封切下的容庸，容今国语读 róng（国语普通话注音用汉语拼音系统）而庸读 yōng；江韵○古双切的江肛，江今国语读 jiāng，而肛读 gāng；佳韵○古膎切的佳街，佳今国语读 jiā，而街读 jiē；皆韵○古谐切下的皆楷，皆今国语读 jiē，楷读 kǎi；讲韵○古项切的讲港，讲今国语读 jiǎng，港读 gǎng。都分化成了两个不同的音。

②　赵元任等撰《上古音讨论集》学艺出版社 1970 年 1 月台北市。

③　高本汉的原文是 *Problems in Archaic Chinese*，*by Bernhard Karlgren*，见 *Journal of the Royal Asiatic Society*，*October*，1928.

十　什么是"金陵《切韵》"？

梅祖麟氏在 2000 年与 2003 年两篇文章中，都用一种煞有介事似的口气，好像有什么重大发现似地说："大语言学家高本汉、马伯乐、赵元任、罗常培研究《切韵》的性质，研究了几十年，还没有弄清楚《切韵》的性质。史学家陈寅恪和语文学家周祖谟，却阐明了《切韵》的性质以及这部韵书南北方两系的方音基础。同时也说明在南北朝长期分裂的局面下，金陵和邺下（洛阳）这两个江东河北的政治文化中心，对它们所属的地区在语言文化方面有决定性影响。……丁邦新先生①和我都认为现代方言可以分成两组，一组导源于金陵《切韵》，一组导源于邺下《切韵》。这种想法是变相的南北朝到唐末这段时期的汉民族迁移史。"《切韵》的性质，真的是这么简单吗？我曾经在 1979 年写过《〈切韵〉性质再检讨》一文，从《切韵·序》看来，陆法言同刘臻等八人论及音韵时，曾经说过："以今声调，既自有别，诸家取舍，亦复不同。吴楚则时伤轻浅，燕赵则多伤重浊，秦陇则去声为入，梁益则平声似去。又支脂鱼虞，共为一韵，先仙尤侯，俱论是切。欲广文路，自可清浊相通，若赏知音，即须轻重有异。吕静《韵集》、夏侯该《韵略》、阳休之《韵略》、周思言《音韵》、杜台卿《韵略》等，各有乖互，江东取韵，与河北复殊。因论南北是非，古今通塞。欲更捃选精切，除削疏缓，萧颜多所决定。"又说："今返初服，私训诸弟子，凡有文藻，即须明声韵。"从陆法言的序文，很清楚地看出，他作《切韵》的目的，是为撰作文辞用的。如何才能达到这一目标呢？他要以赏知音作为手段，而达到他广文路的目的。他编集《切韵》，最重要的原则，就是要兼顾"南北是非，古今通塞"。梅氏奉以为师的董同龢先生 1968 年《汉语音韵学》就说过："陆法言等人'捃选精切，除削疏缓'的标准，是顾到'南北是非，古今通塞'的，换句话说，他们分别部居，可能不是依据当时的某种方言，而是要能包罗古今方言的许多语言系统。"王力先生 1963 年《汉语音韵》说："《广韵》这 61 类是否合于当时某一地域（例如长安）的实际语音情况呢？我们认为是不合的。陆法言在《切韵·序》里说得很清楚：'因论南北是非，古今通塞……萧颜多所决定。'假如只是记录一个地域的具体语言系统，就用不着'论南北是非，古今通塞。'也用不着由某人'多所决定'了。章炳麟说：'《广韵》所包，兼有古今方

---

①　丁邦新 2000 年《汉语韵史上有待解决的问题》说："我 1995 年的文章基本上也说《切韵》不是一个活方言，不能拟测为一个单一的音系，而是南北两个方言的融合，一个是北方的邺下音系。"并没有提到"金陵《切韵》"的话。

国之音.'他的话是对的。实际上,照顾了古音系统,也就是照顾了各地的方音系统,因为各地的方音也是从古音发展出来的。陆法言的古音知识是从古代反切得来的,他拿古代反切来跟当代方言印证,合的认为'是',不合的认为'非',合的认为'通',不合的认为'塞'。这样就在很大程度上保存了古音系统,例如支、脂、之三韵在当代许多方言里都没有分别,但是古代的反切证明这三个韵在古代是有分别的,陆法言就不肯把它们合并起来。其中有没有主观臆测的地方呢?肯定是有的,但是,至少可以说,《切韵》保存了古音的痕迹,这就有利于我们研究上古音的语音系统。"王力先生这一段话,已经说得很清楚了。不过陆氏古音知识,除了来自古代反切之外,而古代的韵文,也是陆氏古音知识的主要参考资料。因为韵书的编撰,主要是为文学作品押韵用的。所以陆法言的〈序〉里说:"欲广文路,自可清浊皆通;若赏知音,即须轻重有异。"他是以"赏知音"的方法,达到"广文路"的目的。所以又说:"凡有文藻,即须明声韵。"韵书的编辑,以韵部为纲,以便词人按韵相押,而反切的注明,则以矫正方言之误读。赏知音,故取径于古代反切;广文路,故不能不参藉于古代的韵文。但是韵书是供当代人使用的,所以也不能一味的泥古,自然也须适今。所以段玉裁说:"分之所以存古,类之所以适今。"这样的划时代的编纂,真可以说是"剖析毫厘,分别黍累"了。无怪乎此书一出,前此之韵书,皆为它所淘汰了。《切韵》的系统,并不代表当时(隋代)的首都(长安)的实际语音,它只代表一种被认文学语言的语言系统,这种语言系统纯属书面语言系统,隋唐时候大致遵守这个语言标准。这个语言标准,有没有实际语言作参考呢? 陈寅恪 1949 年《从史实论切韵》一文说:"陆法言写定《切韵》,其主要取材之韵书,乃关东江左名流之著作。其决定原则之时贤,乃关东江左儒学文艺之人士。夫高齐邺都之文物人才,实承太和迁都以后之洛阳,而东晋南朝金陵之衣冠,亦源自永嘉南渡以前之京邑(即洛阳),是《切韵》之语音系统,乃特与洛阳及其附近之地域有关,自易推见矣。又南方士族所操之音声,最为接近洛阳之旧音,而《切韵》一书所遵用之原则,又多取决于南方士族之颜萧。然则自史实言之,《切韵》所怀之标准者,乃东晋南渡以前,洛阳京畿旧音之系统,而非杨隋开皇仁寿之世长安都城行用之方音也。"陈氏此说,初则谓陆氏定韵,取金陵、洛邑之音,作为衡度去取之标准而已,亦全非据洛阳与金陵音系完全照录的意思。所以陈氏又说:"陆法言自述其书之成,乃用开皇初年刘臻等八人论难之记录为原则,以抉择诸家音韵古今字书之是非而成。"此书之语音系统,并非当时某一地行用之方言可知。实际上陈氏既认为《切韵》为综合诸家音韵古今字书之是非而写成，不过它仍有一审度是非之标准，此标准为何？那就是东汉曹魏西晋以来，居住洛阳及其近傍之士大夫集团所操之雅音是也。周祖谟《切韵的性质和它的音系基础》一文，更正面指出：“《切韵》为辨析声韵而作，参校古今，折中南北，目的在于正音，要求在于切合实际。”周氏说：“总起来说，《切韵》是根据刘臻、颜之推等八人论难的决定，并参考前代诸家音韵、古今字书编定而成的一部有正音作用意义的韵书，它的语音系统就是金陵、邺下的雅言，参酌行用的读书音而定的。既不专主南，亦不专主北。所以并不能认为就是一个地点的方音的记录。”周氏所以提到说《切韵》的语音系统就是金陵、邺下的雅言，这是受了颜之推《颜氏家训·音辞篇》的影响。所以周氏又说：“《切韵》的分韵，主要是颜之推、萧该二人所决定的。颜之推论南北语音常说：‘冠冕君子，南方为优，闾里小人，北方为愈。’他既然认为士大夫阶级通用的语言南优于北，而他本人又原是南方士大夫阶级中的人物，他所推重的自然是南方士大夫的语音。《切韵》分韵既合于南朝夏侯该、顾野王之作，而二人都是南朝士流，夏侯该曾读数千卷书，顾野王又为梁太学博士，他们所根据的必然是当时承用的书音，和官于金陵士大夫通用的语音，这与颜之推所提倡的也正相合，然则《切韵》的语音系统也就是这种雅言和书音系统。”

陈寅恪和周祖谟等提出了读书音的问题，我想这点是应该肯定的，因为韵书的主要目的是为文人撰作文辞用的，所谓“凡有文藻，即须明声韵”，就是指这一方面来说的。而且以《切韵》的音切来说，所有的音切与方言取得对应规律的，都偏重在读书音方面，而与白话音多格格不相入。颜之推《颜氏家训·音辞篇》说：“自兹厥后，音韵蜂出，各有土风，递相非笑，指马之谕，未知孰是，共以帝王，参校方俗，考核古今，为之折中，权而量之，独金陵与洛下耳。颜氏论韵的标准，是以帝王都邑金陵与洛下的书音，来权量各方俗韵书的是非，考核古今音的通塞，这与《切韵·序》里的话，是完全符合的。金陵与洛下的语言是一个系统，还是两个系统呢？《颜氏家训·音辞篇》说：“冠冕君子，南方为优，闾里小人，北方为愈。”这话很明白地点出，南朝金陵士大夫的语言，原来就是从洛邑带到金陵的，至于洛邑本身的语言，是一般老百姓还保留着这个语言系统，而洛邑的士大夫则由于五胡的入侵，渐染胡语，语音不纯正了。所以颜氏说“闾里小人，北方为愈。”这就像台北政府的官员讲的国语，是从大陆带来的，就是那种以北京话为标准的语言，这种语言与北京的平民百姓自是同一语音系统。至于北京的领导阶层，却是带来各地方的土腔。例如毛泽东讲的是湖南官话,周恩来、江泽民讲的是江北官话,邓小平讲的是四川官话,叶剑英讲的是客家官话,自然不如一般北京百姓的语音纯正了①。这样说来,金陵音系就是洛邑音系,这里怎么会突然跑出一个什么"金陵《切韵》来!

我是梅氏很瞧不起的章黄学派的徒子徒孙之一,而我却深以为能成章黄学派的徒子徒孙为光荣,也引以自豪。因此,我提出以上十个问题向梅氏讨教,请公开答复。不要再像上次《声韵论丛》要刊登我们的文章,而千方百计托人阻止刊登。只要自己认为对的,不论谁要刊登,我都欢迎,让天下学者作一公评不好吗?除非自己觉得内亏于心,不敢面对社会大众而听取公评!

西元 2005 年 8 月 16 日陈新雄脱稿于美东马州洛克维尔市金堡新寓

参考文献

[1] 丁邦新,《丁邦新语言学论文集》,商务印书馆,1998。

[2] 丁邦新,《汉语音韵史上有待解决的问题》,中央研究院第三届国际汉学会议论文,2000。

[3] 丁邦新,《评梅祖麟事件的证据与反思》,北京大学网路论坛,2003。

[4] 朱庆之译,罗杰瑞·柯蔚南原著,《汉语史语言学研究的新方法》,《汉语史研究集刊》,1998 年第 1 辑。

[5] 何大安,《声韵学中的传统、当代与现代》,《声韵论丛》2001 年第 11 集。

[6] 李方桂,《上古音研究中声韵结合的方法》,《语言研究》1983 年第 2 期 总第 5 期。

[7] 李方桂,《上古音研究》,商务印书馆,2001。

[8] 周祖谟,《问学集》(上下册),中华书局,1966。

[9] 周祖谟,《方言校笺》,中华书局,1993。

[10] 姚荣松,《从汉语词源研究的历程看古音学与词源学的互动》,《陈伯元教授七秩华诞论文集》,2004。

[11] 唐作藩,《王力先生的谐声说》,《语言学论丛》,2003。

[12] 耿振生,《论谐声原则》,《语言科学》,2003。

[13] 高本汉著·赵元任译,《上古音当中的几个问题》,《上古音讨论集》,学艺出版社,1970。

[14] 梅祖麟,《中国语言学的传统和创新》,《学术史与方法论的省思》,2000。

[15] 梅祖麟,《梅祖麟语言学论文集》,商务印书馆,2000。

[16] 梅祖麟,《有中国特色的汉语音历史音韵学》,香港语言学学会 2001 年学术年会上的报告,又公布于北京大学语言论坛网站。

---

① 薛凤生《中国音韵学的性质与目的——从两个"事件"说起》一文引到一段蒲立本的话,与本人此处的观点,颇为类似,特摘录以供参考。"蒲立本用台北式的'国语'与大陆上的普通话为例,说明金陵与中州音之间的关系颇恰当。千年之后,如有人认为"台湾国语"指的是闽南语或客家话,也将是一个笑话。由此而论,《切韵》中的"金陵音"成分对研究"古吴语"有多大用处,也颇令人怀疑。"

[17]　梅祖麟,《比较方法在中国,1926—1998》,《语言研究》,第 23 卷第 1 期。

[18]　郭锡良,《历史音韵学研究中的几个问题——驳梅祖麟在香港语言学会年会上的讲话》,《语言文字学》,2003 年第 6 期。

[19]　郭锡良,《音韵问题答梅祖麟》,《古汉语研究》,2003 年第 3 期。

[20]　陈新雄,《切韵性质的再检讨》,《中国学术年刊》,1979 年第 3 期。

[21]　陈新雄,《训诂学》上册,台湾学生书局,1996。

[22]　陈新雄,《〈广雅释诂疏证〉训诂术语一声之转索解》,《第一届国际训诂学研讨会论文集》,1997。

[23]　陈新雄,《梅祖麟有中国特色的汉语历史音韵学讲辞质疑》,《语文建设通讯》2003 年第 73 期。

[24]　陈新雄,《梅祖麟比较方法在中国,1926—1988 一文之商榷》,《庆祝龚煌城先生七秩论文集》,2004。

[25]　陈新雄,《章太炎先生转注假借说一文之体会》,《文字论丛》,2004 年第 2 辑。

[26]　章炳麟,《章氏丛书》上册,世界书局,1958。

[27]　华学诚等,《就王念孙的同源词研究与梅祖麟榷》,《古汉语研究》2003 年第 1 期。

[28]　刘爱菊译,蒲立本原著,《切韵和韵镜:汉语历史语言学的主要依据》,《汉语史研究集刊》,2002 年第 5 辑。

[29]　薛凤生,《中国音韵学的性质与目的——从两个事件说起》,《古汉语研究》2003 年第 2 期。

[30]　龚煌城,"Die Rekonstruktion des Altchineschen unter Beruksichtigung von Wortver-wandtschaften"（从同源词的研究看上古汉语音韵的构拟）,慕尼黑大学博士论文,1974。

孙诒让的学术成就和历史地位

浙江大学历史系　徐和雍

　　孙诒让(1848－1908),字仲容,号籀庼居士,浙江瑞安人,是晚清的著名学者。论者多专注于孙诒让在训诂考据上的成就,认为他"岿然为清三百年朴学之殿",誉之为"朴学大师"[①]诚然,从孙诒让在训诂考据上的造诣和成果看,此说不无道理,但朴学大师似尚难概括孙氏的学术成就和历史地位。孙诒让从时代需要出发选研我国古籍,兼治汉、宋,积极吸纳西方资本主义国家的一些思想观点和科技知识,并把自己的研究心得努力付诸实施。他长于训诂考据,但与乾嘉学派治学的目的和道路有着原则区别。孙诒让生活在晚清,这时乾嘉时十分兴盛的汉学已成昨日黄花,朴学渐成治学的一种工具,称孙氏为朴学大师虽意在表彰,实际上却低估他的作为和贡献。本文拟从孙诒让的思想渊源、学术成就和社会实践等方面,进行综合考察,重新审视,不当之处敬请指正。

继承发扬永嘉之学的优良传统

　　一代人有一代人之学术。乾嘉时在学术界居主导地位的汉学,由于他们为经学而治经学,为考证而考证,渐渐失去现实意义,开始走向衰落。道咸以来,西方资本主义侵略者接连大举武装入侵,暴露了清王朝的腐朽无能,一些爱国进步的学者把目光逐渐转向现实,提出"经世致用"的主张。正在这个时候,孙衣言、孙诒让父子举起振兴永嘉之学的旗帜,走上了"通经致用"之路。

　　瑞安孙家是一个新兴的儒学之家。祖辈长期在乡村耕读,直到孙诒让之父孙衣言、叔孙锵鸣通过科举进入仕途,并相继在翰林院任职,才兴发起来。孙衣言昆仲面对西方资本主义侵略者的武装入侵,国内又卷起波澜壮阔的太平天国农民起义,严重地动摇了清王朝的统治。他们怀着强烈的救国的愿望,屡次越职上书言

---

① 　参阅支伟成:《清代朴学大师列传》、杭州大学语言文学研究室《孙诒让研究》。

事,不仅未被采纳,反而遭到腐败昏庸的当权者的忌恨和排斥,先后被迫退出官场,于是转而主讲书院,从事治学。

孙衣言昆仲自幼受乡邦永嘉之学的影响,对乡先贤十分敬佩。永嘉之学源于关洛之学,到了南宋,形成以薛季宣、陈傅良、叶适为代表的永嘉学派,与当时朱熹的理学、陆九渊的心学形成对峙。他们倡导"通经致用",面对处于内忧外患中的南宋王朝,主张抵抗异族入侵和革除弊政,着力研究"实事实理",鼓吹"必弥纶以通世变",是一个爱国进步的学派。南宋以后,由于客观形势的变化,永嘉之学渐渐被冷落,但在其发源地永嘉一带仍有着深远的影响。孙衣言昆仲鼓吹永嘉之学,不仅仅出于对乡先贤的崇敬,而是认为清朝和南宋的处境有近似之处,永嘉之学符合清王朝的政治需要,且有助于克服学术界汉、宋之争。孙衣言举起了振兴永嘉之学的旗帜,"力辟世儒汉宋门户之见",认为"欲通其区畛,莫如以永嘉之学。"①这时,孙衣言的座师曾国藩升任两江总督,他十分赏识孙衣言的才华,函召孙衣言赴皖任职,于是孙衣言再次进入官场,相继任道员、按察使、布政使等有较大实权的地方官。孙衣言并不因从政而中辍学术活动,公余仍不懈地搜集和校勘永嘉先儒的遗著,并利用居官的有利条件,陆续编刊《永嘉丛书》,为永嘉之学的复振创造了条件。

孙诒让生活在充满学术气氛的儒学之家,自幼受永嘉之学的熏陶。孙衣言为什么给年仅八岁的儿子孙诒让讲授《周礼》?《孙衣言孙诒让父子年谱》记载:

"时衣言方欲以经制之学,融贯汉宋,通其区畛,而以永嘉先儒治《周官经》特为精详,大抵阐明制度,穷极治本,不徒以释名辨物为事,亦非空谈经世者可比。因于四子书外,先授诒让以此经,藉为研究薛、陈诸家学术之基本。"②

这段记述清楚反映了孙衣言秉承永嘉学派"通经致用"的治学方针,并企图"以经制之学融贯汉宋"。他首先授孙诒让《周礼》,是由于"永嘉先儒治《周官经》特为精详,大抵阐明制度,穷极治本,不徒以释名辨物为事,亦非空谈经世者可比",真正体现了永嘉学派的治学精神,并以此"藉为研究薛、陈诸家学术之基本"。孙衣言的言谈,虽然当时年仅八岁的孙诒让未必理会,却表达了他对儿子的企盼。不过在孙衣言的亲自督导下,孙诒让不负乃父的期望,他尔后治学道路正沿着这一轨迹行进,并有了很大的发展。

致用必先通经。中国古籍已流传了两三千年之久,由于文字的变迁、秦时大量

---

① 孙延钊:《孙衣言孙诒让父子年谱》第 22－23 页。
② 孙延钊:《孙衣言孙诒让父子年谱》第 26 页。

古籍被焚毁,以及错简、辗转传钞等种种原因,脱衍讹误不少,历史上各家各派作出不同解释,争论不休,莫衷一是。恢复古籍的原貌,正确理解其内涵,这是首要任务。孙诒让十三岁时就草拟了《广韵姓氏刊误》,足见他对训诂考据工作的重视,并显露出校勘的才华。在训诂、考据、校勘、辨伪等方面,乾嘉学派已积累了一套比较成熟的经验。尔后,孙诒让阅读了江藩的《汉学师承记》,在侍父官衙期间,又与当时著名的汉学家如张啸山、刘恭甫、刘叔俛等朝夕相处,切磋学问,从而进一步掌握了汉学治学的门径和方法。孙诒让没有门户之见,实事求是地对待各家各派的旧注旧疏,按以经决注、以注决疏的原则,既广泛吸取了旧注旧疏的正解,又廓清了旧注旧疏的误说,一些长期聚讼的问题大多得到圆满解决。识辨古文字是考据古籍的基本功。孙诒让继承了前人从字形、音韵中识辨古文字的经验和方法,又十分重视对残存在古器物上的一些古文字的研究,如对金文、甲骨文、石鼓文、贵州红岩古刻甲骨文的研究,从中发现了文字演变的规律,提出从文字演变史实中推求文字源流的主张,大大提高了识辨古文字的能力。孙诒让广泛阅读古今中外各种书籍,知识渊博,他常常用子史古籍、古器物上的记载与经籍互证,后来还用西方国家的一些思想观点和科技知识解释经籍的记述,从而获得了不少新的突破。通经是为致用。孙诒让治学的根本目的是致用,他如何致用,有何意义和影响? 下一目将专门阐述。

　　1884 年至 1885 年的中法战争,是孙诒让一生的重要转折点。其间,法国侵略军舰队沿海北上,先后袭击福建厦门、浙江镇海,地处东南沿海的温州一带告警。在老家瑞安埋头著述的孙诒让,激起了满腔爱国热情,为了保家卫国,他冲出书斋,投身反侵略斗争,在家乡组织团练武装,准备抗击来犯之敌。孙诒让从中看到了局势的严峻,深为国家的命运和前途而担忧,开始关注世界大势和全国动向,广泛收集和阅读新书新报,寻找救国的途径和方法。随着西方资本主义侵略的步步深入,西学也逐渐流入中国。这时,除出现一些西书译作外,一些爱国进步人士,为了抵抗外来侵略,挽救国家和民族的危亡,使祖国重新走向富强,根据各自需求,吸纳了西方国家的一些思想观点。相继提出了改良或革命的主张,一时间包括译作在内的各种新书新报纷至沓来。据记载,当年孙家玉海藏书楼就收藏有:"新书二千六百四十三册,杂志二十九种一千四百七十七册,报纸十一种,有数种合订为一册者,亦有一种分订若干册者,计三百零五册。"①仅《孙衣言孙诒让父子年谱》提及的孙

---

①　孙延钊:《孙衣言孙诒让父子年谱》第 364 页。

诒让研读过的新书就有:徐继畬的《瀛寰志略》,魏源的《海国图志》,冯桂芬的《校邠庐抗议》,梁启超的《变法通议》,康有为的《新学伪经考》,谭嗣同的《仁学》,沈俪昆的《富强刍议》,刘师培的《攘书》、《中国民族志》,章炳麟的《訄书》,邹容的《革命军》;译作有:外人新译的《地理备考》、《海道图志》,严复译著的赫胥黎的《天演论》、亚丹·斯密的《原富》、孟德斯鸠的《法意》、约翰穆勒的《群己权界论》、斯宾塞尔的《群学肆言》、甄克思的《社会通铨》,李提摩太、蔡尔康合译的《泰西新史揽要》。这些新书涉及政治、经济、军事、史地、种族等诸多内容,它不同程度地都渗透着西方资产阶级的一些思想观点,就其政治倾向看,有主张资产阶级改良的,有鼓吹民主革命的;至于译作除介绍世界历史地理知识外,有的则评介西方国家当时流行的政治,经济、哲学、社会等各种学说。孙诒让阅读后,大多识记于册端,有的还写了序跋。对其观点几乎都默认,有的还公开表示赞同或支持,唯力斥康有为的《新学伪经考》之谬。他在致汪康年书中说:"康氏学术之谬,数年前弟即深斥之,去年致章枚叔书亦曾及之。然其七、八上书,则深佩其洞中中土之症结,于卓如则甚佩服其《变法通议》之剀切详明,不敢以其主张康学之执拗而薄之。"①孙诒让强烈反对康学任意诬称我国一些古籍是"伪经",但并不反对他们的政治主张,其争论并未越出在汉、宋之争的范围。孙诒让在阅读新书新报的过程中,不断扩大视野,提高了对当时政治形势的认识,并将获得的新的思想观点及其资料,融入对我国古籍的注疏中,搞清了以往对古籍中不易理解的一些记述,尤其是有关科技方面的记述,使日益衰落的汉学放射出奇光异彩。更重要的是,他在中西政制比较中,认为我国古代和西方国家有近似或可通之处,因此,在我国从封建社会向半殖民地半封建社会急剧变化的过程中,比较容易接受一些新的思想观点和政治主张,随着客观形势的发展变化逐步前进。

孙诒让训诂考据上的成就十分巨大,在当时众多汉学家中是出类拔萃的。但他继承永嘉学派的优良传统,走"通经政用"之路,没有门户之见,立足现实,力图古为今用,与汉学家为经学而治经学、为考证而考证是有原则区别的,因此,不能简单地视为是乾嘉学派的继续和发展。

立足现实选研我国古籍

我国是一个文明古国,文化底蕴极为深厚。早在先秦,除了儒家经典外,还有

---

① 孙诒让:《与汪穰卿书》四,见徐和雍、周立人辑校(籀庼遗文)(未刊稿)。

诸子百家的大量著述，各家学说丰富多彩，琳琅满目。继承民族文化遗产，发扬民族优良传统，这是永恒的课题。问题在于继承什么，怎样继承？孙诒让坚持"通经致用"的治学方针，立足现实，从实际需要出发选研我国古籍，客观地对待古今中外各家各派的学说，积极吸纳、融合他们合理的思想见解及其资料，用以注疏古籍，并力图从古籍中发掘出积极因素，藉以解决现实中的问题。孙诒让治学的指导思想，在其重点研究的《周礼》、《墨子》和甲骨文中表现得很充分。

《周礼》本名《周官》，分《天官》、《地官》、《春官》、《夏官》、《秋官》、《冬官》六篇，后《冬官》失佚，以《考工记》补之。《周礼》是有周一代的政典，它是对周代以前历代政制损益而成的，可说是我国上古时期政制的总汇：秦以后，封建中央集权统治愈来愈强化，与《周礼》记述的政教制度相去也愈来愈远，其间虽有汉郑玄注、唐贾公彦疏，此后就为学者所冷落。正如《钦定四库全书总目》所说的，"时移势变，(《周礼》)不可行者渐多，其书遂废。"①

《周礼》是周代的政典，而非周代政教制度的实施记录，在表述上难免有理想化的倾向，但其时距原始公社尚不远，氏族民主制的某些做法当有存留，诸如"三询之朝，自卿大夫以逮万民，咸造在王庭，与决大议"；"宣上德而通下情者无所不至，君民上下之间，若会四枝百脉而达于囟，无或雝阏而弗畅也"等等，给人们以政通人和的印象。孙诒让生活的晚清，其时外敌频仍，内外交困，民不聊生，统治者与广大人民尖锐对立，反侵略斗争、反封建斗争此起彼伏猛烈展开。孙诒让研读《周礼》，考古视今，深信其所述的政教制度的合理性和正确性，赞叹道："其政教之备如是，故以四海之大，无不受职之民，无不造学之士，不学而无职者则有罢民之刑，贤秀挟其才能，愚贱贡其忱悃，咸得以自通于上，以致纯大平之治，岂偶然哉！"认定《周礼》所述的"政教之闳意眇旨，固将贯百王而不敝，而岂有古今之异哉"！孙诒让基于这一认识，对面临严峻局势的症结所在和解决途径，提出与众不同的见解。他说：

近来"海疆多故，世变日亟，眷怀时局，抚卷增喟。私念今之大患，在于政教未修，而上下之情睽阏不能相通。故民窳而失职，则治生之计陋隘，而谲觚干纪者众。士不知学，则无以应事偶变，效忠励节，而世常有乏才之憾。夫舍政教而议富强，是犹泛绝潢断港而蕲至于海也。"

后来，孙诒让涉猎了一些西方资本主义国家的政治学说后，与我国上古的政教制度相类比，更增强了对《周礼》的信心。他说：

①　《十三经注疏》，中华书局影印本上册第 631 页。

"今泰西之强国,其为治,非尝稽核于周公、成王之法典也,而其所为政教者,务博义而广学,以暨通道路,严追胥,化土物矿之属,咸与此经冥符而遥契。盖政教修明,则以致富强若操左契,固寰宇之通理,放之四海而皆准者"。

孙诒让认为改革政教制度是清王朝的当务之急,是改变我国贫弱落后状况,使祖国重新富强起来的根本措施,而《周礼》的"闳意眇旨"正是改革政教制度的指导原则。孙诒让重疏《周礼》,为的是"剀今而振敝",注疏中一丝不苟,精益求精,力求恢复《周礼》原貌,正确反映其思想实质,易于为人们理解和把握。孙诒让从 1872 年二十五岁时开始研究和撰写,屡草屡易,直到 1905 年五十八岁时,八十六卷洋洋巨著《周礼正义》才定稿付梓。他研究和撰写《周礼正义》,用了人生最有活力的青壮年时期的三十多个春秋,耗费了毕生的主要精力,足见对这一工作的高度重视。孙诒让深知作为学者是无能左右政局的,只能作"扫彗先导","取此经而宣究其说,由古义古制以通政教之闳意眇旨,理董而讲贯之,别为专书,发挥旁通,以俟后圣",[①]祈望明智的当权者能采纳并付诸实施。

孙诒让重疏《周礼》完全从政治上着眼。由于孙诒让知识广博,精通考据学、古文字学,又无门户之见,积极吸纳旧注旧疏的成果,尤其他以极端负责的态度,反复核实,细心推敲,使《周礼》的注疏工作达到前所未有的水平。章炳麟高度评价说:《周礼正义》"发正郑、贾凡百余事,古今言《周礼》者莫能先也"。[②] 但从当时情况看,《周礼正义》的意义和影响,已大大越出学术范围。1888 年秋,当时正在鼓吹"中体西用"的两广总督张之洞,得悉孙诒让重疏《周礼》,致函孙诒让提出将该书稿付梓问世,由于该书未完稿,未能实现。二十世纪初年,清廷下诏举办"新政",工部侍郎盛宣怀知孙诒让深研《周礼》,通过费念慈乞请他代撰变法条议。孙诒让尽十昼夜之力,草成《变法条议》四十篇以报。"费、盛受读后,顾虑颇多,因不果上。"[③]于是,孙诒让将《变法条议》易名为《周礼政要》,补作自叙印行。瑞安、永嘉一带学校采为重要教材;上海各局争相传刊,重印达数十版之多,甚至出现点评本,并把它作为"策论应用各书提要钩元之第一部"。[④] 可见,孙诒让对《周礼》研究及《周礼正义》、《周礼政要》相继出版,已引起一些当权者的关注,并产生了一定社会影响。

墨家是我国古代继儒家出现的又一大学派。墨子"身丁战国之初,感悱于犷暴

---

① 以上引文均见孙诒让:《周礼正义叙》。
② 章炳麟:《孙诒让传》,《章氏丛书》文录二。
③ 孙延钊:《孙衣言孙诒让父子年谱》第 296 页。
④ 《评点周礼政要》序,上海求新图书局光绪癸卯年(1903 年)版。

淫侈之政,故其言谆复深切,务陈古以剀今",其思想见解有鲜明的针对性:"国家昏乱,则语之尚贤尚同;国家贫,则语之节用节葬;国家熹音湛缅,则语之非乐非命;国家淫僻无礼,则语之尊天事鬼;国家务夺侵凌,则语之兼爱非攻。"孙诒让阅读了《墨子》,深为墨家的言行所吸引,盛赞墨家"用心笃厚,勇振世救敝"①的高尚品质,认为墨家倡导的兼爱、节俭符合当今的需要,有助于克服观实中存在的种种矛盾和问题,钦佩墨家刻苦自持,勇于与各种不良倾向抗争,努力为国为民排忧解难的勇气和精神,并以此自励。章炳麟曾生动记述,孙诒让"行也大类墨氏,家居任恤,所至兴学,与长吏者柱,虽众怨弗恤也"。② 孙诒让同样是从现实需要出发,把研治《墨子》作为自己的又一个研究重点。在此前或期间,乾嘉学派从研治先秦儒家经典逐渐扩展到诸子百家的著述。汉学家毕沅、王念孙父子、苏学时、洪颐煊、俞樾等,都曾作过《墨子》校注,然均致力于校勘和整理上。由于两者注疏《墨子》的目的并不相同,其结果也不完全一样。

孙诒让 1875 年二十八岁时检阅戴斟《墨子》录本后,对该书引起了极大关注,于是广泛罗致毕沅等各家校本,进行比较研究,经精思博考,于 1892 年、1893 年间写成《墨子间诂》十九卷,并"以聚珍版印成三百部,质之通学"。尔后,孙诒让继续深入探究,积极吸收各方的合理建议,反复审订,直到 1907 年六十岁时才定稿,并于 1910 年正式出版。孙诒让知识广博,治学严谨,没有门户之见,加上他这时已掌握了不少西方自然科学知识,因而能比较确切地解释《经》上下、《经说》上下有关几何算学、光学、重学的记述。俞樾为之作序,咸赞《墨子间诂》"整纷剔蠹,脉摘无遗,旁衍之文,尽还旧观,讹夺之处,咸秩无紊,盖自有《墨子》以来未有此者也"。③ 尤其值得注意的是,孙诒让花了很大精力,钩沉稽核,搞清了墨学的来龙去脉和基本面貌,撰写了《墨子传略》、《墨子年表》、《墨子传授考》、《墨学通论》等篇章,显然意在表彰墨学,倡导墨家精神,以应时需,从而把《墨子》研究推进到一个新的阶段。《墨子间诂》的出版发行,有力推动了墨学的复兴,但后来的治墨学者仍多着力于训诂考据,专注于《经》上下、《经说》上下及伦理学方面的研究,并未理会孙诒让的用心。

1899 年,河南汤阴古("艹"下加"弁")茾里城掊土,得古龟甲甚夥,率有文字。

---

① 以上引文均见孙诒让:《墨子间诂自序》。
② 章炳麟:《孙诒让传》,《章氏丛书》文录二。
③ 俞樾:《墨子间诂序》。

刘鹗选其略明晰者千版，编成《铁云藏龟》，刊刻问世。1903 年 11 月，孙诒让购得此书后，何以立即全力以赴首先进行研究？一方面，孙诒让深研古文字学，他从金文、石鼓文与《说文》古籀互相勘校中，已发现文字有一个演变过程，充分估计甲骨文在研究我们文字演变规律和识辨古文字的价值和意义；另一方面，孙诒让"颇愤外人著文明史者，谓中国象形文字已灭绝"之说[①]，研究甲骨文是为了驳斥这种论调。孙诒让看到，甲骨文研究是与外国侵略者在文化上的一场较量，因此他满怀激情投入这一工作，穷两月之力，破译了不少甲骨文字，写成《契文举例》两卷。孙诒让是认识甲骨文的第一人，为甲骨文研究披荆斩棘开辟道路，是甲骨文这一新学科的开创者；同时还开辟了以甲骨文、金文证古字，以古字考古史的新的治学途径。

上述可见，孙诒让并没有走乾嘉学派的老路。他虽仍用注疏形式和训诂考据方法，但从现实需要出发选研我国古籍，广泛吸纳古今中外各家各派的一些合理的思想见解及其资料，不仅把我国传统学术继续向前推进，还开辟了一些新的学科和治学途径。孙诒让是以"旧瓶装新酒"的方式，自觉不自觉地把我国传统学术推向近代化。

努力把研究心得付诸实施

1894 年春，孙诒让八试礼部不第后，已无意仕途，于是归隐家乡瑞安，继续从事著述，并力图把研究心得在自己力所能及的范围内付诸实施。

十九世纪末二十世纪初，孙诒让隐息家乡之时，反侵略斗争、维新运动，民主革命接连猛烈展开。由于主客观原因，孙诒让没有参加这些活动，但从当时他的反映及有关事情的处置上看，对这些运动是关注、理解和不同程度支持的。1895 年，康有为等发动"公车上书"的消息传来，孙诒让坚决支持这一爱国义举，在随后致汪康年书中表示：如继续举行这类活动，"倘未到京人不妨列名，则无论如何抗直，弟均愿附骥，虽获严诘，所不计也"。[②] 接着，孙诒让接同乡好友黄绍箕从北京寄来《强学书局章程》，他见其所述"尚是译书博闻之事"，认为"今日事势之危，世变之酷，为数千年所未有，中国神明之胄几不得齿于人类，似非甄教广学、搜书购器所能支撑"。于是，孙诒让本着"兴儒救国"之义，撰写了《兴儒会略例并叙》[③]（简称《略

---

① 孙诒让：《与章太炎书》，《经微室遗集》卷六（稿本）。
② 孙诒让：《与汪穰卿书》三，见《籀庼遗文》（未刊稿）。
③ 见《籀庼遗文》（未刊稿）。

例》),拟纠集同志创建"兴儒会"。从《略例》看,孙诒让把救亡图存的希望寄托在"通儒硕望者"、"地方绅士"身上,夸大了儒教的作用,表明其时他的视野并未越出传统的范围。但他毕竟是为救国出谋划策,并提出了"保华攘夷"的命题和发展民族资本主义的主张,也不应抹杀其爱国热情和某些进步倾向。不久,孙诒让读了梁启超的《变法通议》,深感自己昧于大势,创建"兴儒会"不切实际,于是把《略例》"拉杂摧毁"。① 孙诒让与维新派很少来往,仅因工作关系或学术探讨与梁启超、汪康年偶有书信往还。从这些书信可见,他反对康学,但对维新派的形势分析及其政治主张是赞成的。当孙诒让获悉西太后发动政变,捕杀谭嗣同等维新志士,他愤慨地说:"近来六人中伏法者余识其二:一杨锐,一林旭也。杨则询询如处子,而才极好;林,福建人,为文忠公(林则徐)曾孙,而沈文肃公(沈葆桢)孙婿,其发解时仅十六岁,今不至二十二、三耳,一旦遭此惨祸,国事其可问耶!"② 这时,孙诒让正在校订《亭林诗集》,在跋诗中发出了"亡国于今三百年"之叹③,他虽没有由此转向反清革命,但也增加了对正在兴起的民主革命的同情和理解,并视从事办学的革命志士为同道,在力所能及的范围内予以支持和保护。如 1906 年乐清发生《新山歌》案,温州官府捕捉明强女学堂堂长革命志士陈梦熊,孙诒让甘冒风险,把陈潜送出温州,逃往日本 。1907 年安庆起义失败后,浙江官府逮捕了绍兴大通学堂督办女革命家秋瑾,孙诒让两次致电湖广总督张之洞,请他设法营救。

在此期间,孙诒让把自己主要精力,用于在家乡倡办新式学堂和近代企业上。

孙诒让研治《周礼》主要的心得是,看到发展教育事业的重要性。他强调说:"中国自强之道,莫先于兴学。"④认为倡办新式学堂是救亡图存、使祖国走向富强的根本举措,于是利用自己在家乡的影响和社会关系,大力倡办新式学堂。早在1895 年,孙诒让就邀集同志筹办瑞安算学书院,翌年开学后不久易名学计馆,以改建后的明代当地数学家卓忠毅公祠为校址,内有会堂、教室、操场、自修室、阅报室等设施,教学内容以算学为主,兼授物理、化学,有关"中外交涉事务,各国记载及西人所著格致诸书,每月择简明切要者,讲示一二,以广见闻,而裨实用。"⑤完全仿效西方国家的学校办理,特别注意引导学生关心时势。瑞安学计馆是浙江第一所民

---

① 孙延钊:《孙衣言孙诒让父子年谱》第 281 页。

② 张枫:《杜园日记》(稿本)。

③ 孙延钊:《孙衣言孙诒让父子年谱》第 287 页。

④ 孙诒让:《张广雅尚书六秩寿序》,《籀庼遗文》(未刊稿)。

⑤ 孙延钊:《孙衣言孙诒让父子年谱》第 271 页。

间自办的新式学堂,也是全国最早创办的专科学校。1897 年孙诒让又与人合作创设瑞安方言馆、永嘉蚕学馆。1898 年集资创设瑞平化学学堂。1901 年,清廷下诏推行"新政",谕令各省府州县开设学堂,孙诒让利用这一有利形势,极力推进办学。1902 年,在孙诒让的策划下,以学计、方言两馆为基础,建立瑞安普通学堂,又在瑞安城区四隅创设四所蒙学堂。同年,在孙诒让的支助下,温州府学堂得以成立。1905 年,在留日学生陈瑞等的推动下,温处学务分处成立,公举孙诒让为总理。创办新式学堂,不仅存在经费、师资等困难,同时也是一场新旧之间的激烈斗争。孙诒让勇敢地挑起这一重担,身体力行,不懈地为之奋斗。他除自己极力资助外,千方百计动员绅商捐助,并带头放弃"红封户"的特权,建议瑞安各"红封户"按民产全纳钱粮,以其羡余充学款。经孙诒让多方筹措,在其任总理的近三年时间里,筹集了约五十万元,有力地支持了各校的创建。孙诒让在积极筹建温州师范学堂的过程中,为了解决新开办学堂的师资问题,先举办博物、理化讲习班、体育、音乐暑期传习班,以应急需,同时还选派人员去日本留学,为教育事业的发展作准备。孙诒让坚决与反对新式学堂的反动守旧势力作斗争,有力地打击了当地反动官吏、土豪劣绅的嚣张气焰。在孙诒让的大力倡导和积极努力下,在其任总理期间,温、处两府十六县建起各级各类新式学堂三百多所,使原来文化比较落后的温、处两府,一跃而成全国办学的先进地区。孙诒让办学成绩卓著,他成了教育界的知名人士,1907 年 12 月浙江教育总会成立,被举为副会长,一度还曾代会长。

　　孙诒让在研治《周礼》时,已感到"工"在社会上的重要地位,它关系到国计民生。他阅读新书新报后,更日益强化了这一认识,从而抛弃了封建时代轻视工商的传统观念,认为大力发展工商业,才能使祖国走向富强,这在孙诒让的言行中多有表现。二十世纪初年,为了反对帝国主义的经济掠夺,全国接连爆发了反美爱国运动、收回利权运动。孙诒让怀着救国的强烈愿望,积极投入这些斗争。他一面按全国的统一部署,在温州发动各界抵制美货,为自建苏杭甬铁路在瑞安各地奔波筹款;另一面大力倡办地方实业。1904 年 4 月,发起和组织富强矿务公司,拟开采永嘉各地的铅矿;同年 7 月,集资创设大新轮船股份公司,航驶于浙南沿海;为改变温州的市容市貌,解决贫民生计,又倡议以人力车代舆马,"集资向上海购新式车辆,召募贫民,先于郡城试行。"[①]创建了温州地区的第一批近代企业。1905 年 8 月,瑞安商会成立,公推孙诒让为总理,孙诒让成了瑞安工商界的代言人。

―――――――――――――

① 孙延钊:《孙衣言孙诒让父子年谱》第 317 页。

在孙诒让的倡导下,温、处两府尤其是温州各地,创建了首批新式学堂和近代企业,从而有效地改变这一地区的经济、文化及人们的思想观念,大大加速了该地区的近代化进程。

结　语

本文一开始就指出,孙诒让在训诂考据上的成就是巨大的,不愧称之为朴学大师,然而孙诒让与乾嘉以来的众多汉学家不同,走的是"通经致用"之路。他从现实需要出发选研古籍,广泛地吸纳、融合古今中外各家各派的思想见解及其资料,把考据和义理结合起来,力图使之古为今用。由于他镕铸古今,会通中西,推陈出新,不仅使我国传统学术出现新的生机,而且自己也随着客观形势的发展变化不断前进,成为当时风起云涌的各种爱国进步运动的支持者和赞助者,并在他家乡温处各地创建了首批新式学堂和近代企业,为我国的近代化作出卓越贡献。孙诒让是传统学者走向近代化的先驱和杰出代表,是我国近代在社会实践中富有开拓精神的国学大师。

孙诒让《墨子间诂》评议

浙江大学汉语史研究中心　方一新

孙诒让(1848—1908),字仲容,号籀(廎),浙江瑞安人,晚清著名经学家、语言文字学家。他在十九岁时(清同治六年)应本省乡试,中式举人。后屡次应礼部试不第,遂无意仕宦,潜心著述。精通文字、音韵、训诂之学,著作颇丰,研究典籍有《周礼正义》、《墨子间诂》、《札迻》、《大戴礼记斠补》、《周书斠补》、《尚书骈枝》、《籀廎述林》等;研究甲骨文有《契文举例》,是这方面的开山之作;研究金文有《名原》、《古籀拾遗》、《古籀余论》。其中以《周礼正义》、《墨子间诂》、《札迻》三种为最有名。下面,以孙氏写定于光绪十八、九年间的《间诂》为例,探讨孙氏训诂的一些特点。[①]

《墨子》一书久乏善本,"阙文错简,无可校正,古言古字,更不可晓"(俞樾《墨子间诂序》),在先秦诸子中向称难读,校理的难度很大。根据孙诒让《自序》所说:"今谨依《尔雅》、《说文》正其训故,古文篆隶校其文字。"此书之所以名为《间诂》,孙氏自己解释说,"间者,发其疑牾,诂者,正其训释"(《自序》)。[②] 从中可以概见作者写作此书的旨趣。孙氏采用清毕沅校注本为底本,以明刊《道藏》本、明吴宽抄本、清顾广圻校《道藏》本以及日本仿刻明茅坤本相校,并吸收了王念孙、王引之、苏时学、洪颐煊、俞樾、戴望等人的研究成果。[③] 在前人研究的基础上,订正讹误,指明句读,疏通文句,做了大量的工作。具体可从以下几方面来看。

首先是校文字。《墨子》一书用字古奥,讹误衍脱之处比比皆是,难以卒读。孙氏比较诸家之说,择善而从。《七禄》:"仕者持禄,游者爱佼。"旧本"持"讹"待","爱佼"讹"忧反"。《群书治要》引"待"作"持","反"作"佼"。王念孙校为"持禄""爱

---

① 参看蒋礼鸿《〈墨子间诂〉述略》,载《怀任斋文集》第136-151页。

② 孙氏此书名,常常被写错。如《校雠学史》第164-165页四引此书,均作《闲诂》,误。黄山书社,1985年。

③ 参看孙以楷《墨子间诂·前言》,中华书局,1986年。该整理本系《新编诸子集成》第一辑,本文所称引《墨子间诂》本此。

交"，俞樾校为"持禄""养交"，孙氏认为："王校是也。……'佼'即'交'，字通。"有时则径用己校。《明鬼下》："以兵刃毒药水火，退无罪人乎道路率径。"苏时学校曰："'退'，疑当作'遇'，下文同。"俞樾校曰："'退'字无义，疑'迫'字之误。谓迫而夺其车马衣裘也。'率径'二字……疑为衍文。"孙氏案："二说皆非也。'退'，当为'迋'字之误，'迋'与'禦'通。《书·牧誓》：'弗迋克奔。'《释文》引马融本，'迋'作'禦'，云：'禁也。'"①《间诂》校字条例，细分起来，约有以下数端：(1)据字体演变之例校。这类校字最多，孙氏所涉及的字体有金文、古文、籀文、篆文、隶书、草书、楷书等，可以说，除了当时尚未发现的甲骨文以外，几乎包括了汉字古今演变过程中的所有形体。②　如：《备城门》："救车火。"孙校："此'车火'疑当作'熏火'，'熏'与'车'，篆文上半相近而误。"《经说上》："仗者，两而勿偏。"孙校："以《经》文推之，疑'仗'当作'权'，草书形近而讹。"(2)据音讹之例校。《非攻上》："今至大为不义攻国，则弗知非。"孙校："旧本'知'作'之'，……王云：'之'当为'知'，俗音'知''之'相乱，故'知'误为'之'。案：王校是也。"(3)据上下文意校。《尚同下》："家既已治，国之道尽此已邪？则未也。国之为家数也甚多。"孙校："'国之'，旧本作'天下'。毕云：'天下'下，当脱'之'字，一本'天下'作'国之'。诒让案：'国之'是。下文云'天下之为国数也甚多'，则此不当作'天下'，明矣。"(4)据对应文例校。《节葬下》："细计厚葬，为多埋赋之财者也。"孙校："俞云：'细'字无义，盖即上句'纤'字之误而衍者。……'赋'当作'赃'。案：俞以'细'为衍文，是也。而破'赋'为'赃'，则非。此当云'计厚葬，为多埋赋财也'，与下文云'计久丧，为久禁从事者也'，文例同。"《大取》："爱众众世，与爱寡世相若。"孙校："案：此当作'爱众世与爱寡世相若'。众世、寡世，以广陕言。下文尚世、后世，以古今言，文自相对。"(5)据古书用词例校。《鲁问》："是故世俗之君子，知小物而不知大物者，此若言之谓也。"《间诂》："'此若'，毕改为'若此'，云：'旧二字倒，一本如此。'案：顾校季本同。王云：毕改非也。古者谓此为若，连言之，则曰此若。'此若言之谓也'，已见《尚贤篇》。又《节葬篇》曰：'以此若三圣王者观之'。又曰：'以此若三国者观之。'《墨子》书言'此若'者多矣，它书亦多有之。案：王说是也。"用"此若"来表示此、这样，是本书的通例，孙氏采用王校是对的。除此以外，《间诂》还有据文字通假例及校正句读例校勘的，详见下文。

---

①　孙氏之后，王树枏、刘昶、于省吾、高亨等人都对此例"退"作出过校释意见，参看王焕镳《墨子校释商兑》第171页，中国社会科学出版社，1986年。

②　参看祝鸿熹、叶斌《〈墨子间诂〉校字述例》一文。《温州师范学院学报》，1988年增刊。

其次是明句读。《墨子》艰深难读，有不少地方该在哪里点断都难以判定。每逢这类场合，孙氏总是用"句"表示该字下应点断，并常常加以说明。《兼爱下》有"必知乱之所自起焉能治之"一句，孙氏在"起"下加"句"，句尾加注说："王引之云：'言知乱之所自起，乃能治之也。'顾（广圻）云：'三焉字皆下属。'案：王、顾读是也。焉训乃，说详《亲士篇》。""焉"训乃，是《墨子》的习见用法。《非攻下》："总四海之内，焉率天下之百姓。"《大取》："以形貌命者，必智是之某也，焉智某也。""焉"的用法都相同。《鲁问》有"翟虑耕而食天下之人矣盛然后当一农之耕……盛然后当一妇人之织……盛然后当一夫之战"的话，王念孙说："盛与成同，下两盛字放此。谓耕事已成也。古字或以盛为成。"孙氏在首个"盛"下加"句"，并说："案：此云极盛不过当一农之耕也，下并同。王说未塙。"比较而言，孙说为优。有些句读理解上的不同，实际上和文字通假或校勘问题有关。《兼爱中》："注后之邸。"孙注："毕读'注'属上句，非。此与下'注五湖之处'文例正同。后之邸，疑即《（周礼·）职方氏》并州泽薮之'昭余祁'也。……'祁''厎''邸'，并音近相通。'昭'作'后'者，疑省'昭'为'召'，又误作'后'。'之''余'音亦相转。"毕沅不如"后之邸"应作"召之邸"，也就是《周礼》的"昭余祁"，所以误读。《尚同上》："古者圣王为五刑，请以治其民。"俞樾校曰："'请'字衍文。'古者圣王为五刑以治其民'十一字为一句。"孙氏则认为："请"与"诚"通，非衍文。将"请以治其民"作一句读。《间诂》的意见是对的。

再次是正训诂。《间诂》在训释字词方面也下了很大工夫，不少解释洞见功力。有说明用字问题的。《尚同上》："其人兹众，其所谓义者亦兹众。"孙注："《说文·艸部》云：'兹，艸木多益。'《水部》云：'滋，益也。'古正作'兹'，今相承作'兹'。"在《非攻上》"其不仁兹甚"下孙氏更是明确指出："兹、滋古今字。"《备城门》："为薪樵挈。"孙注："蕉，樵之俗。《集韵》四宵：'樵，或作蕉。'"则指明"蕉"是"樵"的俗体。① 有诠释实词词义的。《辞过》："府库实满，足以待不然。"孙注："不然，谓非常之变也。《汉书·司马相如传》：'发巴蜀之士各五百人以奉币，卫使者不然。'颜注引张揖云：'不然之变也。'《治要》作'不极'，苏云：'不然'，疑当作'不时'，并误。"揭明了"不然"的词义，订正了《群书治要》和苏校的错误。有说明虚词用法的。《间诂》对虚词的解释比较注意，每能揭橥其用法。《尚贤下》："使天下之为善者可而劝也，为暴者可而沮也。"毕沅、陈寿祺读"可而"为"可能"。王念孙则谓"可而，犹可以也"。孙氏云："王说是也。《尚同下篇》云：'尚用之天子，可以治天下矣；中用之诸侯，可而治

---

① 中华书局本《间诂·备城门》"蕉"排作"蘸"，误。

其国矣；下用之家君，可而治其家矣。'上句作'可以'，下二句并作'可而'，可证。"《墨子》常用"可而"来表示"可以"的意思，王念孙、孙诒让的说法是对的。《尚贤下》："今王公大人骨肉之亲、无故富贵、面目美好者，焉故必知哉！"孙注："《论语·子路》皇侃《义疏》云：'焉，犹何也。'颜之推《家训·音辞篇》引葛洪《字苑》云：'焉字训何，训安，音于愆反。'"则解释了疑问代词"焉"的用法。

　　还应当指出的是，《间诂》善于运用因声求义的方法来考求词义，而不是像前代注家那样，容易受到字形的局限。《非攻下》："易攻伐以治我国，攻必倍。"孙注："（后）攻，当为'功'之借字。"《明鬼下》："夫众人耳目之请，岂足以断疑哉？孙注："毕云：'当为情，下同。'案：'请'即'情'之假借，不必改字。《非命中篇》作'情'。"纠正了毕沅的误校。又："请惑闻之见之。"孙注："请，当读为'诚'。《墨子》书多以'请'为'情'，又以'情'为'诚'，故此亦以'请'为'诚'。"《杂守》："入柴，勿积鱼鳞簪。"孙注："《备蛾傅篇》说苫云：'两端接尺相覆，勿令鱼鳞三。'三，即参，亦即椮之省也。《尔雅·释器》云：'椮谓之涔。'郭注以为聚积柴木，捕取鱼之名。《小尔雅·广兽》云：'潛，椮也。'潛、涔字通。盖通言之，凡积聚柴木，并谓之椮。椮、潛、参、簪，声并相近。《通典·兵门》说束枚云：'皆去钻刊以束为鱼鳞次，横检而缚之。'《太玄经·礼》次六：'鱼鳞差之，乃矢施之。'鱼鳞簪，犹言鱼鳞次、鱼鳞差也。""勿积鱼鳞簪"是说不要像鱼鳞一样一片压一片地堆放起来。

　　《间诂》的另一特色是，常常引用《周礼》来印证《墨子》。《非攻下》："布粟之（王念孙校为"乏"，是）绝，则委之。"王念孙说："委，读委输之委。"孙注："王说是也。《周礼·小行人》云：'若国凶荒，则令赒委之。'"《明鬼下》："其始建国营都日，必择国之正坛，置以为宗庙。"孙注："《考工记·匠人》：'营国方九里，左祖右社，前朝后市。'"前举"注后之邸"一例也是。这不是偶然的。在写作《间诂》期间，孙氏正在撰作《周礼正义》，此书写定于光绪二十五年（1899年），是孙氏集近三十年之功完成的空前巨著，故在《间诂》中每以《周礼》为证。①

　　《间诂》还体现出清代学者治学的一些特点，可以概括为这样几点：

　　实事求是，不强做解人。"实事求是，无征不信"是乾嘉学派的一贯学风，这一传统在孙诒让身上也得到了很好的体现。《间诂》无论是校释字词，还是推考制度，

----

①　孙氏从同治十二年（1873年）着手编《周礼正义长编》起，至光绪二十五年（1899年）秋写定《正义》，前后历经二十七年。《间诂》写定于光绪十八、九年（1892－1893年）间，从属草到写定用了十年时间。《正义》从《长编》算起，早《间诂》属草约十年，晚《间诂》写定六、七年。

大都能做到言而有征，不为凿空之词，已见上举各例。遇到证据不足的地方，则付阙如。如《节用上》："有与侵就偄橐"下注："'侵就'未详。"《明鬼下》："万年梓株"下注："未详。"又："闻鬼神之声，则鬼神何谓无乎？若莫闻莫见，则鬼神可谓有乎"下注："'何''可'错出，义两通，不知孰为正字。"《间诂》是一部集大成的著作，孙氏征举诸家之说，有把握时，则直接说"某说是"或"某说近是"。然也经常但引列他说，不下己意；或者酌加按语，如说"张说未知是否"（《经说上》"臧之为，宜也"下注）、"依王说，鼓数各如烽，则增改字太多，不知塙否，今未敢辄改"（《杂守》"城会，举五烽五蓝"下注），反映了作者审慎的态度。

不迷信盲从，唯真理是从。《间诂》在校释中大量征引前辈、时贤的意见，这种征引不是随意拿来，而是经过抉择、比较的，善者从之，不善者正之。在受到《间诂》批评的人当中，有为本书作序、孙氏称之为"年丈"的俞樾，有孙氏的"亡友"戴望；高邮王氏父子，是孙氏极为佩服的学者，他曾经说过："乾嘉大师，唯王氏父子郅为精博。凡举一谊，皆塙凿不刊。"（《札迻·自序》）《间诂》几乎尽收了王氏《读书杂志·墨子》中的全部成果。但孙氏并不盲从，对王氏父子的尚可商议之处，照样予以指出，毫不含糊。《尚同中》："己（中华本误作'已'）有善，傍荐之。"王念孙说："'己'字义不可通。'己'，当为'民'字之误也。……上篇曰：'上有过，则规谏之；下有善，则傍荐之。'下，亦民也。"《间诂》认为："谓在位之人，己有善，则告进之于上也。傍，当为'访'之借字，二字皆从方得声，古多通用。《鲁问篇》云：'所谓忠臣者，上有过则微之以谏，己有善，则访之上，而无敢以告外。匡其邪而入其善，尚同而无下比。'与此上下文义并略同。……此'己'字自可通，不必与上篇同义，王失检《鲁问篇》文，故不得其解。"全书类似的指摘俯拾皆是。这种不唯尊长，不唯权威，唯真理是从的态度，正是乾嘉以来学者的一个好传统。

当然，《间诂》也不可避免地存在着一些缺点。从校、释两方面来说，都有尚可商榷之处。兹酌举三例，以见一斑。

《尚贤中》："亲戚则使之，无故富贵、面目佼好者则使之。"俞樾说："'无故富贵'义不可通，'无'乃衍字。"孙氏则怀疑"故"当作"攻"，就是"功"的借字。按：《墨子》一书中"无故"、"无故富贵"多见，"无故"就是无端、凭空的意思，不烦校改。[①]

《尚同上》："上以此为赏罚，甚明察以审信。""甚"原作"其"，孙氏从王念孙校

---

① 梅季、林金保译"无故富贵"作"无端而富贵"，确。见《文白对照诸子集成·墨子》第18页，广西教育、陕西人民教育、广东教育出版社，1996年。

改。《兼爱下》："故约食为其难为也……故焚身为其难为也……故苴服为其难为也。"三"其"字，孙氏都从俞樾说校为"甚"。按：先秦、秦汉典籍中，"其"作极、甚解的用例并不鲜见，《吕氏春秋·长攻》："襄子上于夏屋以望代俗，其乐甚美。""其""甚"对文同义。《战国策·秦策一》："秦战未尝不胜，攻未尝不取，所当未尝不破也，开地数千里，此甚大功也。"《韩非子·初见秦》"甚"作"其"。《尚同上》"其明察以审信"，《尚同中》作"甚明察以审信"，"其"就是"甚"。实不必改字。① "其""甚"混用，在中古以降的典籍中尤为常见：《抱朴子内篇·杂应》："诸急病甚尚未尽，又浑漫杂错，无其条贯。"王明《校释》："慎校本、宝颜堂本、崇文本'甚'作'其'。"《异苑》卷三："鸡鉴形而舞，不知止，遂乏死。韦仲将为之赋其事。""其事"，《艺文类聚》卷九一引作"甚美"。《光世音应验记》7："刳出肠胃，湔洗府藏，见有积聚不净其多。"金刚寺本《佚名诸菩萨感应抄》、《法苑珠林》卷一七引《冥祥记》作"其"作"甚"。《南齐书·萧坦之传》："坦之曰：'明帝取天下，己非次第，天下人至今不服。今若复作此事，恐四海瓦解。我其不敢言。'"其，极、甚之义。《抱朴子外篇·清鉴》："延州审清浊于千载之外，而蔽奇士于咫尺之内，知人之难，如此其甚。""其甚"，极甚也。表极、甚义的"其"应读作"綦"，于省吾已指出。《广雅·释诂三》："綦，塞也。"王念孙疏证："《书大传》：'禹其跳，汤扁。'其跳者，踦也。案：其、綦古字通。即《谷梁传》所云'两足不能相过，齐谓之綦也'。"是王念孙已经揭举"其""綦"相通之例。

《迎敌祠》："狗、彘、豚、鸡食其肉，敛其骸以为醢，腹病者以起。"孙注："《吕氏春秋·直谏篇》高注云：'起，兴也。'谓病愈而兴起。"按："起"就是病愈，不是兴起（起来）。"起"有病愈义，《吕氏春秋》之外，他如《史记·龟策列传》："以占病者，起。"又："以卜有求难得。病难起，不死。"六朝以降用例更夥，②其源头则可上溯到《墨子》。

在孙氏之后，陆续有张仲如《〈墨子间诂〉笺》、李笠《〈墨子间诂〉校补》、刘再庚《续〈墨子间诂〉》等著作问世，对孙氏原书有所补正。

---

① 于省吾校《墨子》此例曰："绵?? 阁本、堂策槛本、宝历本均作'其'。'其'乃'綦'之省文，从糸乃后起字。其明察以审信，言极明察以审信也。中篇作'甚'，盖后人不知'其'之通'綦'而改之耳。"说见《双剑誃诸子新证》。按：孙诒让在校勘方面存在的问题，最根本的是他所见、所据的版本过少，像卷子本、正德俞弁钞本、正统道藏原本、嘉靖壬子、癸丑、丁巳诸本、隆庆沈刻本、万历潜菴本、万历茅校本以及本条于省吾所用的绵?? 阁本等三个版本，皆孙氏所未见。校勘古籍，以广集众本为第一要义，孙氏所产生的一些阙失，与其所见异本过少有关。

② 参见拙编《训诂学概论》第二章。

论词义引申在训诂实践中的应用

——孙诒让《周礼正义》研究

南京师范大学文学院　方向东

摘要：词义的引申，词汇学和训诂学著作中多有从理论探讨和总结，而孙诒让在《周礼正义》中，从词的本义出发，说明词的引申，阐释词义的源流关系，则是把引申应用于训诂实践，李建国先生在《汉语训诂学史》中评价说，他吸收段氏《说文注》关于字词本义、引申义的理论，用以解释经文，辨析词义。周予同、胡奇光在《孙诒让与中国近代语文学》中指出，孙氏《周礼正义》训释《周礼》词语有十端，其中一端就是从多角度训释词义，有引申义，有古义。据笔者在研读中统计，孙氏在《周礼正义》中共有 177 处运用引申来训释词义。本文在对这些用例进行分析的基础上，举例归纳所用的条例和方法。

关键词：《周礼正义》　引申　研究

孙诒让在《周礼正义》中，运用引申阐释词义的直接目的是为了解释《周礼》的经文和郑玄的注文。他往往根据《说文》的解释，说明词义是怎么引申的，并进一步用文献或注解进行佐证。从内容上看，可分为以下几种类型：

一是阐说词义的发展规律，可分为三个小类：

一般引申。一般引申通常指词义从具体到抽象从个别到一般的引申，这是最常见的引申方式。《周礼正义》中，这类引申占绝大多数。例如：

云"宰者官也"者，《说文》宀部云："宰，辠人在屋下执事者。"引申之，凡官吏皆得称宰。此经有大宰、小宰、宰夫、内宰，《春秋》卿大夫家臣采邑之长，亦多称宰，则宰之名通于尊卑矣。（《周礼正义》，下皆同，P1）

云"佐犹助也"者，……《说文》无佐字，左部云："左，手相左助也。"佐即左之俗。左本训手相助，引申之，凡助并谓之左。《广雅·释诂》云："佐，助也。"（P16）

注云"建，立也"者，《大宗伯》《量人》注同。《说文》廴部云："建，立朝律也。"引申之，凡立皆为建。（P9）

云"建，明布告之者"，《叙官》注云："建，立也。"凡物建立之，则众共见。故引申

之,凡明白布告亦曰建。(P158)

云"等犹差也"者,《说文》竹部云:"等,齐简也。"引申为齐等,又引申之,凡阶级差次亦称为等。《广雅·释诂》云:"差,次也。"(P2366)

值得注意的是,孙氏不仅仅是简单地说明词义的引申,而是把某个词同整部文献贯通起来,或者同该词的其他义项结合进行整体的阐述,并且引用文献注解或辞书的解释进行论证,说明词义相通的原因。例如:

云"统犹合也"者,后"八统"注云:"统所以合牵以等物也。"《说文》糸部云:"统,纪也。纪,别丝也。"别丝必总合之,故又引申为统合之义。《汉书·叙传》张晏注云:"统,合也。"《书》、《周官》孔疏引马融注云:"统,本也。百官,是宗伯之事也。"案:本与统合,义亦相近。(P61)

注云"柄,所秉执以起事者也"者,《说文》木部云:"柄,柯也。重文棅,或从秉。"是柄本为斧柯之名,以斧柯为人所执,引申之,凡有所秉执者皆谓之柄。《左昭二十三年传》云"又执民柄",杜注云:"赏罚为民柄。"《庄子释文》引司马彪云:"棅,威权也。"此八者亦王所秉执威权赏罚之事,故谓之八柄也。《礼运》云:"礼者,君之大柄也。"注云:"柄,所操以治事。"柄、秉声类亦同,《内史》又借枋为之。(P72)

注云"甸之言田也,田狩之祝"者,《小宗伯》:"若大甸,则帅有司馌兽于郊。"注云:"甸读曰田。"又《职方氏》"甸服"注云:"甸,田也,治田入谷也。"是甸有治田之义,故引申为田狩之称,亦以声兼义也。(P1285)

辗转引申,共4处。例如:

注云"体犹分也"者,《墨子·经上篇》云:"体分于兼也。"案:此据引申之义也。《说文》骨部云:"体,总十二属也。"本无分义,以总为一体,分为众体,辗转引申,亦得训为分,故云犹分也。(P14)

云"典,常也,经也,法也"者,《说文》丌部云:"典,五帝之书也。"又引庄都说,典,大册也。典本训书册,书册所以著政法,故又为典法也。《毛诗·周颂·维清》传云:"典,法也。"典法者,治之大经,可以常行者,故又训经、训常,此并辗转引申之义。(P60)

云"稽犹计也,合也"者,《说文》稽部云:"稽,留止也。"引申为审慎考计之称,故又训为计。稽计声亦相近。《水经·浙江水》,郦道元注云:"会稽者,会计也。"凡事物法数,必考计而后合同,故又训为合。《广雅·释诂》云:"稽,合也。"皆辗转引申之义也。(P170)

注云"登,成也,成犹定也"者,……登成,《尔雅·释诂》文。《国语·周语》韦注云:"成,定也。"郑以登本无定义,而登训为成,成亦训为定,辗转引申,则登亦得为定,故必先以成训登,复以定训成,明其义之相通也。(P775)

假借兼引申。例如:

云"弊犹恶也"者,此假借引申之义。《说文》㡀部云:"敝,一曰败衣。"弊即敝之借字。《史记·晋世家》集解引贾逵《左传注》云:"弊,败也。"凡物易败坏者必窳恶,故恶弓亦谓之弊弓也。《弓人》"覆之而角至,谓之句弓",注云:"句于三体,材敝恶,不用之弓也。"彼注即本此经。(P2565)

二是借此阐说训诂术语,例如:

注云"体犹分也"者,……凡杜、郑训义之言"犹"者,并本训不同,而引申假借以通其义。(P14)郑云"犹界",与《谷梁传》云"犹竟"同。凡言犹者,并引申假借之义。(P694)

经典凡言槁劳者,即木枯引申之义,字当从木,其有作从禾之稾者,则为假字、误字,此二字形义之别也。《释文》发音之例,从木之槁者有苦老、苦报二音,从禾之稾则止有古老一音,此二字音读之别也。凡言犹者,并引申假借之义。(P.694)

注云"抡犹择也"者,《说文》手部云:"抡,择也。择,柬选也。"《国语·齐语》"论比协材",韦注云:"论,择也。"论与抡通。案:注云"犹",则郑以择为引申假借之义,非其本义,盖与许异。(P1201)

注云"负犹恃也"者,《说文》贝部云:"负,恃也。一曰受贷不偿。"案:注例凡云犹者,皆假借引申之义。此本义亦云犹者,郑说负字义,疑不与许同。(P2288)

三是阐明同义词的缘由,例如:

云"废犹退也,退其不能者"者,《说文》广部云:"废,屋顿也。"引申之,人罢弃屏退,亦谓之废。《檀弓》注云:"废,去也",《士冠礼》注云:"退,去也",是废退义同。(P70)

云"废犹放也"者,此引申之义。《小尔雅·广言》云:"放,弃也。"《庄子释文》引李颐云:"废,弃也。"是废、放义同。(P75)

云"纠犹割也,察也"者,……《说文》糸部云:"纠,绳三合也。"引申之,凡有所绳治,并谓之纠。《大司马》注云:"纠犹正也。"《广雅·释诂》云:"割,断也。"凡物有期邪者,必断割之乃正,故纠训正,亦得训割也。(P158)

注云"救犹禁也"者,亦引申之义。《说文》攴部云:"救,止也。"《广雅·释诂》云:"禁,止也。"是救、禁义同。(P660)

注云"举犹行也"者,《说文》手部云:"举,对举也。"引申之亦为行。《国语·鲁

语》韦注云:"举,动也。"行与动义亦相近。(P1007)

云"维犹连结也"者,《说文》系部云:"维,车盖维也。"引申为系连缔结之语。《广雅·释诂》云:"维,係也。"连结亦与係义相近。(P2282)

注云"造犹至也"者,《大司寇》注义同,此引申之义。《广雅·释言》云:"造,诣也。"《文选·洞箫赋》李注《苍颉篇》云:"诣,至也。"盖造训为诣,诣则有所至,故造亦训至矣。(P1105)

注云"畿犹限也"者,《毛诗·商颂·玄鸟》传云:"畿,疆也。"《小尔雅·广诂》云:"限、疆,界也。"是畿限义同。《说文》田部云:"畿,天子千里地,以逮近言之,则言畿也。"是畿为国畿之专名,引申之,凡畿疆之限,通谓之畿。(P2297)

云"玄谓执犹拘也"者,《释名·释言语》云:"执,摄也。"《说文》卒部云:"执,捕罪人也。"句部云:"拘,止也。"案:执捕引申之与拘止义同。(P2615)

注云"附犹著也"者,……《说文》土部云:"坿,益也。"引申为坿著。经典皆借附为之。《毛诗·小雅·角弓》"如涂涂附",传云:"附,著也。"《王制》云:"附从轻",注云:"附,施也。"著与施义亦相近。(P2767)

四是阐说文献用字之例,例如:

云"考,成也"者,《尔雅·释诂》文。《说文》攴部云:"攷,丁也。"又老部云:"考,老也。"凡训考成、考课、考校者,皆攷丁引申之义,经典多皆考为之。此经皆作"攷",注皆作"考",亦经用古字,注用今字之例也。(P134)

云"脩,扫除粪洒"者,《说文》彡部云:"修,饰也。"又肉部云:"脩,脯也。"经典多借脩为修。修本训饰,引申之,扫除宫室坛兆,使之絜清,亦谓之修。(P141)

郑司农云"鲜谓生肉"者,《说文》鱼部云:"鱻,新鱼精也。鲜,鱼名,出貉国。"经典多借鲜为鱻。此经皆作鱻,注皆作鲜,亦经用古字,注用今字之例。后"鱻羽"杜注亦云"鲜,鱼也"。鱻为生鱼,引申为凡生肉之称。《书·益稷》"奏庶鲜食",伪孔传云:"鸟兽新杀曰鲜。"是凡鸟兽鱼之肉生者并曰鲜矣。《既夕礼》云:"鱼腊鲜兽",注云:"鲜,新杀者。"生肉即新杀者也。(P260)

汉隶从艸从竹字多互通,箙即䩅之别体。推校郑意,盖谓箙本为矢箙,引申之,刀剑之衣亦得通称箙,服则假借字也。《仪礼》有服无箙,故《既夕》注不易字。(P2174)

五是阐明词的相互关系或通用之由,例如:

注云"养犹治也"者,此引申之义。养身即所以治病,是养与治义相成也。(P326)——因果引申云"丽,耦也"者,《说文》鹿部云:"丽,旅行也。"引申为两偶之称。《小尔雅·广言》云:"丽,两也。"《诗·旄风·干旄》孔疏引王肃云:"夏后氏驾两谓之丽。"《广雅·释诂》云:"俪,耦也。"《方言》云:"妦,数也。"郭注云:"偶物为妦。"丽、俪、妦字并通。(P2274)

云"资取也,操也"者,《说文》贝部云:"资,货也。"引申之为取,亦为操。《广雅·释言》云:"资,操也。"又《释诂》云:"操、赍,持也。"赍资字亦通。(P3108)

注云"揉谓以火槁之"者,……惠士奇云"槁一作挢",挢与矫同,《苍颉篇》曰:"矫,正也。"……《说文》矢部云:"矫,揉箭箝也。"引申之,凡揉材木并为矫,槁、挢并矫之借字。(P3169)《说文》矢部云:"矫,揉箭箝也。"引申之,为揉木角之称。此经注作挢、槁,并矫之借字。(P3553)

六是阐发郑注用词的理由,例如:

注云"极,中也"者,……《说文》木部云:"极,栋也。"栋在室之正中,故引申之中并谓之极。(P15)……极训中,犹言中正。《汉书·儿宽传》:"天子建中和之极。"颜师古注云:"极,正也。"引《周礼》此文。颜训与郑义亦相成也。(P15)

注云"登,成也,成犹定也"者,……登成,《尔雅·释诂》文。《国语·周语》韦注云:"成,定也。"郑以登本无定义,而登训为成,成亦训为定,辗转引申,则登亦得为定,故必先以成训登,复以定训成,明其义之相通也。(P775)

注云"数犹计也"者,《说文》攴部云:"数,计也。"此云犹者,郑盖以数本为算数,引申为计算之义,与许少异。(P1225)

注云"誓犹命也"者,《说文》言部云:"誓,约束也。"案:约言为誓,引申之,凡策命有诰诫之辞,亦得谓之誓。贾疏云:"诸侯世子皆往朝天子,天子命之为世子,故以誓为命也。"案:贾说是也。《国语·周语》云:"鲁武公以括与戏见王,王立戏。"韦注云:"以为太子。"此即诸侯适子见天子,天子命为世子之事,所谓誓也。《春秋誓例》云:"誓者,告于天子,正以为世子,受天子报命者也。未誓,谓在国正之,而未告天子者也。"杜据春秋以后,诸侯世子无见天子之事,故不待见而命,非古制也。誓,《朝事记》并作"省"。案:省誓义亦略同。《大传》云:"大夫士有大事,省于其君,干祫及其高祖。"盖以施命言之谓之誓,以涖视言之谓之省。省于其君,犹省于天子也。连言之则曰誓省。《玉藻》云:"唯君有黼裘以誓省。"誓省亦谓施命涖视也。誓命、省视皆为嘉善之事,故郑《大传》注云:"省,善也。"于义亦通。而《玉藻》注读省为"獮",则未塙。(P1613)

"素服"者,《杂记》注云:"素,生帛也。"《说文》素部云:"素,白致缯也。"案:素本为白缯,引申之,凡布帛之白者,通谓之素。后"素端"注云"变素服言素端者,明异制。"郑于彼注唯辨袷制之侈否,不著丝麻之异,则郑意素服与素端,同为白布衣而素缯裳,浑言不别,通谓之素服。(P1658)

云"玄谓赗犹送也"者,……《说文》贝部云:"赗,持遗也。"引申为赗送。《广雅·释诂》云:"赗,送也。"(P2040)

注云"负犹恃也"者,《说文》贝部云:"负,恃也。一曰受贷不偿。"案:注例凡云犹者,皆假借引申之义。此本义亦云犹者,郑说负字义,疑不与许同。(P2288)

云"参读为糁,糁杂也"者,以下《大射仪》注义并同。《说文》米部云:"糂,以米和羹也。重文糁,古文糂从参。"案:古文糂从参得声,故郑读从之。糁为以米和羹,引申之,杂饰亦谓之糁。(P2436)

注云"俘而取之曰获"者,贾疏云:"则得者非所俘也。所俘即人民、六畜,其余货财之等称得。"诒让案:《左定九年传》:"凡得器用曰得,得用曰获。"杜注云:"谓用器物以有获,若麟为田获,俘为战获。"案:得获对文则异,散文亦通。《公羊传》昭二十三年传云:"君生得曰获,大夫生死皆曰获。"此获人民、六畜,则并谓生而得之。《说文》人部云:"俘,军所获也。"引申之,凡得人民、六畜,非军获亦谓之俘,故郑云俘而取之也。(P2825)

注郑司农云"宾继主君,复主人之礼赉也,故曰皆如主国之礼"者,《说文》糸部云:"继,续也。"引申之为往来报复之义。故先郑以复训继也。(P3040)

注云"聚犹具也"者,明此与《轮人》"三材既具,巧者和之"同义。《说文》似部云:"聚,会也。"聚会则备具,故引申之亦得为具也。(P3532)

七是通过词义引申辨正错误,校正文字,例如:

注云"待犹给也"者,《外府》注同,此引申之义也。《说文》彳部云:"待,竢也。"凡储物竢其用时而给之,亦为待,故《小宗伯》注云"待者有事而给之"是也。贾疏谓郑谓大宰敛得九府之财,给九式之用,待来而给之,故云待犹给,非是。训待为给,非郑恉也。(P447)

云"旅犹处也,六遂之官里宰之师也"者,贾疏云:"里训里居,旅者众也,众之所处,即与里义同,故郑云里宰之师也。"案:《左襄二十八年传》杜注云:"旅,客处也。"引申之凡居处亦谓之旅,故郑以为里宰之师,非旅里同训居也,贾说失之。(P670)

云"以浍写水"者,《说文》宀部云:"写,置物也。"引申为输写之义。《广雅·释诂》云:"写,除也。"俗输写字作泻,非。(P1189)

注云"辟行人使无干也"者，《释文》云："辟，避也。"案：《说文》辟部云："辟，法也。"干部云："干，犯也。"此谓辟除行人，使无干犯而已，不止行也。凡经辟人字《大司寇》杜注、《小司寇》先郑注并训为辟除，即辟法引申之义，后郑义亦当同。（P546）

云"故书跸作避，杜子春云，避当为辟，谓辟除奸人也"者，……案：《说文》辵部云："避，回也。"辟部云："辟，法也。"辟除为辟法引申之义，其字当作辟；辟除而使人回避，其字当作避。（P2761）

云"辨犹具也"者，据《特牲馈食礼》注云："具犹辨也。"案：《说文》刀部云："办，判也。"隶变为辨，辨本训判，引申为辨具之义。俗辨具字别从力作办，非。（P3108）

八是阐发引申的同时，揭示经例或词的语义场。例如：

云"凡言驭者，所以憧之，内之于善"者，……盖使马之箠策憧之使行，引申之，凡有所憧使皆曰御。经例，凡言驭者，皆有予夺劝惩之谊。（P76）

注云"法犹数也"者，此亦注用今字也。法训数者，引申之义。《管子·七法篇》云："尺寸也，绳墨也，规矩也，衡石也，斗斛也，角量也，谓之法。"是凡会计等数，并谓之法也。（P483）

注云"扬犹炽也"者，《小尔雅·广言》云："扬，举也。"《尔雅·释言》云："炽，盛也。"火盛则光举，故引申之炽火亦谓之扬。《毛诗·郑风·大叔于田篇》"火烈具扬"，传云："扬，扬光也。"《方言》云："炀、翕，炙也。扬、烈，暴也。"郭注云："今江东呼火炽猛为炀。"扬炀声义亦略同。（P1947）

《周礼·春官·巾车》"岁时更续共其弊车"者，叶钞《释文》作"敝"。案：敝正字，弊者獘之俗，假借字也。《说文》攴部，敝训衣败。引申之，凡故敝、靡敝、敝恶，通谓之敝。（P2190）

从以上引申用例可以看出，孙氏以词义发展为经，以文字变化和使用为纬，结合文献的具体语境，使发展多变的词义在灵活的语义场中得到合乎规律的阐释，为我们提供了把语言规律应用于实践的典范，使我们得到很多有益的启示。不仅如此，孙氏在其他方面的语言应用，也都能驾轻就熟，运用自如，同样值得我们进一步研究。

参考文献

[1]　陈宝勤，《汉语造词研究》，巴蜀书社，2002。

［2］　李建国，《汉语训诂学史》，上海辞书出版社，2002。

［3］　陆宗达　王宁，《训诂方法论》，中国社会科学出版社，1983。

［4］　毛远明，《训诂学新编》，巴蜀书社，2002。

［5］　向熹，《略谈〈周礼正义〉和汉语词汇史》，见孙诒让研究国际研讨会论文。

［6］　周予同　胡奇光，《孙诒让与中国近代语文学》，见杭州大学语言文学研究室编《孙诒让研究》。

《周礼正义》引《释文》考

香港中文大学中文系　黄坤尧

　　孙诒让(1848－1908)《周礼正义》在书前列出〈略例十二凡〉,其二云"陆氏《释文》,成于陈隋间,其出最先,与贾疏及石经闲有不同;所载异本异读,源流尤古。今并详让其是非,箸之于疏,以存六朝旧本之辜校。"①因此,本文拟辑录《周礼正义》中的《释文》材料,考察孙诒让使用《释文》的情况,其中牵涉版本校勘、传授源流、文字通假、字词训诂、音训释义等各方面的问题,分项说明,探索《释文》研究的新视角。

　　陆德明(555－627)《经典释文》在后代的流传情况,主要有三种形式,一是全集本,汇录儒道十四种的音义著作,今通行者有通志堂本、抱经堂本、宋本三种;二是单行本,附见于经典之后,例如《周易音义》、《老子音义》;三是割裂原书,条列于各种经传的注疏之后,例如《毛诗注疏》、《周礼注疏》、《庄子集释》等。以上三种皆依附于经传的语句之中,审音辨义,使读者知所选择,一般只是从一字多音的小节着眼,训诂的功效不彰。在《周礼正义》中,孙诒让征引《释文》极多,约计一千条,但孙诒让罕谈读音,几乎完全避开了音义及异读的讨论,与陆德明审正读音的取态完全不同。或者可以这样说,如果我们将孙诒让所引用的《释文》逐条顺序排列出来,那么我们所得到的《周礼释文》,应该就跟陆德明《周礼音义》上下两卷的面貌完全不同,也就是编出了另一本的《周礼释文》。孙诒让博览群书,记忆力特佳,尤善于综合运用各种训诂的资料,相互比较。《周礼正义序》云:"乃以《尔雅》、《说文》正其训诂,以《礼经》、《大小戴记》证其制度,研掸糸载,于经注微义,略有所窥。"②《释文》只是他所征引的材料之一,要通过跟其他训诂材料的比较,冶为一炉,始能准确训释《周礼》的字词意义及典章文物,进而揭发书中的微言大义。孙诒让甚至打通了

---

① 　孙诒让撰:《周礼正义》(王文锦、陈玉霞点校,北京:中华书局,1987 年 12 月),页一。注云:"《释文》据卢文弨校本,兼以阮氏〈校勘记〉及贾昌朝《群经音辨》参订之。"

② 　《周礼正义》,页四。

整部《释文》,将《释文》诸经音义的训释精华全部汇入《周礼》之中,激起了一种奇妙的化学作用,可以用来统合验证《周礼》及《释文》之间种种的问题,丰富《释文》的文化内涵,严辨是非正误,显出精义,使《周礼释文》释放出更为巨大的训诂能量,扩阔读者的思考空间。

《周礼正义》成书于乱世之中,古为今用,考镜理想中的政经社会,自是有为之作。孙诒让序云:"复以海疆多故,世变日亟,睠怀时局,抚卷增喟。私念今之大患,在于政教未修,而上下之情暌阔不能相通。故民窳而失职,则治生之计狭隘,而谲觚干纪者众。士不知学,则无以应事偶变,效忠厉节,而世常有乏才之憾。夫舍政教而议富强,是犹泛绝潢断港而蕲至于海也。然则处今日而论治,宜莫若求其道于此经。而承学之士,顾徒奉周经汉注为考证之渊薮,几何而不以为已陈之刍狗乎。"①经学具有最庄严神圣的理想目标,为学也一定要切于时用,有益于世道人心。训诂只是解释经典的一种手段而已,考据之余,我们当然更希望能够准确把握古代文明中跳跃的脉搏,继往开来,探求治道。

一　版本校勘

1.“天官冢宰第一”者,陆氏《释文》云:“本或作‘冢宰上’,非。余卷放此。”……《释文》所载或本,篇别上下而无第一之题,盖传录者所改易,非周经汉注之旧,故陆、贾诸儒并不从也。(1—1)②

2.“天官冢宰下”者,《释文》作“天官下”,云:“本亦作‘天官冢宰下’。”案:宋以来刻本,并与《释文》或本同。……(9—315)

3.“周礼”者,全经之大名也。汉以前经本,并小题在上,大题在下,故此题在篇第下。陆氏《毛诗释文》云:“马融、卢植、郑玄注三礼,并大题在下。”是也。(1—2)

4.注云“府,治藏者”者,《释文》出“府藏”二字,疑陆本作“府治府藏”。案《宰夫》八职云“五曰府,掌官契以治藏”,则陆本非是。……(1—20)

5.“宫正”者,……《释文》云:“此以下,郑总列六十职序,干注则各于其职前列。”臧琳云:“康成于每官前总列六十职序,当是古本如此。干氏于各职前列之,盖亦如《诗三百篇序》别为卷,毛公冠于每篇之前;《书百篇序》马、郑、王为一卷,伪孔移于每篇首。皆变乱旧章,非其本真也。”(1—23)

---

① 《周礼正义》,页五。
② 《周礼正义》,前者为卷次,后者为新编页码。下同。

6.“幕人”者,《释文》出“掌幕”二字,与经文不合。本职《释文》仍作“幕人”,则此作“掌幕”,误也。(1—39)

7.云“圉游亦如之”者,《释文》作“斿”,云“本亦作游”。案:《说文·[方人]部》云:“游,旌旗之流也。从[方人]汙声。”斿即游之省。《圉人》经及〈大宰〉注并作圉游,则陆本非也。(1—44)

8.至杜、郑所校本外,又有贾、马二家,亦今书之别本。以疏及《释文》所引考之,〈大宗伯〉“围败”,马本作“国败”;〈巾车〉“有握”,马本作“有幄”;〈梓人〉“胸鸣”,马作“胃鸣”;并不见于注,则今书或本甚多,郑亦不能悉校矣。(3—105)

9.云“简犹阅也”者,《遂大夫》注同。……阮元云:“《释文》出简阅二字,则陆本无‘犹’字。(5—170)

10.经“宾赐之食牢”,《释文》云:“一本作‘宾赐掌其食牢’。干本同。”包慎言云:“此经注与疏,郑本似无‘宾赐之’三字。如有此三字,二郑不应无一语及之。上阵牢礼之法,委积一也,膳献二也,饮食三也,并食牢而四,经文何以于‘食牢’上独加‘宾赐之’三字?经果变文以别食牢于上三者,注当申释其义。注无释,即知经之本无此三字也。当由干本作‘宾赐掌其食牢’,传写羼入郑本矣。”案:包说近是。……依《释文》别本,则食牢自冢宾赐为文,不涉上四者之事,二义绝不同。……以经注参互校之,郑、贾本似无“宾赐之”三字,惜于古无征,未敢专辄删定也。(6—202)

11.云“诸父守贵宫贵室”者,注云:“谓守路寝。”《礼记释文》无“贵宫”二字。……案:贾本已衍“贵宫”二字,故强为之说,《礼记孔疏》义同,皆不足据也。(6—217)

12.云“凡田兽之脯腊膴胖之事”者,……此膴胖盖亦以兽肉之新杀者制之矣。阮元云:“‘膴胖之事’四字疑衍文,下经‘膴胖’始有注。若于此先言膴胖,二郑、杜氏、康成当于此下注矣。《释文》出胖字音于‘豆脯’之下,则陆本尚未误衍。此疏引赵商问腊人掌凡干肉而有膴胖何,亦据下文言之。”案:阮据《释文》校,于义近是。《甸祝》疏亦引此经“掌凡田兽之脯腊”,而此疏标起止,则有“之事”二字,或是后人窜改,非贾氏之旧。但有此四字,于义亦尚可通,未敢专辄删定也。(8—308)

在以上十二条中,第1、2条说明《释文》的标题,与或本的字句互有不同。第3条说明诸经大题在下的传统。第4、6、7、9四条指出《释文》的误字。第5条指出郑玄、干宝二本在编排上的不同之处,各有所据。第8条说明诸本异文。第11条则引《礼记释文》以证明贾公彦疏之误。第10、12两条均据文理出校,并无版本证明,因此特别声明"未敢专辄删定",以示慎重。

二　传授源流

13.……《释文·叙录》亦云:"王莽时,刘歆为国师,始建立《周官经》为《周礼》。"案:《汉书·王莽传》,歆为国师,在始建国元年,而居摄三年九月,歆为义和,与博士诸儒议莽母功显君服,已云发得《周礼》,以明殷监。又引〈司服职〉文,亦称《周礼》。然则歆建《周官》以为《周礼》,疑在莽居摄、歆为义和以前。陆谓在国师以后,未得其实。通核诸文,盖歆在汉奏《七略》时,犹仍《周官》故名,至王莽时,奏立博士,始更其名为《周礼》,殆无疑义。"(1—3)

14.《释文·叙录》载或说云:"河闲献王开献书之路,时有李氏上《周官》五篇,失《事官》一篇,乃购千金,不得,取《专工记》以补之。"……此则秘府之本,即献王所奏,但马序绝未之及,不知果足冯否?至马序云:"出山岩屋壁。"祇谓菆藏荒僻,与淹中孔壁,绝无关涉。《释文·叙录》引郑《六艺论》云:"后得孔氏壁中,河闲献王古文《礼》五十六篇,《记》百三十一篇,《周礼》六篇。"审绎郑君论意,盖因古礼出于孔壁,《礼记》、《周礼》则得之河闲,故兼溯二源,不分区畛。又云《周礼》六篇者,亦由浑举大数,冬官阙篇,偶未析别。(1—5)

15.盖此经自刘歆立博士,自东汉初,而其学大兴。《汉艺文志》有《周官传》四篇,不著撰人,疑即歆所传也。歆传杜子春,子春传郑兴、贾逵,而兴传其子众,众又自学于子春。故《释文·叙录》云:"杜子春受业于歆,还家以教门徒,好学之士郑兴父子等多往师之。"……(1—7)

16.马、郑之后训释《周礼》者,《释文·叙录》所载,有王肃注十二卷,干宝注十三卷。《隋志》又有伊说注十三卷,崔灵恩注二十卷。今亦并佚。马传干注,群书闲有征引,孤文碎义,无关旨要。唯郑注博综众家,孤行百代,周典汉诂,斯其渊椷矣。(1—8)

以上第13—16四条,孙诒让均征引《释文·叙录》为说,配合其他文献上的记载,析论《周礼》之学的传授源流。其中偶尔也指出了《释文》在行文方面不够准确之处,但并无大误,由此亦可见《释文》保存了经学上很多珍贵的史料,使汉学传承不绝,滋润无穷。

三　文字通假

17.云"以此礼授之,使居雒邑治天下"者,《释文》云:"雒,水名也。本作洛,后

汉都洛阳改为雒。"案：雒邑之雒，不当作洛，雒非后汉所改，详《职方氏》疏。（1—10）

18.云"其川荥雒"者，《唐石经》初刻"川"误"水"，后磨改"川"，"荥雒"作"荥洛"。《释文》作"荥洛"，嘉靖本作"荥雒"。今从宋余本、岳本、建阳本、小字本、宋注疏本作"荥雒"。段玉裁云："荥者，光不定之儿。沛水出没不常，故《尚书》泆为荥，作此字。……然则荥泽、荥阳，古无作荥者。《尚书禹贡释文》经宋开宝中妄改荥为荥，而经典、《史记》、《汉书》、《水经》皆为浅人任意窜易，以为水名当作'荥'不知沛水名荥，自有本义，于绝小水之义无涉也。"又云："雍州洛水，豫州雒水，其字分别，自古不紊。……后人书豫水作'洛'，其误起于魏。《魏志·文帝纪》裴松之注引《魏略》曰：'黄初元年，诏以汉火行也，火忌水，故"洛"去水而加"佳"。魏于行次为土，土，水之牡也。水得土而乃流，土得水而柔，故除佳加水，变雒为洛。'此丕改'雒'为'洛'，而又妄言汉变'洛'为'雒'，自魏迄今，皆受其欺。《周礼》《春秋》在汉以前，谁改之乎？"案：段说是也。《释文》"雒"作"洛"，《唐石经》作"荥洛"，并误。（63—2655,56）

19.云"荥，兖水也，出东垣，入于河，泆为荥，荥在荥阳"者，荥，段玉裁校并改"荥"，阮元、黄丕烈亦谓注中"荥"字皆"荥"之误，是也。但《释文》经作"荥"，而注"荥播"字仍作"荥"。宋刻各本亦经注字异，或郑于经自从"荥"，于注自从"荥"，若经用古字，注用今字之例，今亦不敢辄改。后注"荥播"同。（63—2657）

20."辨方正位"者，《释文》云："辨，本亦作辩。"卢文弨云："《说文》：'辨，判也；辩，治也。'后来多通用。"诒让案：辨正字，辩借字。魏征《群书治要》引亦作"辩"。……（1—12）

21.注云"郊外曰甸"者，谓即大宰邦甸之地，在四郊之外者也。……《尔雅释地》云："郊外谓之牧。"陆《释文》云："李本牧作田。"案：田甸字通。……（1—28）

22."獻人"者，《释文》云："獻音鱼，本又作鱼，亦作敔同，又音御。"……凡经用古字作獻，注用今字作渔。本职先郑注及《礼运》后郑注同，并作渔人，用正字也。《释文》别本作鱼，亦渔之假字。（1—30）

23.注云"寺之言侍也"者，寺侍声类同。……又《诗秦风车邻篇》"寺人之令"，陆彼《释文》云："寺本或作侍。"是寺佳互通。（1—48）

24."夏采"者，《释文》云："采或作菜。"案：采菜字通。（1—57）

25."以八灋治官府"者，《释文》云："灋，古法字。"……凡经皆作灋，注皆作法，经例用古字，注例用今字也。法本为刑法，引申之，凡典礼文制通谓之法。……（2—63）

26. 云"禄，若今月奉也"者，《释文》云："奉本或作俸。"……案：俸即奉之俗。……（2—70）

27. 云"贡，功也"者，……《释文》："荀作功。"古贡功通用，故郑训为功。（2—71）

28. 云"舜殛鲧于羽山是也"者，《叶钞本释文》，"殛鲧"作"极鲧"。案：《说文》无鲧字，今《书·舜典》亦作"殛鲧"。……"殛"，当依《宋本释文》作"极"。段玉裁云："《洪范》'鲧则殛死'，《释文》：'殛，本又作极。'《左氏·昭七年传》'尧殛鲧羽山'，《释文》殛亦作'极'。然则《尧典》"殛鲧"，亦是极字之假借。殛之本义训为殊，殊之训死也，一曰断也。殛之所假借为极，极，穷也，《孟子》言'极之于所往'是也。"（2—75）

29. 云"凡言驭者，所以[区攵]之，内之于善"者，此总释上下两章也。[区攵]，《释文》作驱。……[区攵]即驱之隶变。（2—76）

30. 云"疏不熟曰觐"者，《释文》熟作"孰"。案：熟即孰之俗。曹宪《广雅音》云："顾野王《玉篇》孰字加火，未知所出。"是古无熟字，当以《释文》为正。（2—89）

31. 云"家削三百里"者，《释文》云："削本亦作稍，又作陗。"《说文·邑部》云："陗，国甸。大夫稍稍所食邑。《周礼》曰'任陗地'，在天子三百里之内。"《载师职》作"稍地"，注云："故书稍或作陗。"陗，正字，削、稍同声假借字。（3—97）

32. 云"物贡，九州之外，各以其所贵为挚"者，《释文》云："挚本亦作贽。"案：《说文》无贽字，盖即挚之俗。经注凡瑞挚字，并作挚，或作贽者，误也。（3—107）

33. 云"挟日而敛之"者，《释文》云："挟日又作浃，干本作帀。"案：《说文·帀部》云："帀，周也。"《小尔雅·广言》云："周、浃，帀也"挟帀义同。浃俗字，《说文》所无，或本非也。干本亦不足据。（4—117）

34. 案：经典多借勑为敕，实则二字音义迥别。郑此注及《宰夫》、《阍胥》、《司市》、《遂大夫》、《小臣》诸职注，并以勑为敕，取通俗也。《周易释文》引《字林》作勑，亦俗作，《说文》所无。郑意此文与正月县法相次，明亦每年正月之后，有此申勑之事。（4—125）

35. "及执事眂涤濯"者，与大宗伯为官聊也。《释文》云："眂，本又作视。"案：《说文·见部》云："视，瞻也。见示声。……眂亦古文视。"凡经皆作眂，注皆作视，亦经用古字，注用今字之例也。陆所见别本作视，非经例，不足据。又《说文·目部》有眂字，训视貌，与古文视字别。眂涤濯者，内外饔、廪人、世妇、郁人等概器，大宰则监眂之也。（4—144）

36. 云"涤濯，谓溉祭器及甀甒之属"者，《大宗伯》注义同。《释文》："甀，本又作
［甂瓦］"案：《说文·甂部》，［甂瓦］即或甂字。此注本〈少牢礼〉，当以作"甀"为正。
溉，疏述注作"概"。……《大宗伯》注、《释文》载或本亦"概"。……（4—145）

37. "礼大神示亦如之"者，《释文》云："示，本又作只。"案：《说文·示部》云：
"示，天垂象，见吉凶，所以示人也。只，地只，提出万物者也。"此经皆借示为只，注
皆作只，亦经用古字，注用今字之例也。陆所见别本作只，非经例，不足据。……
（4—147）

38. 云"王朝诸侯，立依前，南面"者，《释文》云："依，本亦作扆。"案：依扆字同。
《司几筵》亦作依。（4—151）

39. "大丧，赞赠玉，含玉"者，《释文》云："含，本又作唅。"案：《说文·玉部》云：
"琀，送死口中玉也。"《口部》云："含，嗛也。"则含玉正字当作琀，经典多叚含为之，
唅又含之俗。（4—151）

40. 注云"谓王巡守在外时"者，《释文》云："守，本亦作狩。"案：守狩字通，详《土
训》疏。（4—153）

以上各条都是孙诒让辨正《释文》所提到的异文，包括文字的正借、通假、正俗、
古今之例，其中尤以第 17、18、19 三条辨正荧荧、雒洛之误，尤为精要。孙诒让在
〈略例十二凡〉其八专论古今字云：

经文多存古字，注则多以今字易之。〔如瀍法、联连、颁班、于於、攷考、示祇、眡
视、政征、叙序、衺邪、烖灾、鱻鲜、齌粢、辠罪、貍埋、劀刮、壹一、虣暴、覈核、毓育、眚
省、媺美、婣姻、匦枢、囏艰、驭御、縠繋、敂叩、彊强、簬筮、飂风、果裸、鬻煮、嘑呼、靁
雷、侑宥、歙吹、幽邺、虞錞、邍原、参三，凡四十余字，并经用古字、郑则改用今字以
通俗。今字者，汉人常用之字，不拘正假也。〕《考工记》字例，与五官又不尽同。
〔如杀作𥻼。又五篇古字，如叙、攷、晦、于、辠诸文，记并从今字，疑故书本如是
矣。〕宋元刻本，未通此例，或改经从注，或改注从经，遂滋岐互，非复旧观。段玉
裁《汉读考》及阮、黄两记，举正颇多，尚有未尽。今通校经注字例，兼采众本，理
董画一。或各本并误，则仍之而表明于疏。至经注传讹，或远在陆、贾以前，为
段、阮诸家及王引之《经义述闻》所刊正者，则不敢专辄改定，并详箸其说于疏，俾
学者择焉。①

---

① 《周礼正义》，页四。

四、字词训诂

41. 云"宰者官也"者。……《释文》引干宝《周礼注》云:"济其清浊,和其刚柔,而纳之中和曰宰。"诸家之说,并偏举一端,不若郑义之闳通也。(1—2)

42. "惟王建国"者,此以下《天官》一篇之序目也。《释文》引干宝云:"王,天子之号,三代所称。"……(1—9)

43. 云"六官皆揓属于冢宰,……言冢宰于百官无所不主"者,……又《释文》引郑云:"宰,主也。"案郑全经六篇注,无宰主之训。陆氏盖以注有冢宰于百官无所不主之文,而推其义。(1—16)

44. 云"裹肉曰苞苴"者,……《庄子列御寇篇释文》引司马彪云:"苞苴,有苞裹也。"(1—26)

45. 云"邦之所居亦曰国"者,……《释文》引干注云:"国,天子诸侯所理也。邦,疆国之境。"案:理当作治,陆书传写,避唐讳改。干以国为天子诸侯所治,即邦之所居也。惟以邦为国境,则不分邦大国小,与郑说小异。(2—60)

46. 云"诘犹禁也"者,……《释文》引干注云:"诘,弹正纠察也。"义与郑略同。(2—61)

47. 云"赋,口率出泉也"者,……《释文》引干云:"赋,上之所求于下。"案:干说盖通诸赋税言之,是也。郑意盖以都鄙亦有口泉。贾《小司徒》疏引《郑志》,说都鄙无口赋者,谓其不入于王,非谓自全不征也。实则后经九赋非口泉,郑志殊不足据,详后疏。(2—71)

48. 云"九职之功所税也"者,……《释文》引干云:"贡,下之所纳于上。"说与郑同。(2—71)

49. 注云"柄,所秉执以起事者也"者,……《庄子释文》引司马彪云:"棅,威权也。"此八者亦王所秉执威权赏罚之事,故谓之八柄也。(2—72)

50. 云"废犹放也"者,此引申之义。《小尔雅·广言》云:"放,弃也。"《庄子释文》引李颐云:"废,弃也。"是废放义同。……(2—75)

51. 云"亲亲,苦尧亲九族也"者,贾疏述注"若"上有"谓"字。《书·尧典》云:"以亲九族",《书释文》引马、郑注云:"九族,上而高祖,下至玄孙,凡九族。"(2—77)

52. 云"九谷无秫大麦而有粱苽"者,此破先郑说也。《释文》云:"苽字或作菰。"案:即苽之俗。后者盖依先郑《膳夫》"六谷"注说,而加麻及大小豆也。(2—84)

53. 云"四曰羞服之式"者,《释文》云:"羞服,干云:'羞,饮食也。服,车服也。'

服或作膳。"臧琳云："干、贾本皆作'羞服',《释文》。或作'膳'係妄改。"……干宝谓兼有车,亦是也。(3—101)

54. 云"羞,饮食之物也"者,《释文》引干注义同。此羞为凡饮食膳羞之通名,与《膳夫》羞用百有二十品专属庶羞者异。(3—101)

55. 云"薮亦有虞"者,……又《释文》云："薮,干云:'宜作叟。'"今案:叟即变之俗。《说文·又部》云："变,老也。"以富得民,不必年老,干读未允。(3—116)

56. 云"参谓卿三人"者,《释文》引干注云"三公也"。案:《广雅·释言》云："参,三也。"故三卿谓之参。《周书·籴匡篇》云："大荒,卿参告籴。"即《国语·鲁语》所谓:"国有饥馑,卿出告籴。"侯国不得立三公,干说非也。……(4—127)

57. 云"玄谓宫刑在王宫中者之刑"者,郑不从杜易字也。《释文》谓干氏亦同。王宫中谓皋门以内及后宫。《大司寇》五刑,不数宫刑,而士师五禁以宫禁为首,此宫刑盖即犯宫禁者之刑也。(5—175)杜子春云："宫,皆当为官。"

58. 云"小事则专达"者,《释文》引干注云："达,决也。"案:字书达无决训。《士昏礼》注云："达,通达也。"此专达亦谓脩其职事,以自通达于王,所谓达官也。干说非经义。(5—161)

以上各例析论《释文》对字词的释义,孙诒让分别加以辩证,指出错误。有些不是《周礼音义》中的训诂,则杂引其他经典的训释为据,可以起贯通的作用,同时也扩大了《释文》的训诂功效。

五、音训释义

59. 注云"舍,行所解止之处"者,……《释文》:"解,佳卖反。"解止者,休止也。……是解与休止同义,音佳卖反。故郑云:行所解止之处。或言解止,或言解已,或言解息,或言解舍,或言休解,其义一也。(1—38)

60. 引《国语》曰:"闽,芈蛮矣"者,证闽为蛮之别。《释文》云："芈,李云:今《周礼》本或无此字,《国语》则有。"案:韦本《国语》闽作蛮。贾疏云："案郑语:'史伯曰:蛮,芈蛮矣。'"注云:'谓上言叔熊避难于濮蛮,随其俗如蛮人也,故曰蛮。'彼不作闽者,彼盖后人转写者误。郑玄以闽为正。叔熊居濮如蛮,后子从分为七种,故谓之七闽也。……(63—2638)

61. "乃辨九州之国"者,……《尚书释文》引《春秋说题辞》云："州之言殊也。"(63—2640)

62. "东南曰扬州"者,……《尔雅释文》引《太康地记》云："以扬州渐太阳位,天气奋扬,履正含文明,故取名焉。"此并依扬字为释。……至九州名义,大抵就州中所属山川国邑为称,诸家望文生义,似皆未塙。……(63—2640)

63. "河南曰豫州"者,……《禹贡释文》引《春秋元命苞》云:"豫之言序也,言阳气分布,各得其处,故其气平静多序也。"又引李巡云:"河南其气著密,厥性安舒,故曰豫,豫,舒也。"……(63—2655)

64. "正东曰青州"者,……《尔雅释文》引《太康地记》云:"青州,东方少阳,其色青,其气清,岁之首,事之始,故以青为名焉。"……(63—2661)

65. "河东曰兖州"者,……《尔雅释文》引李巡云:"济河间,其气专质,厥性信谨,故曰兖,兖,信也。"案:《春秋纬》及《释名》云取水为名是也。……(63—2664)

66. "正西曰雍州"者,……《尔雅释文》引李巡云:"河西其气蔽雍,厥性急凶,故曰雍,雍,壅也。"又引《太康地记》曰:"雍州兼得梁州之地,西北之位,阳所不及,阴气壅闭,故取名焉。"……(63—2668)

67. "东北曰幽州"者,……《尔雅释文》云:"李巡云:燕其气深要,厥性剽疾,故曰幽,幽,要也。《太康地记》以为因于幽都为名,或云北方太阴,故以幽冥为号,二者相依也。"……(64—2672)

68. "河内曰冀州"者,……《尔雅释文》引李巡云:"两河间其气清,厥性相近,故曰冀,冀,近也。"……《尔雅释文》引韦昭《汉书注》云:"东西南北皆有河,故曰河内。"又引马融云:"在东河之西,西河之东,南河之北。"案:马说盖即《周官》传文,其说是也。……(64—2674)

69. "正北曰并州"者,……《尔雅释文》引《春秋元命苞》云:"并之言併也,阳合并併,其气勇庄,抱诚信也。"又引《太康地记》云:"并州不以卫水为号,又不以恒山为称,而言并者,盖以其在两谷之间也。"(64—2679)

以上各例多与音训有关,例如第 59 条指出"解"读去声有休止义,上去两读有别义作用。第 60 条说明闽芊蛮音近相通。其他九州之名亦多引《尔雅释文》为说,例如第 61 条州殊、第 62 条扬阳、第 63 条豫序、第 64 条青清、第 65 条兖信、第 66 条雍壅、第 67 条幽要、第 68 条冀近、第 69 条并併,均为音训之例,孙诒让认为"诸家望文生义,似皆未塙",然而也就保留了一种看法。

上古车舆名物考辨[*]

复旦大学出土文献与古文字研究中心　汪少华

摘要：由于出土实物与文献记载的差异性、器物定名对于文献记载的依赖性、文献记载与汉儒清儒成说的复杂性，不可避免地造成车舆器物定名的分歧、争议和疑难。本文以名物线索贯穿训诂学、考古学和科技史，吸收考古研究成果解决车舆名物训诂疑难；凭借训诂利器，对现代考古研究中车舆马具定名进行研究，评判各家歧说，订正对文献及其注释误解或传讹而导致的失误。

关键词：考古　车舆　名物　考工记

中国古车舆的出现，可以追溯到夏代[1]。但迄今为止，尚未发现夏代及其前的车。考古发掘中所见古车遗迹，最早是商代晚期的[2]；1996—1997 年中国社会科学院考古研究所在河南偃师商城城墙内侧发现了商代早期路土上留下的双轮车辙，更将中国使用双轮车的时间提早到商代早期[3]。

成书于春秋末战国初的《考工记》，其"轮人""舆人""辀人""车人"等章节，对于先秦车舆制作曾有详细记述。《考工记》于西汉时已收入儒家经典《周礼》中，因此备受古代学者重视。东汉末有郑玄的注，郑注廓清经义，阐述融通，注文中的许多说法可以视为经文的补充。清代朴学大兴，学者颇致力于《考工记》车制研究，成果累累。例如江永的《乡党图考》《周礼疑义举要》，程瑶田的《考工创物小记》，戴震的《考工记图》，阮元的《考工记车制图解》，郑珍的《轮舆私笺》，王宗涑的《考工记考辨》，钱坫的《车制考》，各有发明。尤其是孙诒让《周礼正义》"博采汉唐以来迄于乾嘉诸经儒旧诂，参互证绎"，将清代数十百家学者的精言胜义收采无遗，替我们做了总结账的工夫。其中卷 74—86 为《考工记》部分，对《考工记》的注释、考证和研究，至此堪称集大成。然而《周礼正义》出版至今已届一个世纪，而 20 世纪正是地下出

* 基金项目：中国博士后科学基金资助项目（2005037311），教育部全国高校古籍整理研究工作委员会直接资助项目（0448）。

土文物绵绵不绝的百年。自 1928 年殷墟发掘出商代车马坑、1950 年辉县琉璃阁出土战国车舆以来,古车在全国迭有发现,出土之先秦古车总数已经超过百辆。这是清代学者所不得见的。数十年来,考古学者在古车舆研究中做出了相当大的贡献,成果涌现,不仅有相关的发掘报告,而且发表了专论、出版了专著。

包括车制在内的典章、制度、礼制、名物研究,一直是传统训诂学题中应有之义,也是现代训诂学者关注和研究的内容。据陆宗达《〈训诂学〉序》介绍,洪诚曾对三《礼》下过多年的工夫。20 世纪 80 年代以来,陆续出版了一批有分量的专著和词典。例如:钱玄《三礼名物通释》分为衣服、饮食、宫室、车马四篇,简明扼要;钱玄《三礼通论》;钱玄、钱兴奇《三礼辞典》堪称三礼力作,前者就礼书、名物、制度、仪礼四编各列若干专题,综述形制,考订原委,征引前贤研究成果,详加辨正;后者更将《仪礼》《周礼》《礼记》《大戴礼记》中有关典章制度礼制名物等 5000 条词语分为 32 类("车马"一类条目逾 200)。钱氏三书,于出土材料与成果均颇加择用;许嘉璐《中国古代衣食住行》介绍古代的服装佩饰、饮食器皿、宫室起居、车马交通,着眼于深入浅出,讲述所及,皆具词义分析、文献例证,不乏精到考辨;许嘉璐主编《中国古代礼俗辞典》分为服饰、饮食、居住、行路、交往、婚姻、丧葬、祭祀、宗族宗法、姓名字号、节日、军事、区划、职官、刑法、教育、科举 17 类,本着探源析流原则,对礼制风俗命名之源及其流变予以解说;黄金贵《古代文化词义集类辨考》在文化史的系统中辨考词义。全书 1306 个词,构成 262 组同义词,每组成为一篇辨考文章;若干意义相关的篇章汇成一个物类,共有国家、经济、人体、服饰、饮食、建筑、交通、什物 8 大类,逾 110 万言;陆锡兴主编《中国古代器物大词典》以历史文献为线索,贯穿全部古代器物,包括乐器、兵器、刑具、文具、舟车、牌符、服饰、纺织、工具、床帐、灯镜、礼仪、博戏、器皿、珍宝、钱币、建筑 17 大类,目前已经出版器皿卷、兵器刑具卷。至于教科书,60 年代初王力主编《古代汉语》就列入古代文化常识 4 篇,从天文地理到职官科举、从礼俗宗法到宫室车马,简洁明了,涵盖面广;80 年代初郭锡良等编《古代汉语》,依然保留了姓氏名号、职官、地理、历法 4 节。各大学中文系还开设"中国古代文化常识"或"中国文化史专题"选修课;中央广播电视大学的选修课曾结集为《中国古代文化史讲座》出版。

然而,对于典章制度礼制名物的关注,似未能蔚为风气;在出土文物、考古成果大量涌现的数十年中,虽然有黄金贵《古代文化词语考论》、滕志贤《从出土古车马看训诂与考古的关系》等力作问世,但就总体而言,呈现式微之势。1988 年,许嘉璐《关于训诂学方法的思考》揭示了现代训诂学出现的这种封闭性:

传统训诂学以训释实践为其主要形式,以文献语言的内容和形式为其对象,因此它具有综合性的特点,语言以及用语言形式表现的名物、典章、文化、风习等等都在其诠释范围之内。现代训诂学开始了对诠释工作的理论研究,更重视训诂学的语言学性质,削弱了对语言所表现的内容的注意。近几十年又由于学科的分工,治训诂者也相应地习惯了对语言规律的研究而对社会的、文化的现象却生疏了。[4]

这种封闭性,一方面表现为训诂学者渐渐疏离包括车舆在内的典章制度礼制名物的研究;表现为训诂学者漠视出土文物,忽略考古学、科技史成果的营养。试举一例:《诗经》吟咏过"无弃尔辅,员于尔辐",《左传》有谚语"辅车相依"。杜预注:"辅,颊辅。车,牙车。"王引之、段玉裁、王筠先后撰文后驳杜注,认为是车器。其驳论证据确凿,说理透彻;"辅颊"说之不能成立,昭然若揭。然而由于"辅制失传",无法对其形制作出描述,以致立论可信度大打折扣。因而清儒虽然大多同意为车器,但是具体部位和形制,则是众说纷纭。现代学者或依辅颊说,或从车器说,莫衷一是。其实,出土车舆和考古成果,为车器说提供了证据。20世纪50年代初,河南辉县出土的第16号战国车舆,车辐装好后均向内偏斜,从外侧看,整个轮子形成一中凹的浅盆状,《考工记》称之为"轮绠",它使辐形成内倾的分力,轮不易外脱。当道路起伏不平时,纵使车身向外倾斜,由于轮绠所起的调剂作用,车子仍不易翻倒。但如果负载过重,或是行进于泥泞险阻的道路,这种中凹形的车轮,轮牙的构造就必须具有极强的切向牢度,于是而有对付拉力的2根"辅"——失传的辅制再现目前。考古学家指出这就是"无弃尔辅,员于尔辐"和"辅车相依"的"辅"。可是直到半个世纪后发表的持车器说的训释论文,并不利用出土实物,多半还在重复清儒的证据[5]。

又如《左传》"登轼而望之"。20世纪70年代末80年代初,或质疑旧读,认为应标点为"登,轼而望之",理由是轼只是手握的一根木棍,不可以站脚。即使上了,脚既站不稳,身子又四面无依傍,所以实在不可登。此文发表后,反驳者众多,于是形成一场讨论。说有易,说无难;断然否定可能性与承认某种可能性,显然后者胜出。经过那场讨论,训诂学界渐渐形成共识:"轼"可"登","登轼"不宜断开。然而,直到世纪之交,训诂学者撰长文考论古轼形制,纠正对车轼的误解,大多仍不出江永《周礼疑义举例》、戴震《考工记图》的范围,殊不知清儒对车轼、车辀的论断与出土先秦车舆不甚相符[6]。

文物素养的缺乏,必然导致训释失误。例如"交绥"出自《左传》,或释"绥"为车中把,认为两军激战,短兵相接,在冲杀中连战车的"绥"都互相纠结在一起了。这是对战车与车战缺乏了解:两车正对面驶来的情况下,车上的乘员无法互相格斗。即使双方的马头已经互相顶撞在一起,两乘车的车箱前沿还至少有 4 米以上的间隔。战车的轮径大,车箱宽而进深短,又是单辕,为了加大它的稳定性,车毂必然要长。两车错毂时,两辆车的车箱侧面之间的距离,最少也在 1.1 米以上。可见,两军激战哪怕"车错毂兮短兵接",两车上的绥也不至于"互相纠结在一起"的[7]。

训诂学出现的这种封闭性,另一方面表现为不愿意伸展到考古学、科技史领域中去。许嘉璐 1995 年曾指出:

传统"小学"产生和发展的土壤原本就是文化,或者说"小学"就是为文化的阐释而产生的,而那个时期文化的最集中的记录则是经书。尔后的"小学"与文化的分离实际上是违背了其本有的规律。……"小学"观照文化学,从文化学和广泛的文化现象中吸取营养,同时文化学得到"小学"这一利器的帮助,可以挖掘得更深,更接近真实,这种双向的介入和靠拢,或者称之为交叉、渗透,是历史的必然。[8]

诚哉斯言。就车制而言,"由于独辀马车见于儒家经典,收入《周礼》的《考工记》对独辀车的构造和性能有较详细的记载,因而探讨先秦车制遂成为后世经学家的一项研究课题"[9]。然而时至现代,随着先秦古车的陆续出土,车制研究由传世文献探讨转为出土实物考察,客观上缺乏近水楼台的便利、主观上重视本体理论研究的训诂学,顺从学科的条块分界,放弃自家的传统职责,于是车制研究成为考古学的独角戏。偏偏文物考古专家强调文献记载对于车舆定名的决定性作用:"作为车制研究的第一步,首先应认识、复原车体的结构并考察、确定车马具的名称。为此,除实物资料外,尚须借助文献记载,特别在定名问题上,更不能不从文献中找依据。"[10]"更不能不从文献中找依据",这原本是训诂学的长项。但在古车舆器物的定名和辨认中,训诂学者是缺席或沉默的。例如"绥"是登车时用以拉手的绳索,古今训诂著作众口一词。但是,"绥"之形制及其在车舆的部位,从未见过实物证据。20 世纪 80 年代,秦始皇陵铜车马出土,文物专家对于"绥"有四种意见:或认为是二号铜车舆内的一件鞭状物,或认为是一号铜车盖杠上部之带,或认为是系在一号铜车舆御官腰间的一条编织宽带,或认为是系于车轼上的组带或绳索。对于这些歧说和争论,训诂学者本应及时介入,然而迟迟没有回应[11]。

当然,由于相对缺乏考古功力与文物鉴别能力,亦缺乏现代科技素养,因而向考古学、科技史领域的伸展,训诂学者必须补课钻研、"两栖作战",了解新领域的基本情况,培育专业素养,熟悉相关成果,关注最新动态。现将古车舆研究以及《考工记》研究著作,简述如下:

其中卓有建树者,首先是《殷周车器研究》。此书是郭宝钧从事考古工作四十多年对于殷周车制研究的总结。考古学家邹衡作《序》评价:"真正对照殷周车迹而研究殷周车制者,郭宝钧先生可称为考古界第一人。现在关于殷周车制上的定名,多数皆出自郭先生。郭先生在殷周车制上的贡献,是举世公认的。"鉴于东汉车制承前启后、东汉画像石上保存了各类车舆完整的图像以及先秦典籍注释多是东汉人所作,王振铎认为研究车制要先从关键的东汉入手,并且身体力行地复原东汉车舆,其《东汉车制复原研究》以历史文献、考古发掘为依据,对传统制车手工业进行综合研究,重点阐述东汉车制及复原技术,翔实地考证了古代马车、牛车、人力手推车等各种形态和结构。1980年,在秦始皇陵封土西侧发掘出土两乘大型彩绘铜车马,车、马、俑按照二分之一的比例模拟真车、真马、真人制作,车舆结构复杂,系驾具完整、关系清楚,制造工艺精湛,为研究我国古代的乘舆制度、车舆结构和车的系驾关系,提供了极为珍贵的实物资料。袁仲一始而与程学华合作撰写《秦陵二号铜车马》,继而执笔《秦始皇陵铜车马发掘报告》,报告全面考察铜车马坑的形制、两辆铜车的结构、鞍具及其系驾方法、铜车及御官俑、车载兵器及其他杂器、铜车马的制造工艺等内容,并考释有关车制与铜车马各部件的名称,论述平实,详尽细致。孙机运用文献与实物互相对照、互相印证的方法,在古车舆方面取得了令人瞩目的成绩。他所提出的中国古代车制发展的三个阶段说,为中国古车本土起源说提供了很有力的证据。其系列论文《始皇陵2号铜车对车制研究的新启示》《中国古马车的三种系驾法》《中国古独辀马车的结构》《略论始皇陵1号铜车》,多有发明;石璋如《殷车复原说明》,张长寿、张孝光《殷周车制略说》,杨宝成《殷代车子的发现与复原》《商代马车及其相关问题研究》,王海城《中国马车的起源》,李森、刘方、韩慧君《先秦车马具的结构与画法》等,对于殷商周车制研究也都做出了独到贡献。杨泓依据考古资料,对于上古战车形制与车战方式等做出精到考论,先后发表《战车与车战》《战车与车战二论》二文;《战车与车战》是杨英杰1981年的学位论文,该文文献与文物结合,对战车的形制、分类、挽马、武器、旗鼓金、甲士与步卒、编组以及车战的战阵、战法、兴衰等,做了全面论述,不乏独到考证;曾永义《仪礼车马考》分为四部分:仪礼中所使用的车马,先秦驾车马术考,马车的结构,车饰和马饰。惟其成书较早,近30年出土资料阙如。刘永华《中国古代车舆马具》侧重综述,资料丰富,自绘车舆图十分精美。扬之水《诗经名物新证》梳理考古学研究成果,用考古材料证《诗》、证史,为理解和认识《诗经》提供丰富的实物证据,文笔舒畅明快。其中《秦风·小戎》《郑风·清人》《大雅·韩奕》等篇论车舆名物,准确清晰;着眼科技和考古双重视野研究《考工记》并作新注的，前有闻人军《考工记导读》《考工记译注》，后有戴吾三的《考工记图说》。两位作者都是科技史出身，既有专门研究，又吸收相关现代科技和考古成果，阐述和注释揭示科技原理。后者的配图多达百余幅，尤其便于阅读理解。

尽管有超过百辆的出土先秦古车，尽管有上述车舆研究成果以及大量发掘报告，但是车舆马具定名中，仍有未能尽如人意之处。这是由于：

其一，出土器物极少自名，不能不从文献记载中寻找定名依据。一则文献记载浩如烟海，而文物学者不可能必定博览群书手到擒来，往往如大海捞针；二则器物出土时往往并非有序，不可能像专书词语考释那样具有特定的语言环境可供分析；三则不是每种器物都有明确记载或名称；四则考古报告须克日完成，而器物却不可以称“未详”或“不明”，其所定名容有未安。例如连接车盖杠上节（达常）与下节（桯）的铜管箍，过去定名为“辇輗”。推敲之下，即显定名的证据不足，不符合汉唐人本意。第一，从出土文物可知连接盖杠上节与下节的铜管箍很精致，可见汉人对此物十分重视。而“辇輗”一词，仅见于《释名》《声类》《急就篇》共3例，为什么在文献中却未见痕迹？第二，无论分不分为上下两节的盖杠，都要固定盖杠即“止盖弓之前却”。不分为上下两节而由一根木杠制成的盖杠，则没有连接的铜管箍。这种情况下仍然要“止盖弓之前却”，可见“铜管箍”不是辇輗；第三，“持盖杠之环当即指盖杠上的管箍”的结论，与《声类》、《急就篇》颜注不相吻合；第四，《急就篇》颜注六个部件依次而述，即使“辇輗”位于车盖附近，也无从证明它是铜管箍；第五，《晋书》和《古今注》材料不能证明“辇輗”是铜管箍。《晋书》“辇輗盖”，他书或作“仪盖”、“輗盖”、“转輗”。《晋书》材料不能证明“大风将车盖连同达常与此管箍一同吹去”，只能证明大风吹去了“辇輗盖”或“仪盖”。《古今注》中的“辇輗盖”并不能证明“因辇輗附着在盖底的短柄（达常）上，故常与盖连言”；第六，从同源关系考察，“辇輗（俾倪）”与“倾斜”有关，故不可能用以指称“管箍”；第七，汉代以后的文献材料也表明“辇輗（俾倪）”与“倾斜”有关。总之，由于有环或环形构件的括约固定，“止盖弓之前却”，所以盖杠不是笔直竖立而是表现为略微的曲斜角度，故名“辇輗（俾倪）”，就用“辇輗（俾倪）”来指称处于被环持括约状态表现为略微曲斜的盖杠（六朝之后辇輗盖即指曲盖），也指称这种在车轼中央或车舆某处用以括约固定盖杠的环或环形构件。明乎此，便可以确定：连接车盖杠上节（达常）与下节（桯）的铜管箍，不是“辇輗（俾倪）”。在找到汉人的明确称谓前，权且称为铜管箍或车盖杠管箍[12]。

其二，历代文献记载千差万别，对文献理解的一点差误，往往导致定名的不确切,更何况从汉唐到清代的诸家注释往往令人应接不暇,前人的误导在所难免。例如秦陵铜车马两服马外胁下的环带上,都系结着一个横丁字形的器物。这个器物,应定名为"胁驱"。《诗经》毛传:"胁驱,慎驾具,所以止入也。"郑笺:"胁驱者,著服马之外胁,以止骖之入。"显然,"胁"是方位,"驱"是功能:这是一个装设在服马外胁上,用来阻止骖马往里挤入的器具。或从孔颖达误解,定名为"方釳",而将两服马外胁下的环带定名为胁驱。此是对郑笺和《广雅》"马鞅谓之胁"的误解。《广雅》"胁"是指"马鞅"的部位,不能理解为"胁驱"即"马鞅"。《说文》所说"防釳"即"方釳",与张衡《东京赋》、蔡邕《独断》的描述是一致的,南朝宋颜延之《幼诰》仍认为在马头上。到了三国吴薛综,此物的部位却到了辕两边。用始见于东汉的名称"方釳",放弃许慎等人的注释而采纳三国吴薛综的意见,来给秦朝的铜车马定名,这是不妥当的;况且薛综注与铜车马实物不相符合[13]。

再如秦陵铜车的马尾毛均绾结,结上系结着一根索带,从两后腿间穿过,经腹下向前系于轭或鞑上。对于这根索带的定名,文物学者颇有争议:或定名为"靽",或定名为"驸",或定名为"纷"。其实三个定名都不恰当,究其所以,则缘于对文献及旧注的误解。在先秦两汉文献中,"靽"仅只《左传》《急就篇》《释名》3 例。琢磨此 3 例以及历代相关注释,"靽"之为物有二:一与"绊"同,为拴马足的绳索,一为套在马臀部的皮带。后者可能即是与《说文》所谓"缡"、《释名》所谓"鞧"相类似的鞁具;足以说明"纷"的材料仅只《释名》《说文》2 条,它们表述的只是对马尾的约束和包藏。"纷"是汉代韬马尾的带子,"靽"是把马尾挽成结,两者并不构成非此即彼的排斥关系,而是所指相同,着眼点不同[14]。

有的定名容有未安、有待推敲,却偏偏为其他学者引用,形成传播强势,则有可能出现两名并存,造成一定程度的混乱。例如上述"轺轵",不少发掘报告、论文、论著、工具书即用它来称呼连接车盖杠上节与下节的铜管箍;又如文物专家曾经使用"金枙"之名称,后来放弃而改称"笠毂"。可是江陵九店东周墓发掘报告中仍称"金枙"。

综上所述,训诂学向考古学、科技史的靠拢和介入,就显得格外迫切和有意义。"这就是所谓训诂学研究的延伸"[15],这样可以在训诂学与考古学、科技史之间建立桥梁,使训诂学获得更广阔的应用领域,充分实现训诂学的现代价值。可行的方法是:着眼于训诂与考古的双重视野,以名物线索贯通训诂学、考古学和科技史,吸收考古成果解决车舆名物训诂疑难;扬长避短,凭借训诂利器,介入容有未安、留待推敲的定名空间,对车舆马具定名进行审视、研究和评判,订正各类考释文字中因对包括《考工记》在内的文献及其注释误解或传讹而导致的失误,为出土车舆名物考证提供有益的文献指导,为车舆名物及清儒注疏作出文物印证。

应当指出,出土文物带有一定的偶然性和片面性,而文献记载具有规律性和普遍性。文献记载自然也有传讹不实者,但经过订正辨伪之后,仍是最主要的科学资料。特别是包括《诗经》《周礼》在内的儒家经典,自汉以来,研习不衰,师承家法,门户森严,其学术渊源的清晰可辨,保证了其诠说的科学性,后学者并不能凭一己之意,凭一时一地之证,轻易推翻成说①。例如"伏兔"是车箱两侧的軫与轴相接处的垫木。清阮元描述伏兔是纵向置于轴上,上平载舆,下有半圆形凹口,与轴相合而夹持之,更有革带以缚于轴上;而出土的周代车上的伏兔为屐形或长方形,是顺向放在轴上的,也并无所谓函轴的钩心。考古学者据此就断定戴、阮说"非也"。不料此后秦陵铜车马出土的伏兔,其状与戴震、阮元等人的推测颇相合,恰恰证实戴、阮说并非"非也"。其实,阮元对于伏兔的阐述,强调的是其半规形,下有半圆形凹口以函轴,因而责求它是纵向而非顺向置于轴上就没有意义;况且精确度与包容度成反比,假如精确得与此处伏兔一样,也就意味着与彼处伏兔差距较大。周代车上的伏兔,不就有别于秦陵铜车的伏兔吗?而后者却正保留了商周车制的许多特点[16]。

又如"较",《考工记》有记载:"以其广之半为之式崇,以其隧之半为之较崇。"郑玄注认为较比轼高出一截:"较,两轛上出式者。"现代学者批评这是"先秦车制研究中重大错误":郑注以汉车形制推断先秦之车,不符合《专工记》原文以及出土先秦车舆形制。现代学者撰文将先秦金较分为曲钩式、金釭式、交龙式三种,说金较插在竖立的轛柱上;又将出土先秦车舆两旁横栏(车箱沿)视为较,遂与《考工记》所记换算的较低于轼数据相吻合,并不考虑这些车上有无较,较与金较是何关系,以致其立论陷入自相矛盾境地:较究竟是插在轛柱上的"曲钩式、金釭式、交龙式"物件,还是车舆两旁的横栏?如果是后者,郑注当然就是重大错误,但那些"曲钩式、金釭式、交龙式"物件就不是较;如果是前者,就不能拿那些没有较的出土车舆来作证。先秦车舆的轛表现为轛柱以及连接轛柱与轼柱的横栏,金较可以也只能插在轛柱上;而汉代的较或金较是设置在车箱左右两侧与车軫平行的轛上,这是由于连接轛柱与轼柱的细小横栏到汉代变化为结实牢固的横轛。现代学者沿袭戴震说,认为"轛上面的横木称作较"或"较是顺镶于轛上的沿木",则很难与出土先秦车舆相吻

---

① 以上为蓝永蔚先生 1993 年 11 月 12 日赐教观点。

合。先秦车舆本体部件中，轼的高度最高，轛柱等高于或略低于轼。然而在轛端可以续接上较，而金较更是身份和地位的象征。名物特点反映在词义演变上，"较"的引申义为：比较、较量，明显、显著。引申义是从本义而来，可见先秦的"较"不可能是指车舆两旁的横栏。回头再看《考工记》郑玄注："较，两轛上出式者。"应不难体会其释义之佳。"较在轛上"，"较上更设曲铜钩"为"重较"，"重较为金材"，"《说文》所释者重较也"——孙诒让虽然没有见过先秦车舆实物，只是推究文献记载，但是不乏灼见。上述解说，不仅便于解释先秦两汉车舆实物，而且贯通文献记载[17]。

强调训诂与文物的结合，注重训诂与考古的双重视野，也要注意避免另一种失误，就是对出土材料知其一忽略其二，匆忙地对号入座。例如《左传》"不介马而驰之"，杜预释"介"为"甲"。段玉裁推测"介"即古文"驸"（系马尾），朱骏声指出"介"假借为"驸"，承培元否定给马披甲的可能性。不少现代学者鉴于秦始皇陵出土的驾车铜马，尾巴都是呈编结状的，于是质疑杜注。殊不知给马披甲与给马尾打结，都有文物证据；而适用于哪一个，还得取决于文献本身。从训诂角度考察，以"驸"释"介"是缺乏说服力的"[18]。

对于汉儒、清儒车舆研究成果的认识和评价，直接关系到现代车舆研究的方法和科学性。有的文物学者全盘否定汉儒对《考工记》车制的研究，认为清代朴学家"难脱窠臼，牵强臆说，建树甚微"；于是责备现代考古学者"削足适履"，不能摆脱汉儒和清儒的藩篱，从而倡言"用不断增加的新的实物资料与《考工记》以及其他先秦文献进行直接的对比研究"[19]。

诚然，汉儒未曾如今人有幸见过数以百计的先秦古车。但是，东汉去古不远，郑玄等人为一代宗师，有其学术渊源，对《考工记》的诠释具有不容置疑的第一手资料，如果没有充足的论证，是不可轻易推翻的。没有条件见到先秦车舆，并不意味着"无从注意到车辆形制结构的巨大变化"；而推测"他们可能认为先秦古车除独辀这一点之外，其余皆同秦汉之车"，则是缺乏依据的。试举一例：《考工记·轮人》："六尺有六寸之轮，綆参分寸之二，谓之轮之固。"郑玄注："轮綆则车行不掉也。"孙诒让正义：

轮綆谓牙偏向外也。江永云："假令牙之孔与毂孔正相值，牙不稍偏向外，则重势两平，轮可掉向外，又可掉向内。造车者深明此理，欲去车掉之病，令牙稍出三分寸之二，不正与轮股凿相当，于是重势稍偏，而轮不得掉向内矣。"戴震云："固谓不倾掉也。轮不綆，必左右佹摇，故辐蚤刚偏枘，令牙出于辐股凿三分寸之二，如此则重势微注於内，两轮订之而定，无倾掉之患。"

河南辉县琉璃阁出土的第 16 号战国车上，蚤、菑均是偏榫，车辐装好后均向内偏斜，从外侧看，整个轮子形成一中凹的浅盆状。这种装辐法就是《考工记》所称"轮绠"。由此可见，从汉儒郑玄到清儒江永、戴震，并非不了解先秦车制。所以孙机批评道："晚近或以为汉代人不懂先秦制度，就郑注《考工记》而论，此说是完全不能成立的。"[20]

其实，车制演变具有渐进性，车舆沿革显示传承性。孙机对秦陵铜车考察表明，"2 号铜车保留了我国商周车制的许多特点，代表着一种古老的驷马车的形式。它和始皇陵出土的其他若干文物一样，因循墨守的因素常常强烈地表现出来"[21]。就车舆形制而言，汉代与先秦亦有一定的传承性。例如江苏涟水三里墩西汉墓出土的铜铸车模型，车箱平面近椭圆形，周围有栏杆，后面斜方格网状。有缺口。栏杆 25柱，四层。车箱底呈车箱前部有轼[22]；而渠川福主持发掘整理的太原晋国赵卿墓春秋车舆，其 1 号车[23]与江苏涟水西汉车就有相当大的一致性。

从主观出发贬低汉儒和清儒的研究成果，本身就不是实事求是的评判，"总结前人研究的是非功过"就有可能沦为空言，"对汉人及历代学者的释说参考而不盲从"也未必能做到。试举一例：《仪礼·士丧礼》："主人不哭，辟君式之。"郑玄注："古者立乘，式为小俛以礼主人也。"《礼记·曲礼上》："妇人不立乘。"有的文物学者说："依此则男子乘车姿势全为站立。"随即又大惑不解道，不解的结果是要把《曲礼》的"立"释作"跪立"。[24]殊不知古无"跪立"之说。《曲礼上》："坐如尸，立如齐。""坐"与"立"，区分清楚；又："授立不跪，授坐不立。""坐"、"立"与"跪"，区分清楚。显然，"立乘"绝不可能为"跪立而乘"。文献理解尚且存在问题，结论自然不能令人信服。试想，轼既为礼敬，则何辞"自讨苦吃"？

车舆名物历来是名物考据中的难点之一。无论是吸收考古成果解决车舆名物训诂疑难，还是介入有所争议或留待推敲的车舆名物定名，对于相关之先秦文献、汉唐注释、清儒考证、出土实物、考古报告、时贤成说，则不能不仔细琢磨、深入研究、认真对付；有时旬月之间，一无进展。如果有所补正、有所发明，都是在前人时贤研究成果基础上取得的；相比于他们所建筑的大厦，本文仅仅是局部的修饰。谨向各位方家表示由衷的敬意，并恳请批评指正。

参考文献
[1][10][20] 孙机，《中国古车制研究的回顾与前瞻》，《文化的馈赠·考古学卷》，北京大学出版社，2000。

[2]　王学荣,《商代早期车辙与双轮车在中国的出现》,《寻根》,1998。

[3]　吴晓筠,《关于中国马车起源问题研究的述评》,《古代文明研究通讯》,2001。

[4][15]　许嘉璐,《关于训诂学方法的思考》,《北京师范大学学报》,1988。

[5]　汪少华,《从出土车舆看"辅车相依"》,《中国文字研究》,2004年第5辑。

[6]　汪少华,《"登轼而望之"的训诂与考古考察》,《中国语言学报》,2006年第12期。

[7]　汪少华,《"交绥""死绥"考辨》,《中国文字研究》,2003年第4辑。

[8]　许嘉璐,《汉字阐释与文化传统》序,《许嘉璐古代汉语论文选》,中国社会科学出版社,2000。

[9]　孙机,《中国古独辀马车的结构》,《文物》,1985。

[11]　汪少华,《从秦始皇陵出土铜车看"绥"的部位与形制》,《华东师范大学学报》,2004。

[12]　汪少华,《"䡲𫐁"考》,《语言研究》,2002。

[13]　汪少华,《论"胁驱"及其革带的定名》,《语言研究》,2004。

[14]　汪少华,《"鞥""纷"考辨》,《汉语史学报》,2005年第5辑。

[16][21]　孙机,《始皇陵2号铜车对车制研究的新启示》,《文物》,1983。

[17]　汪少华,《古车舆"輢""较"考》,《华东师范大学学报》,2005。

[18]　汪少华,《"驸"与"介马"考辨》,《语言研究》,2005。

[19][24]　渠川福,《太原晋国赵卿墓车马坑与东周车制散论》,《太原晋国赵卿墓》,文物出版社,1996。

[22]　南京博物院,《江苏涟水三里墩西汉墓》,《考古》,1973。

[23]　陶正刚等,《太原晋国赵卿墓》,文物出版社,1996。

中古汉语研究与现代语文辞书释义

河北师范大学　苏宝荣

　　现代语文辞书释义，一是凭借现代汉语大量语料的归纳，二是凭借历代语言研究资料的承传（其承传的依据主要体现在历代语文辞书的释义上）。但是，由于过去在很长的历史时期里，对以上古汉语口语为基础形成的文言文研究较多，而对与现代汉语有直接渊源关系的中古汉语、近代汉语的研究重视不够，在从历史承传上认识和理解词义就不可避免地存在缺陷。随着近年来中古、近代汉语研究的深入，人们发现，无论是在对中古、近代汉语自身的理解上，还是对其与现代汉语的源流关系上，还有不少缺乏认识或理解不当的地方。因此，对中古、近代文献词义的考释，不仅直接服务于文献整理与汉语词汇史的研究，对补充和改进现代语文辞书的释义，也具有重要的意义。下面，我从三个方面具体举例加以说明。

一　补充漏收义项，使释义更加完整

　　如《现代汉语词典》（以下简称《现汉》，与论述无关的义项、例句从略）第 5 版 814 页：

　　浪① 名 波浪：风平～静｜乘风破～｜白～滔天。②像波浪起伏的东西：麦～｜声～。③没有约束；放纵：放～｜～费。④〈方〉 动 逛：到街上～了一天。

　　【浪费】 动 对人力、财物、时间等用得不当或没有节制：不要～水。

　　其实，"浪费"有两义：①空费，白费：由于计划不周，造成原材料的～。②对人力、财力、时间等没有节制：铺张～。其中义项①没有"放纵"义。显然，在"浪"字条下应增加一个义项：空，白白地。而且这一义项是中古汉语就有的。唐寒山《诗》："终归不免死，浪自觅长生。"宋苏轼《赠月长老》："功名半幅纸，儿女浪苦辛。"康有为《正月二日避地到星坡得》诗："平生浪有回天志，忧患空余避地身。"……此"浪"均作"空"、"白白地"解。现代汉语中虽然已不独立成词，但作为语素义，仍保留在

"浪费"等词语中。

《现汉》第 5 版 34 页：

搬 动 ①移动物体的位置（多指笨重的或较大的）：～运｜～砖｜把保险柜～走 ◇把小说的故事～到舞台上。②迁移：～家｜他早就～走了。

【搬弄】动①用手拨动：～枪栓。②卖弄；有意显示：他总好～自己的那点儿知识。③挑拨：～是非。

【搬弄是非】把别人背后说的话传来传去，蓄意挑拨，或在别人背后乱加议论，引起纠纷。

【搬演】动把往事或别处的事重演出来：～故事。

这里，"搬"所列的两个义项，很难概括上述复音或多音词中作为语素"搬"所体现的意义。宋元南戏作品《张协状元》一出："状元张叶传，前回曾演，汝辈搬成。"赵日和《〈张协状元〉词语选释》："按：搬，闽语'演'或'弄'的意思。演戏叫'搬戏'，跳加官叫'搬天官'，道士演法场叫'搬药师'。"①"搬"的"弄、玩弄；演"的意义通过南戏广泛流传，并作为语素义保留在现代汉语之中。"搬弄"、"搬演"应为同义复合词。据此，在"搬"的单字条目下，应补充一个"弄，玩弄；演"的义项。而且"搬弄"的义项①（"用手拨动"）与"搬演"的释义（"把往事或别处的事重演出来"）也存在望文生义的倾向，需作适当调整。

《现汉》第 5 版 282 页：

得①动得到（跟"失"相对）：取～｜～益｜不入虎穴，焉～虎子｜这件事办成了你也会～些好处。②动演算产生结果：二三～六｜五减一～四。③适合：～用｜～体。④得意：自～。……

【得病】动生病：不讲究卫生容易～。

【得空】动有空闲时间：白天上班，晚上要照顾病人，很少～。

很显然，"得病"、"得空"的"得"的用法是常见义，而在单字条的释义中却无法找到答案，显然是有漏收的义项。蒋绍愚《杜诗词语札记》："得，动词。有。杜诗中其例甚多。如：'老树空庭得，清渠一邑传'（《秦州杂诗》）、'窜身来蜀地，同病得韦郎'（《送韦郎》）、'此日此时人共得，一谈一笑俗相看'（《人日两首》）、'主人留上客，

---

① 　见王瑛等《诗词曲语辞集释》，原载《中国语文》1982 年第 3 期。

避暑得名园'(《奉汉中王手札》)、'锦里残丹灶,花溪得钓纶'(《赠王二十四》)、'宝镜群臣得,金吾万国回'(《千秋节有感》)。"并且强调:"最后三例很值得注意。'避暑得名园'是说主人有名园留客避暑,'得'不是'得到'。《赠王二十四》一诗是杜甫自阆州归成都时作,'锦里'两句是说还成都后家中犹馀丹灶,溪上尚有钓纶。……'宝镜'两句是感慨群臣虽有宝镜而无复千秋节之盛。"这均说明上述"得"绝非"得到"之义,而作"有"解无疑。而且指出:"'得'字这种用法在唐代不独杜诗有,其余如:'汉酺闻奏钧天乐,愿得风吹到夜郎'(李白《流夜郎》)、'处处山川同瘴疠,自言能得几人归'(宋之问《至端阳驿》)。"[1]可见"得"的这一义项在唐代(中古)为常见用法,后世在"得病"、"得空"等口语词中得到保留,一直延续至今,因此《现汉》在"得"字条下应补充"有"的义项。

《现汉》第5版398页:

分 ①动 使整体事物变成几部分或使联在一起的事物离开(跟"合"相对):～裂|～散|～离|一个瓜～两半。②动 分配:这个工作～给你。③动 辨别:～清是非|不～皂白。④分支;部分:～会|～局|第三～册。……

【分明】①形 清楚:黑白～|爱憎～。②副 明明;显然:他～朝你来方向去的,你怎么没有看见他?

复合词"分明"之"分"的语素义在单字条目"分"下也没有得到反映。"分明"之"分"为"明显,显明"义,"分明"也为同义复合词。这一义项也是在中古就有的。蒋绍愚《杜诗词语札记》:"分,动词。分明,明显。杜诗此例甚多,如:'慈竹春阴覆,香炉晓势分'(《假山》)、'白帝更声尽,阳台晓色分'(《晓望》)、'巢燕高飞尽,林花润色分。'(《喜雨》)"唐代其他诗人的作品也有类似用法:"'孤烟薄暮关城没,远色初晴渭曲分。'(郑谷《少华甘露寺》)'分'与'没'对举,其为'分明'、'明显'义可知。"[2]

二 纠正不妥释义,使说解更加得体

如《现汉》第5版156页:

【怅恨】动 惆怅恼恨:无限～。

"恨"有"怨恨"与"悔恨;遗憾"二义,但在与"怅"组合的"怅恨"一词中,所用应

---

① 见《语言学论丛》第六辑。
② 见《语言学论丛》第六辑。

为"悔恨；遗憾"义，而非"恼恨"义。《现汉》所列例句是作者造，不足为证。"怅恨"本是起源很早的文言词，《史记·陈涉世家》："陈涉少时，尝与人佣耕，辍耕之垄上，怅恨久之。"陈涉年少时不得志，正是表达的"惆怅（伤感；失意）悔恨（遗憾；不得志）"之义。此义中古汉语一直沿用：《新唐书·敬晖传》："三思浊乱，晖每椎坐怅恨，弹指流血。"宋孟元老《〈东京梦华录〉序》："暗想当年，节物风流，人情和美，但成怅恨。"现代汉语中使用"怅恨"一词，是从古汉语中承传下来的，而且"怅"与"恨"两个语素有其特定的搭配关系，《现汉》的释义有"望文生训"、"以今释古"之嫌。

《现汉》第 5 版 383 页：

方⁴ 副 ①正在；正当：～兴未艾｜来日～长。②方才②：如梦～醒｜年～二十。

这里，用"方"的"正在；正当"义来说解"方兴未艾"之"方"的意义是可以的；但用来说解"来日方长"之"方"就值得商榷了。"来日"是指将来时，而若用"正在；正当"来说解"方长"之"方"，那么"方长"即"正长"，则为指现在时，在逻辑上是矛盾的。"来日方长"即"来日尚长"，副词"方"为"尚，还"义。其实，这是中古汉语中就有的词义。蒋绍愚《唐诗词语札记》〔二〕："方，副词。义同'尚'或'还'。'仓廪无宿储，徭役犹未已。方惭不耕者，禄食出闾里。'（韦应物《观田家》）'方未'即'尚未'，此义更为常见。'吾观摩天飞，九万方未已'（李白《古风之三十三》）、'自顾无所用，辞家方未归'（李白《书怀赠南陵》）、'感此三叹息，从事方未还。'（李白《游泰山》）"并指出："'方'有'尚'义，晋宋时就有。《后汉书·祢衡传》：'衡言不逊顺。……（黄）祖大怒，令五百将出，欲加箠，衡方大骂，祖恚，遂令杀之。'又《新唐书·王叔文传》：'左右窃语曰：'母死已腐，方留此，将何为耶？''也是此义。"①

《现汉》第 5 版 1777 页：

逐 ①追赶：追～｜～鹿｜随波～流。

这里用"追赶"义说解"追逐"、"逐鹿"的语素义是可以的，而用来说解"随波逐流"之"逐"，就有些勉强了。因为成语"随波逐流"中的"随"与"逐"同义，也是"跟随"之义。而这一意义也是中古汉语中就有的。蒋绍愚《杜诗释词》："逐，动词或介词。随。如：'桃花细逐杨花落，黄鸟时兼白鸟飞'（杜甫《曲江对酒》）、'野老篱前江岸回，柴门不正逐江开'（杜甫《野老》）……又如：'箭逐云鸿落，鹰随月兔飞'（李白《观猎》）、'地逐名贤好，风随惠化春'（李白《赠崔秋蒲》）、'明珠归合浦，应逐使臣

---

① 见《语言学论丛》第十辑。

星'（王维《送邢桂州》）、'须知胡骑纷纷在,岂逐春风一一回'（杜牧《早雁》）。"①如果要求单字条目释义与复音词释义对应的话,应补充"随"这一义项,并以"随波逐流"作为该义项的例证。

三　揭示词义来源,说明释义的"所以然"

如《现汉》第 5 版 1628 页:

饮 ①喝,有时候特指喝酒:痛～|～料|～食|～水思源。②可以喝的东西:冷～。③饮子:香苏～。④中医指稀痰。⑤心里存着;含着:～恨。

【饮恨】〈书〉动 抱恨含冤:～而终。

【饮弹】〈书〉动 身上中了子弹:～身亡。

【饮誉】动 享有盛名;受到称赞:～全球|他的作品～文坛。

在上面所列由"饮"组成的复音词中,"饮恨"用的是义项⑤（心里存着;含着）;而用义项⑤解释"饮弹"已觉牵强,至于"饮誉"之"饮"绝找不到对应的义项。

《汉语大词典》"饮"条列有"受;享受"一义,并举出唐宋时代以来的大量例证:唐独孤及《唐故朝散大夫河南独孤公灵表》:"温江人饮公之化,逋者复,疲者悦,善者劝,不善者知耻。"宋苏轼《叶嘉传》:"吾植功种德,不为时采,然遗香后世,吾子孙必盛于中土,当饮其惠矣。"叶紫《星》第四章一:"她……无忧愁,无恐惧地饮着她自己青春的幸福!"②其实"饮"的"享受"义在中古汉语中是常见义,另如"饮惠"（谓蒙受恩德）、"饮泽"（谓蒙受恩泽）。因此,可在"饮"下加"受;享受"一义,起码应在"饮誉"的释义中作注释性说明。

《现汉》第 5 版 418 页:

拂 ①动 轻轻擦过:春风～面。②甩动;抖:～袖。③〈书〉违背（别人的意图）:～逆|～意|～耳（逆耳）。

【拂晓】名 时间词。天快亮的时候:～出发。

这里,人们读后也不知"拂晓"之"拂"所用为何义。王瑛等著《诗词曲语辞集释》引蒋绍愚《唐诗词语札记》:"拂"有"迫近"之义。"骏马骄行踏落花,垂鞭直拂五云车"（李白《陌上赠美人》）、"前闻辨陶牧,转盼拂宜都"（杜甫《大历三年》）所用均

---

① 见王瑛等《诗词曲语辞集释》。

② 例见《汉语大辞典》12 卷 504 页。

为"迫近"、"靠近"义。南北朝与唐诗中还有"拂曙"一词，"莲帐寒檠窗拂曙，筠笼薰火香盈絮"（庾信《独对赋》）、"拂曙朝前殿，玉墀多珮声"（王维《扶南曲》）。"拂曙"之"拂"与"薄暮"之"薄"同义，均为"迫近"义。^①"拂曙"即今之"拂晓"。因此，可在"拂"下加"迫近"一义。

《现汉》第 5 版 1169 页：

飒　见下。

【飒然】〈书〉形　形容风声：有风～而至。

【飒飒】拟声　形容风声、雨声：秋风～｜白杨树迎风～地响。

【飒爽】〈书〉形　豪迈而矫健：～英姿。

此条《现汉》在单字下没有释义，读者对复合词的释义很难深刻理解。其实，"飒"的语素义与复合词的词义密切相关，补充单字释义可以大大加深人们对复合词词义的理解。

飒　《说文》："风声也。"（此依《段注本》）后虚化作副词。蒋绍愚《唐诗词语札记》〔二〕："飒，副词。义同'忽'。如：'谢公池塘上，春草飒已生'（李白《游谢氏山亭》）、'云行信长风，飒若羽翼生'（李白《游泰山》）、'芜然蕙草暮，飒尔凉风吹'（李白《秋思》）、'交游飒向尽，宿昔浩茫然'（杜甫《湘江宴饯》）……'门庭飒已变，风物惨无辉。'（刘禹锡《哭王仆射暴薨》）"^②

"飒飒"为风雨声，单音词与叠音词意义基本相同，从单音词"飒"的释义可以体会出复音词"飒飒"的词义；"飒然"原指风声，后虚化为副词，作"忽然"解，而且成为其主要用法。通过运用古汉语（特别是中古汉语）研究的成果，不仅可以弄清现代语文辞书释义的"所以然"，同时纠正了其在词义说解上的缺陷。

参考文献

[1]　汉语大词典编辑委员会、汉语大词典编纂处，《汉语大词典》，汉语大词典出版社，1986—1993。

[2]　汉语大字典编辑委员会，《汉语大字典》（缩印本），四川辞书出版社、湖北辞书出版社，1993。

[3]　王瑛、曾明德，《诗词曲语辞集释》，语文出版社，1991。

[4]　中国社会科学院语言研究所词典编辑室，《现代汉语词典》第 5 版，商务印书馆，2005。

①　见王瑛等《诗词曲语辞集释》。

②　见《语言学论丛》第十辑。

大型语文工具书编写和修订应该加强字的音义关系的研究

——以"被"字为例

北京大学　孙玉文

　　大型的语文工具书一般都注中古音。中古有很多字有辨义的异读,其中哪一个音跟哪一个义结合,语文工具书的不少编写者或修订者往往重视得不够,造成张冠李戴的现象,不符合该字中古音义配合的实情,给工具书的使用者带来极大不便,影响了语文工作。为了使语文工具书的音义配合符合中古的实情,大型语文工具书的编写者和修订者应该加强字的音义关系的研究,正确地运用到语文工具书的编纂实践中来。本文以"被"字为例,结合《辞源》、《汉语大字典》、《汉语大词典》对"被"字音义配合的处理来探讨这个问题。不当之处,恳请方家赐教。

一

　　《辞源》(1979 年修订本)"被"字列有三个反切:(一)bèi 皮彼切。下列六个义项:①被子。寝时覆体之具。②表面。③覆盖。④及。⑤遭遇。引申为表被动之意。⑥姓。(二)bì 平义切。下列一个义项:头饰,即假发。通"髲"。被为古妇女常服,祭时则于被上加副笄六。(三)pī《集韵》攀糜切。下列两个义项:①通"披"。穿着。②数量词。具。

　　《汉语大字典》"被"字列有四个反切:(一)bèi 皮彼切。下列九个义项:①被子。睡眠时用以覆体。②表面。③覆盖。④及;到达。⑤施加。⑥受;遭。⑦介词。用于被动句,引进行为的主动者。⑧车幔。⑨姓。(二)bì 平义切。下列两个义项:①假发。后作"髲"。②通"彼(bǐ)"。指示代词。相当于"那"。(三)pī《集韵》攀糜切。下列三个义项:①覆盖。后作"披"。②用手把握之处。③量词。表示护身物的计量。(四)pì《集韵》披义切。同"帔"。下裳,裙。

　　《汉语大词典》"被"字也列有四个反切:(一)bèi 皮彼切。下列十五个义项:①

被子。如：棉被；毛巾被。②表面；外层。③覆盖。④遍布；满。⑤及；延及。⑥加上。⑦合；配。⑧装备；具备。车幔。⑨给予。⑩把中，手握持处。⑪蒙受；遭受；领受。⑫表示被动。犹让，为。⑬由于；因为。⑭通"彼"。⑮姓。(二)bì 平义切。下列一个义项：假发。截取他人发绺编成的头饰。后多作"髲"。(三)pī《集韵》攀縻切。后作"披"。下列八个义项：①搭衣于肩背。②穿着。③比喻精神上的负担。④靠近；依傍。⑤组成"被被"一词，长大貌。⑥组成"被堤"一词，草盛貌。⑦劈开；打开。⑧量词。表示护身物的计量。(四)pì《集韵》披义切。同"帔"。背帔。

上引三部语文工具书，一般都采用《广韵》的反切，上面没有注明的反切都采自《广韵》；《广韵》没有的反切，就采用《集韵》的。对其所注反切下的释义，可以从三个方面来作一个分析：一是各自内部有没有抵牾之处？显然有，例如同是"覆盖"义，《汉语大字典》"(一)"和"(三)"都收了。二是它们彼此之间对音义的处理有没有抵牾之处？显然有，例如同是"用手把握之处"义，《汉语大字典》放到攀縻切里头，《汉语大词典》放到皮彼切里头。三是这三部语文工具书的处理是否符合中古"被"字音义结合的实际？这就要结合中古的音义材料作出检验。

二

"被"字的音义结合，古代的语文工具书已经有了揭示。例如《玉篇》衣部："被，皮彼切，衾也，幰也。又皮伪切，加也，及也。"《广韵》皮彼切："被，寝衣也。"平义切："被，被服也。《书》曰：'光被四表。'"《集韵》部縻切："被，寝衣。一曰：及也。"平义切："被，《说文》：寝衣，长一身有半。一曰：加也。"《集韵》把"寝衣"一义又放入去声，反映了后代全浊上声变去声的事实。把"及也"一义放到上声，其实也反映了全浊上声变去声：这个意义本来也读去声，因为宋代口语中全浊上声已经读成了去声，于是《集韵》的编者在没有仔细考察的情况下，矫枉过正，也放到了上声；这一结论只要结合古代的音义材料就可以得出。《群经音辨·辨字同音异》："被，寝衣也，部委切。被，覆也，部伪切。被，衣也，普义切，《春秋传》'翠被豹舄'。被，不带也，普为切。"《辨字音疑混》："所以覆者曰被，部委切。所以覆之曰被，部伪切。"后来《马氏文通·实字》卷之五说："'被'字，上读名字，寝衣也。去读外动字，覆也。《诗·大雅·既醉》：'天被尔禄。'"周祖谟《四声别义释例》把"被"的变调构词归入"因词性不同而变调者"的"区分名词用为动词"一类，释义是："被，寝衣也，所以覆体者，部委切。上声。覆之曰被。部伪切。去声。"比贾昌朝的释义更能揭示"被"的词性之别。

对比一下《玉篇》、《广韵》、《集韵》、《群经音辨》等古代语文工具书"被"的音义配合的情况，就很明显地发现它们跟《辞源》、《汉语大字典》、《汉语大词典》的不同。这三部现代语文工具书，把"被"字的许多义项都放到了"皮彼切"下面，"平义切"下面所收义项非常有限。而《玉篇》等书都把"覆盖"义的"被"放到去声。这说明，《辞源》、《汉语大字典》、《汉语大词典》"被"字的音义配合并不符合《玉篇》等工具书的实际，作了改动。这个改动没有科学根据，因此不可靠。

现代大型语文工具书的编写和修订，都注意利用《广韵》等中古字书审音定义，这是对的。但是还远远不够。其一，中古字书，碰到有辨义的异读，每一个读音下面所收的义项常常不全。而大量的有异读的字，一个读音又常常有好几个意义，有的意义《广韵》等没有收。这些意义该放到哪一个读音下面呢？其二，中古字书之间也会有音义结合上的参差。这些参差，有的是其中某字书处理失当，有的则反映了中古时代语音的变化。例如《集韵》把"被"的"寝衣"一义既放到上声，又放到去声；"及也"一义则放到了上声。这里既有语音变化问题，也有处理失当的问题。遇到这种参差的情形，大型的语文工具书如何审音定义？其三，中古字书有时候释义简单，本来有辨义异读的字，某一个读音下面为简单起见，并未释义。这并不表明该字的异读不别义。有的工具书的编者或修订者对这种体例忽视了，因此把有辨义异读的字误会为自由变读。其四，由于中古字书的许多释义并没有举出例证帮助读者加深理解，而释义的用语本身又有歧义，这也会影响到工具书的编者和修订者对字书音义结合关系的误解。如何克服这些障碍呢？办法是有的，那就是不能仅仅局限于字书本身，而是全面搜集中古的材料，特别是前人音义著作中的材料，对字书的音义结合作印证、补充、订正，从而提高大型语文工具书编写和修订中字的音义结合关系处理的准确性。

三

先分析"被"字读皮彼切和平义切的字义分别。"被"作"寝衣，被子"讲读上声，此音义习见，古人注古书，一般不注音。

由此义变调构词，义为覆盖。《经典释文》注音7次。《书·禹贡》："道荷泽，被孟猪。"传："孟猪，泽名，在荷东北，水流溢覆被之。"音义："被，皮寄反，徐扶义反。注同。"按，这个例子《汉语大词典》作为"被"读皮彼切的证据，跟陆德明和徐邈的注音不合。《周礼·夏官·大司马》注："在军又象其制而为之被之，以备死事。"音义："被之，皮伪反。下同。"指施加，搁置在上面。《秋官·蝈氏》："蝈氏掌去鼃黾，焚牡蛎，以灰洒之则死，以其灰被之。"注："杜子春云：假令风从东方来，则于水东面为烟，令烟西行，被之水上。"音义："烟被，皮义反。注同。"《仪礼·乡射礼》注："说屦则抠衣，为其被也。"音义："其被，皮义反。"疏："若不抠衣，恐衣被地履之。"《既夕礼》注："凡他服，短无见肤，长无被土。"音义："不被，皮义反。"指拖到地上。《礼记·丧大记》注："《檀弓》曰：天子之棺四重，水兕革棺被之，其厚三寸。"音义："被之，皮义反。下同。"《深衣》："古者深衣……短毋见肤，长毋被土。"音义："被土，彼义反。"按，"彼"黄焯校为"皮"，是。

　　也用于指抽象的覆盖，施及，加于……之上，延及。读去声。《经典释文》注音13次。《易·系辞下》："显诸仁。"注："衣被万物，故曰显诸仁。"音义："衣，於既反。被，皮寄反。"《书·尧典》："光被四表，格于上下。"传："故其名闻充溢四外，至于天地。"音义："被，皮寄反，徐扶义反。"按，这个例子《汉语大字典》作为"被"读皮彼切的证据，跟陆德明的注音不合。《禹贡》："东渐于海，西被于流沙。"传："被，及也。"音义："被，皮寄反。"按，这个例子《辞源》《汉语大词典》作为"被"读皮彼切的证据，跟陆德明的注音不合。《毛诗序》笺："从北而南，谓其化从岐周被江汉之域也。"音义："被江，皮寄反。"《诗·周南·汉广·序》："文王之道被于南国，美化行乎江汉之域。"音义："被于，皮义反。"《小雅·蓼萧》笺："为宠为光，言天子恩泽光耀被及己也。"音义："被，皮寄反。"《大雅·既醉》："其胤维何？天被尔禄。"笺："天覆被女以禄位。"音义："天被，皮寄反。注同。"按，这个例子《汉语大字典》作为"被"读皮彼切的证据，跟陆德明的注音不合。《周颂·噫嘻》笺："谓光被四表，格于上下也。"音义："光被，皮寄反。"按，十三经注疏本"皮"讹作"彼"。《周礼·春官·大司乐》："凡六乐者，文之以五声，播之以八音。"注："播之言被也。"音义："被也，皮寄反。"《仪礼·乡饮酒礼》注："于时文王三分天下有其二，德化被于南土。"音义："化被，皮义反。"《燕礼》注："于时文王三分天下有其二，德化被于南土。"音义："被于，皮寄反。"《左传·桓公六年》："我张吾三军而被吾甲兵。"音义："而被，皮寄反。下注'被甲'同。"按，指让三军将士都配备好甲兵，"被"仍是"施及，施加"的意思。这个例子《汉语大字典》作为"被"读皮彼切的证据，跟陆德明的注音不合。《谷梁传·序》："政化不足以被群后也。"音义："以被，皮义反。"《史记·韩信卢绾列传》："国被边，匈奴数入。"集解："李奇曰：'被音被马之被也。'"按，此例又见《汉书·韩王信传》，《汉语大字典》作为"被"读皮彼切的证据，跟李奇的注音不合。《南越列传》："即被佗书，行南海尉事。"集解："韦昭云：'被之以书。音光被之被。'"索隐："韦昭云'被之以书'，音皮义反。"按，这个例子《汉语大字典》《汉语大词典》作为"被"读皮彼切的证据，跟韦昭和司马贞的注音不合。《汉书·礼乐志》："大莫大，成教德；长莫长，被无极。"注："被音皮义反。"《杜周传》："（曲阳侯根）谮愬故许后被加以非罪，诛破诸侯，败元帝外家。"注："被音皮义反。"

古人无论男女，一般情况下都是要括发的，"被发"就是让头发散乱在头上，"被"仍然是"覆盖"的意思。不少人按照"披"的音义去理解它，不合于古，这个"被"仍然要读去声，不能用"披"的字义去理解。《经典释文》注音9次。《礼记·王制》："东方曰夷，被发文身，有不火食者矣。"音义："被发，彼义反。下同。"按，"彼"字显然是"皮"的讹字。《左传·僖公二十二年》："初，平王之东迁也，辛有适伊川，见被发而祭于野者。"音义："被发，皮寄反。下注同。"《成公十年》："晋侯梦大厉，被发及地。"音义："被发，皮寄反。"《哀公十七年》："被发北面而噪。"音义："被发，皮义反。"《论语·宪问》："微管仲，吾其被发左衽矣。"音义："被发，皮寄反。下同。"《庄子·达生》："数百步而出，被发行歌。"音义："被发，皮寄反。"《田子方》："孔子见老聃，老聃新沐，方将被发而干。"音义："被发，皮寄反。"《寓言》："若向也俯而今也仰，向也括而今也被发。"音义："被发，皮寄反。"《尔雅·释兽》："狒狒，如人，被发，迅走，食人。"音义："被发，皮义反。"《汉书·息夫躬传》："躬夜自被发，立中庭，向北斗。"注："被音皮义反。"宋辛弃疾《太常引·建康中秋夜为吕叔潜赋》上片："把酒问姮娥：被白发，欺人奈何？"这里"被"处在非仄声不可的位置上。今天的"披发"不一定来自古代"覆盖"义的"被"，可能是"披"的"覆盖或搭在肩背上"一义发展来的，所以今人把古代"被发"的"被"读成"披"的音，可能是一种训读。"被发"《汉语大字典》没有解释，因为是复合结构；《辞源》《汉语大词典》作为"被"读攀縻切的证据，跟古人的注音不合。

由"覆盖"义向表示被动的方向引申，义为被覆盖，被施加，受到，遭遇到，遭受，蒙受。《经典释文》给此义注音17次。《诗·周南·汝坟·序》笺："言此妇人被文王之化，厚事其君子。"音义："被文，皮义反。"《召南·甘棠》笺："国人被其德，说其化，思其人，敬其树。"音义："人被，皮寄反。"《摽有梅·序》："召南之国，被文王之化，男女得以及时也。"音义："被文，皮寄反。"《野有死麕·序》："天下大乱，强暴相陵，遂成淫风。被文王之化，虽当乱世，犹恶无礼也。"音义："被文，皮寄反。"《驺虞·序》："天下纯被文王之化。"音义："纯被，皮寄反。"《秦风·蒹葭·序》笺："秦处周之旧土，其人被周之德教久矣。"音义："人被，皮寄反。"《大雅·旱麓》笺："喻周邦之民独丰乐者，被其君德教。"音义："被其，皮伪反。"《卷阿》传："恶人被德化而消，犹飘风之入曲阿也。"音义："被德，皮寄反。"又笺："梧桐之生者，犹明君出也，生于朝阳者,被温仁之气,亦君德也。"音义:"被温,皮寄反。"《桑柔》笺:"喻民当被王恩惠。"音义:"当被,皮寄反。"《礼记·中庸》注:"古人人自以被德尤厚,似偏颇者。"音义:"被德,皮义反。"《左传·襄公二十九年》注:"故三国尽被康叔之化。"音义:"尽被,皮义反。"《公羊传·隐公元年》注:"明亲来被王化,渐渍礼义者,在可责备之域。"音义:"来被,皮寄反。"《昭公二十四年》注:"先是,公如晋,仲孙貜卒,民被其役。"音义:"民被,皮寄反。"《孝经·感应章》唐玄宗注:"义取德教流行,莫不服义从化也。"邢昺疏:"此依郑注也。"《释文》正是依郑注作音:"莫不被,皮寄反。一本作章移反。本今作'莫不服'。"《庄子·齐物论》注:"夫重明登天,六合俱照,无有蓬艾而不光被也。"音义:"光被,皮寄反。"《让王》注:"故被其风者,虽贪冒之人,乘天衢入紫庭,犹时慨然中路而叹,况其凡乎?"音义:"故被,皮义反。"《汉书·高帝纪》:"高祖被酒,夜径泽中,令一人行前。"注:"被,加也。被酒者,为酒所加。被音皮义反。"《司马相如传》:"仆恐百姓被其尤也。"注:"尤,过也。被音皮义反。"《张汤传》:"汤为天子大臣,被恶言而死,何厚葬为!"注:"被,加也,音皮义反。"指被施加。《王莽传》:"蒙两宫厚骨肉之宠,被诸父赫赫之光。"注:"被音皮义反。"

　　《经典释文》中,"被"作"被覆盖,被施加,受到,遭遇到,遭受,蒙受"讲还有2次兼注上声,1次只注上声。《书·洛诰》传:"彼天下被宽裕之政,则我民无远用来。言皆来。"音义:"上皮寄反,又彼美反。"按,"彼美反"的"彼"应该是"皮"的讹字。《左传·僖公四年》:"大子曰:'君实不察其罪。被此名也以出,人谁纳我?'"音义:"被此,皮寄反,又皮绮反。"《老子》五十章:"盖闻善摄生者,陆行不遇兕虎,入军不被甲兵:兕无所投其角,虎无所措其爪,兵无所容其刃。"音义:"被,皮彼反。"为什么"被"做"被覆盖,被施加,遭遇到,遭受,蒙受"讲既可以读去声,又可以读上声呢?我认为,可以有两种解释:一是"被"的原始词"被子,寝衣"一义可以发展出此义,滋生词也可以发展出此义,结果"被"的上去二声都有此义。二是"被"的"被覆盖,被施加,遭遇到,遭受,蒙受"义在六朝时逐渐成为僻义,于是有人给此义的"被"注上声。后面的一种解释似乎更有道理。

　　由"覆盖"义引申,特指把衣服等穿戴在身上。《经典释文》注音12次。《书·顾命》:"相被冕服,凭玉几。"传:"扶相者被以冠冕,加朝服。"音义:"被,皮义反,徐扶伪反。注同。"《诗·大雅·板》笺:"价,甲也,被甲之人,谓卿士掌军事者。"音义:"被甲,皮寄反。"《瞻卬》笺:"王……乃舍女被甲。"音义:"被甲,皮寄反。"《周颂·臣工》笺:"车右勇力之士,被甲执兵也。"音义:"被甲,皮寄反。"《周礼·夏官·旅贲氏》:"军旅,则介而趋。"注:"介,被甲。"音义:"被甲,皮伪反。"按,十三经注疏本

"伪"讹作"第"。《仪礼·士昏礼》:"女从者毕袗玄,纚笄,被颖黼,在其后。"注:"言被,明非常服。"音义:"被,皮义反。下及注同。"《礼记·郊特牲》:"祭之日,王被衮以象天。"音义:"王被,皮义反。"《左传·僖公二十八年》注:"驷介,四马被甲。"音义:"被甲,皮义反。"《襄公三年》:"使邓廖帅组甲三百,被练三千。"音义:"被练,皮义反,徐扶伪反。"《哀公十五年》注:"介,被甲。"音义:"被甲,皮寄反。"《公羊传·僖公二十一年》:"古者被甲婴胄,非以兴国也。"音义:"被甲,皮既反。"《老子》七十章:"是以圣人被褐怀玉。"音义:"被,音备。"《汉书·高帝纪》:"朕亲被坚执锐。"注:"被坚谓甲胄也。执锐谓利兵也。被音皮义反。"《成帝纪》:"多畜奴婢,被服绮縠。"注:"被音皮义反。"《江充传》:"初,充召见犬台宫,自请愿以所常被服冠见上。"注:"被音皮义反。"《贾谊传》:"将吏被介胄而睡。"注:"被音皮义反。"《司马相如传》:"绔白虎,被斑文。"注:"被谓衣着之也……被音皮义反。"《文选·张衡〈南都赋〉》:"被服杂错,履蹑华英。"李善注:"被,皮义切。"同类的例子还有很多。今天有很多人都把这种"被"读作"披",不合古注。在古代,"披"和"被"音义皆有别。"披"的词义指披在肩背上,不束带,"被"指穿衣服时,是要束带的,所以《群经音辨·辨字同音异》说:"被,不带也,普为切。"我们认为,后人之所以把"穿衣服"的"被"读作"披",是因为此义后代消失了,而"披"的"披在身上"一义与此相近,于是读古书时,碰到"被甲""被褐"等的"被",就读作"披"。读作"披"可以处理为一种训读,是可以的,但是要注意,这种"被"意思是穿着,不能理解为披在身上。按,这个意义《辞源》《汉语大字典》《汉语大词典》都作为"被"读攀縻切的证据,跟古人的注音不合;又把这个意思跟"披在肩背上"义混同起来,统一解释为"通'披'",或"后作披",都不合于古。

由"被"的"穿着"一义词义构词,义为对护身物的计量。量词。《汉书·周亚夫传》:"居无何,亚父子为父买工官尚方甲楯五百被,可以葬者。"注:"张晏曰:'被,具也。五百具甲楯也。'师古曰:'被音皮义反。'"大约东晋时代,此义在口语中消失了,所以当时有人读作"披"。《史记·绛侯周勃世家》:"居无何,条侯子为父买公官尚方甲楯五百被,可以葬者。"集解:"徐广曰:'音披。'张晏曰:'被,具也。五百具甲楯。'"按,这个例子《辞源》《汉语大字典》《汉语大词典》都作为"被"读攀縻切的证据,跟颜师古的注音不合。

由"覆盖"义词义构词:(一)衣服的表面,外层。名词。《经典释文》注音 2 次。《周礼·冬官·玉人》注:"玄被缥里,有盖。"音义:"玄被,皮寄反。"疏:"玄被者,以玄缯为表。"《仪礼·士昏礼》:"笲,缁被纁里,加于桥。"注:"被,表也。"音义:"缁被,皮义反。注同。"按,这个例子《辞源》《汉语大字典》《汉语大词典》作为"被"读皮彼切的证据,跟陆德明的注音不合。《特牲馈食礼》注:"旧说云:纁里者皆玄被。"音义:"玄被,皮义反。"

(二)用手把握的地方。名词。因手能把他盖住,故名。《经典释文》注音1次。《周礼·冬官·庐人》:"凡为殳,五分其长,以其一为之被而围之。"注:"被,把中也。"音义:"之被,皮义反。注同。"按,这个例子《汉语大字典》作为"被"读攀縻切的证据,《汉语大词典》作为"被"读皮彼切的证据,都跟陆德明的注音不合。

(三)覆盖物。名词。《经典释文》注音2次。《周礼·冬官·辀人》注:"辀有筋胶之被,用力均者则澼远。"音义:"之被,皮寄反。"《礼记·檀弓上》:"水兕革棺被之,其厚三寸。"注:"以水牛兕牛之革以为棺被,革各厚三寸,合六寸也,此为一重。"音义:"被之,皮寄反。注同。"按,"被之"的"被",意思是覆盖;"棺被"的"被",意思是覆盖物,音义所说"注同",指"棺被"的"被"读去声,跟"被之"的"被"同音。

(四)假发。名词。因为假发是覆盖在人的头上的,故名。《经典释文》注音3次。《诗·周南·采蘩》:"被之僮僮,夙夜在公。"传:"被,首饰也。"音义:"被之,皮寄反。注及下同。首饰也。"《仪礼·少牢馈食礼》:"主妇被锡,衣移袂。"注:"被锡读为髲鬄。古者或剔贱者刑者之发,以被妇人之紒为饰,因名髲鬄焉。"音义:"被锡,依注读为髲鬄。上音皮义反。下大计反,刘土历反。下同。"《礼记·射义》注:"《采蘩》曰:'被之僮僮,夙夜在公。'"音义:"被之,皮义反,徐扶义反。"后起字作"髲"。《说文》:"髲,鬄也。"大徐本注音:"平义反。"《玉篇》:"髲,披寄切,鬄也。"《广韵》平义切:"髲,头发也。《南越志》云:开平县出髲。"《集韵》平义切:"髲,《说文》:鬄也。"

(五)鞍辔等马具的统称。名词。因为是施加到马身上的,故名。《汉书·食货志》:"南阳,汉中以往,各以地比给初郡吏卒奉食币物,驾被具。"注:"被音皮义反。"《郊祀志》:"驾被具。"注:"驾车被马之饰皆具也。被音皮义反。"后起字作"鞁",《说文》:"鞁,车驾具也。"大徐本注音:"平秘切。"《广韵》平义切:"鞁,装束鞁马。"《集韵》平义切:"鞁,《说文》:车驾具。"《玉篇》革部:"鞁,皮彼切,鞍上被。"按,这里的"彼"可能是个讹字,《篆隶万象名义》作"皮寄反",《集韵》"鞁"也没有收入上声。

词义构词,义为把鞍辔之类的东西套在马身上。动词。字作"鞁""鞴""备""背"等。例如,元曲《救风尘》四折:"鞁骡了。"《窦娥冤》二折:"我一马难将两鞍鞴。"《铁拐李》一折:"张千备马来,待我赶将上去。"《鸳鸯被》三折:"我想来一马不背两鞍,双轮岂辗四辙?"(以上例子采自顾学颉,王学奇《元曲释词》)

(六)用丝和皮革装饰弓。动词。因为是施加到弓上的,故名。《经典释文》注音 2 次。《诗·大雅·抑》:"荏染柔木,言缗之丝。"传:"缗,被也。"笺:"柔忍之木荏染然,人则被之弦以为弓。"音义:"被也,皮寄反。下同。"《周礼·冬官·弓人》:"春被弦则一年之事。"音义:"被弦,皮寄反。"又注:"量其力又参均者,谓若干胜一石,加角而胜二石,被筋而胜三石。"音义:"被筋,皮寄反。"后起字作"弢",《广韵》平义反:"弢,弢弓。"《集韵》平义反:"弢,丝皮饰弓也。"

"被"读并母的变调构词来自上古。从音注材料看,汉魏时代的人已反映出"被"上去二读的区别。《淮南子·俶真》"被施颇烈"高诱注:"被读光被四表之被也。"《汉书·扬雄传》"被离"萧该音义引韦昭:"被读如光被之被。"《韩王信传》"国被边"注引李奇:"被音被马之被。"《司马相如传》"貏豸"注引郭璞:"貏音衣被之被。"《史记·南越王传》"被佗书"集解引韦昭:"被之以书。音光被之被。"这些都是读去声的"被",区别于读上声的"被"。同字为训的证据,《释名·释衣服》:"被,被也,所以被服人也。"这是用去声的"被"解释读上声的"被"。从字形的分化来看,"被"的滋生词词义构词的分化字"髲""鞁"等已经出现了。上引郭璞的音注又可以跟他的用韵互相印证,"被"入韵 3 次,叶去声,义为"覆盖,施及"和"给马套上用具",《尔雅图·萍赞》叶"地,被('靡见其布,漠尔鳞被'),寄",《山海经图·橐驼赞》叶"被('驼惟奇畜,肉鞍是被'),地,智",《元皇帝哀策文》叶"被('恩靡不怀,化靡不被'),义,肄,寄,地"。唐代,储光曦《赴冯翊作》叶"志,被('霭霭风雨被'),泗,骥,位,地,气,吏,贵,异",都是去声。

大约中晚唐以后,"被"的原始词和滋生词的读音开始混淆,因为那时候全浊上声已经读成去声了。《说文》:"被,寝衣也,长一身有半。"这个"被"本来读上声,但是大徐本注音是"平义切",去声。《群经音辨》"被"字还放到《辨字音疑混》中去辨析,这是"被"上声读法变成去声的确证。《集韵》上声和去声都收有作"寝衣,被子"讲的"被",收入上声,那是存古;收入去声,那是趋新。《玉篇》"被"字上去两读的排列是,上声在前,去声在后;隋唐以前的注家,"被"上声读法一般不注音,都反映那时上声读法是"如字"。到了宋代,由于全浊上声变去声,"被"的名词用法和动词用法音同了,都是去声,于是去声成了"如字"。《楚辞·九辩》:"被荷裯之晏晏兮。"洪兴祖补注:"被,音披,又如字。"按道理,"被"作"穿着"讲是破读,但是洪氏注成了如字,这是因为作"寝衣,被子"讲的"被"此时也是去声,跟"穿着"的"被"同音。但是,直至今天,有的汉语方言中"被"仍然保留了古代上去二读的区别。例如,根据黄群《广西昭平方言音系》(载《方言》2006 年 2 期,第 149—167 页),广西昭平县"被"作"被子"讲时读阳上,作"被打"的"被"讲时读阳去。根据黄晓东《浙江临海方言音系》(载《方言》2007 年 1 期,第 35—51 页),浙江临海市"被"作"被子"讲读阳平,来自古全浊上声;作"被迫"的"被"将在连续调中读成了另外的新调值。

《左传》中有"被庐"一词,是晋国的地名。《经典释文》注音 2 次,都是"皮义反"。《僖公二十七年》:"于是乎搜于被庐,作三军。"注:"被庐,晋地。"音义:"被庐,皮义反,下力居反。"《昭公二十九年》:"文公是以作执秩之官,为被庐之法。"音义:"被庐,皮义反,下力居反。"

由以上的讨论可知,"被"读皮彼切时,意思是寝衣,被子;《辞源》《汉语大字典》《汉语大词典》把很多本读平义切的字义都放到了皮彼切,平义切基本上只保留作"假发"讲的"被",这种处理不符合中古"被"读皮彼切和平义切的音义结合的实际,没有科学依据。

四

下面来讨论"被"读攀縻切和披义切的字义。"被"的这两个字义《集韵》都收了,《广韵》没有收。攀縻切是原始词,义为披在肩背上,动词;披义切是滋生词,义为背帔,披肩,名词,后起字作"帔"。《群经音辨·辨字同音异》:"被,衣也,普义切,《春秋传》'翠被豹舄'。被,不带也,普为切。"揭示了原始词和滋生词的音义之别,但是没有解释其音义发展源流。《辨彼此异音》:"箸谓之被,音披。覆谓之被,平义切。"我们在前面已经说过,"被"读平义切是来自作"寝衣,被子"讲的"被",贾昌朝这里的处理不妥。

《玉篇》《广韵》都没有给"被"字的平声读法注音。但是从词的角度说,两部字书都给"被"这个词的平声读法注了音。《玉篇》巾部:"帔,披伪切,在肩背也。又普皮切,披也。"《广韵》敷羁切收了"帔",但未释义。披义切:"帔,衣帔。"《集韵》攀縻切:"被,《广雅》:褋被,衣带也。"这是另一个词义,但是同小韵:"帔,《方言》:帬,陈魏之间谓之帔。一曰:巾也。"所谓"巾也",可能指背帔;置于平声下,不合于古。披义切:"帔被,《说文》:弘农谓帬帔。"收了滋生词的读音,但是词义指"裙,下裳",不是滋生词词义。

以下是"被"作"披在肩背上"讲读平声的用例。《左传·襄公十四年》:"乃祖吾离被苫盖,蒙荆棘。"音义:"被,普皮反。"疏:"言无布帛可衣,唯衣草也。"《庄子》中有一个假托的人名,叫"被衣",这个"被"显然指"披在肩背上",读平声,不读去声。跟上文作"把衣服等穿戴在身上"讲的"被"音义都不同,这个假托的人名"被衣"是按照庄子的哲学思想设计的,不受世俗穿衣习惯的羁累,所以不是穿衣,而是披衣。

《天地》："王倪之师曰被衣。"音义："被衣,音披。"《知北游》："啮缺问道乎被衣。"音义："被衣,音披。本亦作披。"可见,陆德明时代,这个"被"已经规范为"披"字了。

"被"作"披在肩背上"讲,跟"被"作"穿着"讲,词义是不同的。"被"作"穿着"讲,强调身上要佩上带,穿着时,要从两袖套进去。而作"披在肩背上"讲时,所披之物上不佩上带,这个"被"读平声。上下文中,这两种"被"有时不容易区分,所以有兼注异读的情况。《周礼·春官·鬯人》注:"郑司农云:鬯,香草,王行吊丧被之,故曰介。"音义:"被之,普皮反,又皮寄反。"按,十三经注疏本讹作"被之,豆彼反,又皮尊反。"《司常》注:"今城门仆射所被及亭长所著绛衣皆其旧象。"音义:"所被,普皮反,又皮寄反。"《汉书·扬雄传》:"袿芰茄之绿衣兮,被芙蓉之朱裳。"注:"被音披,又音皮义反。"《楚辞·九辩》:"被荷裯之晏晏兮。"洪兴祖补注:"被,音披,又如字。"这里,除了"绛衣"外,其他所"被"的都是植物,跟一般的着衣不一样,"著绛衣"大概也跟一般的穿着不一样,所以"被"是作"穿着"讲还是作"披在肩背上"讲,注家拿不定主意。这种情况正好说明"被"的两种解释读音是不同的。《辞源》《汉语大字典》《汉语大词典》把这两个不同的"被"混为一谈,不合于古。

由"披在肩背上"一义变调构词,义为背帔,披肩。名词。《左传·昭公十二年》:"雨雪,王皮冠,秦复陶,翠被,豹舄,执鞭以出。"注:"以翠羽饰被。"音义:"翠被,普义反。注及下同。"后起字作"帔",《释名·释衣服》:"帔,披也,披之肩背不及下也。"王先谦疏证补:"愚按,《说文》:帔,宏农谓裙帔也。非此物。此云'披之肩背',则是今之披肩矣。然则帔实始于汉末,不得云始于晋。"按,据《左传》,"帔"春秋时已有,《左传》写作"被"。王先谦说"帔始于汉末",大概不是说"帔"这个字始于汉末,而是说帔这个对象始于汉末。在这里要区分物,词,字三者。作为一种物,帔早就有了,为它造的词"被"《左传》已出现了,专门为"被"这个词造的字"帔"汉代也出现了。王氏失考。《释名》的训释准确地揭示了"披:帔"之间的滋生关系。《文选·班固〈西京赋〉》:"大驾幸乎平乐,张甲乙而袭翠被。"李善注:"班固《汉书赞》曰:孝武造甲乙之帐,袭翠被,冯玉几。音义曰:甲乙,帐名也。《左氏传》曰:楚子翠被。杜预曰:翠羽饰被。披义切。"

《经典释文》有1次兼注普义反和皮义反,这是因为对上下文中的"被"有不同的理解。《尔雅·释畜》:"青骊繁鬣,騥。"注:"《礼记》曰:'周人黄马繁鬣。'繁鬣,两被毛。"音义:"两被,普义反,又皮义反。"这里,读普义反,"被"作"毛"的定语,像披肩似的毛;读皮义反,"被毛"是动宾结构,覆盖上了毛。

这里所讨论的"被"的攀縻切和披义切两读的区别,《辞源》《汉语大字典》《汉语大词典》的不妥当之处在于攀糜切一读的字义跟並母的读音字义相混，主要是把一些本读並母的"被"处理为读攀糜切的"被"，导致滂母和並母音义结合的混淆。

　　大型语文工具书对于有辨义异读的字的音义配合常常不合于古，"被"仅是其中的一个例证。要想使语文工具书的编写和修订在音义配合方面科学客观，就必须全面占有材料，加强字的音义关系的研究。

司马迁《报任少卿书》"比数"解诂

南京师范大学　董志翘

摘要：司马迁《报任少卿书》乃千古名篇，历代选、注者无数，但其中"刑馀之人，无所比数，非一世也，所从来远矣"一句中"比数"一词，却众说纷纭，看法各异。本文从"比"、"数"两字各自的本义入手，同时考察它们作为语素构成的双音词在中土文献及汉译佛典中的使用情况，提出"比数"为同义并列复词，乃"亲近"之义的新见。

关键词：司马迁　报任少卿书　比数　解诂

《文选·司马迁〈报任少卿书〉》："故祸莫憯於欲利，悲莫痛於伤心，行莫丑於辱先，诟莫大於宫刑。刑馀之人，无所比数，非一世也，所从来远矣。昔卫灵公与雍渠同载，孔子适陈；商鞅因景监见，赵良寒心；同子参乘，袁丝变色：自古而耻之。夫以中才之人，事有关於宦竖，莫不伤气，而况於慷慨之士乎？如今朝廷虽乏人，奈何令刀锯之馀，荐天下之豪俊哉！"[①]

《汉书·司马迁传》亦载此书，文字大致相同，李善、颜师古于"比数"一词下，均未作注。

王力《古代汉语》注："无所比数：没有〔把他们〕放在一起来计算的，即不能和任何人相比。比，比并，放在一起。数(shǔ)，计算。"[②]

郭预衡主编《汉魏六朝散文选注》："无所比数：不被人视为同类，不计算在同类之中，意即受人鄙视。"[③]（岳麓书社，1998 年 8 月版，P. 226）

《汉语大词典》第五册："【比数】(－shù)相与并列；相提并论。《汉书·司马迁传》：'刑馀之人，无所比数，非一世也，所从来远矣'"以上诸解，似未中的[④]。其实，

---

① （梁）萧统编、（唐）李善注《文选》，中华书局，1997 年。

② 王力主编《古代汉语》（校订重排本）第三册，中华书局，1999 年。

③ 郭预衡主编《汉魏六朝散文选注》，岳麓书社，1998 年。

④ 何九盈在"词义杂辨"文中列举历来对"比数"一词的训释，计有六类：一、"言其极多，不可比较而数也"（颜师古《汉书·梅福传》注）；二、"谓彼此比较而计算其数也。"（旧《辞海》）；三、

司马迁《报任安书》中之"比数"乃"亲近"、"亲昵"之义。现申述如下：

《说文·比部》："比，密也。二人为从，反从为比。"段玉裁注："今韵平、上、去、入四声皆录此字，要'密'义足以括之。其本义谓相亲密也。馀义俌也、及也、次也、校也、例也、类也、频也、择善而从也、阿党也、皆其所引申。"①

《说文·攴部》："数，计也。从攴娄声。"段玉裁注："又引申之义，分析之音甚多，大约'速'与'密'二义可包。"

"比"表"亲近"、"亲密"义，如《礼记·缁衣》："大臣不治，而迩臣比矣。"郑玄注："比，私相亲也。"陆德明《释文》："比，毗志反，注同，亲也。"②《左传·昭公三年》："燕大夫比以杀公之外嬖。"杜预注："比，相亲比。"③《国语·晋语》："比于诸弟"韦昭注："比，亲也。"④《诗·大雅·皇矣》："王此大邦，克顺克比。"朱熹《诗集传》："比，上下相亲也。"⑤

"数"表"亲近"、"亲密"义，与"疏"义相反。如：《说苑·敬慎》："颜回将西游，问於孔子曰：'何以为身？'孔子曰：'恭、敬、忠、信，可以为身。恭则免於众，敬则人爱之，忠则人与之，信则人恃之。人所爱，人所与，人所恃，必免於患矣。可以临国家，何况於身乎？故不比数而比疏，不亦远乎？不修中而修外，不亦反乎？不先虑事，临难乃谋，不亦晚乎？'""故不比数而比疏，不亦远乎？"一句，《孔子家语·贤君》作"故夫不比於数而比於疏"王肃注："数，近；疏，远。"⑥《释名·释首饰》："数言比，比于梳其齿差数也。"毕沅《疏证》："数，密也。所角反。"⑦《宋书·范晔传》："（谢）综乃引（孔）熙先与晔为数，晔又与戏，熙先故为不敌，前后输物甚多。"⑧

正因为"比"、"数"均有"亲密"、"亲近"义，而"昵"（亦作"暱"⑨）、"亲"亦有"亲密"、"亲近"义。如：《尔雅·释诂》："暱，近也。"郭璞注："暱，亲近也。"⑩《左传·僖

"彼此相比而算计。"（《历代文选》上册第 251 页）；四、"比，比并，放在一起。数，计算。"（王力《古代汉语》修订本第 903 页）；五、"同列，相提并论。"（新《词源》）；六、"谁比数，是说人们瞧不起。"（萧涤非《杜甫研究》下卷第 30 页）。见《语海新探》，山东教育出版社，1984 年。

①　（清）段玉裁《说文解字注》，上海古籍出版社，1981 年。
②　（唐）孔颖达《礼记正义》卷五五，《十三经注疏》本，中华书局，1980 年。
③　（唐）孔颖达《春秋左传正义》卷四二，《十三经注疏》本。
④　《国语》，上海古籍出版社，1978 年。
⑤　（宋）朱熹《诗集传》，上海古籍出版社，1980 年新 1 版。
⑥　赵善诒疏证《说苑疏证》，华东师范大学出版社，1985 年。
⑦　（清）王先谦撰集《释名疏证补》，上海古籍出版社，1984 年。
⑧　《宋书》卷六九《范晔传》，中华书局，1974 年。
⑨　《说文·日部》"暱，日近也。"段玉裁注："日谓日日也，皆日之引申之义也。《释诂》：《小雅》传皆云'暱，近也。'《左传》'不义不暱'、'非其私暱，谁敢任之'。"
⑩　（宋）邢昺《尔雅注疏》卷一，《十三经注疏》本。

公二十四年》："暱近尊贤。"杜预注："暱，亲也。"①《玄应音义》卷一"亲暱"下注："暱，亲也，亦数也。"《左传·成公十三年》："暱就寡人"陆德明《释文》："暱，亲也。"②《吕氏春秋·贵信》："不能相亲"高诱注："亲，比也。"③因此在古文献中，"比"、"数"、"亲"、"暱"等同义词常对举或连文。如：

《宋书·刘穆之传》："又数客暱宾，言谈赏笑，引日亘时，未尝倦苦。"④"数客"与"暱宾"相对为文，《汉语大词典》未收"数客"，而有"暱宾"条目，释曰"亲密的宾客"，引刘宋颜延之《七绎》："暱宾献寿，中人奉膳。""数客"亦即"亲密的宾客"。《晋书·乐广传》有："尝有亲客，久阔不复来。"⑤"数客"、"亲客"同。

又，"亲比"同义连文：

《诗·唐风·羔裘》："羔裘豹袪，自我人居居。"毛传"居居，怀恶不相亲比之貌。"⑥

《释名·释州国》："又曰：比，相亲比也。"⑦

《六书故》："比，毗至切，反从为比，反而相亲比之貌。"

《荀子·王霸》："身不能，知恐惧而求能者，如是者强。身不能，不知恐惧而求能者安，唯便僻左右亲比己者之用，如是者危削。"⑧

又，"亲数"连文：

《宋书·文五王传》："云朕及休仁，与太宰亲数，往必清闲，赠赆丰厚。"⑨（P. 2041）

刘宋求那跋陀罗译《杂阿含经》："如是我闻，一时佛住舍卫国祇树给孤独园，有尊者那迦达多在拘萨罗人间，住一林中，有在家、出家常相亲近。时彼林中止住天神作是念：此非比丘法。住於林中，与诸在家、出家周旋亲数，我今当往方便发悟。"（2—370a）⑩

---

① （唐）孔颖达《春秋左传正义》卷一五，《十三经注疏》本。
② （唐）孔颖达《春秋左传正义》卷二七，《十三经注疏》本。
③ 陈奇猷《吕氏春秋校释》，学林出版社，1984年。
④ 《宋书》卷四二《刘穆之传》。
⑤ 《晋书》卷四三《乐广传》，中华书局，1974年。
⑥ （唐）孔颖达《毛诗正义》卷六，《十三经注疏》本。
⑦ （清）王先谦撰集《释名疏证补》。
⑧ （清）王先谦撰《荀子集解》，《丛书集成》本，中华书局，1954年。
⑨ 《宋书》卷七九《文五王传》。
⑩ 本文所引汉译佛典均出自《大正新修大藏经》，括号中前一数字为册数，后一数字为页数，英文字母为栏别。

又,"昵比"同义连文:

《书·泰誓中》:"播弃犁老,昵比罪人。"①《新唐书·韦坚传》:"坚妻,姜皎女,李林甫舅子也。初甚昵比,既见其宠,恶之。"②

又,"比昵"同义连文:

宋戴溪《石鼓论语答问》卷下:"平居议事不为苟同,他日患难不相背负者,必今日不苟同之人也。小人比昵为一,他日有利害便相背,故今日之立异者,即前日苟同之人。"③《辽史·萧格传》:"太平初累迁官职,游近习间,以谀悦相比昵,为流辈所称。"④《续资治通鉴·宋仁宗庆历三年》:"革善谀悦,与近习相比昵,由是名达於上。"⑤清陆陇其《四书讲义困勉录》:"又曰'近是比昵,与慈不同;远是疏斥,与庄不同。'"⑥

又,"数昵"同义连文:

《册府元龟》卷四百八十"奸邪第二":"崔湜中宗初为考功员外郎。是时桓彦范、敬晖等秉国政,惧武三思谮间,引湜为耳目,使伺其动静。俄而中宗数昵三思,於是三思宠渐厚。湜乃反以桓、敬计议潜告三思。"⑦《明史·侯震旸传》卷二四六:"王圣宠而煽江京李闰之奸,赵娆宠而构曹节皇甫之变,幺麽里妇,何堪数昵至尊哉!"⑧

又,"昵数"同义连文:

《钦定续通志》卷六百二十:"周智光少贱,失其先系。以骑射从军,为裨将。鱼朝恩镇陕州,与相昵数,称荐之,累迁同、华二州节度使。"⑨

而"比数"连文,表"亲近"者,历来文献用例甚多:

《世说新语·轻诋》:"褚太傅南下,孙长乐于船中视之。言及刘真长死,孙流涕,因讽咏曰:'人之云亡,邦国殄瘁。'褚大怒曰:'真长平生,何尝相比数,而卿今日作此面向人!'孙回泣向褚曰:'卿当念我。'时咸笑其才而性鄙。"⑩此事亦见《晋

①　(唐)孔颖达《尚书正义》卷十一,《十三经注疏》本。
②　《新唐书》卷《韦坚传》,中华书局,1974年。
③　(宋)戴溪《石鼓论语答问》卷下,文渊阁《四库全书》经部、四书类。
④　《辽史》卷一一三《萧格传》,中华书局,1982年。
⑤　(金)杨云翼撰《续资治通鉴》,中华书局,1964年。
⑥　(清)陆陇其《四书讲义困勉录》,文渊阁《四库全书》经部、四书类。
⑦　(宋)王钦若、杨亿等撰《册府元龟》,中华书局,1960年。
⑧　《明史》卷二四六《侯震旸传》,中华书局,1975年。
⑨　(清)稽璜等撰《续通志》,文渊阁《四库全书》史部、别史类。
⑩　徐震堮撰《世说新语校笺》,中华书局,1984年。

书·刘惔传》："刘惔字真长，沛国相人也……年三十六，卒官。孙绰为之诔云：'居官无官官之事，处事无事事之心。'时人以为名言。后绰尝诣褚裒，言及惔，流涕曰：'可谓人之云亡，邦国殄瘁。'裒大怒曰：'真长生平何尝相比数，而卿今日作此面向人邪！'其为名流所敬重如此。"①此处之"相比数"释为"亲近你"亦当可通。

《宋书·文五王传》："庐江王祎字休秀，文帝第八子也。……太祖诸子，祎尤凡劣，诸兄弟蚩鄙之。南平王铄蚤薨，铄子敬渊婚，祎往视之，白世祖借伎，世祖答曰：'婚礼不举乐，且敬渊等孤苦，倍非宜也。'至是太宗与建安王休仁诏曰：'人既不比数西方公，汝便为诸王之长。'时祎住西州，故谓之西方公也。"②此例中"人既不比数西方公"亦可释为"人们既然不亲近西方公"。更何况同传下文有"云朕及休仁，与太宰亲数，往必清闲，赠赂丰厚。"此"亲数"与"比数"用法同。

《南齐书·王僧虔传》："僧虔宋世尝有书诫之曰：'……吾在世，虽乏德素，要复推排人间数十许年，故是一旧物，人或以此比数汝等耳。即化之后，若自无调度，谁复知汝事者？舍中亦有少负令誉、弱冠越超清级者，於时王家门中，优者则龙凤，劣者犹虎豹，失荫之后，岂龙虎之议？况吾不能为汝荫，政应各自努力耳。'"③此例中"人或以此比数汝等耳"，即"人们或许看在我的面子上亲近你们罢了"之意。

唐杜甫《秋雨叹三首》："长安布衣谁比数，反锁衡门守环堵，老夫不出长蓬蒿，稚子无忧走风雨。"④此例中，正因为长安布衣无人亲近，所以"反锁衡门守环堵"。

唐高适《行路难二首》之一："君不见，富家翁，旧时贫贱谁比数，一朝金多结豪贵，万事胜人健如虎。子孙成行满眼前，妻能管弦妾能舞。自矜一身忽如此，却笑傍人独愁苦。东邻少年安所如，席门穷巷出无车，有才不肯学干谒，何用年年空读书？"⑤此例"旧时贫贱谁比数"中"比数"之"亲近"义最为显豁，因为与后文"一朝金多结豪贵"直接相对。

《旧唐书·杨嗣复传》："帝良久改容曰：'朕缵嗣之际，宰相何尝比数。李珏、季稜志在扶册陈王，嗣复、弘逸志在树立安王。'……"⑥"何尝比数"亦即"何曾亲近我"。

---

① 《晋书》卷七五《刘惔传》。

② 《宋书》卷七九《文五王传》。

③ 《南齐书》卷三三《王僧虔传》，中华书局，1972 年。

④ （清）仇兆鳌《杜诗详注》卷三，上海古籍出版社，1979 年。

⑤ 孙钦善撰《高适集校注》卷一，上海古籍出版社，1984 年。

⑥ 《旧唐书》卷一七六《杨嗣复传》，中华书局，1975 年。

"比数"的此类用法,亦见于汉译佛典。如:

隋阇那崛多译《佛本行集经》:"其后次至提婆达多童子前行,以贡高心我慢之心,不首比数悉达太子,欲共太子竞威力,欲共太子一种齐等。"(3—711c)

隋阇那崛多译《观察诸法行经》:"谓王治境诸处村城坊邑王都,不听知不令人,不共言不比数。喜王尔时彼说法者被驱出村,无怯避心,无小劣心。⋯⋯"(15—737c)

隋阇那崛多译《观察诸法行经》:"彼王於诸人处宣教敕云:莫有一人於此比丘不爱念,不意喜、不敬重、不比数。"(15—738b)

后秦鸠摩罗什译《大智度论》:"菩萨异於世人。世人分别好丑,好者爱著犹不如佛,恶者轻慢了不比数。菩萨则不然。"(25—414c)

虽然,以上所举《世说新语》、《宋书》、《南齐书》数例中之"比数",有的学者认为当释为"重视",如周一良先生在"《南齐书》札记"中云:"'人或以此比数汝等耳',比数犹重视,意如今言数得上。《宋书》七九庐江王祎传,'太祖诸子祎犹凡劣,诸兄弟蚩鄙之。⋯⋯至是太宗与建安王休仁诏曰:人既不比数西方公,汝便为诸王之长'。谓人不重祎,休仁更为首也。《世说新语·轻诋》,'褚大怒曰,真长平生何尝相比数',言何尝重视。相字原有互相之意,亦可引申用于单方面。比数即相比数之省文。"①但即使随文释为"重视",这一意义也是从"亲近"义引申而来的,"亲近"、"亲昵"则看得起、重视。而非由"如今言数得上"而来也。

让我们再回过头来,看《报任少卿书》中"刑馀之人,无所比数,非一世也,所从来远矣"一句,就文意而言,"无所比数"即"没有可亲近的对象"。就语法而言,此句的主语乃"刑馀之人(即司马迁之类的受过宫刑的人或宦官)",谓语是"无(没有)",宾语为"所比数"。"所"乃特别指示代词,"所比数"为"所"和"比数(亲近)"结成所字词组(亦称所字结构),"所"指代"比数(亲近)"的对象②下文云"昔卫灵公与雍渠

---

① 周一良撰"《南齐书》札记",见《魏晋南北朝史札记》,中华书局,1985年。

② 根据语法分析,"无所××"类结构中,"无"为动词,表示否定;"所"为特殊指示代词,一般与动词结合(如是形容词亦活用为动词),可以指代动作行为的对象、处所、条件、方法等。如《左传·成公二年》:"下臣不幸,属当戎行,无所逃隐。""无所逃隐"即"没有逃避隐藏的地方"。《史记·淮阴侯列传》:"诸将亡者以十数,公无所追;追信,诈也。""无所追"即"没有追的对象"。类似的例子如宋程子撰《伊川易传》卷一:"后夫凶其道穷也。众必相比,而后能遂其生。天地之间,未有不相亲比而能遂者也。若相从之志不疾,而后则不能成比。虽夫亦凶矣,无所亲比,困屈以致凶穷之道也。"其中"无所亲比"即"没有亲近的对象"之义。如果将"比数"理解为"重视"、"看得起",那么根据语法,当作"刑余之人,无比数者"。

同载,孔子适陈;商鞅因景监见,赵良寒心;同子参乘,袁丝变色:自古而耻之。"卫灵公与宠信的宦者雍渠同载,让孔子为次乘,商鞅通过秦孝公宠信的宦者景监引见,汉文帝让宠信的宦者赵谈参乘,此三者均为宦者与国君过于亲近、亲密之例,故为正人君子所不齿。司马迁的意思是:刑馀之人,再也不可能有亲密的对象了(亦即不可能与君主真正亲密无间,即使随从,亦"固主上所戏弄,倡优畜之"而已。而由宦者向君主荐才,亦为君子所不取),故云"奈何令刀锯之馀,荐天下之豪俊哉!"从君主角度言,则正如明代郑纪所云:"若任用忠良,纳海辅德,则人爱戴;若比昵近倖,蠹政纵欲,则人心叛离"①也。

　　当然,"比数"是个多义词,其读音与内部结构也有不同。"刑余之人,无所比数"之"比数"当音 bì cù(均为"密"、"近"义)。而《汉书·梅福传》:"建始以来,日食地震,以率言之,三倍春秋,水灾亡与比数。"师古曰:"言其极多,不可比较而数也。"②此中之"比数"即如师古所言,乃"比较而数"之义,当音 bǐ shǔ。

---

① (明)郑纪《东园文集》附录,文渊阁《四库全书》史部、别史类。
② 《汉书》卷六七《梅福传》,中华书局,1962年。

《笠翁对韵》中的出韵现象

陕西师范大学文学院　郭芹纳　吴秋本

　　《笠翁对韵》是一部广为流传的启蒙读物。全书以平水韵的平声 30 部为次，广征史实，集典为对，将常用入韵字编成文词雅正、对仗工稳、平仄协调的对句，读来情致盎然，琅琅上口，便于记诵，对于普及"对仗"和"诗韵"知识，起到了很好的作用，不失为一部优秀的入门读物。近年来，随着传统文化的复兴，《笠翁对韵》又由多家出版单位印行，甚至还作为《传统蒙学丛书》纳入全国高等院校古籍整理工作委员会的《中国古代教育文献丛书》系列，由岳麓书社出版；同时，"北大中文论坛"、"国学网"、"中国启蒙教育网"等诸多网站均纷纷推出，查阅、下载尤为方便。时至今日，该书流传愈广，影响更大。但是，我们在阅读中发现，书中却存在着一些出韵现象，且今人的校注本以及各个网站又未能指出[①]，故而有必要予以申明。

　　众所周知，"平水韵"是格律诗用韵的标准和依据，自唐代到清代，人们都是根据"平水韵"来选字用韵的——科举时代，对此要求尤为严格，故《声律启蒙》蒋允烈序中说："且今功令，凡大小试以及考课馆阁，莫不以声律为殿最。"[②]作为启蒙教材的《笠翁对韵》就是根据平水韵来编写的，然而，其中出韵的现象却不止一处，其主要表现为邻韵相混。具体情况如下：

一　东冬相混

　　1. 一东韵中混入二冬韵的字：

　　茅店村前，皓月坠林鸡唱韵；板桥路上，青霜锁道马行踪。

　　宫花对禁柳，塞雁对江龙。

---

　　① 魏山、鲁子渊校注本（巴蜀书社出版）在"前言"中指出了《声律启蒙》和《笠翁对韵》的不足，却没有指出它们的出韵现象。北大中文论坛、国学网等也都沿袭了二书中的出韵现象，有的网站的失校之处更多一些。

　　② 见《对韵合璧》所辑《声律启蒙》序。湖南大学出版社，2000 年 12 月版第 2 页。

按："踪"，同"蹤"，与"龙"字同在《广韵·三鍾》，分别为"即容切"和"力鍾切"，依平水韵当属二冬，却用于一东之中。

2.二冬韵中混入一东韵的字：

垂钓客，荷锄翁，仙鹤对神龙。

内苑佳人，满地风光愁不尽；边关过客，连天烟草憾无穷。

按："翁"、"穷"均在《广韵·一东》之中，分别为"乌红切"和"渠弓切"，应属平水韵的一东，却用于二冬中。

二　支微相混

主要是五微中混入四支韵中的字：

霸王军营，亚父丹心撞玉斗；长安酒市，谪仙狂兴换银龟。

按："龟"在《广韵·六脂》，"居追切"，于平水韵均属四支，却用于五微之中。

这里还需要指出的是，五微中的"占鸿渐，采凤飞，虎榜对龙旂"一句，有的版本和网站将"旂"改为"旗"[①]，这是不妥当的。因为"旂"在五微，并不出韵，而"旗"却在四支，则为出韵（"旗"属《广韵·七之》"渠之切"。）

三　鱼虞相混

1.鱼韵中混入虞韵中的字：

羹对饭，柳对榆，短袖对长裾。

参虽鲁，回不愚。

罗浮对壶峤，水曲对山纡。

按：榆、愚、纡，同属《广韵·十虞》，分别作"羊朱切"、"遇俱切"、"忆惧切"，却用在平水韵的六鱼之中。

2.虞韵中混入鱼韵中的字：

花肥春雨润，竹瘦晚风疏。

罗对绮，茗对蔬，柏秀对松枯。

祖饯三杯，老去常斟花下酒；荒田五亩，归来独荷月中锄。

疏、蔬、锄，同属平水韵的六鱼（《广韵·九鱼》，疏、蔬作"所菹切"，锄作"士鱼切"），却用在平水韵的七虞之中。

---

① 如岳麓书社本、齐鲁书社本、湖南大学出版社本和北大中文论坛网等。

四　佳灰相混

主要是灰韵中用了佳韵的字：

青龙壶老杖，白燕玉人钗。

钗，本属《广韵·十三佳》，"楚佳切"。却用入平水韵的十灰之中。

五　寒删相混

主要为删韵中用了寒韵中的字：

林对坞，岭对峦，昼永对春闲。

裙袅袅，佩珊珊，守塞对当关。

峦，本属《广韵·二十六桓》，"落官切"；珊，本属《广韵·二十五寒》，"苏干切"。于平水韵均属寒韵，却用于十五删中。

六　肴豪相混

主要是肴韵中用了豪韵中的字：

雉方乳，鹊始巢，猛虎对神獒。

祭遵甘布被，张禄念绨袍。

鲛绡帐，兽锦袍，露果对风梢。

獒、袍，本属《广韵·平声下六豪》，分别作"五劳切"、"薄褒切"，依平水韵，也应为豪韵，却用于平水韵的三肴之中。

需要指出的是：有时候，同一个字，又见于相邻的两个韵部之中。

例如：

三冬江上，漫漫朔雪冷渔翁（一东）。

垂钓客，荷锄翁。（二冬）

歆对正，密对疏，囊橐对苞苴。（六鱼）

花肥春雨润，竹瘦晚风疏。（七虞）

书箱对药柜，耒耜对耰锄。（六鱼）

荒田五亩，归来独荷月中锄。（七虞）

寒翠袖，贵荆钗，慷慨对诙谐。（九佳）

青龙壶老杖，白燕玉人钗。（十灰）

莺闻枕上漏珊珊。（十四寒）

裙袅袅，佩珊珊。（十五删）

祭遵甘布被，张禄念绨袍。（三肴）

台对省，署对曹，分袂对同袍。（四豪）

　　出韵是近体诗的大忌，《笠翁对韵》一书中，为什么会出现这些出韵现象呢？目前的出版物都署名其作者为李渔。李渔是明末清初的戏剧家。那么，《笠翁对韵》中的出韵现象是否和曲韵有关呢？如果我们用《中原音韵》的分部来比较一下，也许会找到一些答案。

　　在《中原音韵》中，"踪"、"翁"和"龙"、"穷"均属于"东锺"韵（这里且不分阴平和阳平。下同。）。"纡"、"疏"、"蔬"、"榆"、"愚"、"锄"同属"鱼模"韵。它们都是同部之字。"龟"属于"齐微"韵；"钗"属"皆来"韵；葵、袍，属"萧豪"韵。只有"恋"属"桓欢"；"珊"属"寒山"。但是，它们又是相邻的两个韵部，是比较接近的，容易相混。

　　《笠翁对韵》中的出韵现象，皆出现在邻韵之中。这就不能不使我们产生这样的推测：我们知道，平水韵和明清时代的语音已经大不相同，人们已经不能单凭口耳来辨别；如果作者又受到曲韵（即《中原音韵》）的影响，加之未能细查，因而便出现了这些出韵现象。另外，唐人诗作中的合韵现象，是否对后人有所误导，也是值得进一步研究的。例如，李贺的《南园十三首》之七："长卿牢落悲空舍，曼倩诙谐取自容。见买若耶溪水剑，明朝归去事猿公。"诗中就将二冬的"容"和一东的"公"相押。

　　《笠翁对韵》中的出韵现象，并非偶然，在它之前的明代车万育的《声律启蒙撮要》（习称《声律启蒙》）①。中，就有数处出韵现象。具体情况如下：

　　1. 五微韵中混入四支韵中的字：

　　五微：声对色，饱对饥，虎节对龙旗。

　　饥，本属《广韵·六脂》，"居夷切"。"旗"本属《广韵·七之》，"渠之切"。在平

---

　　① 一说《声律启蒙》的作者为朱铣。见魏山、鲁子渊校注本"前言"。巴蜀书社，1991年版。

水韵中,二字亦应属四支韵,而混入五微之中。需要注意的是,在四支韵中,书中也用了"旗"字:"戈对甲,鼓对旗;紫燕对黄鹂。"

今按:我们未能见到更早的刻本,今所见巴蜀书社本、成都古籍书店本、湖南大学本等皆作"旗",我们怀疑也可能和《笠翁对韵》中的情况一样,本来用的是"旂"字,而校对者改用"旗"。果真如此,那就是今人的失误了。

2.十二文混入十三元之字:

鸟翼长随,凤兮洵众禽长;狐威不假,虎也真百兽尊。

尊,本属《广韵·二十三魂》,"祖昆切"。平水韵为十三元,却用于十二文之中。

3.三肴中混入二萧之字:

藜杖叟,布衣樵,北野对东郊。

樵,本属《广韵·下平声四宵》,"昨焦切"。平水韵为二萧,却用于三肴之中。

4.八庚、九青、十蒸相混:

天北缺,日东升,独卧对同行。(八庚)

红对紫,白对青,渔火对禅灯。(九青)

升,本属《广韵·十六蒸》,"识蒸切"。平水韵为蒸韵,却用于庚韵之中。灯,本属《广韵·十七登》,"都滕切"。平水韵均当为十蒸。却用于平水韵的九青之中。试比较下句:

新对旧,降对升……炉中煎药火,窗下读书灯。织锦逐梭成舞凤,画屏误笔作飞蝇。宴客刘公座上满斟三雅爵;迎仙汉帝宫中高插九光灯。(十蒸)[①]

若根据《中原音韵》来看,则《声律启蒙》中出韵的"饥"、"旗"(旂),属"齐微"韵;"尊",属"真文"韵;"樵",属"萧豪"韵;"升"、"登"属"庚青"韵。

这也许就是《笠翁对韵》之所以出韵的先例。另外,民间广为流传的"塾师童蒙之本"《声律发蒙》,大约在元代已经问世[②],该书分为东锺、支思、齐微、车鱼、模糊、皆来、真文、山寒、桓欢、先天、萧豪、戈何、家麻、车遮、阳唐、庚青、尤侯、侵心、廉纤、缄函 20 部,和《韵略易通》、《中原音韵》比较接近。是否也是《笠翁对韵》出韵的原

---

① 十灰中有"花蓓蕾,草根荄,剔藓对剜苔。"其中的"荄",属于"一字二韵":《广韵·十四皆》作"古谐切",平水韵在九佳。又十六哈作"古哀切"(与佳韵的意思相同:草根也)。平水韵在十灰。

② 赵藩于《声律发蒙》序中云:"声律发蒙,为塾师童蒙之本,所在皆有其书。南海谭叔裕言曾见有元人版本,与今坊本相同,则其由来已久。"见《对韵合璧》所辑《声律发蒙》。2000 年 12 月版,第 129 页。

因？有待继续探讨。

但是，明代司守谦的《训蒙骈句》却只有一处出韵的现象：

　　二冬中混入一东之字：

　　郭荣叩马，卫献射鸿。

鸿，《广韵·一东》作"户公切"，东韵。不当入二冬。

清人欧达彻的《韵对屑玉》中也只有一处出韵的现象：

　　二萧：松间拾坠樵

　　三肴：藜杖叟，布衣樵

樵，《广韵·下平声四宵》，作"昨焦切"。平水韵属"萧韵"。《韵对屑玉》误用于三肴之中。

欧达彻是广东顺德芝田人，其所编《韵对屑玉》"吐属典雅，琢炼工整，搜罗甚富，而抉择维精。"有利于学者"树帜诗坛，蜚声艺苑"[①]。看出，他受《中原音韵》的影响较少，所以，仅偶有一处出韵。

《笠翁对韵》中的出韵现象，对今人产生了误导——今人编纂的新对韵，也常常有出韵现象。例如，严家骏、胡术林编纂的《声律初步》和蒋兰实编纂的《联韵新编》中[②]就有不少出韵现象。前者"以车万育先生原著体例为基础，以平水韵为体系，而选用新词汇。"后者"取《声律启蒙》、《笠翁对韵》结构形式富有魅力之长，依平水韵目，以保持原书便于诵读的特色"。由此可见《声律启蒙》和《笠翁对韵》对他们的影响，也正因为如此，今人对于出韵现象也就习而不察。

《声律初步》中的出韵现象如下：

1．误将二冬之字混入一东：

　　文艺对诗钟。留对去，迹对踪。

钟，踪，应属二冬。

2．误将一东之字混入二冬：

　　舞厅影院乐融融。更静凉生剪剪风。

融，风，应属一东。

3．误将六鱼之字混入七虞：

　　苗厌拔，草宜锄。茅店荒村过客疏。

---

① 引自嘉庆 21 年会稽陶钺刻本《韵对屑玉》序。

② 收入周渊龙编辑的《对韵合璧》一书中。

教儿教女，十载寒窗万卷书。

锄、疏、书，应属六鱼。（按：鱼韵中已用疏、书二字：寸阴是惜，雨夕风晨好读书。读书当读圣贤书。炎凉世态，家贫身病故人疏。）

4.误将四豪之字混入三肴：

文对武，笔对刀。松墨对狼毫。

毫、刀，应属四豪。（按：豪韵中已用"刀"、"毫"：兰亭雅集，羲之乘兴一挥毫。舞剑对操刀。弓对矢，剑对刀。）

5.误将八庚之字混入十蒸：

乌鹊对黄莺。

莺，当属八庚。（按：八庚中已用"莺"：桃林穿紫燕，柳岸啭黄莺。）

6.误将八庚之字混入九青：

春回百卉荣。

荣，当属八庚。

《联韵新编》中的出韵现象如下：

1.误将一东之字混入二冬：

少对壮，叟对童

童，当属一东。

2.误将六鱼之字混入七虞：

坐山观虎斗，仰首观龙嘘。三害去，四凶除。

专家学者遭批斗，大老元勋遭叱嘘

嘘、除，当属六鱼。

3.误将十五删之字混入十四寒：

助虐对帮闲。涓涓水绕山。

闲、山，当属十五删。（按：十五删已用此二字：守备对防闲。将军三射定天山。须知国法重如山。任重对投闲。）

4.误将十四盐之字混入十五咸：

平对仄，宽对严。

严，当属十四盐。（按：十四盐中已用：不致民残民谩，当慎宽严。）

尽管《笠翁对韵》和《声律启蒙》不失为优秀的启蒙读物，但是，书中的出韵现象却不能不说是其瑕疵。今人在注释中，应该予以指出。在编写新的对韵读物时，也应该细加分辨，不能唯《对韵》是依，一遵其制，以至以讹传讹，致使诸多网站沿袭其误。

附论：

1. 有些"出韵"则是校勘未审所致。例如,《对韵合璧》所收《笠翁对韵》十三元："夕照对朝曛。"

今按：曛,属十二文,这就出韵了。巴蜀书社本和成都古籍书店皆本作"暾",不误。

2.《笠翁对韵》二冬有"娇杨擅宠起边风"句。今按："风"为一东韵,故当为"烽"字之误。"边烽",乃古人常语。例如：沈佺期《塞北》诗之一："海气如秋雨,边烽似夏云。"南朝梁徐悱《白马篇》："闻有边烽急,飞候至长安。"

3.《韵对屑玉笺注》十四寒中有"琥珀盒,水晶盆"之句。"盆"本属十三元,当为"盘"之误。前人多言"水晶盘"(又作"水精盘")。如,王昌龄《甘泉歌》："昨夜云生拜初月,万年甘露水晶盘。"宋乐史《杨太真外传》上："汉成帝获飞燕,身轻欲不胜风。恐其飘骞,帝为造水晶盘,令宫人掌之而歌舞。"

4.《训蒙骈句》三江中："吹牧笛,泛渔舟。严陵真隐,纪信诈降。"其中"舟"为十一尤,不与江韵字相押,故疑为"艭"或"舡"等字之误。

参考文献

[1] 《广韵校本》,周祖谟著,中华书局,1960 年 10 版。
[2] 《中国古典戏曲论著集成》(一),中国戏曲出版社,1959 年 7 月版。
[3] 《佩文韵府》,上海古籍出版社,1983 年 6 月版。
[4] 《声律启蒙·笠翁对韵新注》,巴蜀书社,1991 年 8 月第 1 版。
[5] 《声律启蒙·笠翁对韵附》,成都古籍书店,1981 年 5 月第 1 版,1985 年 9 月订正重印。
[6] 《笠翁对韵·神童诗》,齐鲁书社,1998 年 12 月第 1 版。
[7] 《对韵合璧》,周渊龙,湖南大学出版社,2000 年 12 月第 1 版。
[8] 《韵对屑玉笺注》,〈清〉欧达彻撰,钟映雪　唐祖泽笺注。嘉庆 21 年会稽陶釴刻本。
[9] 《汉语大词典》,汉语大词典出版社。
[10] 《汉语大字典》,四川辞书出版社、湖北辞书出版社,1988 年版。

说"古人自有复语"

四川大学中文系　伍宗文

一

1. 训诂学史上最早提出"古人自有复语"的应该是孔颖达。《书·无逸》:"自朝至于日中昃,不遑暇食。"孔疏:"遑亦暇也。重言之者,古人自有复语,犹云'艰难'也。"①顾炎武则用"重言"来指称这一类语言现象。他的《日知录》卷二十四为此专门立了"重言"一条:

> 古经亦有重言之者:……《诗》"无已太康",已即太也;"既安且宁",安即宁也;"既庶且多",庶即多也。《左传》"一薰一莸,十年尚犹有臭",尚即犹也;"周其有须王,亦克能修其职",克即能也。《礼记》"人喜则斯陶",则即斯也。

刘淇在《助字辨略》中也把"尚犹、犹尚"之类称为"重言"。"重言"这一名称自明代方以智的《通雅·释诂》使用以来,后世一直沿用,通常指两个相同的汉字重叠起来使用;从文字的角度出发,也称为"叠字"。它们通常是一个词,但也有一些用来表示一事的重复,是两个词,但联在一起说②。大概因为"重"与"复"、"言"与"语"意义分别相同相近的缘故,有的学者索性把"重言"与"复语"合而为一。例如:

> 《卷耳篇》:"采采卷耳。"传:"采采,事采之也。"灏案:采之训事,虽本《尔雅》,然"事、采"连文,殊不成义。采采盖诗人复语耳。《诗》凡言草木名用双字者,重言采采,如"采采卷耳","采采芣苢"是也。(徐灏《通介堂经说》卷十三)

---

① 俞正燮《癸巳类稿·复语解》"暇食者,饮食之人观我朵颐之象,谓从容而食。……此句'暇食'连文,'不遑'连文,非'遑暇'连文。"但"遑暇"后世承用为"闲空,安闲"义,如韦应物《云阳馆怀谷口》诗"吏役岂遑暇,幽怀复朝昏",《聊斋志异·湘裙》"弟事未办,我不遑暇",因此俞说并不可取。

② 参见《中国大百科全书·语言文字》"重言"条、"叠字"条,中国大百科全书出版社,1988。

《草虫篇》"亦既见止,亦既觏止。"觏犹见也,此古人复语。(同上)《诗》中"采采"的解释历来分歧,徐灏从"采而又采"说。既然是连续的动作,不是一采,所以要说"采采"。这显然把同一个词的重叠跟义同义近的两个词的重复使用完全当成了一回事,因此不仅他所谓的"重言"跟顾炎武等人的"重言"同名而异实,他所谓的"复语"也跟王氏父子的"复语"大异其趣。

2. 清代学者中,对"古人自有复语"这一条例抉发最深、阐述最详的首推高邮王氏父子。据笔者调查,他们先后在《读书杂志》《经义述闻》及《经传释词》中申说这一条例达二十多次,直接论及的词语有四十多个[①]。例如:

> 《左传·昭公七年》:"叔父陟恪,在我先王之左右,以佐事上帝。"《述闻·春秋左传下》:"恪读为格。《尔雅》曰:'格、陟、登,升也。'是格与陟同义,陟格谓魂升于天也。既言陟而又言格者,古人自有复语耳。"

> 《荀子·宥坐》:"百仞之山,任负车登焉。"《杂志·荀子第八》:"负亦任也。《鲁语》注曰:'任,负荷也。'《楚辞·九章》注曰:'任,负也。'连言任负者,古人自有复语耳。倒言之则曰负任,《齐语》'负任担荷'是也。"

对于这一特殊的语言现象,王氏父子在不同的地方措词或小有差别,如"古人自多复语"、"古人恒有复语"、"古人之文不嫌于复"等,但主旨却始终如一:强调意义相同相近字的"连用""并用"或"连言""合言"。有的条目之下,王氏并未指明是否"复语",但综合考察王氏著述,可以连类而及。例如:

> 《左传·襄公二十五年》:"且人有君而弑之,吾焉得死之? 而焉得亡之? 将庸何归?"《述闻·春秋左传中》:"'将庸何归'者,将何归也。庸亦何也。'何归'之为'庸何归',犹'何伤'之为'庸何伤'、'安知'之为'庸安知'、'讵知'之为'庸讵知'、'孰能'之为'庸孰能'也。解者多训'庸'为用,故义不可通。"

按:《述闻·大戴礼记上》及《释词》卷九谓"庸、孰皆何也","既言庸而又言孰者,古人自有复语耳";《杂志·晏子春秋第二》指"庸可悲乎"中"可读曰何","庸亦何也,古人自有复语耳"。以此类推,"庸安""庸讵""庸孰"无疑也都是他们认定的"复语"。

3. 王氏父子使用相关术语比较严格。他们所论及的"复语"中,没有一个叠字例。不过,他们所谓的"复语"往往跟他们指明的"连语"相互纠缠。

---

① 以下分别简称《杂志》《述闻》及《释词》;见于这三部著作中常常彼此互相引述,所以一般不再区分何为王念孙,何为王引之。

《杂志·汉书第十六》整个为"连语"，强调"凡连语之字，皆上下同义，不可分训。解者望文生义，往往穿凿而失其本指"。该卷列举《汉书》的"连语"23 例，一一分析旧注之失，指斥旧注"皆取同义之字而强为区别，求之愈深，失之愈远，所谓大道以多歧亡羊者也"。《述闻》卷三十二"通说下"立"经传平列二字上下同义"条，一共举出 64 例，说明"古人训诂，不避重复，往往有平列二字上下同义者。解者分为二义，反失其指"。父子的用意乃至措辞都完全一致，"无虑(勿虑)"一例两处重见，足以肯定两者所指是同一语言现象。"古人自有复语"一事，只散见于二人著述，未有专条集中讨论。但是，他们所指明的"复语"，却有"此若、惑蛊、岁年、选具、陕恪"见于 64 例之中。这就使"复语"与平列二字的"连语"更加"粘连"。试比较：

《汉书·严助传》："今闽越王狼戾不仁。"《杂志·汉书第十六》："狼亦戾也。戾，字或作盭。《广雅》曰：'狼、戾，很也。'又曰：'狼、很，盭也。'是狼与戾同义。《燕策》曰：'赵王狼戾无亲。'《淮南·要略》曰：'秦国之俗贪狼。'狼戾、贪狼，皆两字平列，……不可分为二义。"

《左传·襄公八年》："冯陵我城郭。"《述闻·春秋左传中》："冯亦陵也。冯、陵叠韵，不得分为二义。十三年《传》：'君子称其功以加小人，小人伐其技以冯君子。'杜彼注云：'加，陵也。'……《小雅》：'不敢冯河。'毛传云：'冯，陵也。'"

《国语·晋语二》："将以骊姬之惑蛊君而诬国人。"《述闻·国语上》："蛊亦惑也。《左传·庄二十八年》'楚令尹子元欲蛊文夫人'，《宣八年》'晋胥克有蛊疾'，皆谓惑也。《昭元年》……又曰'淫则生内热惑蛊之疾'，《哀二十六年》'大尹惑蛊其君'，是蛊即惑也。古人自多复语，不必分为二义。"

如果用 AB 来标示以上组合，那么 A、B 同义并举，不可分训，实即不可异训，二者的读音还可能存在某种联系，这是以上三类组合的共性，也是这些训诂条例的精义所在。

但是，如果因此以为"王引之的'复语'其实就是王念孙的'连语'，两者是同类性质的词"(见李运富 1990/1991)，则显然有所误解，未必符合王氏父子的原意。例如：

《荀子·宥坐》："乡者赐观于大庙之北堂，吾亦未辍。还复瞻被，九盖皆继，被有说邪？ 匠过绝邪？"《杂志·荀子第八》："继与辍、说、绝韵不相协，继当为𢇍，字之误也。《说文》：'𢇍，古文绝。'正与辍、说、绝为韵。𢇍为古文绝，而此文以𢇍、绝并用者，古人之文不嫌于复。"

《诗·大雅·绵》:"曰止曰时,筑室于兹。"《述闻·毛诗中》"经文叠用曰
字,不当上下异训,二曰字皆语辞。时亦止也,古人自有复语耳。《尔雅》曰:
'爰,曰也。'曰止曰时,犹言爰居爰处。"

此外,如《管子·轻重丁》:"君动言操辞。"《杂志·管子第十二》认为"操当作摇,摇
辞即动言,古人自有复语耳"。"动言摇辞"是由两个述宾短语构成的并列短语,根
本不成其为"词"。《诗·大雅·绵》"迺慰迺止",《江汉》"来旬来宣",《崧高》"其诗
孔硕,其风肆好",马瑞辰《毛诗传笺通释》认为"慰亦止也","来旬为巡视之遍,来宣
为宣布之遍","肆好即极好,犹言孔硕":"皆复语耳"。从历时的角度看,除"居处"
之外,"鼗绝、绝鼗""止时、时止","慰止、止慰"或"旬宣、宣旬"之类后世并没有产
生①。由此可见,"连语"或"平列"二字,A 与 B 总是紧紧相连,"复语"则重在强调
同义近义词的重复使用,A 与 B 可连可不连,两者之间不能划等号。只有直接组
合的"复语"才成为"连语",或者说"连语"包括了这样的"复语"。下文讨论"复语"
兼及"连语",出发点即在于此。

二

1. 掌握"古人自有复语"这一条例,注意识别"复语",对解读古书具有重要意
义。它提醒人们正确地辨析和把握词义,千万不要用常用义去取代罕用义,或用后
起义去取代上古义,避免望文生义。例如:

《国语·齐语》:"狄人攻邢,桓公筑夷仪以封之,男女不淫,牛马选具。"《述
闻·国语上》:"选亦具也,古人自有复语耳。……'牛马选具'者,谓牲畜皆全,
不见掠夺也。《墨子·号令篇》:'所居之吏,上数选具之。'选具犹齐备也,恐其
不全,故选具之也。"

《说文》:"选,遣也。一曰选择也。"后世常用的正是"选择"及其引申诸义,但"选"上
古有整齐义。《诗·齐风·猗嗟》:"舞则选兮,射则贯兮。"毛传:"选,齐。"《荀子·
儒效》:"〔周公〕遂选马而进。"杨注:"选,简择也。"俞樾《诸子平议·荀子一》:"此选
字亦当训齐,……盖戎事齐力之谓,非简择之谓。下文曰'舆固马选矣',谊亦同此,
犹言'我车既攻,我马既同'也。"上引文韦昭注训选为数,王氏批评"数、具连文则不
词";又见《管子·小匡》,尹知章注谓"选择其善者以成具",王氏认为"亦以迂回失

---

① 据《汉语大词典》,元代周伯琦诗有"宣旬",明代冯梦龙文有"旬宣",但显属用典,不能
证明二者即已成"词"。

之"。类似韦昭与尹知章的误解至今仍不难见到,甚至出现在权威的大型辞书中。例如:

> 【问遗】馈赠礼物以表问候。《史记·酷吏列传》:"问遗无所受,请寄无所听。"(《辞海》1999 年版缩印本,页 1046)

> 【遗$_2$问】赠送礼物和问候。唐刘餗《隋唐嘉话》卷下:"群臣上万岁寿,王公戚里进金镜绶带,士庶结承露囊,更相遗问。"宋庞元英《文昌杂录》卷三:"然公卿家尤重此日,莫不镂金刻缯,加饰珠翠,或以金银,穷极工巧,交相遗问焉。"清蒲松龄《聊斋志异·余德》:"异之,归语妻,妻遣婢托遗问以窥其室。"(《汉语大词典》十 1208)

按《广雅·释诂三》:"问,遗也。"《诗·郑风·女曰鸡鸣》:"杂佩以问之。"毛传:"问,遗也。"《左传·成公十六年》:"楚子使工尹襄问之以弓。"杜注:"问,遗也。"孔疏:"遗人以物谓之为问,'问弦多以琴','问子贡以弓',《论语》云'问人于他邦',皆是也。"《汉书·娄敬传》:"陛下以岁时汉所余彼所鲜数问遗,使辩士风谕以礼节。"颜注:"问遗,谓饷馈之也。"《乐府诗集·鼓吹曲辞一·汉铙歌》:"何用问遗君?双珠玳瑁簪,用玉绍缭之。"在"馈赠"的意义上,"问"即"遗","问遗、遗问"义同,无所谓"问候、表问候"。又如:

> 【节束】逐节缠束。《淮南子·齐俗训》:"非不能竭国糜民,虚府殚财,含珠鳞施,纶组节束,追送死也,以为穷民绝业而无益于槁骨腐肉也。"高诱注:"束,缚也。"(《汉语大词典》八 1176)

按照释义,"节"为"束"的状语,那么"纶组"跟"节束"的关系便不好解释。《说文》:"节,竹约也。"段注:"约,缠束也,竹节如缠束之状。……引申为节省、节制、节义字。"《礼记·仲尼燕居》:"乐也者,节也。"孔疏:"节,制也。"节制、管束,意义相成。古时葬礼以"纶"即丝绵裹尸,再以"组"即丝带缠束,谓之"纶组节束"。《墨子·节葬下》作"纶组节约","节、约、束"义并相同,"节束"即"节约"。

2. 孙诒让《札迻·自序》:"秦、汉文籍,谊恉奥博,……骤读之,几不能通其语。复以竹帛梨枣,钞刊娄易,则有三代文字之通假,有秦、汉篆隶之变迁,有魏、晋正草之混淆,有六朝、唐人俗书之流失,有宋、元、明校椠之屡改,逡径百出,多岐亡羊,非覃思精勘,深究本原,未易得其正也。"《述闻》卷三十二"形讹"条汇集众多例证,"经典之字,往往形近而讹,仍之则义不可通,改之则怡然理顺";"古人自有复语"这一条例之下,也为人们阅读古籍时注意发现线索,校正古书文字讹误,破读通假字,从而准确领会古书原意提供了成功的范例。例如:

《墨子·鲁问》:"昔者楚人与越人舟战于江,……越人迎流而进,顺流而退,见利而进,见不利则其退速。越人因此若执,函败楚人。"《杂志·墨子第四》:"执字、函字,皆义不可通。执当为执,执即今势字。'此若势'者,此势也。若亦此也,古人自有复语耳。函当为亟,读'亟称于水'之亟。亟,数也,言越人因此水势,遂数败楚人也。"

这里能否辨识复语"此若",对校正文字至关重要。该复语多次为诸子及其他典籍使用,不明此语,误会文义甚至径改文字的例子屡有发生,如《荀子·儒效》"此若义信乎人矣"讹为"此君"、《墨子·公孟》"儒固无此若四政者"讹为"此各",毕沅改《鲁问》"此若言之谓也"为"若此"等,王氏都一一校正,并旁征博引以相发明。破除假借,读以本字的例子,在"古人自有复语"条下也时有所见,如说《庄子·山木》"侻乎其怠疑"的"怠疑"即"疑殆",论"选、具"同义用《说文》"僎,具也"又"巽,具也","僎、选与巽,古并同声"等。这些范例对解决古书中的同类疑难极富启示。例如:

《史记·孙子吴起列传》:"夫解杂乱纷纠者不控卷,救斗者不搏撠,批亢捣虚,形格势禁,则自为解耳。

司马贞索隐:"解杂乱纷纠者,当善以手解之,不可控卷而击之。卷即拳也。刘氏云'控,综;卷,缩',非也。"又"谓救斗者当善扠解之,无以手助相搏撠,则其怒益炽矣。按:撠,以手撠刺人。"何谓"控卷""搏撠"? 一些有代表性的解释如下[①]:

	"控卷"	"搏撠"
《史记会注考证》	手引拳击	搏击
《辞通》	空拳	搏击
《联绵字典》	综缩也	击刺也
《中文大辞典》	引拳也	击刺也
《辞源》	握拳	——
《史记辞典》	握拳	打击,指参与搏斗
《汉语大词典》	伸出拳头	犹言揪住

诸多解释中,泷川资言考证引中井积德"杂乱纷纠,以乱丝喻之也"与符定一"控卷与搏撠平列"两说最值得重视。细玩文意,"解杂乱纷纠"几句都属类比推理之辞:"不控卷""不搏撠"从反面喻指田忌"欲引兵之赵"之误,"批亢捣虚"则正面说明"引

---

① 泷川资言考证引中井积德曰:"杂乱纷纠,以乱丝喻之也。控,引也。卷,卷同,击也,言治丝宜用爪头针末,徐徐解之,不宜手引拳击也,则益乱耳。撠字从手从戟,盖手刺击物如戟也。"引谈允厚曰:"控拳者,奋臂欲速之意。"引余有丁曰:"撠义当为击,非矛戟之戟也。"《史记辞典》,仓修良主编,山东教育出版社,1991。又《资治通鉴·周显王十六年》引此文,胡三省注:"撠,如《汉书》'撠太后掖'之撠,师古曰:'撠,谓拘持之也。'毛晃曰:'索持曰搏,拘持曰撠。'"

兵疾走大梁,据其街路,冲其方虚",方能"一举解赵之围而收毙于魏"的道理。《说文》:"控,引也。匈奴名引弓控弦。"段注:"引者,开弓也。引申之为凡引远使近之称。"又"卷,收也。"《集韵·阮韵》:"卷,敛也。或从手。"此"卷"不当读 quán,"控"与"卷"二字当平列,指手往不同的方向使劲,犹言"拉""扯"。面对一团乱麻,如果生拉硬扯,只能治丝益棼。《说文》:"搏,索持也。"段注:"古捕盗字作搏,……今则捕行而搏废。"又"㧬,戟持也。"段注:"戟持者,手如戟而持之也。……字本作戟,俗加手旁,非是。谓有所操作,曲其肘如戟而持之也。"是"搏"与"㧬"为复语。犹言紧紧揪住或一把拽住。

　　3. "古人自有复语"这一条例,对于语文辞书的编纂,也自有其重要价值。现今的大型语文辞书几乎都在承袭前代辞书的基础上增补条目或义项、修正释义、补充引例而成,并且往往出于众手,由于没有或来不及对历代重要典籍的语汇进行系统、全面的梳理,因而条目当立未立或同例而此立彼不立,释义彼此抵牾,例证偏晚等屡见不鲜。有关"复语""连语"的处理即其中一端,例如:

　　《史记·田敬仲完世家》:"是日,烹阿大夫,及左右尝誉者皆并烹之。"

　　《后汉书·宋均传》:"今诸国之封,并皆膏腴,风气平调,道路夷近。"

　　《淮南子·人间》:"居一年……牛又复生白犊,其父又复使其子以问先生。"

　　《晋书·傅咸传》:"既妄有加,复又三等超迁。此之熏赫,震动天地,自古以来,封赏未有若此者也。"

　　《国语·吴语》:"越之左军、右军乃遂涉而从之,又大败之于没。"

　　荀悦《前汉纪·宣帝纪二》:"齐俗奢侈,好为末技,不作田种,遂乃躬率以节约。"

《词诠》卷一:"並(竝、并),表数副词,皆也。""复,副词,又也。"卷二:"乃,副词,于是也……用于承接。"《谷梁传·桓公八年》:"遂,继事之辞也。"《说文》:"皆,俱词也。"依照王氏的标准,"皆並(竝、并)、并(竝、并)皆,又复、复又,乃遂、遂乃"都是"复语"或"连语",其中 A、B 不可异训。《史记》中"皆并"4 见,"又复"17 见,"乃遂"35 见,《后汉书》中"并皆"8 见,《汉语大词典》一概不为立目。但是,其第三册却有【复又】条,首引李肇《唐国史补》卷上例;第十册也有【遂乃】条,首引《后汉书·孔融传》例。这种立目的不平衡,例证时代的滞后,无疑都影响到辞书的整体质量和典范性。又如：

> 《史记·秦本纪》："下罢极则以仁义怨望于上。"又《淮阴侯列传》："今韩信
> 兵号数万,其实不过数千,能千里而袭我,亦以罢极。"

按《广雅·释诂一》："罢,劳也。"王念孙疏证："罢与疲同。"又"疲,极也。"《广韵·支韵》："罢,卷也。"《史记·屈原列传》："人穷则反本,劳苦卷极,未尝不呼天也。"《汉书·王褒传》："人极马卷。"《文选·司马相如〈上林赋〉》："穷极卷㜏。"李善注引郭璞曰："穷极卷㜏,疲惫者也。"是"极"有"疲劳、困顿"义,得以跟"穷,罢、疲,倦"等组成"复语"或"连语"①,其中"罢极"《史记》4见,但《汉语大词典》有【倦㜏】【疲极】【穷极】,却无"罢极"条;【疲极】列"穷乏"与"疲劳;非常疲劳"二义,例证分别首引《三国志·吴志·陆凯传》及《法苑珠林》卷十七,时代都晚于《史记》;【穷极】释为"穷尽;极尽","犹追究",漏列"疲惫"义。再如：

> 【奚遽】何遽。《韩非子·五蠹》："今先王之爱民,不过父母之爱子,子未必
> 不乱也,则民奚遽治哉?"(《汉语大词典》二 1546)

《杂志·汉书第九》："遽亦何也,连言何遽者,古人自有复语耳。遽,字或作讵、距、钜、巨,又作渠。……或言何遽,或言奚遽,或言岂遽,或言庸遽,或言寗渠,其义一也。"这个结论全书中曾反复重申。《汉语大词典》【何遽】、【岂遽】、【庸遽】、【寗渠】、等条也释为"如何","怎么"或"难道",唯独【奚遽】分别用文言对释条目二字,令人不解②。

三

1. 殷商时代语言的词汇系统本质上是单音节的,复音化构词法萌芽于商周之际,完备于春秋战国,而汉语词汇复音化的第一个高潮也正出现在这一时期(参见马真 1980/1981,郭锡良 1994,伍宗文 2001)。并列式复音词之所以能够成为先秦汉语复词大潮中最突出的一支,正是由于"复语"、"连语"以及大量双音节的并列短语为其孕育提供了"温床"。

我们调查了先秦十部有代表性的典籍,双音节并列组合的使用情况如下表：

---

① 参见郭在贻《〈古代汉语〉文选部分若干注释的商榷》,《训诂丛稿》第 241 页,上海古籍出版社,1985。

② 刘淇《助字辨略》卷四："遽,遂也。"杨树达《词诠》卷四："遽(二)副词,王引之训为'岂'。按之'何遽''奚遽'之文,'岂'义颇不可通,故今从刘说。"编此条者或即本此而与同组条目的释义失去照应。

	尚书	诗经	论语	左传	墨子	孟子	庄子	荀子	韩非子	吕氏春秋
单音词数	1550	2476	1150	2992	2641	1589	3205	2397	2278	2844
并列短语	143	199	91	648	709	394	650	1117	868	1133
二者%	9	8	8	22	27	25	20	47	38	40

不难看出,随着时代的前进,双音节并列组合跟相关文献单音词数的比例呈递增的趋势。尽管这里所谓的"双音节并列组合"范围广泛,包括了 A、B 之间意义相同相近、相反及相类等各种情况,但是义同义近的并列组合无疑是其中重要的组成部分,因此它们的数量也在不断地增加,这是无可否认的事实。

学者们估计,春秋战国时期汉语的单音词大致已达一万左右,其中意义相同相近者已很丰富,完全能够满足人们表达的需要。但是,人们往往并不满足于仅仅把自己想说的话说出来而已,特别是先秦诸子这样的大师,会时恐"言之无文,行而不远"。所谓"文",不仅要求意思表达得尽可能准确明晰,在语句的组织方面还著意追求节奏分明,韵律和谐,富于气势,铿锵有力。这时,正好一个音步的义同义近的双音节组合就成为取代相应单音词的最佳选择。试比较:

《韩非子·解老》:"则德尽在于民矣。"/"有道之君,外无怨雠于邻敌,而内有德泽于人民。"

《韩非子·八说》:"古人亟于德,中世逐于智,当今争于力。"/《五蠹》:"上古竞于道德,中世逐于智谋,当今争于气力。"

近年来学者们把韵律构词学的理论引入汉语词汇研究,指出双音节是汉语词的基本形态,而双音节的复合词是汉语词汇系统的核心与关键(参见冯胜利 1996、1998,王洪君 2000)。历时考察,双音节复合词主要由双音节短语演变而来,后者是前者最主要的来源。虽然双音节短语未必都能成词,但如果没有大量双音节短语的基础,双音节复合词肯定就无从成批地产生。周秦两汉首先是短语双音化萌动并急速发展的时期,"复语"之类于是应运而出,与时俱增。例如:

《国语·周语上》:"神之见也,不过其物。"/《说苑·辨物》:"鬼神之见也,不失其物。"

《庄子·秋水》:"夫水行不避蛟龙者,渔父之勇也。"/《说苑·善说》:"入深渊,刺蛟龙,抱鼋鼍而出者,此渔夫之勇悍也。"

《荀子·致士》:"川渊深而鱼鳖归之,山林茂而禽兽归之。"/《韩诗外传》卷五:"川渊深广则龙鱼生之,山林茂盛则禽兽归之。"

《杂志·管子第七》:"鬼神对文则异,散文则通。……或曰鬼神,或曰鬼,或曰神,其义一也。"《说文》:"勇,悍也。"又"茂,草木盛儿。"是"鬼神、勇悍、茂盛"并皆"复语"。这样的例子在秦、汉文籍的对比中不胜枚举。

2. "复语""连语"满足了古人言语、行文时表达的需要。王氏父子等人对"古人自有复语"这一条例的抉发和阐释,严格说来仍限于语用层面,不可能去考虑它们是什么性质的语言单位。后来马建忠把这种现象称作名字、静字、动字的"骈列",《马氏文通》列举了一批两字同义、两字对待及其读音有双声叠韵关系的例子(包括王氏父子提及的"奔驰、感慨、狼戾"),也只是觉得它们"较单辞只字,辞气稍觉浑厚"而已。

上个世纪以来,人们开始用现代语言学的理论来研究汉语,逐渐明确汉语建筑材料的各种单位在汉语辞汇中的"身份"。不过,真正对复音词的内部结构进行精细的探索和分析则是近二十多年的事情。许多学术论文以及词汇学、词汇史的专著,大多把"复语""连语"之类归入联合式/并列式复合词,或直呼为同义复词。但是,分歧的意见无论在专书词典或者相关论著中,也时时见到。

《春秋左传词典》在"惑蛊、陟恪,宠灵、冯陵"等条目下直接列义,而另一些结构关系相同的条目则明显"另案处理",例如"庸何:反诘副词连用","若苟:两假设连词并用",其余如"侵伐、尚犹、淹久"等一律注明"同义词连用"。且不说"连用"的二者可能不在同一结构层次上,即使跟"并用"相同,也只是一种语用现象,并未进入词汇层面。"承王了一先生之教写成","收录了《吕览》书中的全部词汇和固定短语"(周祖谟《序》语)的《吕氏春秋词典》体例严谨,"复音词条后标有结构方式",但仔细比较也不难发现其处理联合式复合词的一些抵牾。例如:

《先己》:"不出于门户而天下治者,其惟知反于己身者乎?"

《简选》:"离散系系,可以胜人之行陈整齐。"

《贵生》:"使者还反审之,复来求之,则不得已。"

《侈乐》:"且夫嗜欲无穷,则必有贪鄙悖乱之心,淫佚奸诈之事矣。"

其中的"门户、行陈、还反、淫佚"都以"联合式"复词立目,并分别用上述例句作证;同时,"户、陈、反、佚"之下专项标举其语法功能"构成联合结构"时,同样分别用它们作证。这种矛盾,固然可能由于编纂过程中照应的疏忽,但其背后未必没有深层的原因,即对类似的 AB 性质的把握不定,甚至认识分歧。

王海棻(1991)发现意义相同或相类的两个动词、副词、代词、介词、连词重合交叠起来使用,在六朝及其以后的典籍中,尤其在白话著作中也大量呈现,如"往诣、如似,尽皆、咸共,吾侬、身己,打从、为因、纵虽"等等。它们在语义上犹如叠床架屋,因此称之为"叠架现象",而同义叠架是"单音词双音节化的方式之一"。杨荣祥(2004)专题考察了汉语史上的"副词并用"后,认为它们"只是一种语用现象","仅仅起调节韵律的作用","并用的副词充其量只能看作句法词,不能看作词汇词(合成词)"。虽然它们的意见并非专门针对"复语""连语"而发,但对它们显然适用。与此相反,李运富(1990/1991)则认为"王氏所谓的'连语'或'复语',全都是能够分离为两个语素的,也就是说,是由两个语素复合而成的,即合成词"。

3. 义同义近的两项并列组成的短语历经行用,可能发生融汇和演变:或者二者之间意义的细微差别淡化乃至消失,因而整体意义概括化,例如"施"本指"布德惠","舍"本指"免徭役",而"施舍"则泛指"赐予穷困之人";或者通过隐喻等使语义抽象化,例如"仪、表"的意义原本都是"立木以示人",而"仪表"指"准则;法式;楷模"或"人的容貌、姿态、风度"。有的是其中一个组成成分的意义脱落,例如"死亡"只指"死"。有的则整体语法功能发生了转移,例如"知、识"为动词,"故、旧"为形容词,而"知识、故旧"都用为指人的名词。如果这样,AB便是复音词,这大体已得到学者们一致的认可。

用上述标准来衡量,王氏等人所谓的"复语"有的已经凝固为并列式复词,不过其中既然有并非直接组合者,把它们等同于同义复词至少是以偏概全。但如果像"岁年,此若,数让、言问,齐肃,尚犹"之类,早就直接组合使用而意义或语法性质却没有发生上述变化呢? 仍然放到语用层面看成"连用、并用叠架"等等,似乎并不能令人满意。

视为语用现象的理由无非三个方面(参见杨荣祥2004):一是表义功能上带来的只是语义上的冗余。其实这一点可以跟偏义复词比较,例如"褒贬、窗户"之类,实际表义好比$1+0=1$或$0+1=1$,非A即B真正"冗余",但这并未妨碍后者普遍被视为复词。"复语"或"连语"实际表义好比$1+1=1$,A或B任用其一均可,难指何为"冗余"。二者直接组合,往往彼此制约,如"此若"中"此"限制"若"、"庸何"中"何"限制"庸"等,从而使其整体意义明晰单一。二是句法功能上未增加句法结构的层次。但如《史记·吴王濞列传》"尚何谁拜"《汉书》本传作"尚谁拜"一样,正因为未增加句法结构层次,所以它们一起作了同一个句法成分;又因为A、B总是义同义近,总是处在同一结构层次并且总是直接组合、意义单一,所以它们跟任何短语(包括联合短语)都不相同。三是它们产生于先秦、大量涌现于东汉六朝,但宋代以后却衰落了。可是,任何语言的词汇都在不断地进行新陈代谢,汉语的复音词也不例外。一代人尚在,风行一时的"文斗、武斗、火烧、炮轰"之类即使在当代汉语词汇中也已成陈迹,视"时叙、任负、庸埶"之类为复词,它们也只是汉语词汇"历史的遗存"罢了,何况判定其是否为复词,不能只依据近、现代相沿承用与否为准,而文献语言毕竟不同于历史上真实的口语并且肯定落后于口语呢!

　　赵克勤(1994)提出"对于先秦古籍中的同义复音词的处理要采取从宽的原则,只要它们在古籍中经常出现,而形式比较固定,就应该承认它们是复音词,而不是单音词的临时组合",这一主张比较合理。

参考文献

[1]　董秀芳,《词汇化:汉语双音词的衍生和发展》,四川民族出版社,2002。

[2]　冯胜利,《论汉语的"韵律词"》,《中国社会科学》1996 年第 1 期。
　　　　　《论汉语的"自然音步"》,《中国语文》1998 年第 1 期。

[3]　郭锡良,《先秦汉语构词法的发展》,岳麓书社《第一届国际先秦汉语语法研讨会论文集》又
　　　　　《汉语史论文集》,商务印书馆,1997。

[4]　李运富,《王念孙父子的"连语观"及其训解实践》(上、下),《古汉语研究》1990 年第 4 期,又
　　　　　1991 年第 2 期。

[5]　马　真,《先秦复音词初探》,《北京大学学报》1980 年第 5 期,又 1981 年第 1 期。

[6]　王海棻,《六朝以后汉语叠架现象举例》,《中国语文》1991 年第 5 期。

[7]　王洪君,《汉语的韵律词与韵律短语》,《中国语文》2000 年第 6 期。

[8]　伍宗文,《先秦汉语复音词研究》,巴蜀书社,2001。

[9]　杨荣祥,《论汉语史上的"副词并用"》,《中国语文》2004 年第 4 期。

[10]　赵克勤,《古代汉语词汇学》,商务印书馆,1994。

[11]　杨伯峻等,《春秋左传词典》,中华书局,1985。

[12]　张双棣等,《吕氏春秋词典》,山东教育出版社,1993。

《老子覈诂》和《老子校诂》的互补关系论

福建师范大学 李春晓

摘 要：马叙伦(1885—1970)所著《老子覈诂》(文中简称《覈诂》)1924 年初版,1956 年版则更名为《老子校诂》(文中简称《校诂》),1974 年再版两次,这是《老子》研究不可忽视的重要文献。《校诂》对《覈诂》有所修订,较多的研究者参考了《校诂》,而不少学者依然使用《覈诂》,因此它们的差异值得我们全面比较。《校诂》在《覈诂》的基础上有增有删,《校诂》增补了罗运贤、石田羊一郎、高亨、章太炎《新方言》等,《老子》版本亦有所增加,另外,受政治因素的影响,删去《覈诂》书目中的"胡适校老子"和正文所参考的内容;部分"伦案"内容也被删去,删除原因不明,待考。《覈诂》的有些勘误意见,《校诂》并没有得到体现。所以引用者很有必要同时参考《覈诂》和《校诂》,它们是一种互补关系。

关键词：马叙伦 《老子覈诂》 《老子校诂》

马叙伦(1885—1970)曾在 1939 年夏给蔡元培、朱家骅两位先生的信中提到[①]：

> 伦昔著《庄子义证》、《老子覈诂》,流传海外,颇见引重,然成书在十年以上,更思修补,期臻美备。

1914 年,马氏被聘为北京大学哲学教授,1915 年,他兼任北京大学文学院教授,讲授文字学和宋学。1916 年因抗议袁世凯称帝,辞去北大教授一职,时有"挂冠教授"之称,此后几次进出北京大学[②],主要讲授中国哲学方面的课程。据王博[③]考证:较早是中国哲学和中国哲学史,稍后偏重在老庄哲学和宋明哲学,所开的课程

---

* 承蒙吴金华先生的指导而写成此文,谨致谢忱！[基金资助]中国博士后科学基金(2005038427);福建省社会科学规划青年项目(2007C015);2006 年福建省教育厅第一批 B 类社会科学研究项目(JBS06053)。

① 马叙伦:《我在六十岁以前》,北京:生活·读书·新知三联书店,1983 年 12 月,第 114 页。

② 马氏曾"四入四出北大",详参郑通《书生襟抱》,北京:新世界出版社,2001 年 9 月,第 220—225 页。

③ 《北京大学史料》,第二卷,北京大学出版社,2000 年,第 1124 - 1159 页,转引自王博《〈老子校诂〉述评》,参(胡军)《观澜集》,北京大学出版社,2004 年 4 月,第 19 页。

先后有：(1925—1926 年)"老子哲学、庄子哲学"和"二程哲学、王阳明哲学"，(1935
年)"老庄哲学"和"周程哲学"。马氏与哲学有关的重要著述之一是《老子覈诂》(下
文简称《覈诂》)，北京景山书社 1924 年出版排印本，四卷，附考一卷，《老子(覈定)》
一卷，引用书目一卷，2 册，线装。解放后经作者修订，改名为《老子校诂》(下文简
称《校诂》)，1956 年 7 月，北京古籍出版社出版，所以类似易祖洛《老子古义点校后
记》"马叙伦《老子校诂》，印布于一九二四年"①的说法失之准确。1974 年 7 月中华
书局改正古籍书店版的个别错字②而出版了五册的排印本。1974 年 12 月中华书
局出三册本，比 7 月份的排印本多"出版说明"：

> ……是一部以校勘为主的书……本书引用的数据较为丰富，对读者有一
> 定的参考价值，但是由于作者所使用的方法不是马克思主义的方法，而是清代
> 汉学家的方法，所以其校勘不免失于烦琐，而且在文字考订、训诂和断句上也
> 有一些错误，现在重印这部书，是为了给研究者提供材料，以便用马克思主义
> 观点对《老子》进行研究和批判。

这是文革烈火在《校诂》重印本上留下的枯黑印记，这段话如佛头着粪地刺人眼
目③。我们不应该因为"出版说明"这样不客观的评价而否定《校诂》。20 世纪三四
十年代用马列主义观点和方法的研究不能说是主流，而到五十年代在大陆成了主
流，非主流的研究极少，但是非主流的东西往往因为其学术价值，会在以后的历史
时期中发挥作用④马氏《校诂》的修订本在这一时期再版，它继承传统老学亦校亦
诂的特点决定了它的非主流性，不过它具有其他所谓"主流性"的研究所不可替代
的学术价值。

　　马氏对《老子》的核校除了具有版本校勘的文献价值之外，还有语言学方面特
别是词语训诂的成果，它们为汉语史研究提供相当丰富的资料。在 1973 年马王堆
汉墓帛书《老子》出土以前的五十年间，这是《老子》研究中最有分量的成果之一。
马氏关于校勘问题的某些创见从帛书中找到实证，这就足以说明它确有经得起时
间考验的学术质量，无疑是此后帛书《老子》研究及有关《老子》的一切研究工作中

---

①　杨树达：《老子古义》，上海：上海古籍出版社，1991 年 3 月，第 115 页。
②　比如：《校诂》卷一/131/8"矣"，《覈诂》55b/10 作"兮"，《覈诂》勘误表未列，1956 版的《校
诂》卷一/44 没有更正，到 1976 年出版时则加以改正。
③　吴金华：《略说马叙伦〈老子校诂〉的学术成就与时代局限》(未刊稿)，2006 年 11 月 2 日
讲义。
④　熊铁基、刘韶军、刘筱红、吴琦、刘固盛：《二十世纪中国老学》，福州：福建人民出版社，
2002 年 1 月，第 23 页。

不可忽视的重要文献。在 1993 年新出土的楚简《老子》研究中它更是发挥着不可估量的作用。

在 1956 年《校诂》出版之前,学界所参考的自然是《覈诂》,如高亨①、蒋锡昌②、朱谦之③;但是在《校诂》出来之后,有的学者还是坚持使用《覈诂》,如高亨④、高明⑤、彭浩⑥;有的学者用的是《校诂》,其中有些是 1974 年 12 月出版的《校诂》,如李若晖⑦,而有些则用 1956 年出版的《校诂》,如古棣、周英⑧、王博⑨、廖名春⑩。《校诂》对《覈诂》有所修订,而不少学者依然使用《覈诂》,因此二者的差异值得全面比较。有些学者使用 1956 年版的《校诂》,排列各家说法的时候,有时会把蒋锡昌(1937)置于马氏之前。这从产生时间先后来看,蒋说显然晚马说十三年。

从《覈诂》到《校诂》,基本构架无太大变化,通论部分的内容前后基本一致。全面比较《校诂》和《覈诂》的正文,我们发现《校诂》在《覈诂》的基础上有增有删,《校诂》增补了罗运贤、石田羊一郎、高亨、章太炎《新方言》等,《老子》版本亦有所增补,另外,受政治因素的影响,删去书目中的"胡适校老子"和正文所参考的内容;部分"伦案"内容也被删去,有些删除原因不明,待考。《覈诂》的有些勘误意见,《校诂》并没有得到体现。所以引用者很有必要同时参考《覈诂》和《校诂》,它们是一种互补关系。

兹从"引用书目"、"校诂内容的前后差异"和"关于《覈诂》的勘误问题"三个方面展开讨论:

---

① 高亨:《重订老子正诂》,北京:古籍出版社(根据开明书店 1943 年版重印),1956 年 10 月。

② 蒋锡昌:《老子校诂》,成都:成都古籍书店(根据商务印书馆 1937 年版影印),1988 年 9 月。

③ 朱谦之:《老子校释》,北京:中华书局,1984 年 11 月。朱氏 1955 年 3 月 1 日完成《老子韵例》,1962 年 12 月完成《补注》。

④ 高亨著,华钟彦校:《老子注译》,郑州:河南人民出版社,1980 年 3 月。

⑤ 高明:《帛书老子校注》,北京:中华书局,1996 年 5 月。

⑥ 彭浩:《郭店楚简〈老子〉校读》,武汉:湖北人民出版社,2001 年 3 月。

⑦ 李若晖:《郭店竹书老子论考》,济南:齐鲁书社,2004 年 4 月。

⑧ 古棣,周英:《老子通(上部)老子校诂》,长春:吉林人民出版社,1991 年 8 月。

⑨ 王博:《〈老子校诂〉述评》,刊于(胡军)《观澜集》,北京:北京大学出版社,2004 年 4 月。

⑩ 廖名春:《郭店楚简老子校释》,北京:清华大学出版社,2003 年 6 月;《郭店简〈老子〉校释剩稿》(廖名春),刊于(冯天瑜)《人文论丛(2002 年卷)》,武汉:武汉大学出版社,2003 年 11 月,第 98 - 105 页。

一 引用书目:《老子》新增三种版本,"陶方琦" 更作"陶绍学",删去一种,新增五种

《覈诂》参考书目共 165 种,192 个版本。有时会参考一种书的不同版本,如王弼注本即有 4 种,即武英殿重刊张之象本、杭州小聚珍本、江苏小聚珍本、古佚丛书集唐字本。河上公注本更有 7 种,即易州景龙刻石本、吴云刊广明元年经幢残本、续语堂碑录广明元年经幢残本、刘承干刊道藏道德经义疏本、涵芬楼影宋刊本、世德堂本、日本奈良圣语藏旧抄卷子残本。除《老子》外,马氏参校众本,广泛考辨,资料相当丰富。到《校诂》,引用书目主要有如下变化:

1. 新增《老子》三种版本:

"老子"版本下《覈诂》包括经训堂丛书本、京师(《校诂》改为北京)图书馆藏唐写卷子残本、罗振玉藏唐写卷子残本三种,《校诂》多了"北京图书馆藏唐抄本"、"傅增湘校六朝残卷本"、"元大德磻溪经幢本"三种。

2. "陶方琦"作"陶绍学":

"陶方琦《校老子》(顺德黄氏藏手稿本)"《校诂》改作"陶绍学《校老子》(顺德黄氏藏手稿本)",高明"本书所据校本书目与简称"中在"陶邵学《校老子》(顺德黄氏藏手稿本)"下说明:本书引自马叙伦《老子覈诂》(马氏误谓陶方琦,不确。参见《老子考附录》二)[①]

据此笔者查证,王重民曾就马氏引用书目认为顺德黄氏当即黄晦闻先生,即致书黄先生,求钞其序跋,黄先生复信云:"敝处有陶邵学子政所校《老子》一册,曾为马夷初先生借观,但其所著《老子覈诂》列举陶方琦校本,未知是另一本否?敝所藏本无序跋,此乃子政先生随手校订之本,无意为著述也。"据此疑马氏谬误陶邵学即陶方琦,因未闻陶方琦有校《老子》也。[②]

陶邵学曾著《颐巢类稿》(蒋式芬题书名,宣统辛亥春仲,粤东省城学院前翰元楼刊刷)留世,陶邵学校老子的手稿本今不易得见,称引陶说之处常只能引自马氏之书。

3. 删去"胡适《校老子》(稿本)":

"马其昶《老子故》"下《覈诂》有"胡适《校老子》(稿本)"。受政治因素的影响,《校诂》在引用书目上删去胡适稿本。据《胡适遗稿及秘藏书信》一书第七册,内收

---

① 高明:《帛书老子校注》,北京:中华书局,1996 年 5 月,第 7 页。

② 王重民:《老子考》,北京:中华图书馆协会,1927 年,第 486—487 页。

"胡适写不分章之老子"(稿本上题"民国五年正月")。另第六册影印了胡适《中国哲学史》的部分讲义稿①,在目录上"第三篇 老子"下增"又第三篇 老子","第三篇 老子"是老子的篇章解读的讲义稿,"又第三篇 老子"与今日所常见的《中国哲学史上卷》"第三篇 老子"内容相近。

4. 新增五种书目:

"陆德明《经典释文》(抱经堂丛书本)"前《校诂》增加"石田羊一郎《老子说》(手写本)"和"高亨《老子正诂》(排印本)"两种。严灵峰所辑《无求备斋老子集成续编》第 273 册,石田羊一郎《老子说》昭和十一年文求堂手稿景印本共两卷②。

"《北堂书钞》"前《校诂》增加"《止观辅行记》"。

"章炳麟《国故论衡》(活字本)"前《校诂》增加"文廷式《纯常子枝语》(原刊本)",后增加"章炳麟《新方言》"。

在引用书目上,与《覈诂》相比,《校诂》新增五种,删去一种,共计 169 种。另外《老子》新增 3 种版本。

5. 漏列吴承仕《经籍旧音辨证》和张行孚《说文发疑》:

值得注意的是,与《覈诂》相比,马氏到《校诂》有一处增补吴承仕在《经籍旧音辨证》(1924 年)的说法③,但是"引用书目"未列进来。

《校诂》/483/3(即第 483 页第 3 行,下同。)"朘字是。"下增"吴承仕曰:'朘'与'脽'近。《说文》:'脽,臀也。''尻',脾也。"朘、脽、脾声近义同,皆以后窍之合移称前窍耳。夋声谆部,谆真旁转最近。故《老子》借'全'为'朘'。《宦者传论》'体非全气'李善《注》引此为证,亦以为男子阴。今广州人正谓童子阴为朘,读为春。(陈垣说④)"(《覈诂》201a/5)

吴氏在书中"朘与脽近"前还有如下文字:"《玉篇》字又作'屡',并形声字也。夋声本属谆部,谆对转脂,故音'子垒反',脂旁转歌,故音'子和、子垂反'。"吴氏还提及邹汉勋曾谓"应读如'日削月朘'之朘。朘,缩也;作,起也。"(《读书偶识》卷八)其说未谛。又按:"朘,于和反。""于"亦应作"子",《类篇》"朘"字列"津垂"、"祖回"、"臧戈"三切可证。

---

① 编者按:胡适的《中国哲学史大纲》存稿有三种形式:一是最初的讲义稿,二是修改过的油印稿,三是成书的底稿。第二种与第三种很接近。

② 此据(白云深处人家)"中华传统道家文化资料下载网站"所提供。

③ 吴承仕:《经籍旧音序录 经籍旧音辨证》,北京:中华书局,1986 年 4 月,第 151—152 页。

④ 吴承仕书中小字注明:"广州语据近人新会陈垣说。"

马氏从吴氏之作受启发后也援引邹汉勋的说法,同时还有张行孚的说法,张氏曾著《说文发疑》、《说文审音》和《说文揭原》等,马氏未在书目中列出张氏具体书名,经查证,张氏之说详于《说文发疑》卷五①。

《校诂》/482/7"全矣。"下增"邹汉勋曰:应读如'日削月朘'之朘。朘,缩也;作,起也。张行孚曰:考《广韵》朘训缩朒;《说文》'朔而月东方谓之缩朒。'《尚书大传》作'侧匿'郑注:'侧匿者犹缩缩,行迟也。'是'缩朒'与《尔疋》'逡,退也。'《文选》注引《广雅》'逡巡,退却也。'同义。《老子》盖谓赤子之阴,亦能由缩朒而兴作也,然则朘之正字当作'逡'。《释文》所引《说文》或出演《说文》,或误引他书。"(《覈诂》201a/5)据丁福保②,(胡玉缙)《说文旧音补注》肯定张氏之说"是为定论"。马氏熟悉《说文》,在这样的校诂例中可窥一二。

二 校诂内容的前后差异:有增有删,调整部分字句

修订时,马氏在字句稍作调整,《老子》引文,《覈诂》脱,《校诂》增补,这种情况仅1处,《校诂》卷一/128/4"不争"下增"夫惟不争,故无尤矣"。(《覈诂》54b/3)另外,在遣词造句方面,《校诂》在《覈诂》的基础上有所调整,比如《校诂》卷二/234/2、3:"毕沅曰:河上公作'众人察察',王弼无皆字。""伦案范作'俗人皆察察'。各本及宋河上作'俗人察察'。"《覈诂》97b/5作"范同此"。比如《校诂》卷二/227/10"伦谓泊借为霸。魄廓亦皆借字。"《覈诂》95a/1原作"是也。魄廓泊皆借字。"另外,马氏在对某些字词理解前后变动。如对于"保"字的理解,前后变化如下:《校诂》卷一/135/5"负戴之负本字",《覈诂》57a/10原作"褓裸本字"。

引用书目的变动反映了参考内容的调整,校诂正文即得到相应的变更,除了增补"文廷式曰"和"辅行记"的内容之外,古音音理的解说更为具体,也反映他的音韵学修养不断提高。比如:

《校诂》卷一/154/7"伦案《说文》无埏字,当依王本作挺,而借为抟。"下的"挺从延得声,延音喻纽四等,古读归定;抟音定纽也,挺音审纽三等,抟从专得声,专音照纽三等,同为舌面前音。"原在《覈诂》65a/3仅作"耕元之部古通也。"下面重点从八个方面来谈一谈:

---

① 张行孚:《说文发疑》七卷(根据上海辞书出版社图书馆藏清光绪十年后知不足斋丛书刻本影印),《续修四库全书》(第227册,经部小学类),上海古籍出版社,第657页。

② 丁福保:《说文解字诂林(续编)》,北京:中华书局,1988年4月,第14905页。

1. 新增《老子》版本例：

《校诂》新增 3 种《老子》版本，故在校勘内容也补出这些版本的情况。比如：《校诂》卷一/89/5"吴澄本"下增"大德三年磻溪十方长春道宫经幢本赵孟頫写本及"（《覈诂》38a/2）；《校诂》卷一/97/3"赵吴"下新增"磻溪经幢赵字①本"。（《覈诂》41b/1）《校诂》卷一/98/9"赵吴"下增"赵写"。（《覈诂》41b/10）《校诂》卷一/131/5"赵"前增"二"。（《覈诂》55b/8），"二赵"指赵秉文《道德经集解》和赵孟頫写本，《校诂》在这一条目之后，凡兼有两个赵本的情况者则用"二赵"表示。《校诂》卷一/129/7"一句也"下增"北京图书馆唐写本始所恶"。（《覈诂》55a/1）《校诂》卷四/521/3"成疏"下增"馆本六朝残卷"。（《覈诂》217a/3）《校诂》卷四/521/7"作鲜"。下增"傅增湘校六朝残卷始此"。（《覈诂》217a/5）

何士骥 1934 年至 1935 年在陕西宝鸡县斗鸡台考古期间著成《古本道德经校刊》，其中在磻溪宫的第四殿内发现的元大德磻溪经幢本恰是他的重要发现②。这个本子是在《覈诂》出来之后才被发现，所以二十年代的马氏不得见，只能到《校诂》再增补。

2. "陶方琦"改为"陶绍学"：

如《校诂·序》/8"顺德陶绍学"《覈诂》作"会稽陶方琦"；综观《校诂》全文，"陶方琦"皆改作"陶绍学"，只有卷三/379/10 仍误作"陶方琦"。

注意的是，高明先生虽在引用书目更作"陶邵学校老子"，但是引文过程中有些地方依然参照《覈诂》原文悉录即用"陶方琦"。③ 有些地方作"陶绍学"，如"陶绍学曾谓：'……'（《校老子》）今从帛书本得证陶说正确。"④陈鼓应⑤用"陶邵学"。高亨引用时依然作"陶方琦"⑥。古棣、周英虽所据的是 1956 年古籍出版社的《校诂》，但是称引有时仍作"陶方琦"，有些地方作"陶绍学"⑦。所以出于尊重事实的考虑，很有必要在称引陶说时对马氏的调整情况稍作说明，以免有误。

---

① "字"疑为"写"字之误，指赵孟頫写本。
② 熊铁基：《二十世纪中国老学》，福建人民出版社，2002 年 1 月，第 196 页。
③ 高明：《帛书老子校注》，北京：中华书局，1996 年 5 月，第 225 页。
④ 高明：《帛书老子校注》，北京：中华书局，1996 年 5 月，第 124 页。
⑤ 陈鼓应：《老子注译及评介》，北京：中华书局，1984 年 5 月，第 97 页。
⑥ 高亨著，华钟彦校：《老子注译》，郑州：河南人民出版社，1980 年 3 月，第 106 页。
⑦ 古棣，周英：《老子通（上部）老子校诂》，长春：吉林人民出版社，1991 年 8 月，第 101、111 页。

3. 增补罗运贤例:

《覈诂》原引用书目即有"罗运贤说(顾实《老子解诂》引)",故在部分条目下已经有所称引,如卷二/326"则以悲哀泣之"下(《覈诂》136a/7):"罗运贤曰:'泣'者'涖'之讹。伦案……'泣'字罗说是,本字作'涖'。"后人称引罗说考证楚简往往是参照他的《老子余义》(1928年成都石印本)。

但是到《校诂》增加"罗运贤说"之处不少,主要是根据罗说列出《御览》、《初学记》、《文选》和《治要》等的引《老子》情况,所增补的罗运贤说提供了异文材料。比如:

[例1] 《校诂》卷一/102-104 不见可欲,使民心不乱。(《覈诂》43ab44a)

毕沅曰:河上公本及《淮南子·道应训》引无"民"字。

顾实曰:《史记·自序》集解无"民"字。

罗运贤曰:《蜀志·秦宓传》:"道家法曰'不见所欲,使心不乱。'","可"字作"所",无"民"字。《治要》引亦无"民"字。

马云:臧疏、罗卷……并无"民"字。《蜀志·秦宓传》宓报李权书引道家法曰"不见所欲,使心不乱",盖即此文。又《艺文类聚》七二引庾阐《断酒戒》曰"不见可欲,使心不乱"。《汉书·司马迁传》注引如淳曰"不见可欲,使心不乱",亦本此文,并无"民"字。成疏曰……是王经文正无"民"字。《淮南》及秦书最可据,验义亦不当有"民"字。

今按:马氏《老子覈定文》/643 为"不见可欲,使心不乱"。马氏《覈诂》已有顾实的看法,并在案语中反映罗运贤的版本校勘成果,但没有"罗运贤曰"部分,《校诂》补足,交代出处。

[例2]《校诂》卷三/439-440 圣人常无心,以百姓心为心。(《覈诂》182b)

罗运贤曰:《御览》六二四引"常"作"恒"。(《覈诂》182b/2)

马云:臧疏、馆本、罗卷、易州并无"常"字。

今按:马氏《老子覈定文》/661 作"圣人无心,以百姓心为心。"而帛书乙本与《御览》同作"恒",帛书甲本此句残。作"常"是因避汉文帝讳而改,"恒""常"义同。看来旧书以"无心"属辞。

4. 增补石田羊一郎例:

马氏引用石田羊一郎的说法,较多是在结尾处补上"石田羊一郎从余说"或"石田依余删"等,石田是日本老学研究者,他著作中较多关注《覈诂》,到《校诂》,马氏对石田观点与自己相同的地方作些说明,同时引用石说进一步补证。比如《校诂》卷一/137/6"身退"下增"石田羊一郎曰:下句'载'字,唐玄宗改为'哉',属上句读,当从之。并当依《淮南》引补'也'字。与后文'愚人之心也哉''盗夸也哉''非道也哉'。语法正同。"(《覈诂》58a/10)《校诂》卷一/216/1"同王弼。"下增"……石田羊一郎引桂君五十郎曰此节虽韵叶,于义不串,且文体遽异,恐是校语,非经文也。余疑此十五字为旁记之文。本在'见素'句上,'三'又作'二',传写误入正文,置之此下,'二'又因改为'三'耳。"(《覈诂》91b/6)《校诂》卷二/360/9"示人。"下增"石田羊一郎曰:'是以圣人其不欲见贤邪'句在七十八章,今还于此,文理固完,韵亦叶。"(《覈诂》150ab)《校诂》《老子覈诂文》/655 马氏即在"示人。"下增补此句。

不过有些地方引用石田羊一郎说,只能备一说,比如《校诂》卷一/96/8、97/1"不辞"下新增"石田羊一郎曰:'不治'本作'不为始'。'为'字恐后人所增。'始'与'治'字形相近。传写者误作'始'耳。王弼本'作而不辞','辞'字恐本作'䢃','䢃','治'古文,后人误加辛旁为'辞'。'不辞'当作'不治'也。"(《覈诂》41a/9)《校诂》卷一/97/5"为始"下新增"伦案当依王弼作'万物作焉而不辞','为'为'焉'字之讹,又乙于下也。河上'始'作'辞'是也,'辞'为治乱之治本字,从䢃辛声,'始'借为'辞',犹䢃从辛台声,为辛之转注字。"(《覈诂》41b/2)帛书甲、乙本作"弗始"。

石田羊一郎的有些判断与出土不符,比如:

[例1]《校诂》卷三/420~421 大直若诎,(《覈诂》174b 175a)

孙诒让曰:《韩诗外传》九引亦作"诎",《外传》引"大巧"句在"大辩"句下,下有"其用不屈"四字,以上文"其用不弊""其用不穷"例之。此句当有。

马云:"诎"字,范同此。各本及《淮南·道应训》《后汉书·荀爽传》注引并作"屈"。《说文》曰:"屈,无尾也。""诎,诘诎也。""頔,头頔頔也。""蚏,蛣蚏也。"是诘诎为屈曲之义。古书屈申字亦多用"诎"。又案此下当有"其用不屈"一句,"屈"借为"竭"。石田羊一郎依《韩诗外传》增"大巧若拙,其用不诎。"于此句上。

今按:马氏《老子覈定文》/659 作"大直若诎,其用不竭;大巧若拙,其用不□;大辩若讷,其用不□"。蒋锡昌以为《外传》所引不足为据,盖本章文字,"大成若缺"四句为一段,"大直若屈"三句又为一段;文法不相同,安能强而齐之乎?孙说非是①。帛书甲本作"大直如诎,大巧如拙,大赢如炳"。恰无"其用"句。孙诒让和石田羊一郎依《外传》说,与出土不合。

再如石田以为"以恬愉为上"、"天地相合以降甘露,民莫之令而自均焉"、"君子

---

①　蒋锡昌:《老子校诂》,成都古籍书店(根据商务印书馆 1937 年版影印),1988 年 9 月,第291 页。

居则贵左,用兵则贵右"等句是衍文(参《校诂》卷二/319、332、361),在没有发现比楚简更早的本子之前,他的看法与古本不合。

5. 增补高亨例:

高亨关注目标与马氏不一样,不在于恢复老子文本之旧,而在于阐释老子之义。他继承清儒由训诂通义理的路子,《老子正诂》以"诂"为重,通过字词训释阐明大义,高氏有些地方引用《覈诂》申说,至《校诂》马氏明显称引高说详如下3例:

〔例1〕(行不言之教,万物作而不为始。)《校诂》卷一/97/1 新增"……高亨曰:'为'字后人所加"。(《覈诂》41a/9)

〔例2〕(为而不恃,功成不处,夫惟不处,是以不去。)《校诂》卷一/98/6"弗去。"下新增"高亨曰:'恃'犹'往'也。"(《覈诂》41b/9)

〔例3〕(物壮则老,是谓不道,不道早已。)《校诂》卷二/314/2"作不。"下增"……高亨曰:五十五章亦有此三句,'不道'难通。《素问·上古天真论》王冰注:'所谓物壮则老,谓之天道者。'疑所见本作'是谓天道'。'天'误为'不'耳。然'不道早已'如改作'天道早已',亦难通。或'则'为'贼'误。贼,害也。言物之壮者而贼害物之老者,是谓'不道'。'不道'犹'背道'也,背道早死也。"(《覈诂》131a/8)

6. 新增"章炳麟《新方言》"例:

这种情况仅见1处:《校诂》卷三/388/3增补"章炳麟曰。不谷为仆之合音"。(《覈诂》161a/10)

马氏的这条校诂从版本情况和例证解析都提供了非常有价值的线索,朱谦之《老子校释》除了个别补充之外,大多可见于《校诂》,马、朱二人均依次征引易顺鼎、洪颐煊、徐鼒、章炳麟的说法,马氏概括引文,比较简要,朱氏引文多依原文,较为具体。就引章氏之说的内容比较如下:

《校诂》卷三	章炳麟曰:"不谷"为"仆"之合音。伦案"称"当作"偁"。《说文》曰:"偁,举也。""谷"字,徐说是也。"谷"借为"禄"。《礼记·檀弓》齐谷王姬之丧。齐谷谓齐僖公名禄父,此其例证。《说文》曰:"禄,福也。""福,备也。""不禄"谓"不备",与"孤""寡"义同。古者谓死亦曰"不禄"。彼"禄"则为"谷"借。"不谷",言不复食谷也。后人嫌生死不别,以善释谷矣。章说亦通。
《校释》\159~160	谦之案:孤、寡、不谷,谦辞是也。《吕览·君守篇》"君名孤、寡,而不可障壅",高注:"孤、寡,人君之谦辞也。"……此为方言,犹言仆也。章炳麟曰:"自称曰仆,本是臣仆,亦兼短义。王侯谦以自称不谷,'不谷'即'仆'之合音。《淮南·人间训》注:'不谷,不禄也。'此为望文生训,古人死言不禄,不应以此自称。"说详于《新方言》。

7. 删去胡适例:

马氏曾经参与"新史学"革命,又是《国粹学报》骨干,而且曾任《国故》特别编辑,1920 年,在北京大学工作期间,与新、旧两派人物均有所交往,负责起草《北京大学研究所整理国学计划》①,1921 年发表在《新教育》3 卷 4 期,曾对整理国学的方法分析和归纳,综合了当时在北大新旧阵营的观点,提出具有较强可行性的"计划书"。1923 年 1 月,《国学季刊》正式创刊,胡适撰写了《〈国学季刊〉发刊宣言》一文,胡文对马氏的"计划书"进一步的细化,指出整理的具体方向。所以北京大学的"整理国故"运动是"五四"精神的再进一步发扬,使新旧两股势力在国学整理方面达成共识,也推动了学术的发展。

顾颉刚在 1920 年 12 月 21 日致胡适信中就提到:"《国故丛书》计划,得马、沈、钱诸先生赞同,极快。"而马氏更是积极参与。12 月 23 日,胡适致信顾颉刚说:"《国故丛书》事,昨日马夷初先生来看我,他谈及此事,我详细告诉他,他也很赞成。他允任《老子》与《庄子》二书。"②当胡适告知顾颉刚,马氏自荐校勘《老子》和《庄子》时,他回信说:"夷初先生加入《国故丛书》的组合,担任《老子》、《庄子》二书。他拿这二书教了几年,收得的版本一定很多,在校勘上一定可以出色。我觉得《庄子·内篇》也有靠不住的地方……希望夷初先生也在辨伪上做一点功夫。"③从这些史料我们可以看出,马氏与胡适在二十年代初学术交往密切。马氏有书信云④:

> 适之先生:奈良卷子本河上注《老子·德篇》,伦已尽列其异文于《覈诂》矣。《四十一章》"建德若偷"此卷"偷"作"揄",确是河上本原文未经改易者。范应元《老子集注》亦言河上本作"揄"可证也。<u>至尊意谓王弼本原作"伦"</u>,俞曲园先生亦疑如此;然经文以韵求之,当作"偷",或作"揄",或作"输"皆可(作"输"见范应元引傅奕之古本如此)。正字乃"偷"字也。"偷"与"建"对。"建"从俞先生说,读为"健",证之上下文例颇相应也。伦于《老子》五千文中最要之

---

①　最初(未署名)发表于《北京大学日刊》第 720—721 号,1920 年 10 月 19—20 日。

②　顾颉刚编:《古史辨》第 1 册,上海:上海古籍出版社,1982 年(影印本),第 16 页。

③　顾颉刚编:《古史辨》第 1 册,上海:上海古籍出版社,1982 年(影印本),第 17—18 页。

④　马书影印可参耿云志编:《胡适遗稿及秘藏书信(31)》,合肥:黄山书社,1994 年 12 月,第 592 页。查耿云志,欧阳哲生:《胡适书信集(上、中、下册)》(北京大学出版社,1996 年 9 月)与马氏有关的信件仅见于第 485 页,信件内容事关"吴淞中国公学立案事",未见到胡适复马氏关于老子问题的信,待考。

一字,即"玄"字,却终未得确解。尊见有胜义否? 叔伦十月十七日①

另外,《蘦诂》中原九处标明"胡适曰",到《校诂》,它们均一一删去。胡适例更多是提供不同版本的情况,同时有些意见也是在胡适著作屡次出现。比如:

[例1](太上下知有之。)《校诂》卷一/202/9 在"高注曰:太上之世,下知之人,皆能有此术,则当为'智'。"和"张煦曰:葛'下'作'不'。"之间删去了"胡适曰:日本本'知'上有'不'字。"(《蘦诂》85a/8)

从《胡适写不分章之老子》②到胡适哲学史讲义稿关于"第三篇 老子"③再到《中国哲学史大纲》④胡适都提到日本本的情况,以之为善,并阐释所含的哲理思想。

[例2](以阅众甫。)《校诂》卷二/250/2"梁启超曰:阅同说。"前删去了"胡适曰:王弼注曰:'以无名说万物始也。'释文出释字曰:'一云悦。'似王本'阅'作'说'。"(《蘦诂》104a/6)

《胡适写不分章之老子》⑤对"阅"字按语如下:"适又按王弼注'众甫,物之始也。以无名说万物之始也。'据此则弼以'阅'作'说'解或彼所据本'阅'作'说'也。"后来他又在"阅"字小字注释⑥:"王弼本原作'说'。今刊本作'阅',乃后人所改。"而"释文出释字曰:'一云悦。'似王本'阅'作'说'。"

从上面的对比可以看出,马氏对胡适之说加以概括。如下面两个例子不见于所刊《胡适写不分章之老子》,但出现在胡适的哲学史著作。

[例3](道常,无名,朴虽小,天下莫能臣。)《校诂》/330/4"也字。"下删去了"胡适曰:'道常无名朴'五字为句;常通尚。"(《蘦诂》137b/4)

胡适在"道常"下小字注释⑦:常,尚也。在"无名朴"下小字注释:"五字为句。朴字旧连下读,似乎错了。"

下面有一例,从马、胡著作对照来看,还是保留着胡适校老子的看法。

---

① 原书具体年份缺,笔者以为时间可能是 1924 年,当他写完《蘦诂》之后不久向胡适请教,存疑,需待考证。

② 耿云志编:《胡适遗稿及秘藏书信(7)》,合肥:黄山书社,1994 年 12 月,第 156 页。

③ 耿云志编:《胡适遗稿及秘藏书信(6)》,合肥:黄山书社,1994 年 12 月,第 37 页。

④ 胡适:《中国哲学史大纲(外一种)》,石家庄:河北教育出版社,2001 年 11 月,第 45 页。

⑤ 耿云志编:《胡适遗稿及秘藏书信(7)》,合肥:黄山书社,1994 年 12 月,第 160 页。

⑥ 胡适:《中国哲学史大纲(外一种)》,石家庄:河北教育出版社,2001 年 11 月,第 49 页。

⑦ 胡适:《中国哲学史大纲(外一种)》,石家庄:河北教育出版社,2001 年 11 月,第 50 页。

[例4]：（知止所以不殆。）《校诂》卷二/334/7"王弼注曰：遂任名以号妙①，则失治之母也。是王本作'治'。今作'殆'者，后人妄改也。"前删去了"胡适曰：'知止'当依河上本作'知之'，'殆'当作'治'。"（《覈诂》139b/1）

胡适在"知之所以不治"下注释（依原文标点）②：王弼本所作可，治字各本皆作殆。适按王弼注云："始制官长，不可不立名分以定尊卑，故始制有名也。过此以往，将争锥刀之末，故曰名亦既有，夫亦将知止也。遂任名以号物，则失治之母也。故知止所以不殆也。"细看此注，可见王弼原本作"夫亦将知之，知之所以不治"；若作知止，则注中所引叔向谏子产的话，全无意思。注中又说"任名则失治之母"，可证殆本作治。注末殆字同。后世妄人因下文四十四章有"知止不殆"的话，遂把此章也改成"知止可以不殆"。又乱改王注知之为知止，所以不治为所以不殆，却忘了"失治之母"的治字，可以作证。不但注语全文可作铁证也。

从这段内容可以看出："王弼注曰：遂任名以号妙，则失治之母也。是王本作'治'。今作'殆'者，后人妄改也。"与胡适所校相同。

《校诂》删去《覈诂》胡适例的还有如下5处：

[例1]（常善救物，故物无弃物。）《校诂》卷二/291/7"张煦"前删去了"胡适曰：如晁说去此十六字，文气不接不止十六字。"（《覈诂》121b/8）

[例2]（故善者果而已矣。）《校诂》卷二/310/9"张煦曰：苏者作有。"前删去了"胡适曰：作有者义稍胜。"（《覈诂》130a/1）

今按：马氏《老子覈定文》/653"故善者果而已矣。"正核定为"故善有敢而已。"帛书甲本、乙本和楚简本，均作"善者果而已"王本的"有"字当为"者"字之误。

[例3]（是故甚爱必大费，多藏必厚亡。）《校诂》卷三/417/6"伦案"前删去了"胡适曰：'是故'二字无理。"（《覈诂》173a/9）

今按：《校诂》卷三/417"彭耜曰：程无'是故'二字。毕沅曰：河上无'是故'二字。""伦案奈卷臧疏无'是故'二字。"但在马氏《老子覈定文》/653中仍保留"是故"二字。据帛书甲本，首尾仅有"甚""亡"，没有"是故"二字。胡适"'是故'二字无理"的看法恰恰与帛书的实际相符。

[例4]（夫惟啬，是以早服。）《校诂》卷四/516/9"陆德明作复"和"又释文出'复'字，云音服。是王本原作'早复'也。张煦曰：葛惟作为。"之间删去了"胡适曰：

---

① "妙"当作"物"。

② 胡适：《中国哲学史大纲（外一种）》，石家庄：河北教育出版社，2001年11月，第51页。

謏王弼《注》曰:'早复常也。'又曰:'唯重积德不欲锐速。然复乃能使早服常也。'"(《覼诂》215a/3)

[例 5](美言可以於市尊,言可以加於人。)《校诂》卷四/535/4"张煦"前删去了"胡适曰:行上脱美字,尊人为韵。"(《覼诂》222b/9)

当时马氏与胡适交往较多,称引胡适之说到《覼诂》中来,后来书目上删去"胡适校老子(稿本)",但是在校诂的过程中,虽有 9 处删去"胡适曰",但有时删除不彻底。所以欲全面了解马氏吸收了胡适的哪些说法,需要查阅《覼诂》。马氏在给胡氏信中提到胡适关于"建德若偷"中的"偷"为"伦"以及前面的这五条删除的内容,在手头所见到的胡适著作里未找到出处,待考。

8. 删除部分"伦案"例:

这里需要特别提到的有一处:

[例 1](常有,欲以观其徼。)《校诂》卷一/91/7"则陶说失其依矣。"下《覼诂》39a/1 原有如下文字:"董懋策曰:'常无,空观也;常有,假观也;同谓之玄,中道观也。'此虽以佛法一心三观之说来相较说,寻究本义,殊为剀切。察三观之说,从假入空,观色即空,故显法身;从空入假,观空即色,故显般若。空假平等,谓色空无异,故是'涅盘'。此文'常无以观其杪者'即从空入假,观空即色也。杪者,从本降末,表似有也;此文'常有欲以观其窍者'即从假入空,观色即空也。窍者,收色归空,表真空也。依此而言,妙徼之义可定,有无之句自断矣。"

张纯一走的也是佛学解老的路数。他曾指出老子旧注甚多,非精通佛理者,其注不足观。张氏在书中批评胡适、蒋锡昌、姚鼐、马叙伦、奚侗等注老子各有局限。[①] 张氏在这一条下最后提到:"众妙出于一玄,既出必复入,既入必复出,则有门等于无门,又即不来不去义。此知五千言,即是此士甚深微妙的佛法,此全书之总纲也。"[②]

马氏因"校诂"之特点决定了他主要是从版本校勘和词语训释入手注《老子》,如上面所举《覼诂》以佛释老之处在《校诂》反而删去,这一部分申说大义的成分居多,与马氏校诂时忠实于古本原文的总体风格不相符。是否基于这一理由而删除,还有待于思考。因为马氏援佛释道,马氏在其他地方未尝不用,比如《校诂》卷一/143-145 涤除玄览。能如疵乎?(《覼诂》61ab)下:

---

① 张纯一:《老子通释·自序》,重庆:商务印书馆,1946 年排印本,第 5 页。
② 张纯一:《老子通释》,重庆:商务印书馆,1946 年排印本,第 18 页。

伦案除借为舍。《说文》:"舍,释也。"玄览即首章"常无欲以观其妙常有欲以观其徼。此两者同出而异名同谓之玄"之义。涤除玄览,如佛法所谓所观之境与能观之心双遣也。弼注曰:"玄物之极也。言能涤除邪饰,至于极览,能不以物介其明,疵之其神乎。"辞义不明。纪昀谓疑有脱误,是也。河上公注"涤除玄览"曰:"当洗其心使洁净也。心居玄冥之处,览知万物,故谓之玄览也。"諗二注皆以"涤除"与"玄览"相对为义。则《老子》何为不曰"洗心玄览"耶?

夏春梅《论儒佛注老的老子哲学诠释史观》[①]里面提到丁仲佑引明陶望龄言:"常无,空观也。常有,假观也。同谓之玄,中道观也。玄之又玄,众妙之门,不思议三观也。"夏文未列出所参考的著作名称,笔者在丁福保《老子道德经笺注绪言》的"结论"部分(作于1926年11月)查到这一段话。而董懋策《老子翼评点》[②]即注明"蓝笔评",前文即为"常无,空观也。常有,假观也。同谓之玄,中道观也。玄之又玄,众妙之门,不思议三观也。"马氏引用时无"玄之又玄,众妙之门,不思议三观也"。《老子翼评点总叙》(文末"光绪三十二年岁在柔兆敦牂季夏之月慈溪冯一梅谨识"):"康熙间李师周藏本《老子翼》、《庄子翼》均有蓝笔、朱笔评点,而《老子翼》卷端夹有沈霞西细书纸片谓'是前明董日铸先生手评渔渡董君竟'。吾锐意表彰先达以评语录出付梓。"所以有可能这一处内容是陶望龄书中的内容,而董氏在焦竑《老子翼》随文批注笔记,而后世整理者误以为是董氏的评语。此说到底属于陶望龄还是董懋策,待进一步考证陶氏解老之作。马氏不见陶氏之作而难从董氏丛书的内容,索性删去所引内容以免引起纠纷。此删除的原因存疑。笔者未见陶氏解老之作,手头资料不足,待考。

三　关于《覈诂》的勘误问题

《覈诂》289-290页附有一个勘误表,需要注意如下问题:

1.《覈诂》勘误本身所指页码有误:

《覈诂》勘误本身所指页码有误,此种情况两处:"18页20行 昭四年下脱左字",查核原文,"昭四年"应该在"16页20行"。"240页1行 借(误)当(正)",应该指"241页1行"。

---

① 《第一次儒佛会通学术研讨会论文集》,华梵大学哲学系发行,1997年12月,第28-34页。(参 http://ccbs. ntu. edu. tw/FULLTEXT/JR-AN/90194. htm♯13)

② (会稽)董金鉴辑:《董氏丛书本》,1906年,第1(b)页。

2. 勘而未改例：

《覈诂》勘误，在后来所见的 1974 年 12 月版的《校诂》已经基本更正和补充，但是部分条目仍未改过来。比如《覈诂》"9 页 17 行 二十 十字衍"、"10 页 1 行二十十字衍"、"13 页 5 行 十四 十字衍"。"史记志疑二十七"和"史记志疑二七"，"汉书疏证二十五"和"汉书疏证二五"，"史记志疑二十四"和"史记志疑二四"，这些更正意见《校诂》23 页 1 行、23 页 6 行、31 页 5 行未变动，但并不影响内容。

比如《覈诂》"16 页 20 行"的"昭四年下脱左字"，《校诂》"40 页 5 行"仍未添加"左"字。这些是引用文献的差失。

《覈诂》的勘误表中"53 页 17 行其不其字衍"在《校诂》126 页 4 行中未改过来。此从上下文来讲，"其"字应该删去。

本来没有错误而《覈诂》列入勘误表，《校诂》不从勘误表，因而没有改动，这种情况即如《校诂》卷二/342/3、6 和 344/5"辨"（原勘误表《覈诂》142 页 14 行、16 行和 143 页 13 行"辨"为"辩"），《文选·辨命论》作"辨"而不作"辩"。

《校诂》卷二/343/10《覈诂》勘误："或依三十八章弼注改也十字应正文。"《校诂》未加以调整。（《覈诂》143a）

《校诂》卷二/363/6"张煦"在《覈诂》的勘误表里更为"纪昀"，《校诂》未改。（《覈诂》151b）

3. 欲增补而未增例：

还有部分内容的增补，在《校诂》处并未体现。《覈诂》的勘误表中"61 页 3 行同字下脱'刚柔字当作腝说文曰面和也读若柔后同'十七字"在《校诂》卷一/143/9 并未得到增补。

4. 未勘而改例：

《覈诂》的勘误表没有指明错误，《校诂》却已进行修改。比如《校诂》卷三/385－388"是以王侯自谓孤寡不穀"下的"穀"在《覈诂》（160b161ab）处皆作"榖"。另外，《校诂》卷三/408/9"穀"原亦作"榖"（《覈诂》169b）。"穀"、"榖"均见于《说文》，前者在禾部，后者在木部。差之一笔，词义差别甚大。所以这样的字形订正非常重要。类似的情况比如《校诂》卷二/271－273/"宋兮寠兮。"下"六朝俗书作'宨'"在《覈诂》（113b）作"宨"。

5. 未见勘误例：

没有勘误出来，三种版本均没有改动过来，待再版马氏《老子校诂》，应当注意到一些细微问题，以完成马氏**"更思修补，期臻美备"**的心愿，比如以下三例：

［例1］《校诂》卷二/250－25 吾奚以知众甫之然哉？以此。（《翼诂》104b）

马云：文廷式曰：凡物之曲者必有阙，而此独能以曲为全也，曲盖有阙义，非曲直之曲。

今按：此训诂重在说"曲"字，应是解释下文"曲则全，枉则正。"的内容，似误入于此。

［例2］《校诂》卷二/251－252 曲则全，枉则正。（《翼诂》104b105a）

马云：成疏曰……是成亦作"正"。然"正""直"义同。"直"与"盈""新"亦韵。

今按："直"与"盈""新"亦韵，这里作"直"显然不是马氏原意，盈，耕部，新，真部，此真、耕通韵，而此处不是"直（之部）"与"盈""新"韵，因为另下文卷二/253"少则得，多则惑。"下有"'得''式'为韵，亦与上'全''正''盈''新'韵，后人欲其句法齐偶，妄加'多则惑'一句耳。"故据上下文判断，在马氏看来，当是"正"字与"盈""新"韵。《老子翼定文》/650 作"正"。

［例3］《校诂》卷二/330－332 王侯若能守，万物将自宾。（《翼诂》138ab）

马云："宾"字当作"宀"，《说文》曰："宀，冥合也。"故下文曰："天地相合以降甘露，民莫之令而自均。"读者少见"宀"，增贝成"宾"，与下文"臣"字相对，不悟"自宀"与"自化"相偶也。

今按："下文"应该是"上文"之误。因"天下莫能臣"是"王侯若能守，万物将自宾"的前一句。

三句式的互文

孙雍长

"互文"（互文见义）是古诗文中一种比较常见的修辞表达方式，其形式特点一般都是把一个意思比较复杂的语句有意识地分化成两个形式相同或相近、用词交错有致的语句，使这两个语句的意义内容具有彼此隐含、彼此渗透、相互呼应、相互补充的关系。例如：

①岂人主之子孙则必不善哉？位尊而无功，奉厚而无劳，而挟重器多也。（《战国策·赵策四》）

②战城南，死郭北，野死不葬乌可食。（汉乐府《战城南》）

例①中"位尊而无功，奉厚而无劳"两句是互文，"位尊"与"奉厚"互补，"无功"与"无劳"互补，实际是说"位尊奉厚而无功无劳"。例②"战城南，死郭北"两句是互文，"战"与"死"互补，"城南"与"郭北"互补（暗含东西南北四面八方），实际是说"在城郭外作战而死"。

有些互文似乎是出现在一个句子中，但其表达特点与那些出现在上下两句中的形式是一样的。例如：

③朝歌夜弦，为秦宫人。（杜牧《阿房宫赋》）

④烟笼寒水月笼沙，夜泊秦淮近酒家。（杜牧《泊秦淮》）

例③"朝歌夜弦"四字其实还是两个短句，意思合起来是说早早晚晚都在唱歌弹琴。例④"烟笼寒水月笼沙"七字其实也还是两个短句，意思合起来是说烟雾与月色笼罩着寒凉的江水、沙滩。

一般介绍互文，所举之例不外乎以上两类形式。其实，互文还有三句式的，而且它的产生似乎比二句式的还更早。出土文物西周晚期的虢季子白盘其铭文中有这么三句话：

王赐乘马，是用左王；

赐用弓彤矢，其央；

赐用戉,用政蛮方。

"乘马",四匹马,这里指配有四马的战车。"是",此。"用",以。"左",古"佐"字。"弓彤矢",即彤弓彤矢,指漆成朱红色的弓和箭。"央",形容色泽明丽鲜艳。"戉",古"钺"字,指古代的一种兵器。"政"通"征",征伐。"蛮方",蛮夷之邦。乍一看,这三句话所说的内容似乎各有所属:王赐以四马战车,我们要用它来辅佐君王;还赐以朱红色的弓和箭,它们的颜色是多么鲜艳明亮;还赐以大钺,我们要用它来征伐蛮夷之邦。倘若这样执著地来理解这段铭文,那就犯了"以文害辞"、"以辞害意"的毛病。因为,"是用左王"的不可能只是王赐的"乘马",还应包括王赐的彤弓彤矢和大钺;"其央"也并非仅仅只是描写"弓彤矢",同时也是在描写"乘马"和"钺";"用征蛮方"的也不可能只有大钺就行了,同样也离不开"乘马"和"弓彤矢"。所以,这三句其实是一种"互文"写法,内容包含了一个整体意思:王赐以四马战车、彤弓彤矢和大钺,它们是多么鲜艳明丽啊,我们要用它们来好好辅佐君王,征伐那(作乱的)蛮夷之邦。

虢季子白盘铭文中的这一例互文,可能是现存文献语言中比较早的互文之例了。其特殊之处就在于,它将一个内容较丰富的语句不是化解为两个而是化成了三个意义相互隐含、彼此互补的语句。这种三句式的"互文",在《诗经》中也有所出现,最典型的是:

子之还兮,遭我乎猺之间兮,并驱从两肩兮,揖我谓我儇兮。

子之茂兮,遭我乎猺之道兮,并驱从两牡兮,揖我谓我好兮。

子之昌兮,遭我乎猺之阳兮,并驱从两狼兮,揖我谓我臧兮。《齐风·还》

此诗三章,每章四句,表面上似乎是每章各咏一事,其实与虢季子白盘铭文一样,三章中包含有"互文"写法。三章之中的第二句("遭我乎猺之间兮"、"遭我乎猺之道兮"、"遭我乎猺之阳兮")是互文:首章言"猺之间"("猺",山名),包含了次章的"猺之道"和第三章的"猺之阳"(阳,山南);同样,次章的"猺之道"包含了首章的"猺之间"和第三章的"猺之阳",第三章的"猺之阳"包含了首章的"猺之间"和次章的"猺之道"。三章之中的第三句("并驱从两肩兮"、"并驱从两牡兮"、"并驱从两狼兮")也是互文:首章言"两肩"(兽三岁曰"肩"),包含了次章的"两牡"和第三章的"两狼";同样,次章的"两牡"包含了首章的"两肩"和第三章的"两狼",第三章的"两狼"包含了首章的"两肩"和次章的"两牡"。这首诗在形式上非常具有汉语的民族特色:全诗重章叠咏,各章之首句为"变文同义"(有些学者将"变文同义"也归于"互文",实不妥当,因为"变文同义"主要是词义问题,"互文"主要是表达问题):"还"

（xuán，《韩诗》作"嫙"）、"茂"、"昌"三字变文同义，都是矫健、英俊的意思；第四句也是"变文同义"："儇"（xuān）、"好"、"臧"三字变文同义，都是便捷、美好的意思。各章一、四句为"变文"，二、三句则为"互文"。全诗所咏之事其实很单纯，写两个年轻英健的猎人在猫山打猎相遇，彼此钦佩对方，结伴同猎，互相夸赞：您真矫健英俊啊，与我在猫山之南的道上相遇啊，我们并驾齐驱追赶那两只大公狼啊，告别时夸赞我便捷美好啊。但因运用了富有民族语文特色的"互文"和"变文"手法，反复咏唱，因而感情得到充分表达，韵味无穷。

《诗经》以后，这种三句式的互文便不再见到了。

释甲骨文"知"字
——兼说商代的旧礼与新礼

詹鄞鑫

摘要：甲骨文𤔲及其若干变体都是"知"或"智"字。从大从口从子会意，象征大人对儿童说话，从册表示以简册所载为教育内容。卜辞"兹知"、"即知"与"旧知"相对而言，相当于"新册"与"旧册"的相对。"兹知"、"即知"表示新礼制，"旧知"表示旧礼制。商王或循旧礼，或从时礼，是由占卜来决定的。

关键词：甲骨文 知字 商代 礼制

"知"字的甲骨文形体不仅跟《说文》不同，跟周代古文字也有异。要认识甲骨文，还得先从已经认识的古文字"知"说起。

一

"知""智"两字在上古文献中通用。说两者"通用"，是立足于后来的用法已经分工了："知"表示"知识、知道"，而"智"表示"智慧、明智"。就上古文献而言，这两个字的用法并没有明确分工，应是异体字关系。下文在不需分辨的场合下笼统以"知"字代表。

"知"或"智"的古文字和《说文》篆文有如下一些写法：[1]

𣁳　𣁳　𤔲　𤔲　𤔲　𤔲　𤔲　𤔲　𤔲

甲骨	金文	金文	古币	古币	帛书	汉印	说文知	说文智

与出土古文字比较可知，《说文》"知""智"的篆形及其结构分析是有问题的：

知，《说文》五下矢部："𣁳，词也。从口从矢。"

智，《说文》四上白部："𤔲，识词也。从白从亏从智。"（按这里"白"音"自"，是"自"的异写，不是白色的"白"。）

先看"知"字。《说文》"知"不从"亏"，应是省文。《古文四声韵》"知"的古文诸体均从"亏",如所引《王存乂切韵》作𣉻。据此可知"知"字完整的篆文写法还从"亏"或"于",秦汉实际写法应为𣉻,与"智"的上部正好是相同的。可见,古文字"知""智"的不同,一如隶书和楷书两者的不同,下方加"曰"者为"智",不加者为"知"。

再看"智",它在两周秦汉古文字中常见。如果以秦汉写法为准,其下方大抵从"曰"(或似"甘"),未见从"白"或"自"的写法。所从"亏"则应为"于",有时竖画稍曲而为"亏"。由此可知《说文》篆形已有讹误。

先秦古文字"知"或"智"的写法各有异体。表现在下方的差异是:有的从"口",有的从"甘",有的从"曰"。由于古文字由早期从"口"转化到后来从"甘"或"曰",乃是偏旁演变的常例,例如从"曰"的"沓""曾""曹""鲁""者"等字,其早期写法也都从"口",所以,从"曰"和从"口"的区别可以忽略不论。①

表现在上方的差异大致有如下几种情况:

从矢从口从于。这种写法开启了秦汉写法𣉻的先河。

有的从大而不是从矢。从大为主流写法,年代也相对较早。"大"和"矢"两形非常相似,根据字形时代的早晚,可以相信从"矢"的写法是由从"大"的写法演变而来的。

早期金文写法从"子"而不是"于",换言之上方是圆点而不是横画。实点的"子"和"于"两形酷似,可以相信从"于"的写法是由从"子"的写法演变而来的。

这样,我们可以认定,如果不论下方,早期的写法应如金文"𣉻"所示从"大口子"。

二

下面讨论甲骨文"知"的形体及其异体:

1	2	3	4	5	6	7

上揭诸字未见确释,其中字例 1 和 2 柯昌济"疑为知字古文",[2]字例 3 和 4 鲁实先释为"嗣"字,李孝定以为"其说至确"。[3]按𣉻和𣉻二字构形相似,辞例相同,

---

无疑是同字异体。其上部由"大口子"构成"知"字,下面"加册为繁文",柯氏疑为"知"是合理的。🔥和🔥两形与前者相比字形稍异,仅上部省略"口"而已。字例5、6、7几种写法与前几种写法形体相似或构件相关,其中字例5🔥跟字例4🔥构字元件相同,惟排列方式不同;再省"大"则为字例7🔥。🔥与🔥的字形区别在于下方从"册"从"口"的不同,岛邦男据辞例把两者同列为"嗣"字。[4]按,作为表意的构件符号,"册"和"口"本来就具有相通的一面:"口"表示口说语,而"册"表示书面语。甲骨文有一个从"口"从"册"的字隶定为"晋",即《说文》释为"告也"的"晋"字(楚革切,读如册)。这个字是"册"的加旁分化字,其构形意图很明显:"册"表示书面记载,从"口"表示口读。早期汉字比较注重偏旁的表意个性,如"和"字本义是应和,在字形上有从"口"的"和"与从"龠"的"龢"两种写法,分别突出用口应和与用乐器应和两种情境。🔥与🔥分别从"口"从"册",应出于同样的原理。上揭甲骨文诸体,由于它们在字形上的联系,以及用例的相同相似,综合地看,可以认为它们全是异体字的关系。

在上揭甲骨文诸体中,🔥和🔥形体最完整,其他写法均可看成是省文。下方从册,与从口或从曰同意,这点已由🔥与🔥两字的同辞异体关系而获得证明。上方从"大"从"口"从"子",或从"于",这表明从"子"讹变为从"于"不由周代金文开始,早在甲骨文已然。"子"的头部本来是实心圆点,甲骨文锲刻不便,改圆点为短横,便混同为"于"。同时还证实,晚周"知"字从"矢"的确是由从"大"讹变成的。据此可以确定,上文揭示的甲骨文诸体,就是"知"或"智"字。

再看"知"或"智"的构形意图,这里以最完整的形体🔥作为代表。

上部主体是"大"和"子"。在甲骨文中,作为构字部件的"大"和"子"具有相对的表意功能,"大"代表大人,"子"代表儿童。"大"的古文字形体是正面立人形象,可是为什么它独立成字时表示的意思是"大"而不是"人"?从造字的角度说,语言中"大"这个词是很难为它设计字形的。形体庞大之物,例如大象,作为象形字写在简牍甲骨等载体上,读者就无法从字形上看出是大象还是小象。然而,按照当时的文字构形习惯,大人和儿童的形象则是可以区分的,儿童的形象并不是把"大"写得小点,而是用下肢并拢的"子"这个形象来表示,于是古人就用大人的形象表示"大"这个词义;而作为偏旁,"大"和"子"被用来作为大人和儿童的代表。

明乎此,就可以合理地推测,在"大"和"子"之间添加表意符号"口",意在表示大人对儿童说话的情境,下方从"册"可以理解为说话内容就是简册中所记。这样,可以理解为一个会意字,字形所揭示的意思是:成人按照简册记载的内容来教育儿童,而简册记载的内容是智慧,是知识。构形上还有一种理解:"知"的会意字起初就如金文所示,只由"大口子"三个符号构成,表示大人教给儿童知识;下方的"册"或"口"是后加累增的表意符号,加"册"意在突出简册之意,而加"口"意在突出口说之意,构形虽各有侧重而音义并无区别。结合文献中的用法,可知"知"的本义应是"知识"或"智慧",当然,从表达知识传授的角度看,它也可能包括"知道"、"明白"的意思。

从字形上,可以认为"知"是"智"的省文,或"智"是"知"的加旁字,两者起初没有严格区别,兼有知识义和智慧义,大约到汉代用法分工才逐渐确定,分化为两字。

三

下面讨论"知"或"智"在殷墟卜辞中的用法。先看相关辞例("知"旁标号为上文甲骨文字形表的编号,以便对照原字写法):

1. 辛丑卜,王其又久伐太乙,叀旧知$_3$用十五人。吉。(合 26994)
2. 其求河,叀旧知$_6$用于饮酒。(合 30429)
3. 其求年于河,叀旧知$_7$用。(合 30685)
4. …又,叀旧知$_7$用。(合 30686)
5. 叀旧知$_3$二牢用王受佑。大吉。(合 30687)
6. 其用旧知$_3$廿牛受年。(合 30688)
7. 其用旧知$_3$廿牛受禾。(合 30689)
8. 叀册知$_4$用。(合 30691)
9. 壬子卜其用兹知$_5$。吉。(屯 253)
10. 其即知$_2$于…乡日丁迺酒又…王受有佑。王占曰吉。(合 38289)
11. 乙未卜贞,自武乙乡日衣必史其即知$_1$五牢正王受有佑。(英 2518)

这些卜辞的内容基本上都跟祭祀礼仪相关,例如"又久伐太乙","求年于河","饮酒","酒","乡日衣"等,为免节外生枝,这些祭祀问题本文不予讨论。

"叀"字读音和用法跟"唯"相近,是卜辞常用的语气副词。其基本用法是置于名词性或动词性语词的前面,表示对该名词或动词内容的强调。"叀"常与另一个语气副词"其"相对成文,"叀"表示强调一方,而用"其"就表示与之相对的另一种选择。

从上述卜辞可知,"知"的构词搭配有三种:"旧知","兹知","即知";而且,"兹知"、"即知"是与"旧知"相对而言的。先看"舊"(旧)、"兹"、"即"这三个字的用法。

"旧"的古义常指过去的典章制度。《尚书·武成》:"乃反商政,政由旧。"孔传:"反纣恶政,用商先王善政。"《淮南子·氾论》:"苟周于事,不必循旧。""循旧"就是遵循旧制。在甲骨卜辞中,"兹"、"即"、"新"都是与"旧"相对而言的,表示"当前"。"兹"义为此,近指。"即"义为今,表示当时。试看"兹册"、"新册"与"旧册"相对的卜辞(原文"册"大多还加"示"旁):

12. 叀旧册用王受佑。(合 30678,30684)

13. 叀旧册五牢用王受佑。(屯 2185)

14. 叀旧册三牢用王受佑。(合 30683)

15. 其又于之叀旧册用卅。(合 30684)

16. 叀兹册用。(屯 4554)

17. 叀兹册用燎岸卯一牛。(合 30675)

18. 叀兹册用十人又五王受佑。(合 27023)

19. 叀新册用。(合 34522,34538)

20. 叀新册用。(屯 1090)

卜辞还有"即日"的用语,如:

21. 即日甲酒王受佑。(合 29705)

22. 丁亥卜,其求年于大示,即日此有雨。(屯 2359)

"即日"就是当日。可见"即册""兹册"应该与"新册"同义,而与"旧册"相对。"旧册"既与"兹册"或"新册"相对,则"旧知"与"兹知"、"即知"也必相对。

同时我们还知道,"知"与"册"的用例也相同或非常相似。下面试比较用例:

"知"的用例	"册"的用例
其求年于河,叀旧知用。(合 30685)	其又于之叀旧册用卅。(合 30684)
叀旧知用十五人吉。(合 26994)	叀兹册用十人又五王受佑。(合 27023)
其用旧知廿牛受年。(合 30688)	叀旧册五牢用王受佑。(屯 2185)
其用旧知廿牛受禾。(合 30689)	叀旧册三牢用王受佑。(合 30683)
叀旧知二牢用王受佑。(合 30687)	叀旧册用王受佑。(合 30678,30684)
壬子卜其用兹知。(屯 253)	叀新册用。(合 34522,34538)
其即知五牢正王受有佑。(英 2518)	叀兹册用。(屯 4554)
其即知于…彡日丁酒酒又…王受有佑。(合 38289)	叀兹册用燎羊卯一牛。(合 30675)
	叀新册用。(屯 1090)

联系到"知"字从"册",且上下文例相同或相似,两者的意义应该既相关也相近。

从"知"和"册"用例的比较可知,卜辞中的"知"或"智",指的是简册文献中记载的制度。"知"从"册",透露出"知"的造字本义指典册所记载,主要应指典章制度。后来"知"字用于泛指知识,可以看成是这个意义外延的扩展。

从"新册""旧册"的选择卜辞可知,商代祭礼有新旧两种制度,"旧册"指前代的旧制度,而"新册"、"兹册"则指当时的新制度。"旧知"、"兹知"卜辞进一步印证了两种制度并用的状况。商王或沿用旧制度,或遵循当时制度。这种现象印证了董作宾早年提出的商代礼制有新旧之分的见解。董作宾的见解美籍学者张光直先生曾作介绍:

> 董彦堂继卜辞分期研究之后,又提出新派与旧派的分别的主张,这是研究殷史的人都习知的。他认为自盘庚迁殷到帝辛之亡,二百七十三年之间,殷王室的礼制分为新派(或革新派)与旧派(或保守派)。二派卜辞之异,不但见于历法,而且表现于礼制全部。(原注:《殷礼中的旧派与新派》,《大陆杂志》第 6 卷第 3 期,1953。)[5]

不过,新旧礼制的选择究竟由什么因素来决定,仍是一个尚待考查的问题。张光直认为,新派与旧派政治势力的起伏,是跟殷商王朝君主的更替或两派轮流执政相关的,而且他还大胆地提出殷商王室有十个宗族分成两个大派的假设。[5]我们以为,新旧礼制的选择从卜辞看是由占卜来决定的。我们从卜辞了解殷商礼制有新旧之分,并不意味着我们还认可张光直的上述假设。

参考文献

[1] 古文字诂林编纂委员会编,《古文字诂林》第四册,上海:上海教育出版社,2001。
[2] 古文字诂林编纂委员会编,《古文字诂林》第五册,上海:上海教育出版社,2002。
[3] 李孝定编,《甲骨文字集释》,台北:中央研究院历史语言研究所,1970。
[4] 岛邦男编,《殷虚卜辞综类》,东京:汲古书院,1967。
[5] 张光直著,《中国青铜世代》,北京:生活·读书·新知三联书店,1983。

从出土郼(邯郸)合文现象谈起
——试论文字体制与文字制度

清华大学　赵丽明

摘要：1965 年山西侯马出土的《侯马盟书》，真实记录了韩赵魏三家分晋前夜晋国贵族之间的激烈复杂的矛盾斗争。盟书中郼即是"邯郸"。本文仅从"邯郸"合文谈起，针对甲骨文、金文以来常见的合文现象最终未立足汉字系统，对汉字体制与制度问题加以讨论。以有助于深入谈论六书，考察汉字文化圈的形成。
关键词："邯郸"合文　文字体制　文字制度

一、关于《侯马盟书》与"邯郸"合文郼

　　1965 年山西侯马出土了《侯马盟书》，作为春秋晚期晋国的官方文书，真实地记录了韩赵魏三家分晋前夜晋国贵族之间的激烈复杂的矛盾斗争。被认为是建国以来重大考古发现之一。《侯马盟书》是晋定公十五年至二十三年（前 497～前 489）期间，晋国世卿赵鞅同卿大夫间举行盟誓的约信文书，用毛笔书写在圭形的玉石片上。字一般为朱红色，也有黑色的。

　　从出土的 5000 件整理出可读 656 件盟书。《侯马盟书字表》收录 381 字，异体字 1274 字。其中第 355 页中收录的三个郼即是"邯郸"合文，其编号分别是"一五六：二三"16 例，"一五六：二六"1 例，"一五六：一九"3 例，共 20 例，有时在右下方有通用的重文符号"＝"。同时还有 (子孙)791 例（下图中一片即有 12 例）、 (之所)32 例、"大夫"2 例、"至于"1 例等合文。

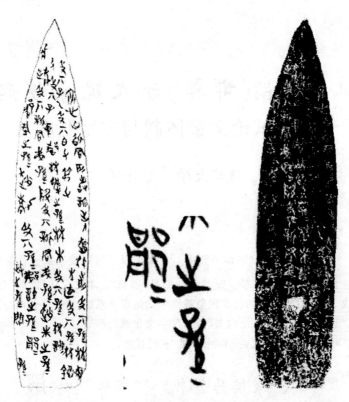

为什么晋国的《侯马盟书》会出现"邯郸"的字眼呢？

春秋末期，晋国大权实际上逐渐被赵、韩、魏、智、范、中行六家所取代，形成异姓大夫专权的局面。六卿相互之间围绕晋国统治大权和土地展开了激烈的明争暗斗，纷纷进行政治改革；其中20多岁的赵鞅最为成功。赵氏的经济势力得到增强，政治威望得到提高。于是赵鞅首先联合韩、魏、智，讨伐主要对手范氏、中行氏。其直接原因便是卫贡事件。

晋定公十三年（前497年），赵鞅想把暂时住在邯郸的卫国进贡的五百户人口迁往晋阳（太原），遭到邯郸同宗大夫赵午父兄的拒绝，赵鞅一怒之下，杀了赵午，于是，赵午的儿子赵稷、臣涉宾"以邯郸叛"。赵午是中行氏（荀寅）之甥，而荀寅又是范氏（士吉射）的姻亲，因而得到范氏、中行氏的支持。秋七月，范氏、中行氏以晋君名义伐赵鞅。赵鞅则利用六卿之间的矛盾，争取韩氏、魏氏、智氏，特别是晋君的支持，结成反对范氏、中行氏的统一战线。

历时八年，最后这场晋国内战以范昭子、中行文子的失败奔齐而告终。"赵氏竟有邯郸、柏人"，"赵名晋卿，实专晋权。"

《侯马盟书》就是晋国这八年内战中，赵鞅多次"寻盟"的文件，要求参加盟誓的人都效忠盟主，一致诛讨敌对势力，不再扩充奴隶、土地、财产，不与敌人来往。《侯马盟书》出土 5000 件之多,据统计参盟人有 152 人之众。其中宗盟类的有 514 件、委质类的 75 件、纳室类 58 件、诅咒类仅 4 件、卜筮类 3 件。所谓委质类内容,即参盟人将自身及其家族性命向盟主做抵押来表其忠诚,自然也包括其家庭占有的全部财产(如劳动人手、土地、财物),也就是用其全族身家性命和物质财富为本钱参与赵鞅集团的斗争。盟书誓约中赵鞅强调同盟者不准私自"纳室",如知道其宗族兄弟有纳室行为不加拘捕或不上缴其"室",就要受神明诛灭的制裁。"室"为经济计量单位,文献或称田、田邑、田里,统指劳动人手、土地、财产之总和,是卿大夫剥削收入所支出,战时就可能化为军队和装备。因此文献多有上层斗争中胜方对败方"纳其室"、"分其室"、"兼其室"的记载。

　　据《周礼·司盟》等记载,古代盟誓时所写的盟书都是一式两份,一份藏在掌管盟书的专门机构,作为存档;一份告于鬼神,埋入地下或沉入河中。侯马盟书便是埋在地下的那一份。

　　《侯马盟书》对之后不久的三家分晋、赵文化形成等历史的重要性毋庸置疑;本文仅就"邯郸"合文谈起,对汉字体制与制度问题加以讨论。将有助于深入谈论六书,以及汉字文化圈的形成。

二、汉字发展史上的合文现象

　　合文,常常是指将双音节词或词组的两个或两个以上的汉字,合并为一个汉字方块单元来书写。甲骨文有二三百个,如,▨(十五)、▨(四十)、▨(五十)、▨(三千)、五十朋(▨)、▨(八月)、▨(十二月)、「上甲(▨)」、「大甲(▨)」、「小甲(▨)」、「祖乙(▨)」、「报丙(▨)」、「祖丁(▨)」,主要为十以上的数字、数词和量词结合的词语,以及商王的先公和先王的庙号,还有常见的名称和习语等。

　　金文也有合文,最典型的是周文王、周武王的专名。清道光(1821—1850)初年出土于陕西省岐山县礼村的著名的西周初年的大盂鼎。在其 19 行 291 字铭文中,有合文 5 字。▨(一人)▨(六百)▨(五十),至于▨(文王)▨(武王)等即成为专名专字。

　　《侯马盟书》则是东周春秋末年的玉石文书代表作,而货币"邯郸"还有更简略的写法①。

---

①　"邯郸"在《盟书》中也有正常的单字双写。货币文中还有 ▨、▨ 等写法。见本文附录。

　　这种合文的书写形式曾经流行过一个相当长的时期,从甲骨到西周金文、直至秦汉简牍,如居延汉简、湖北荆州江陵凤凰山 168 号汉墓竹牍、长沙子弹库楚帛书。后来敦煌文书,乃至 20 世纪末出土的郭店楚简、上博楚竹书几乎都有这种合文的书写形式①。这也是古代汉字的一个特点,是一脉相承的书写习惯。甚至在魏晋以后的佛经抄本中还见到汀(灌顶)、钊(金刚)、価(西佛)、佅汀(传法灌顶)等合字写法。这是日本写经生在抄写佛经典籍记录讲义时,为了速记,便有意减少书写笔画,仅仅写偏旁,将省略后形体又合写而形成的合体字。其简写意图如同将"菩萨""醍醐""琉璃""琵琶"写成"サササ""酉酉""王王""比巴"。还有川(训)、ソ(反)、谷(俗)等。其实中国在北周隋唐的佛经中已有类似简写现象,如"仏"(佛)"艹艹"(菩萨)等②。这种简写也导致了日本片假名的产生③。《字汇补》、《康熙字典》都收有天道、一内火、自家水、自家火等合字。

　　到了近代新文化运动中,仍有人深痛汉字太多而误国,为减少汉字而改造数百个合文字,如大方框中一个书字,即"图书馆"仨字合文。现代汉语中也出现过瓩(千瓦)、浬(海里)、呎(英尺)、竓(立方毫米)、竰(立方厘米)等科技译词。字典中标音为 qiānwǎ,hǎilǐ 等,但现已废除,规定写作"千瓦"、"海里"等。

　　合文现象,或成为合音造字法,如"甭"、"羟"等;或被淘汰,而最终未在汉字体系中立足。这里涉及到文字体制,乃至文字制度问题。这正是本文讨论的问题。

三　文字体制和文字制度

　　文字体制与文字制度不同。

　　文字制度,往往是政权行为,居高临下,利用政治权威强制推行并加以规范,甚至制定法规。使用什么语言、文字,是国家大政方针之一。例如战国时代结束,秦

---

　　①　如由于合字 ⃰ 引起《孔子诗论》还是《卜子诗论》的讨论。后由出土材料陆续公布而有定论。

　　②　见《八琼室金石补正》卷二三北周(557—586)《强独乐文帝庙造像碑》:"愿一切法界众生,早得作仏。"同书卷四三唐《开元寺三门楼题刻二十八段·靳文恪等造经像题名》:"敬造阿弥陀仏,合家供养。"以及《龙龛手鉴》辽释行均编。

　　③　日本在平安时代(794－1192)产生了本民族文字假名字母(平假名、片假名)。片假名产生于传授佛经的寺院,平假名出于宫廷女手。片假名和平假名都是对笔画繁多的汉字在书写上进行简便性的变体改造,作为本民族文字用来专门记录日语。这是汉字传播过程中的第四形态——改创变异(自制某民族文)。公元八世纪至十世纪,东亚、北亚有一系列民族、国家用不同方法变异汉字创制了民族文字。

统一中国，"书同文、车同轨、行同伦"，作为治国政策法规之一。西夏文、八思巴文、女真文等都是立国之际，开国之君授权专人创制"国字"。近现代国家也是用法律规定官方语言"国语"、官方文字"国字"。越南在 1945 年独立后，放弃使用了一两千年的汉字官方文字制度，规定用拉丁字母书写"国语"。

文字体制，则是文字系统内部的结构组织制度，是文字在长期发展演变过程中形成的，即是走过去回头来总结、追认的早已被使用这种文字的全社会认可的习惯、规矩。成为后来在造字、用字时不得不遵循的约定俗成的原则。"六书"即是古人认识汉字体制的伟大学术成果。不是人为规定好了的，而是数千年来历史形成的。作为记录语言的符号，汉字是对汉语的适应；作为文化工具，汉字是对汉文化的适应。因此，文字体制，是约定俗成的，公众认可的传统的语言书写规范。

因此，汉字制度的辐射形成了包括周边民族使用的汉字系统、汉字文化圈。在当今计算机时代，成为与拉丁文字区、斯拉夫文字区、阿拉伯文字区、印度文字区等并列的表意文字区。因此，讨论汉字制度，不仅具有传统的人文学术价值，还有现代科技应用价值。

四　合文字不符合汉字体制

汉字体制，是一字一音节一语素的意音制文字。

首先，汉字的意音制，鲜明地体现在每个汉字的结构上。现代汉字 95％以上是合体字，其中 90％以上的是形声字。汉字在长期发展中形成固定的偏旁构件（意符、音符）。据统计现代通用汉字偏旁，有一千四五百个，这是因为原则上讲，每个汉字都可充当另外一个汉字的偏旁构件，如"人（亻）、水（氵）、手（扌）、心（忄）、衣（衤）"等常作为意符，"巴、可、里、分、非"等常作为音符，而且有些构件又常常既可担当意符又可担当音符，如"马"在"妈、吗、骂"中做音符，标示读音，在"驻、驰、骑"等中又做意符，指示义类。这些偏旁构件原来几乎都是一个单字，只不过在几千年形成的汉字结构中的功能或表意或表音，有的是音符＋音符组合就是所谓的形声字，意符＋意符组合就所谓的会意字，以表意为主的意音字结构的编码方式，在单字总量上的绝对优势决定了汉字的本质属性。

这种意音结构制偏旁体系，可以自行调整因古今方言的语言变异所引起的语言与文字的矛盾，如现在炒菜的"炒"字，汉代写作上取下火"煼"，晋代写作左鬲右刍"䰞"，唐代右火左刍"㸲"。由于古今语言变化，不断调整表音表意偏旁，使其尽量适合实际语言。各地方言字也是如此形成的。这就是六书中的转注造字。

这种结构制度,影响到其他民族在借源汉字造本民族、本地区文字的主要构成手段。如方块壮字用左鱼右巴八表示"鱼",用上天下上表示"上面",左米右早表示"早饭";方块苗字用左鱼右某表示"鱼";用上合下双目表示"瞌睡",上前下面表示"前面"越南字用上世下代表示"代",右亡右失表示"丢失"。可见借用现代汉字的表意表音偏旁构件重新组合,成为汉字系中其他借源文字的常用手段。意音制是已被实践所接受和使用的文字制度。

汉字的偏旁用于字典编排便成为部首,一般多为左、上偏旁。由《说文解字》的540 部减少演变到 2006 年版《新华字典》的 201 部。而偏旁构件还可以再分解为小的部件,如计算机用的"字根",就已经失去表意表音功能成为纯符号部件了[①]。

汉字的意音体制,还体现在一个汉字标记一个音节表达一个词或语素。汉语古代以单音节词为主,后来多音节(主要是双音节)日益增多。但仍以单音节词为基础,即作为一个合成词的义素构成新词。这样汉字的意音制为构成新词提供了极方便的条件。可用有限的汉字(现在颁布的 7000 个通用字)记录数万、数十万的复合词。汉字可不再因新词的不断产生而增加新字,使用汉字的人也无须重新学习。如近年来出现的氛围、反思、模式、心态、电视、激光、手机、台式机等,很容易被理解接受。

由此可见,一字一音节一语素的意音制是汉字的最基本的原则,所以现代汉字被称为语素音节文字。

其次,汉字是笔画式拼形方块制。在外观形体上汉字不同于世界其他文字的以曲线为主的线型可连写文字,而是由以直线为主的笔画组成的方方正正的一个个孤立的文字符号,不能连写,不管笔画多少都占同样大小的方块。构成语言的最小单位是音素,构成音素文字的最小单位是字母。构成汉字的最小形体单位是笔画。隶变以后,特别是楷书的平直方正形成了汉字由点、横、竖、撇、捺、折、钩、提等基本笔画及其变体,共有二三十种,笔画独立起落,不连写,而且书写有一定程序规则,如笔顺行款等。由于汉字是一个方块状符型,并且是一个字一个音节一个词或语素的载体,因此在字序与行序排列上比较灵活。自古是由上至下写字,从右向左走行。现在改为横排,从左向右写字,从上至下走行。汉字这种孤立的整体符型大致相同的方块制一字一义一音节的特点,也衍生出回文诗等文字游戏。

① 现在有的学者把汉字偏旁结构除了意符声符之外又分出一类定符(不表意不表音区别性记号构件)如"鸡、邓、汉、欢、对、叹"中的"又"。

正因为如此,合文造字是一字二音节二个语素,不符合汉字一字一音节一义的文字体制特点,违背了汉字的基本法则和规律,因此,未能立得住、行得通。

五　汉字体制与汉字文化圈

汉字系其他民族也采取了笔画式方块制。如契丹大小字、女真字、西夏文,乃至朝鲜谚文、日本假名等,他们尽管没有直接用汉字偏旁构件(有的是将汉字构件增损变异)来自创民族文字,构件也许不同,但也是由直线性笔画组合成方块整体阵容。有的甚至是笔画式方块拼音文字(如谚文)。

其实,方块是由图画演变而成的表意文字普遍的形体。如古美索不达米亚楔形文字,古埃及圣书字、玛雅文字都是由不规则块型图符趋于方形。汉字由小篆圆转下垂线条固定围成长方形,隶变扁平,楷为方正。方块汉字是线条化、整齐化、匀称化、符号化的演变结果。

汉字是记录汉语语素音节的表意性方块书写符号。秦汉之际成为汉民族的通用文字。两千多年以来,作为交流工具和文化载体,不仅对中华民族的统一,而且对于周边地区和周边民族的语言文字建设及文明发展,也起了重要而深远的影响。

在古代相当长时期内,汉字曾是东亚地区的国际通用文字。汉字不仅作为文化交流工具,作为汉文化载体,活跃于各国之间的朝廷公文、外交往来、文化教育等官方活动中,而且也被周边各国各民族借用标记本民族语言,即汉字日文、汉字朝鲜文等,使用长达数百年上千年,并先后加以改革,使之更适于记录本民族语言。汉字曾是多民族的借源文字。历史上先后有十几个民族借源汉字创造了本民族文字,形成"汉字系文字"大家庭。

"汉字系文字"有 20 余种,其中又有直接借用汉字偏旁重新组合的"汉字式文字"和不直接借用汉字偏旁而仅用笔画组成方块字的"准汉字式文字"之分。"汉字式文字"有日本"和字"/"倭字"、朝鲜"国字"、越南喃字/字喃、方块壮字、方块苗字、方块瑶字、方块侗字、方块白字、方块布依字、方块哈尼字以及一些方言字"粤方言字"等;"准汉字式文字"有日本假名、朝鲜谚文、西夏文、契丹文、女真文、八思巴字、彝文、水书、纳西哥巴文、傈僳文、女书等。汉字式文字与准汉字式文字与汉字传播规律的层次性、离合性以及汉字基本体制的要素项有关。

汉字在传播中大致经历直接照搬(汉字汉文)——假借标注(汉字某民族文)——转注仿制(某族汉字)——改创变异(自制某文)——新"书同文"(一文多语)和通用字符集建设。世界上其他文字系统,如拉丁字母、斯拉夫字母等的传播也大致如此。

在汉字的传播过程中,汉字作为记录语言的符号、社会交际的一种工具,不断地适应、调整,因此就造成了各种变异现象,包括形体变异、语义变异、性质变异、功能变异等。其中既有官方的、宗教的、民间的,也有借用、变体、改制,还有从根本上改变了文字的性质,由表意变成了表音的情况。湖南江永有一种记录当地汉语方言的妇女文字,是假借手段进一步发展的单音节字符表音文字。它和所借源的汉字的体制、性质都不相同。

同时,方块汉字记录的也不仅仅是汉语,汉字还记录了日本、朝鲜、越南及苗、瑶、侗、壮、土等国家、民族语言。汉字不仅对中华民族的形成和发展起了重要的作用,而且对周边地区的文明也产生过重要影响。

参考文献

[1] 《侯马盟书》山西省文物工作委员会编,文物出版社,1976。
[2] 《出土文物二三事》郭沫若,人民出版社,1972。
[3] 《历代古钱图说》丁福保。
[4] 《古文字类编》高明,中华书局,1980。
[5] 《中国古文字通论》高明,北京大学出版社,1996。
[6] 《战国文字通论》何琳仪著,中华书局,1989。
[7] 《甲骨文中重文和合文重复偏旁的省略》裘锡圭,《古文字论集》,中华书局,1992。
[8] 《银雀山汉简文字编》骈宇骞,文物出版社 2001。
[9] 《上海博物馆藏楚竹书(一)》2001 年 12 月。
[10] 简帛研究网。
[11] 《康熙字典》。
[12] 《汉语俗字研究》张涌泉,岳麓书社,1995。
[13] 《试论汉字体制》赵丽明,载《汉字的应用与传播》华语教学出版社,2000。
[14] 《变异性、层次性、离合性、互动性——汉字传播规律初探》,同上。

附　录
"邯郸"各种写法例:

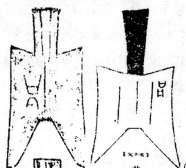

(见《历代古钱图说·周与列国》丁福保)

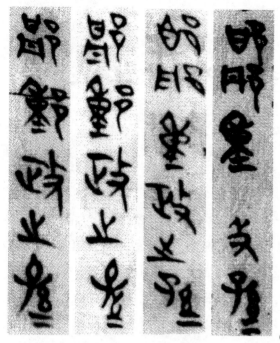

（《侯马盟书》）

《周礼》书名、作者和时代疑案辨析二则

武汉大学　王庆元

　　《周礼》在十三经中是疑案最多的一部典籍。书名由初名《周官》后改名为《周礼》，中间又每每互见错出，以及其他诸多异名之说。学者不经一番审慎考证，一时实难弄清其来龙去脉。至于作者，"周公"说首倡者是西汉刘歆，至东汉郑玄出，此说差不多成为定论。一直到清末，古文经学者大都尊信此说。然而《周礼》从定名时起就遭到今文学家的攻击："时众儒并出，共排以非是"（贾公彦《序周礼废兴》引《马融传》），至郑玄时，又有林孝存（即临硕）、何休等竭力否定："故林孝存以为武帝知其末世渎乱不验之书，故作《十论》、《七难》以排弃之。何休亦以为六国阴谋之书。"到了宋代胡安国、胡宏父子竟"以为是王莽令刘歆撰"（《朱子语类》卷八十六），这就是最早的"刘歆伪造"说。其后继者不绝如缕，有包恢、刘克庄、吴澄、万斯大等，直至季清之康有为撰《新学伪经考》，称"歆欲附成莽业而为此书，其伪群经，乃以证《周官》者。故歆之伪学，此书为首"。由此可知康氏认为刘歆伪造不仅《周礼》一经而已。康氏可称刘歆伪造说的集大成者。《周礼》作者除以上相对立的两说外，还有程颢、朱熹、纪昀的折中调停之说。该说或以为周公作成大纲而未实行；或以为周公作而间有后儒之增窜；或曰"不尽原文"，亦"非依托"。（分别见《朱之语类》、《二程集》、《四库总目提要》）关于《周礼》产生的时代，这是近现代学者争论较多的一个课题，也是仁者见仁，智者见智，众说纷纭，迄无定论。如西周说、春秋说、战国说、周秦之际说、汉初说等等不一而足。

　　总之，不论哪一说，都有言之成理的地方，又有许多疑点不能令人信服，不能尽释读者之疑，也就是说都不是无懈可击的。如何对待，笔者认为唯有信其可信，而阙其疑可也。

　　对待《周礼》疑案问题，经过近现代学者的深入研究，笔者认为必须建立以下几点共识，方有利于学术的推进和发展。

　　一、《周礼》一书，本讲设官分职事，富瞻详博，若考上古官制，实无出其右者。

然该书内容远不止此。其涉及名物、典章、制度之多，真好比一部古代的百科全书。书中关于古代政治、经济、军事、法律、外交、文化教育、科技，直到衣、食、住、行，应有尽有，史料价值可称无与伦比。《周礼》在古代典籍中具有其不可替代的重要地位。

二、《周礼》一书，曾被今文学派诬为刘歆伪造，贬低其珍贵价值，使有的研究者甚至不敢援引其说，这实在是一大冤案。即使《周礼》非周公所作，如有的学者所说出战国人或汉初人之手。然而，如上所言，其书中确实保存了大量先秦、西周时史料。这一点近年现代学者用出土资料已加以证实（见张亚初、刘雨《西周金文官制研究》，1986 年中华书局版）。《西周金文官制研究》作者称《周礼》与西周金文"有如此众多的相似之处……只能证实《周礼》一书在成书时一定是参照了西周的职官实况"，并认为"对《周礼》一书似有重新认识的必要"，"充分利用它帮助我们开辟西周职官研究的新途径"。他们的话有大量事实作依据，因而是可信的。总之，因为各种原因，过去对此书的研究不够，今天应结合先秦文献，以及大量出土的资料，对照进行深入研究，使该书为古代历史文化的研究作出更多的贡献。

三、唐代孔颖达说："《礼》是郑学。"汉代郑玄对《周礼》及其他礼经的解读，对中国礼学的发展起了奠基的作用。郑玄注经，博采众家，择善而从，其《周礼注》实为汉代研究《周礼》的集大成之作。今日要阅读或研究《周礼》，必须研读《周礼注》，这是毫无疑义的。到了清代，清人治经承袭汉学，其训读考释之功，则远逾前代。且清人深于"礼"，研治礼学并以之名家者甚夥，对《周礼》的研治亦然。关于《周礼》的著述既达数十百种之多，质量亦臻上陈。而集《周礼》学之大成者，当推孙诒让氏之《周礼正义》。此书积作者二十余年之功始撰成，乃孙氏毕生精力所萃。不仅引证资料甚为繁富，且考辩详明，穷源尽委，又持论宏通，无门户之见。既远逾汉人，又超迈唐宋旧疏。诚如太炎先生言："古今言《周礼》者，莫能先也。"（见章太炎《孙诒让传》）故今日治《周礼》学，亦应以研读《周礼正义》为首选之书。笔者近日纫读《周礼正义》之余，并稽诸史书志传，撰成读《周礼》札记小文一篇，自知未覃思精研，纰缪不免，兹就教于海内方家，盼为之释疑解惑，则幸甚矣！

一　《周礼》书名疑案辨析

《周礼》之书名疑案重重。读者常会发现，《周礼》一书，时称《周官》，时称《周礼》，时称《周官经》，时称《周官礼》，迄无定名。其何以会如此，学者一时很难弄清。清代孙诒让氏在《周礼正义》中，曾用二万五千余字为《周礼》之命名以及《周礼》传

授源流作了疏解。该文太长,笔者将其大意简括如次:

> 《周礼》一经,在西汉时,原名《周官》。王莽当政时,刘歆奏立博士,始更其
> 名为《周礼》。东汉郑玄为《周礼》作注,始正题《周礼》。然唐人著录,仍有兼采
> 二名者。至其传授崇绪,以唐人贾公彦《序周礼废兴》引《马融传》所言最为综
> 析,且因其去古未远,自较可信。概言之,《周礼》是先秦旧书,汉武帝时河间献
> 王献于朝廷。至汉成帝时,刘向、刘歆父子著于《录略》。至东汉传授渐盛。

关于书名命名之义,孙氏说得最为明白。现摘引数段文字如下,并略加解说:

> "此经,《史记·封禅书》、《汉书·礼乐志》及《河间献王传》,并称《周官》。
> 《艺文志》本于《七略》,则称《周官经》。斯盖西汉旧题。《隋书·经籍志》云:
> '《周官》,盖周公所建官政之法'是也。"

以上说明《周礼》在汉代最早是称为《周官》的,一直到唐朝,也仍有用《周官》名
著录于志书中者。那么是在什么时候改称《周礼》的呢?

> "其曰《周礼》者,荀悦《汉纪·成帝篇》云:'刘歆以《周官经》六篇为周礼,
> 王莽时,歆奏以为礼经,置博士'"。

> "盖歆在汉奏《七略》时,犹仍《周官》故名,至王莽时,奏立博士,始更其名
> 为《周礼》"。

可见,改称《周官》为《周礼》始于刘歆,时间是在王莽当政时。《周礼》此时已设
立了学官。

《周官》的内容是讲设官分职事,即"官政之法",其书名与内容是名实相符的。
好端端的书名何以要改呢? 孙氏又云:

> "《左》文十八年传,季文子曰:'先君周公制周礼曰:则以观德,德以处事,
> 事以度功,功以食民',又闵元年传,齐仲孙湫曰:'鲁犹秉周礼'。昭二年传,晋
> 韩起见《易象》与《鲁春秋》,曰:'周礼尽在鲁矣,'歆盖以《周官》故名与《尚书》
> 混淆(按:《尚书》有《周官》篇),而此经为周公遗典,与《士礼》(笔者按:指《仪
> 礼》)同为正经,因采《左》氏之文,以为题署,义实允当。"

众所周知,《周官》一书虽然是讲周代的官制、官法,但实包括了周代的文物、典
章、制度的全部,即周代整个的礼制,而周代的礼制又为三代以来的顶峰,故孔子亦
盛赞之。孔子云:"周监二代,郁郁乎文哉! 吾从周"(见《史记·孔子世家》)。以此
之故,刘歆便借用《左传》书中"周礼"一词(其"礼"即典章制度的总名)来称《周官》
一书。这样作还避免了《周官》书名与《尚书·周官》篇的雷同混淆。《周官》改名为
《周礼》,反映了刘歆对此书的重视,也是他建议将之立于学官的理由。至于《左传》

称"鲁秉周礼""周礼尽在鲁",是因为春秋时期,西周王朝进入分裂朝代,诸侯国林立,各国典章制度虽大体上仍承袭西周之旧,也有时会因地制宜,有所取舍。唯鲁国因是周公封地,对周礼一直沿用未衰,故称"周礼尽在鲁"。此亦可作《周礼》为周公遗典之旁证。由此看来,刘歆采左氏之文,改《周官》为《周礼》,表面上看,似乎有些名实不符,实质上并无不符。《周礼》作为书名沿用至今,学者们并无异议。

惟近人张舜徽先生却一反传统,在《汉书艺文志通释》和"张舜徽先生文献学讲演录"(1999 年,"历史文献研究"总第 18 辑)中对《周礼》书名另立了新解。张先生在《汉书艺文志通释》中说:

> "自来论及《周礼》者,皆未究此书所以命名之义"。(笔者案:此说不确,已详前引孙诒让氏文)"愚意以为古之以'周'名书者,本有二义:一指周代,一指周备。专言设官分职之书,而名之为《周礼》,亦取周备之义。"

张先生并找出一些旁证说:

> "《汉志》著录之书,多有以'周名'者,儒家有《周政》六篇,《周法》九篇,道家有《周训》十四篇,小说家有《周考》七十六卷……细详诸书立名,盖皆取周备之义。"

然而笔者则以为即使上列诸书以"周"命名,均取"周备"之义,亦不足以证明《周礼》之"周",亦取"周备"义。考张先生所以要持此解之故,是他认为前人发现《周礼》中"彼此矛盾,重复之处甚多,与故书旧籍不合者尤广",(见《汉书艺文志通释》)究其所以然,是因"(该书)自后世误以为言周代事,说者遂多隔阂不可通矣"。(同上)假如按"周备、周普、周全"的意思理解,张先生断言《周礼》"盖六国时人杂采当时各国政制编纂而成,犹后世之官制汇编也"。(同上)张先生又说:"这种解释,对《周礼》中相互矛盾、相互重复的现象就可以理解了。如果说一人所作,为什么相互矛盾的地方很多呢?"(见"张先生文献学讲演录")其实,这种仅为了便于使矛盾、重复处得到解释而求自圆其说,于是另立新解的做法,是不可取的。据说张氏此说一出,赞成者有之,反对者亦有之。张先生之说盖亦一家言也,然究不如孙氏以刘歆采左氏文以为题署之说为允当也。

又及。孙氏上引《左传》书中言及"周礼"多处,除孙氏引的文公十八年,闵公元年,昭公二年外,还有哀公七年等处。今检近人杨伯峻撰《春秋左传注》于文公十八年:"先君周公制《周礼》曰:'则以观德,德以处事,事以度功,功以食民。'"文中之《周礼》,杨先生施以书名号,而书中其余各处出现之"周礼"都不以书名号处理,而只对"周"施以朝代号。杨先生还在注文中称:"《周礼》,据文,当是姬旦(笔者案:即周公)所著书名或篇名,今已亡其书矣。若以《周官》当之,则大误,今之《周官》……或成于战国。"杨先生此注很重要,它反映了杨先生对《周礼》一书的见解如下:(1)杨认为周公作过《周礼》一书,但今已亡佚;(2)《左传》文中出现过周公作的《周礼》书名;(3)左氏文中《周礼》一书,并非现存原名《周官》之《周礼》,现存《周礼》成书较晚,"或成于战国。"笔者以为:杨先生理解甚误。首先《周礼》这一书名,最早是在西汉王莽时才出现,而作《左传》的左丘明,大致是春秋末年人,其著《左传》中怎么可能出现《周礼》书名呢? 其次,即使杨先生认为周公作的《周礼》并非今之《周官》,而是已亡佚的另一部《周礼》。如果确有此部《周礼》,与杨先生认为晚出之《周官》又是什么关系? 事实上根本不可能有此今已亡佚的而又不同于《周官》的《周礼》一书。

　　总之,杨先生将此处"周礼"作书名处理是没有任何根据的。正确的处理办法应该是《左传》书中所有"周礼"之"周"都应是朝代名,而施以朝代名号。十三经清人注疏洪亮吉的《春秋左传诂》中的"周礼"一词的标点和孙诒让《周礼正义》对左氏文中所引"周礼"之"周",均施以朝代号,无疑是妥当的。

二　司马迁与《周官》

　　司马迁言:"(秦)烧天下《诗》《书》,诸侯史记尤甚","史官非秦记皆烧之……天下敢有藏《诗》《书》百家语者,悉诣廷尉杂烧之"(以上见《史记·六国表序》《史记·秦始皇本记》);但到了汉初,惠帝时已废除私家藏书之律,武帝时又广开献书之路。因此,"百年之间,天下遗文古事,靡不毕集"。(《汉书司马迁传》)作为太史的司马迁,当然得以恣意"绌史记石室金匮之书"。(《史记·太史公自序》)今人统计载于《史记》中的司马迁所见书约有一百余种。我们知道司马迁主要生活在汉武帝时期,据唐贾公彦《序周礼废兴》称:"《周官》孝武之时始出,秘而不传。"司马迁是否见到《周官》一书? 如未见到,何以《史记·封禅书》中曾两次称引《周官》? 前文谈到康有为氏,他主张《周礼》系生活于成帝以后的刘歆所伪造,是一部晚出的书,当然司马迁是不可能看到的,于是他便怀疑《史记·封禅书》里所称《周官》也是刘歆作的。康氏说:"《周官》一篇,一部《史记》无之,唯《封禅书》有此二字,其为刘歆窜入何疑焉!"(见康有为《新学伪经考》,1956年版)是否如此呢? 这是必须下一番审慎探考的工夫才可以得出结论的。经细检《封禅书》,实有二处提及《周官》。其一处是:"封禅用希旷绝,莫如其仪礼,而群儒采封禅《尚书》、《周官》、《王制》之望祀射牛事。"另一处则为"《周官》曰,冬日至,祀天于南郊,迎长日之至;夏日至,祭地祇。皆用乐舞,而神乃可得而礼也。天子祭天下名山大川,五狱视三公,四渎视诸侯,诸侯祭其疆内名山大川"。此处不仅有《周官》二字,还征引了《周官》文句。近代学者金建德曾著《司马迁所见书考》一书。对上述问题有论及。金先生书中有"司马迁所见《周官》即今《王制》考"一文,他说:"依我看来,《封禅书》里所有称引的《周官》本来就不是指《周礼》这部书说的。司马迁那时候已有论述官制的书籍,不外乎一篇《王制》而已,它是稍前的汉文帝时候的博士官们所述作。因此,司马迁所指的《周官》,实际上就是这篇《王制》的异称,只有这样解释,才比较妥当",金先生也举出一些有关文句,来证实他的看法。金先生书中还有另一篇"《史记》'《礼》固自孔子时而其经不具'的解释"。在此一文一开始他就引了《史记·儒林列传》的话:"《礼》固自孔子时而其经不具。……于今独有《士礼》,高堂生能言之"一段话,并解释说:"《史记·儒林列传》里'《礼》固自孔子时而其经不具'的话,意思原是说明孔子那时候实际上并没有所谓《礼经》的书。"金氏此文是想说明孔子当时不仅没有《周官》一书,甚至也没有《仪礼》这部书。总之,不论康有为的"窜入说"和金先生的"《周官》即今《王制》说",都是想说明司马迁没有见到《周官》一书。事实果真是如此的吗?首先,笔者以为金先生把"礼固自孔子时其经不具"解释成孔子时没有礼经的书是不确的。陆德明在《经典释文序录》中说:"礼教之设,其源远哉!帝王质文,世有损益。至于周公,代时转浮,周公居摄,曲为之制,故曰:'礼经三百,威仪三千'。及周之衰,诸侯始僭,将逾法度,恶其害己,皆灭去其籍。自孔子时而不具矣。孔子反鲁,乃始删定。值战国交争,秦氏坑焚,惟故《礼经》崩坏为甚。"陆德明"自孔子时而不具矣。孔子反鲁,乃始删定"的话显然是依据上引《史记·儒林列传》以及《史记·孔子世家》"孔子反乎鲁……退而修《诗》、《书》、《礼》、《乐》"的文意。综观上下文,陆文"不具"是"不完备"之义,而不是"没有"的意思。《史记·儒林列传》"不具"的话自然也应作此理解,而不应照金先生那样解释。不论"礼经"如何不完备,以及"至秦焚书,书散亡益多",但都不能说民间即无收藏者了。故诸先秦旧籍因孝武时"开献书之路"复"出于山岩屋壁",是并不奇怪的。不然,《儒林列传》中所称《士礼》和《封禅书》中所称引之《周官》怎么会突然出现于汉武帝之世呢?至于《儒林列传》中司马迁何以说"于今独有《士礼》",这大概是因西汉为今文经时代,《士礼》十七篇是今文经,故得立于学官,独传于世的原因吧!根据班固《汉书》、陆德明《经典释文序录》以及贾公彦《序周礼废兴》所言,司马迁所见到的《周官》应是因秦始皇焚书而被隐藏,至汉"开献书之路"而出于"山岩屋壁","复入于秘府"的先秦古文经典,亦即河间献王从民间所得而献之者。黄侃先生也说:"汉武帝时,河间献王献《左传》

及《古文周官》,此则马(融)所云'出于山岩屋壁,复入秘府'者,即指此献王之本矣。"(《礼学略说》)这部"入于秘府"的《周官》直到汉成帝时,由刘向、刘歆父子校理秘书后,始著于《录》、《略》,到王莽时方得表彰而大显于世,那都是后话了。

然后,我们来认真考查一下《封禅书》关于的《周官》的两段话,看看上文金先生据此论定关于司马迁《封禅书》所提及的《周官》即今《王制》说是否真有道理。

先看"群儒采封禅《尚书》、《周官》、《王制》之望祀射牛事"一句。金建德先生认为此句中"封禅《尚书》",是指《尚书》里所记载的关于封禅制度的事而说。查《封禅书》的确征引了《尚书》中关于"望祀"(望山川)及巡守之事。如下文:

> 《尚书》曰,舜在璇玑玉衡,以齐七政。遂类于上帝,禋于六宗,望山川,遍群神。辑五瑞,择吉月日,见四岳诸牧,还瑞。岁二月,东巡狩,至于岱宗。岱宗,泰山也。柴,望秩于山川。遂觐东后。东后者,诸侯也。合时月正日,同律度量衡,修五礼,五玉三帛二生一死贽。五月,巡狩至南岳。南岳,衡山也。八月,巡狩至西岳。西岳,华山也。十一月,巡狩至北岳。北岳,桓山也。皆如岱宗之礼。中岳,嵩高也。五载一巡狩。

将此文与《尚书·尧典》文比照,发现司马迁除将个别用字和文句略加改动,用字如"肆"改"遂","协"改"合"等,文句将"如岱礼"、"如初"、"如西礼"三句合成一句"皆如岱宗之礼"外,并无明显不同。《封禅书》在这里是直接引用《尚书》文。

对此句中所称说的《周官》,金先生则以为"这里'周官'二字已经不作书名专称,意思是泛指周代官制"。金先生说:"《封禅书》这话的意思就是认为当时的儒者们讲起封禅巡狩的事,是采自《尚书》,而讲起周代官制中关涉到望祀射牛的事情,则采自《王制》。"故金先生把此句标点改成:"群儒采封禅《尚书》周官《王制》之望祀射牛事。"但他又说"惟射牛事《王制》中不可见,恐怕已有亡佚",可见,金先生作此解释因缺乏证据,并不能自圆其说。实际上应别作解释。现代一般学者都将此处《周官》作为书名,则《尚书》、《周官》、《王制》在这里是并列的书名或篇名。如上述《尚书》中已讲了封禅望祀及巡狩之事,那么《王制》篇和《周官》中是否也讲了望祀射牛事呢?

试看《礼记·王制》:"天子五年一巡守。岁二月,东巡守,至于岱宗,柴而望祀山川,觐诸侯,……五月,南巡守,至于南岳,如东巡守之礼。八月,西巡守,至于西岳,如南巡守之礼。十有一月,北巡守,至于北岳,如西巡守之礼。"这段话与《尚书·尧典》的语句相同,其故如上述,大概也是因文帝的博士官撰述《王制》的时候,曾采取过古籍旧文。至于射牛事,指射其牲牛。语出《国语·楚语》:"天子禘郊之事，必自射其牲。"（原注：牲，牛也）查在《周礼》（即《周官》）书中也有二处涉及此事。一是《周礼·夏官·司弓矢》曰："凡祭祀，共射牲之弓矢。"（郑注："射牲，示亲杀也"）一是《周礼·夏官·射人》曰："祭祀，则赞射牲。"此条孙诒让疏即引了《史记·封禅书》此条文字，并云："大祭祀有射牲法。"可知孙氏亦认为《史记》此文中《周官》是书名，而不是指周代官制。金先生将此处"周官"作周代官制来理解，实在是没有根据的。

再看《封禅书》另一处。此处称引了《周官》的文句：

> 《周官》曰："冬日至，祀天于南郊，迎长日之至；夏日至，祭地祇。皆用乐舞，而神乃可得而礼也。天子祭天下名山大川，五狱视三公，四渎视诸侯，诸侯祭其疆内名山大川。"

此段文字共三句，前二句：《周官》曰，"冬日至"起，至"而神乃可得而礼也"。很明显是将《周礼·春官·大司乐》："冬日至，于地上之圜丘奏之，若乐六变，则天神皆降，可得而礼矣。……夏日至，于泽中之方丘奏之，若乐八变，则地祇皆出，可得而礼矣。"一文节缩、约之而成。此在《史记》引文体例中亦常有之。后一句"天子祭天下名山大川，五狱视三公，四渎视诸侯，诸侯祭其疆内名山大川"。倒是与《王制》篇："天子祭天地，诸侯祭社稷，大夫祭五祀，天子祭天下名山大川，五岳视三公，四渎视诸侯，诸侯祭名山大川之在其地者"文字略同。其原因大概仍是由于《王制》撰述时曾采取古籍旧文吧！金先生未加详审，轻意断言"《周官》文句不见于现在的《周礼》，而见于现在的《王制》，这就可以证明司马迁当时所谓《周官》确实是指《王制》"。金先生并因此还得出结论说："司马迁所指的《周官》，实际上应当就是这篇《王制》的异称"，"司马迁当时对于这篇《王制》的称法原是不一样的。有的叫作《王制》，有的叫作《周官》"。这个结论真是太过武断了。

《商君书》疑难词语考释[*]

山东大学威海分校　邵文利　杜丽荣

摘要：《商君书》中有些词语具有特定含义，如"奸民"、"善民"、"良民"；有些词存在与否尚有争议，如"军爵"、"公爵"；有些词语的训释存在歧异，如"越人"、"道明"、"道幽"。本文对此分别进行了考释，认为"奸民"是指能与他人划清界限，不包庇罪犯的百姓；"善民"、"良民"是指无原则地"亲其亲"，不顾法令而相互包庇的百姓。《商君书》本无"军爵"、"公爵"之分，"军爵"、"公爵"之说源于对《境内》篇一段话的误断。"越人"本指远人，非由越国人引申而来。"道明"、"道幽"的"道"均为动词，"道明"就是采取光明公正的措施，"道幽"就是采用不正当的手段。

关键词：《商君书》　疑难词语　考释

　　《商君书》是先秦法家的一部重要文献，是研究战国时代秦国历史的重要史料；它语言质朴，风格独特，又是研究上古汉语的重要语料。《商君书》中有些词语具有特定含义，如"奸民"、"善民"、"良民"等；有些词存在与否尚有争议，如"军爵"、"公爵"等；有些词语的训释存在歧异，如"越人"、"道明"、"道幽"等。现分别予以考释。

一　奸民、善民、良民

　　"善民"、"良民"及"奸民"的个别义位在《商君书》中的使用情况比较特殊。"奸民"在《商君书》中连文出现9次，其中8次为复音词，6次与今义略同，指奸邪、不守法度的民众，这是"奸民"的常用义。全部词例如下：

　　　　《垦令》："无得为罪人请于吏而饷食之，则<u>奸民</u>无主。<u>奸民</u>无主，则为奸不勉，农民不伤，<u>奸民</u>无朴。<u>奸民</u>无朴，则农民不败。农民不败，则草必垦矣。"[①][1]

---

　　　　[*]　本文初稿曾在中国训诂学研究会2004年学术年会(桂林，2004.10)上宣读，有较大增改。

　　　　[①]　本文所引《商君书》原文均只列篇名，所据文本为蒋礼鸿《商君书锥指》，个别处依诸家说校改。引文中下划线和着重号为引者所加，下同。

《兵守》："壮男过壮女之军，则男贵女，而<u>奸民</u>有从谋，而国亡。"[1]（第75页）

《靳令》："国无<u>奸民</u>，则都无奸市。"[1]（第78页）

　　另有两例"奸民"分别与"善民"、"良民"相对，指与他人划清界限，能够监视别人，不包庇罪犯的百姓。这是《商君书》中特有的含义，值得注意。

《去强》："国以善民治者，必乱至削；国以<u>奸民</u>治者，必治至强。"[1]（第30页）

《说民》："用善，则民亲其亲；任奸，则民亲其制。合而复者，善也；别而规者，奸也。章善则过匿，任奸则罪诛。过匿则民胜法，罪诛则法胜民。民胜法，国乱；法胜民，兵强。故曰：以良民治，必乱至削；以<u>奸民</u>治，必治至强。"[1]（第36页）

这里"奸民"、"善民"、"良民"的意义皆与其各自的常用义不同。以"善民"治的结果是"必乱至削"，而以"奸民"治的结果却是"必治至强"，似有悖常理。反复研读全书，方能发现《商君书》本身对此有明确的文中自训："合而复者，善也；别而规者，奸也。""善"正是"善民"之"善"。由此可知这个"善"有两个词义特点：一是"合"，这里的"合"是不论是非，无原则的契合，所以"合"的结果是"民亲其亲"。二是"复"，"复"借为"覆"，①义为覆盖，此指掩盖罪恶，所以"复"的结果是"过匿"，即过错被隐藏起来，"过匿"则导致"民胜法"。了解了"善民"之"善"的两个特点，那么"用善"和"章善"，即"以善民治"的结果是"必乱至削"，便涣然冰释了。"良民"与"善民"为同义词，在《商君书》中均各用 1 次，可见《商君书》中的"善民"、"良民"是指那些只知无原则地"亲其亲"，不顾法令而相互包庇，彼此掩盖罪恶的百姓。"别而规者，奸也。""奸"正是"奸民"之"奸"，可见此处的"奸"也有两个词义特点：一是"别"，"别"与"合"相对，指彼此划清界限，不朋比为奸，所以"别"的结果是"民亲其制"。二是"规"，"规"借为"窥"，②即窥视、监视，此指监视别人，不同流合污，所以"规"的结果是"罪诛"，即罪恶受到惩罚，"罪诛"则"法胜民"，达到完全的法治。因此"以奸民治"则"必治至强"的结论便顺理成章了。可见此处的"奸民"是指那些与他人划清界限，能够监督他人，不为对方包庇隐瞒的百姓。

　　《商君书》中的"奸民"除了上述 8 例复音词外，还有 1 例动宾短语：

《画策》："亡国之俗，贱爵轻禄。不作而食，不战而荣，无爵而尊，无禄而

---

　　① "复"与"覆"并並滂旁组，觉部叠韵，《算地》："刑人复漏，则小人辟淫而不苦刑。"高亨注："复当读为覆。覆，隐藏。"见[2]第70—71页。

　　② "规"与"窥"见溪旁组，支部叠韵，陶鸿庆《读诸子札记·商君书》："规读为窥。……别而窥者，民离则相窥而告奸也。"见[3]第410页。

富，无官而长，此之谓奸民。"[1]

此处"奸民"为动宾短语，"奸"用如使动词，意思是使民众奸邪。高亨先生《商君书注译》[2]、山东大学《商子译注》[4]、张觉先生《商君书全译》[5]都视为偏正短语，直译为奸民，与文意不谐。为便于说明这一"奸民"的用法，现将其出现的语境抄录如下：

> 《画策》："明主不滥富贵其臣。所谓富者，非粟米珠玉也？所谓贵者，非爵位官职也？废法作私，爵禄之，富贵之，滥也。凡人主，德行非上人也，知非出人也，勇力非过人也。然民虽有圣知，弗敢我谋；有勇力，弗敢我杀；虽众，不敢胜其主；虽民至亿万之数，县重赏而民不敢争，行重罚而民不敢怨者，法也。国乱者，民多私义；兵弱者，民多私勇。削国之所以取爵禄者多涂。亡国之俗，贱爵轻禄。不作而食，不战而荣，无爵而尊，无禄而富，无官而长，此之谓奸民。所谓'治主无忠臣，慈父无孝子'，欲无善言，皆以法相司也，命相正也。不能独为非，而莫与人为非。所谓富者，入多而出寡。衣服有制，饮食有节，则出寡矣。女事尽于内，男事尽于外，则入多矣。"[1]

从上下文可清楚地看出，此段文字与全篇宗旨一致，意在说明人主不应随便地"富贵其臣"以使民众奸邪，而是要严格地以"法"制民。同时本篇特别强调了制民之"法"和人主严格执"法"的重要性：

> 《画策》："昔之能制天下者，必先制其民者也；能胜强敌者，必先胜其民者也。故胜民之本在制民，若冶于金、陶于土也。本不坚，则民如飞鸟禽兽，其孰能制之？民本，法也。故善治民者，塞民以法而名地作矣。"[1]

上述内容完全从人主如何以法制民的角度而言，所谓"削国之所以取爵禄者多涂。亡国之俗，贱爵轻禄。不作而食，不战而荣，无爵而尊，无禄而富，无官而长，此之谓奸民"，正是批评那些不明之主不能正确执"法"而治，从而导致民众可以"不作而食，不战而荣……"，这种违背原则的做法只能使民众奸邪。因此，《画策》全篇的结论是：

> 《画策》："圣王者不贵义而贵法。法必明，令必行，则已矣。"[1]

二 军爵、公爵

《商君书》中有无"军爵"、"公爵"，诸家纷说不一。清严万里校本《境内》篇："其役事也随而养之军爵自一级已下至小夫命曰校徒操出公爵自二级已上至不更命曰卒。"[6]（第34页）俞樾《诸子平议》[7]、王时润《商君书斠诠》[8]、高亨《商君书注译》并断军爵、公爵为句，以"军爵"与"公爵"相对；于鬯《香草续校书》[9]、蒋礼鸿《商君书锥指》、山东大学《商子译注》、张觉《商君书全译》《商君书校注》[10]俱以"爵"字单断，认为无

"军爵"、"公爵"之分。现举高、蒋两家为例。高亨先生《商君书注译》将上文句读为：

> "其役事也，随而养之。军爵，自一级已下至小夫，命曰校徒操士。公爵，自二级已上至不更，命曰卒。"①[2]

蒋礼鸿先生《商君书锥指》则句读为：

> "其役事也，随而养之军。爵自一级已下至小夫，命曰校、徒、操、公士；爵自二级已上至不更，命曰卒。"[1]

二位先生对上文理解的关键性差异，是高先生认为《商君书》中有"军爵"、"公爵"，而蒋先生持否定态度。上述分歧涉及史实、校勘、训诂、句读等诸多方面，我们赞同蒋礼鸿等先生的意见，认为《商君书》乃至中国古代不存在所谓"军爵"，并补充理由如下：

其一，《商君书》中再无"军爵"二字。

其二，《商君书》多处涉及爵位问题，亦多次论及"爵"的具体内容，然均无与"军爵"相关的记录，亦未见"军爵"与其他爵位的对立。如：

> 《境内》："故爵公士也，就为上造也。故爵上造，就为簪褭。故爵簪褭，就为不更。故爵不更，就为大夫。爵吏而为县尉，则赐虏六，化五千六百。爵大夫而为国尉，则税邑三百家。故爵大夫，就为官大夫。故爵官大夫，就为公大夫。故爵公大夫，就为公乘。故爵公乘，就为五大夫。故爵五大夫，就为庶长。故庶长，就为左更。故三更也，就为大良造，皆有赐邑三百家，有赐税三百家。爵五大夫，有税邑六百家者就客卿。大将御参皆赐爵三级。故客卿、相，盈论，就正卿。"[1]（第116—118页）

> 《境内》："其狱法：高爵訾下爵级。高爵罢，无给有爵人隶仆。爵自二级以上有刑罪则贬，爵自一级以下有刑罪则已。"[1]

> 《境内》："能得甲首一者，赏爵一级，益田一顷，益宅九亩，除庶子一人，乃得入兵官之吏。"[1]（第119页）

> 《境内》："得三十三首以上，盈论，百将屯长赐爵一级。"[1]

以上多处言爵而俱与"军爵"无涉，当然更无"军爵"与其他爵位的对立。至于《去强》篇"武爵"与"粟爵"对文，亦与"军爵"无关。

> 《去强》："兴兵而伐，武爵武任，则必胜；按兵而农，粟爵粟任，则国富。兵起而胜敌、按兵而国富者王。"[1]

---

① 高亨、蒋礼鸿二先生俱从俞樾《诸子平议》说改"出"为"士"。详下。

这是讲国家在不同时期授官予爵的原则,即战争时期,按人们的军功授官予爵;和平时期,按人们捐献国库粮食的多少授官予爵。虽或农或战情况不同,但其"爵"的内涵当是一致的。

其三,《商君书》文中自训很多,然并无对"军爵"的训释。如:

《后守》:"三军:壮男为一军,壮女为一军,男女之老弱者为一军,此之谓三军也。"[1]

《赏刑》:"所谓壹赏者,利禄官爵抟出于兵,无有异施也。"[1]

《赏刑》:"所谓壹刑者,刑无等级,自卿相、将军以至大夫、庶人,有不从王令、犯国禁、乱上制者,罪死不赦。"[1]

另如壹教、重治、重乱、轻法、轻治、淫道等皆是。这样的文中自训不下数十条,如果"军爵"是商君时代的一种新的爵制,依例亦当加以训释。

其四,汉承秦制,秦代的很多官职爵位都沿用到汉代,《汉书·百官公卿表》详细记载了沿用秦代的各级爵位,然亦无关于"军爵"的记录。如:

《汉书·百官公卿表》:"爵:一级曰公士,二上造,三簪袅,四不更,五大夫,六官大夫,七公大夫,八公乘,九五大夫,十左庶长,十一右庶长,十二左更,十三中更,十四右更,十五少上造,十六大上造,十七驷车庶长,十八大庶长,十九关内侯,二十彻侯。皆秦制,以赏功劳。彻侯金印紫绶,避武帝讳,曰通侯,或曰列侯,改所食国令长名相,又有家丞、门大夫、庶子。"[11]

其五,先秦典籍及其他相关典籍亦未见所谓"军爵"。如:

《韩非子·定法》:"商君之法曰:'斩一首者爵一级,欲为官者为五十石之官;斩二首者爵二级,欲为官者为百石之官。'官爵之迁与斩首之功相称也。"[12](第306页)

《左传·成公十三年》:"五月丁亥,晋师以诸侯之师及秦师战于麻隧。秦师败绩,获秦成差及不更女父。"杜预注:"不更,秦爵。"孔颖达疏:"秦之官爵有此不更之名,知女父是人之名字,不更是官爵之号。《汉书》称商君为法于秦,战,斩一首者,赐爵一级。其爵名:一为公士,二上造,三簪袅,四不更,五大夫,六公大夫,七官大夫,①八公乘,九五大夫,十左庶长,十一右庶长,十二左更,

---

① 按《汉书·百官公卿表》为"六官大夫,七公大夫",与此相反。阮元《十三经注疏》校勘记引浦镗说以为孔疏"公、官字互误"。

十三中更,十四右更,十五少上造,十六大上造,十七驷车庶长,十八大车庶长①,十九关内侯,二十彻侯。商君者,商鞅也,秦孝公之相,封于商,号为商君。案传,此有不更女父,襄十一年有庶长鲍、庶长武,春秋之世已有此名。盖后世以渐增之,商君定为二十,非是商君尽新作也。"[13]

我们对电子版《四部丛刊》、《四库全书》和北京国学时代文化传播有限公司《国学宝典》进行过全文检索,仍没有发现其他关于"军爵"的记录。其中《四库全书》的史、子、集部中"军爵"连文 98 次,然绝大多数"军"、"爵"二字分属上下两句,只有一例为偏正短语,指因军功授予的爵位,也不是复音词。至于《睡虎地秦墓竹简》有"军爵律",是秦律十八种中的一种,但从其内容看,却并无所谓"军爵",也没有与军爵相关的记录。《睡虎地秦墓竹简》整理小组注:"军爵律,关于军功爵的法律规定。"[14]"军功爵"是依战功授予的爵位,即所谓"官爵之迁与斩首之功相称"[12],与自成系统、同"公爵"相对的所谓"军爵"并不相同。李学勤先生在全面分析周秦爵制之后指出:"有人把秦爵制称为'军功爵',这是不准确的,因为秦爵也可以通过其他途径而获得,但就其与军制密不可分而言,也不无道理。"[15]

因此,我们认为秦爵制并无"军爵"之说,"军"当从前句断,作"其役事也,随而养之军"。并且其出现的语境亦可说明此点:

《境内》:"其有爵者乞无爵者以为庶子,级乞一人。其无役事也,其庶子役其大夫,月六日;其役事也,随而养之军。"[1]

"其役事也"与"其无役事也"相对,"其役事也,随而养之军"是指有军事行动时,庶子就跟随其大夫在军中起奉养服务作用。因此若以"军"字属下,句读为"随而养之",其义亦与"随而养之军"同。也就是说,"军"从前句断,丝毫不影响文意。

解决了"军爵"问题,"公爵"问题自然就迎刃而解了。我们认为,"公爵"当涉"军爵"而误断。俞樾《诸子平议》校此段文字曰:"出字疑当作士,古书士出字多互误。"[7]蒋礼鸿先生在俞樾校勘基础上云:"出公者即公士之讹倒。"甚是。按"公士"又见于前引《商君书·境内》篇、《汉书·百官公卿表》、《左传·成公十三年》孔颖达疏等,其为秦爵之一级无疑。

又,《商君书》数言"爵自一级……"、"爵自二级……",如《境内》篇即有"爵自二级以上有刑罪则贬,爵自一级以下有刑罪则已"、"爵自二级已上至不更……"等(参

上），然从未见"军爵自一级……"、"公爵自一级……"之说，此亦可证无所谓"军爵"、"公爵"之别。高亨先生认为"公爵"与"军爵"相对，注曰："公爵，对军爵而言，如行政官吏的爵位与不任官职的人的爵位等是，只有军爵不在其内。"[2] 又曰："公爵第二、三、四级编入军队，都是一般士兵，所以称为卒。"[2] 恐非。

综上，我们认为蒋礼鸿等先生关于"军爵"、"公爵"的判断及此段文字的句读是正确的。蒋先生《商君书锥指》曰："礼鸿案：《汉书·百官公卿表》，爵一级曰公士，二上造，至二十彻侯，皆秦制。总称曰爵，未有军爵、公爵之分。且一级以下明包公士在内，二级已上明包上造在内，岂有割二十级之一别称军爵者？今谓军字公字皆当属上，出公者即公士之讹倒。"[1] 堪称不易之论。至于《汉语大词典》设"军爵"条目[16]（第1214页），且于"公爵"条目下列"朝廷的爵位"义项，并举《商君书·境内》篇为证；[17]（第79页）《先秦要籍词典·商君书词典》设"公爵"条目，释为"国家的行政爵位，不包括军爵"，[18]（第325页）亦皆非是。

三　越人

《修权》："故尧、舜之位天下也，非私天下之利也，为天下位天下也；论贤举能而传焉，非疏父子亲越人也，明于治乱之道也。"[1]

对于"越人"的训释，诸家说法不一。或以为"越人"即远人，如高亨先生《商君书注译》："越人，疏远的人。"[2] 山东大学《商子译注》："越，远。"[4] 又译"越人"为"远人"。或以为越人本指越国人，后比喻远人、关系疏远的人。如章诗同注《商君书》："越人，比喻远人，因为越国距离秦国很远。"[19] 张觉《商君书全译》、《商君书校注》："越人：越国人不但习俗与中原不同而被中原各国视为异族，而且越国与中原相距最远，所以'越人'在当时常常被用来比喻关系疏远的人。"[5][10] 而朱师辙《商君书解诂定本》、蒋礼鸿《商君书锥指》等皆无注。

我们赞同高亨等先生的意见，认为"越"当训"远"，"越人"即远人，无须由"越国人"引申而来。其理由如下：

首先，"越"自有远义，非由越国远而引申为远。《说文·走部》："越，度也。"本义为越过，跨过，《左传·宣公二年》："亡不越竟，反不讨贼，非子而谁？"引申为超出某种范围，《易·系辞下》："其称名也，杂而不越。"韩康伯注："备物极变，故其名杂也，各得其序，不相踰越。"再引申为远，远离。《小尔雅·广言》："越，远也。"《书·泰誓上》："予曷敢有越厥志。"伪孔（安国）传："越，远也。言己志欲为民除恶，是与否，不敢远其志。"孔颖达疏："越者，踰越超远之义，故为远也。"又《方言》卷六："伆，离也。楚谓之越,或谓之远,吴越曰伆。"钱绎《方言笺疏》:"越与远,语之转耳。"[20]

其次,前文语境可证"越人"为"远人"。如:

《修权》:"故赏厚而信,刑重而必,不失疏远,不违亲近,故臣不蔽主而下不欺上。"[1]

《修权》:"不以爵禄便近亲,则劳臣不怨;不以刑罚隐疏远,则下亲上。"[1]

此二句中的"亲近""近亲"与"疏远"正如我们讨论的"父子"与"越人",可见"越人"和"疏远"都是指疏远之人。

其三,"越人"表示远人,还见于先秦其他文献。如:

《孟子·告子下》:"有人于此,越人关弓而射之,则己谈笑而道之;无他,疏之也。其兄关弓而射之,则己垂涕泣而道之;无他,戚之也。"[21]

《韩非子·说林下》:"惠子曰:'羿……操弓关机,越人争为持的;弱子扞弓,慈母入室闭户。'故曰:'可必,则越人不疑羿;不可必,则慈母逃弱子。'"[12]

《韩非子·外储说左上》:"故人行事施予,以利之为心,则越人易和;以害之为心,则父子离且怨。"[12]

以上"越人"分别与"其兄"、"慈母"、"父子"对文,足见其指疏远之人。

其四,《汉语大词典》亦释"越人"为"疏远的人",正举《修权》篇"非疏父子亲越人"之例。[16]

解决了《商君书》中"越人"的训释问题,同时还有助于解决其他文献中训释存有分歧的"越人"问题。《书·康诰》:"杀越人于货。"其"越人"之"越"或训为颠越,[22]或训为抢劫,[16]或训为"于也"。[21]似皆可商酌。我们认为,这里的"越人"仍是指"远人",周秉钧先生《尚书易解》:"越,远也。"并释"杀越人于货"为"杀远人取货"。[23]

四 道明、道幽

《错法》:"爵禄者,兵之实也。是故人君之出爵禄也,道明。道明则国日强,道幽则国日削。故爵禄之所道,存、亡之机也。夫削国亡主非无爵禄也,其所道过也。三王五霸,其所道不过爵禄,而功相万者,其所道明也。"[1]

高亨先生《商君书注译》引《礼记·礼器》郑玄注"道犹由也,从也"为训,将"道明"译为"要出于光明的公道","道幽"译为"出于阴暗的私心";[2]山东大学《商子译注》把"道明"释为"原则正确","道幽"译为"原则不正确",将"道"解释为"原则",[4]均值得商榷。

按:"道"当为动词,义为取道,走……道路;"明"为名词,指光明的手段、措施。① "道明"就是走光明的道路,采取光明公正的措施。同理,"道幽"就是走幽暗的道路,采用不光明的手段;"幽"为形容词活用作名词,指不光明、不正当的手段和措施。联系下文"夫削国亡主非无爵禄也,其所道过也"、"三王五霸,其所道不过爵禄,而功相万者,其所道明也",此"所道过"、"所道明"正是对"道幽"、"道明"最好的诠释,"所道"中的"道"也正是"道明"、"道幽"的"道";而"所"是不能和名词构成"所"字短语的,故"道"为动词明矣。因此,将"道"训"由"已自欠妥,而释为"原则"似更非确诂。

"道"的动词用法在《商君书》中很常见,共使用了 12 次,如"夫民之不治者,君道卑也;法之不明者,君长乱也。故明君不道卑不长乱也"。[1]"道卑"与"道幽"结构相同,语义相近;"道"与动词助长的"长"相对,此亦可证明"道"为动词。

参考文献

[1] 蒋礼鸿.商君书锥指[M].北京:中华书局新编诸子集成本,1986。

[2] 高亨.商君书注译[M].北京:中华书局,1974。

[3] 陶鸿庆.读诸子札记[M].北京:中华书局,1959。

[4] 山东大学《商子译注》编写组.商子译注[M].济南:齐鲁书社,1982。

[5] 张觉.商君书全译[M].贵阳:贵州人民出版社,1993。

[6] 严万里校.商君书.北京:中华书局诸子集成本,1954。

[7] 俞樾.诸子平议[M].上海:上海书店影印本,1988。

[8] 王时润.商君书斠诠[M].民国四年铅字排印本,1915。

[9] 于鬯.香草续校书[M].北京:中华书局,1963。

[10] 张觉.商君书校注[M].长沙:岳麓书社,2006。

[11] 班固.汉书[M].北京:中华书局标点本,1962。

[12] 王先慎.韩非子集解[M].北京:中华书局重印诸子集成本,1954。

[13] 左丘明、杜预、孔颖达.春秋左传注疏[M].北京:中华书局影印十三经注疏本,1980。

[14] 魏德胜.《睡虎地秦墓竹简》词汇研究[M].北京:华夏出版社,2003。

[15] 李学勤.失落的文明[M].上海:上海文艺出版社,1997。

[16] 罗竹风主编.汉语大词典(第九卷)[M].上海:汉语大词典出版社,1992。

[17] 罗竹风主编.汉语大词典(第二卷)[M].上海:汉语大词典出版社,1988。

[18] 王世舜.先秦要籍词典[M].北京:学苑出版社,1997。

[19] 章诗同注.商君书[M].上海:上海人民出版社,1974。

[20] 徐中舒主编.汉语大字典(缩印本)[M].成都、武汉:四川辞书出版社、湖北辞书出版社,

---

① 《商君书》中"道"兼属名词、动词,"明"兼属名词、动词和形容词。

1993。

[21]　赵岐.孟子章句[M].北京:中华书局影印十三经注疏本,1980。

[22]　(伪)孔安国.尚书传[M].北京:中华书局影印十三经注疏本,1980。

[23]　周秉钧.尚书易解[M].长沙:岳麓书社,1984。

《史记虚词通释》前言

山东师范大学文学院　吴庆峰

　　虚词是汉语的重要语法手段。从作文来说,"构文之道,不过实字虚字两端,实字其体骨,而虚字其性情也。"(刘淇《助字辨略·自序》)从释义来说,"经传中实字易训,虚词难释。"(阮元《经传释词序》)所以,古代汉语的语法研究主要体现在虚词研究上。古代汉语的虚词研究,主要有四大块:一是字书、词书里面对虚词的诠释,如《说文》:"者,别事词也"、"只,语已词也",《尔雅·释言》:"曷,盍也"、"厥,其也"等;二是文艺理论、作文指导一类著作里面对虚词的诠释,如《文心雕龙·章句》"至于夫、惟、盖、故者,发端之首唱;之、而、于、以者,乃札句之旧体;乎、哉、矣、也,亦送末之常科。"程端礼《程氏家塾读书分年日程》卷二:"者、也相应,文意未断,覆举上文。"卷三:"《易》以若字、如字为止语之辞,《诗》以只字、且字为止语,《楚辞》则些字。"三是传注里面对虚词的诠释,如《诗经·周南·广汉》"汉有游女,不可求思"毛传:"思,辞也。"《礼记·檀弓下》"何居? 我未之前闻也"郑注:"居读如姬姓之姬,齐鲁之间语助也"等;四是虚词专著里面对虚词的诠释,如卢以纬《助语辞》、刘淇《助字辨略》、王引之《经传释词》、杨树达《词诠》、裴学海《古书虚字集释》所做的那样。这四种诠释虚词的形式,是我国古代汉语虚词研究的主要形式。

　　但是,这样的虚词研究,还是有比较大的局限性:字书、词书里面的虚词诠释,囿于字书、词书的性质,收词不能全面;文艺理论、作文指导一类著作里面的虚词诠释,基本上是举例性质的,收词、解释不够系统;传注里面的虚词诠释,只解释注者认为该释的虚词,而且只解释这个虚词在当句的意义或用法,很难做到全面和系统。作为我国古代虚词研究重要形式的虚词专著里面的虚词诠释,也存在诸多问题。这主要是两个方面:一、收词是递加式的,如《助语辞》收词(包括词组)127 个,《助字辨略》收词 476 个,《古书虚字集释》收词 290 个(此书《凡例》云:"凡虚字不见于周秦两汉之书者,及虽见而其义已为前修及时贤所毕宣者,则本书均未之及,故本书所收之字,较《助字辨略》、《词诠》皆为少。"),《词诠》收词 474 个。时代断限不明,不能让人知道在某个时期共有多少个虚词,哪些虚词是先出现的,哪些虚词是后出现的,哪些虚词在哪个时代已经废弃不用等。二、所收虚词的意义或用法,也是递加式的,如"只",《助语辞》收"句末助声"一义,《助字辨略》收"语已辞"、"助辞"、"义同'止',犹云'但'也"三义,《经传释词》收"语已词也"、"句中语助也"、"词之'耳'也"三义,《古书虚字集释》收"语已词也"、"'只'犹'耳'也"、"'只'犹'哉'也"、"'只'犹'也'也"、"只,是也、此也"、"'只'犹'即'也"六义。这样的释义,不能显示出在某个时代一个虚词共有多少个意义,哪些意义是先出现的,哪些意义是后出现的,哪些意义是新生的,哪些意义是消亡的。这正如《词诠·重印说明》云:"自《助字辨略》以来,讲虚词的书都把一个虚词的各种用法平排并列,对于某种用法最初出现和消亡的时代,以及某些虚词用法的地区特点,都毫无说明。譬如'若'字,《词诠》平列用法二十种,其实有几种是战国以后便废弃了的。"郭锡良先生亦云:"综观《马氏文通》以来的虚词研究,大多是以'文言'作为对象,把一两千年的语言资料,当作一个平面系统来处理。这是一种泛时的研究方法,难免带来某些不足和失误。"(《古汉语虚词研究评议》,《语言科学》第二卷第 1 期,科学出版社,2003)总而言之,历来的虚词专著,包括 20 世纪八十年代何乐士等编的《古代汉语虚词通释》和九十年代中国社会科学院语言研究所古代汉语研究室编的《古代汉语虚词词典》,在收词与释义方面,大抵都存在上述两方面的问题。

基于这样的认识,我们认为古代汉语的虚词研究,还应该有断代的或专书的虚词研究。这样,我们就选择了《史记》,研究《史记》虚词,编写了《〈史记〉虚词通释》。《史记》是我国伟大的史学、文学著作,也是一个重要的语言资料库。它处在上古汉语的后期,在语言研究上有重要的价值。通释《史记》虚词,可望知道在《史记》这部书里,共有多少个虚词(其中有多少个类别,每个类别又有多少个虚词),每个虚词又有多少个意义或用法。这就大体上可以在虚词研究史上树起一块牌子,以后的虚词研究皆可以此为参照,去研究虚词的新生与消亡,去研究某一虚词意义或用法的新生与消亡。

《〈史记〉虚词通释》遵循传统收词原则,共收助动词、代词、副词、介词、连词、助词、语气词、叹词八类。为了实用,酌收了"所、馀、再"三个比较常用的数词。"所、馀"表示约数,"再"一般归为副词,但在《史记》中"再"与"一"、"三"等数词相对,我们认为"再"应当是表示动量的数词。本书所收词类分布情况如下(不同的词类即算不同的词,如"且"是副词、连词,"焉"是代词、助词、语气词等,但同一词类中的小类,则不再区分,如"且"的时间副词、情态副词,则不再标明小类):

1. 助动词包括"得、敢、合、几(jì)、见、可、克、肯、能、忍、任、要、愁、欲、愿、足"。

2. 代词分为人称代词、指示代词、疑问代词、己称代词、无定代词和辅助性代词。

人称代词包括第一人称代词"我、吾、予、余、朕";第二人称代词"而、尔、乃(迺)、女(汝)、若";第三人称代词"彼、厥、其、之、诸"。指示代词包括"乃(迺)、若、彼、此、夫、厥、每、某、其、然、时、是、斯、他、馀、云、诸、兹"。疑问代词包括"畴、谁、孰、何、曷、侯、胡、安、乌、恶、奚、焉"。己称代词包括"己、身、自"。无定代词包括"或、靡、莫、罔、无"。辅助性代词包括"所、攸、者"。

3. 在所有虚词里,副词数量最多,分类最复杂,至今学界还没有一致的分类,个别副词的归属更是见仁见智,仍多歧见。我们把副词分为范围副词、程度副词、时间副词、否定副词、情态副词、指代性副词、谦敬副词七类。由于有些副词的用法比较复杂,个别副词我们根据其主要用法进行归类。

范围副词包括"半、备、全、毕、遍(徧)、辨、别、并、並、博、财、裁、大氐、大抵、大底、大凡、大率、大体、殚、但、弟、第、独、独自、多、凡、各、共、罕、合、夹、兼、交、皆、介、仅、董董、尽、具、俱、类、两、乃、内、旁、偏、颇、普、齐、全、群、舍、胜、率、索、特、通、同、统、徒、往往、唯、惟、维、悉、咸、相、详、偕、要、一、亦、杂、直、祗、祇、周、专、刭、最"。程度副词包括"差、大、等、笃、多、更(gèng)、几(jǐ)、极、加、绝、孔、良、略、弥、丕、奇、浅、强、穷、饶、稍、少、深、甚、盛、殊、太、痛、万、微、小、已、以、益、尤、有、俞、愈、增、至、重、兹、最"。时间副词包括"暴、比、便、並、勃然、曾(céng)、长、尝、常、迟、重、初、遄、创、次、卒(cù)、促、趋、趣、旦暮、递、迭、动、方、复、更(gēng)、恒、忽、遑、会、即、亟(jí)、急、疾、间、荐、渐、寝、浸浔、将、今、今者、经、径、竟、久、遽、累、立、历、连、屡、每、暮、乃、乃者、曩、偶、亟、前、且、顷、仍、日、尚、稍、少、时、始、适、首、数、夙、素、速、宿、遂、希、昔、习、先、乡、新、行、幸、徐、还、旋、寻、业、已、以、永、又、预、豫、暂、早、蚤、曾(zēng)、朝、肇、辄、正、中、终、骤、卒、昨"。否定副词包括"不、非、匪、否、弗、靡、莫、罔、未、乌、无、毋、勿"。情态副词包括"暴、本、必、常、诚、粗、错、殆、待、当、底、定、斗、独、端、反、盖、概、躬、苟、姑、固、故、顾、果、盍、横、互、或、计、既、假、坚、矫、谨、近、渠、决、厥、可、空、恐、快、匡、赖、类、良、聊、密、明、谬、缪、嘿、默然、难、宁、平、期、期期、其、几(qǐ)、岂、潜、切、窃、亲、轻、权、容、如、若、善、擅、身、审、慎、生、实、试、熟、庶几、私、似、傥、偷、往、妄、危、伪、猥、务、暇、鲜、相、详、信、虚、雅、阳、遥、宜、亿、义、易、意、阴、隐、庸、犹、右、允、乍、诈、真、争、众、颛、转、自、恣、足、左、坐"。指代性副词包括"相"。谦敬副词包括"伏、敢、谨、敬、窃、请、辱、幸、愚"。

4. 介词包括"案、旁（bàng）、被、比、并、並、承、乘、迟、从、徂、逮、当、到、道、方、及、即、夹、介、尽、竟、赖、挚、黎、历、临、披、讫、顺、随、为、无、先、乡、向、循、依、以、因、应、用、由、于、於（yú）、与、爰、缘、在、终、自"。

5. 连词包括"必、並、诚、第、而、盖、苟、固、连、顾、果、或、及、即、既、泉、暨、加、假、兼、将、借、藉、今夫、况、令、乃、其、且、且夫、然、如、若、若夫、若乃、尚、设、使、虽、微、唯、惟、乡、向、焉、已、以、抑、易、因、用、犹、有、与、爰、则、之、至、自、总之、纵"。

6. 助词包括"阿、第、夫、惟、维、薄、其、有、伊、攸、于、曹、属、得、等、定、尔、然、如、若、焉、之"。

7. 语气词包括"尔、耳、夫、盖、乎、为、於（wū）、分、焉、邪（耶）、也、已、矣、欤、与、云、哉、则、者、诸"。

8. 叹词包括"唉、咄、夥颐、嘅、嗟、嗟乎、呜呼、於乎、於呼、於戏、嘻、吁、噫嘻"。

惯用词组包括"如何、如之何、然则、若干、若何、孰与、虽然、由此、由此、由是"。固定格式包括"如……何、为……所……、唯（惟维）……是……、无（毋）乃……乎"。

古代汉语虚词专著，在释义上，有的侧重于虚词的意义，有的侧重于虚词的用法，这样各有所长。我们认为《古代汉语虚词词典》（下简称《词典》）的释义体例比较好。《词典》对一个虚词的释义，先考其源流，次定其词性，第三言其在句中的位置，第四释其意义或用法，第五讲了译为现代汉语的什么词，第六是举例。举例又照顾到汉语史的各个时期。这样的体例是科学的。《〈史记〉虚词通释》的释词，主要参考了《词典》的释义模式。但《词典》的释义，在某些方面亦似有过分琐细之嫌，如"矣"作语气词有五种用法，即"用于陈述句末"、"用于疑问句末"、"用于祈使句末"、"用于感叹句末"、"用于句中或复句的前一分句末"；而第一种用法下又分三项："助已然语气"、"助将然语气"、"表示十分肯定的语气"。在"助已然语气"下又分两项，并均"可译为'了'"。在类似的情况下，我们一般不再细分，以便于掌握和记忆。总之，在编写过程中，我们借鉴和参考了《词典》的许多成功的经验，在此我们向《词典》的编纂者表示谢意！在编写过程中，我们也吸纳了时贤们的一些研究成果，亦在此表示谢意！

　　编写《〈史记〉虚词通释》,对我们来说是一个尝试。我们认识到应当加强对断代的、专书的虚词研究,我们就这样做了。通过这项工作,我们希望能够对古代汉语的虚词研究尽一点绵薄之力,并希望能够把古代汉语的虚词研究向前推进一步。我们期望专家和读者对此书提出批评和指正。

《孟子》疑难词语辨释二则

西南师范大学　方有国

摘要：《孟子》中的"折枝"和"乐乐"古今人解释很分歧。考察文意及其他相关材料，本文认为，"折枝"即"折肢"，意思是屈体下拜，"乐乐"即"乐其乐"，意思是以他人快乐为乐。

关键词：《孟子》　折枝　乐乐　辨释

《孟子》中有"乐岁终身饱"、"舍皆取诸其宫中"和"为长者折枝"、"独乐乐，与人乐乐"等语句，其中的"终身"、"舍"、"折枝"、"乐乐"等疑难词语该如何解释，古今学者意见很分歧。笔者曾撰文对"终身"和"舍"作过探索，[1]这里试就"折枝"和"独乐乐，与人乐乐"两条词语的含义略作辨释，并就教于方家。

一　折枝

《孟子·梁惠王上》："挟太山以超北海，语人曰：'我不能。'是诚不能也；为长者折枝，语人曰：'我不能。'是不为也，非不能也。"

杨伯峻《孟子译注》释"折枝"："折取树枝。"[2]朱东润主编《中国历代文学作品选》注："枝，同'肢体'。这句意谓，为年长者按摩肢体。或解为对长者屈折腰肢，如今之鞠躬。又有解为替长者攀折花枝。皆指轻而易举之事。"[3]王力主编《古代汉语》[4]和郭锡良主编《古代汉语》[5]都采用"按摩"说，与朱东润注本基本相同。

查古注，古人对"折枝"解释不一。汉代赵岐《孟子章句》注云："折枝，按摩折手节解罢（疲）枝也。少者耻见役，故不为耳，非不能也。"清代毛奇龄《四书賸言》申之："《（礼记）内则》：'子妇事舅姑，问疾痛疴痒而抑搔之。'郑注：'抑搔即按摩。'屈抑肢体与折义正同。以此皆卑役，非凡人屑为，故曰是不为，非不能。"这是按摩说的来源。朱熹《孟子集注》："为长者折枝，以长者之命，折草木之枝，言不难也。"这是攀折树枝说的来源。《文献通考·卷一八四·经籍考》引陆筠《孟子音解》："折枝为磬折腰肢。"清代焦循《孟子正义》："元人《四书辨疑》以枝与肢通，谓敛折肢体，为长者作礼，与徐行后长者意类，正窃其意而衍之。"[6]这是弯腰行礼说的来源。

　　然而《孟子》原文的"折枝"是尊敬老人的行为,而攀折草木树枝是否是尊敬老人,值得怀疑,因为中国古代没有以赠送树枝作为尊敬老人的风俗,古书中也未见有类似的记载。古代有赠送花草以示爱情或友谊的行为,如《诗经·邶风·静女》"贻我彤管"、"自牧归荑"之类,但对象多是年轻人,而且赠物是花草,不是树枝。

　　按摩肢体说的问题是把"折"字释为"按摩"缺乏根据。《说文·艸部》:"折,断也,从斤断草。"折断是其本义。由此引申,"折"字有弯折、屈从、折毁、摘取、折败、折转、折服、折叠等意义,字词典所载详备,但没有"按摩"这一意义。"按摩"之义实际上是"抑"字的意思。《玉篇·手部》:"抑,按也。"《吕氏春秋·适威》:"若玺之于涂也,抑之以方则方,抑之以圆则圆。"谓按压印章方圆随意。《孟子》"折枝"的"折"被释为按摩,大概是赵岐注释中有"按摩折手节"之语。然而细读赵岐注语,其中"折手节"是解"折枝"的,"按摩"语为赵岐所增,属增字解经。清代毛奇龄不察,竟将"按摩"与"抑"字相连,并引《礼记·内则》"抑搔"及郑注"抑搔即按摩"为证,从而使"折"字有了"按摩"义。实则"折"、"抑"二字,意义了不相干。

　　弯腰鞠躬说将"枝"释为"肢"的通假字,又进一步释为"腰肢",说折枝是弯腰鞠躬。这一解释的问题是,古今汉语"肢"字均指人的四肢或四体,并不指人的腰。因此,将"折枝(肢)"解释为弯腰鞠躬,也值得商榷。

　　考察《孟子》原文及其他相关材料,"折枝"之义应是"屈肢",即屈折肢体下拜,是古人尊敬师长或老人的一种身体动作。"折"义为屈,枝通肢,指肢体。《白虎通义·卷八·姓名》云:"人所以拜者何?所以表情见意,屈节卑身,尊事人者也,拜之言服也。"说的是下拜尊事人,其动作为屈体卑身。这里,"节"指人的肢体的关节,"屈节"犹言"屈肢"。宋代张载《横渠易说·下经》:"今夫为长者折枝,非不能也,但以为屈而不为耳,不顾义理之若何。"这里张载直接引《孟子》原句并作了解释,其中"屈"即屈体或屈肢,是解释"折枝"的。张载的观点是《孟子》的"折枝"即"屈肢",很明显。

　　古人有稽首、下拜等礼节,动作必屈折下肢,稽首还要头手触地。《东南纪事·卷三·黄道周》云:"今圣主焦劳边境,十年于兹,负气敢谏诸臣,半弃不录,欲软美容悦者扣头折枝,以幸非常之功,彻不世之业,宁可得乎?""扣头折枝"即稽首之礼。据此"折枝"无疑是屈肢或屈体。

　　屈肢下拜,于人为尊,于己则为卑。如果对象是坏人或敌人,则是奴颜谄媚之举。因此古人有"折枝舐痔"之语,谓屈体下拜给人舐舐痔疮,其"折枝"的意思绝对不是攀折树枝或按摩。如《梁书·任昉传》:"虽共工之蒐慝,驩兜之掩义,南荆之跋扈,东夷之巨猾,皆为匍匐委蛇,折枝舐痔,金膏翠羽将其意,脂韦便辟导其诚。"《全隋文·卢思道〈北齐兴亡论〉》:"陆子骆提婆者……穷极富贵,转日回天。愚薄之伦,折枝舐痔。轻者进货赂,重者绪婚姻。"

古代汉语中"折"有屈曲之义,《广雅·释诂一》:"折,曲也。"("曲"与"屈"意义相通);"枝"通肢,四枝即四肢,如《吕氏春秋·圆道》:"人之有形体四枝,其能使之也,为其惑而必知之也。"肢,古人又称为体,四肢又叫四体,如《集韵·止韵》:"体,四肢也。"《论语·微子》:"四体不勤,五谷不分。"此外,人的四肢都有关节,可以屈折。大概就因上述这些相关的词义和四肢特点,古代汉语中"折枝"一词又有"折肢"、"折节"、"屈节"、"屈体"等多种说法,意义与"折枝"相同,抑或表示奴颜谄媚,用例颇多,如《太平广记·卷二百四十·薛稷》:"唐太子少保薛稷、雍州长史李晋、中书令崔湜、萧至忠、岑羲等,皆外饰忠鲠,内藏谄媚,胁气屏气,而舐痔折肢。"《史记·越王勾践世家》:"(越王勾践)折节下贤人,厚遇宾客振贫吊民。"《汉书·蒯伍江恩夫传》:"是时,淮南王安好学术,折节下士,招致英隽以百数。"《文子·上礼》:"趣翔周旋,屈节卑拜。"《盐铁论·殊路》:"故子路解长剑,去危冠,屈节于夫子之门。"《后汉书·郭陈列传》:"及剖符大臣,皆猥为伯荣屈节于车下。"《史记·太史公自序》:"能信(伸)意强,而屈体(于)廉子,用循其君,俱重于诸侯,作《廉颇蔺相如列传》第二十一。"《新唐书·儒学上·徐文远》:"今将军拥兵百万,威振四海,犹能屈体(于)老夫,此盛德也。"

上引例子中,《盐铁论》一例讲子路求学于孔子门下,其中"屈节于夫子之门",即折肢于夫子之门,与《孟子》"为长者折枝"句意相类。如果把《孟子》此句变换为"折枝于长者",与《盐铁论》句式则完全一样。

总之,《孟子·梁惠王上》"折枝"的意义应是"折肢"即屈体下拜,与古代汉语中的"折节"、"屈节"、"屈体"等词义相同或相近。以往释为"按摩",或释为"攀折树枝"、"弯腰鞠躬"等,都是不妥当的。

二　独乐乐,与人乐乐

《孟子·梁惠王下》:(孟子)见于王曰:"王曾语庄子以好乐,有诸?"王变乎色,曰:"寡人非能好先王之乐也,直好世俗之乐耳。"曰:"王之好乐甚,则齐其庶几乎!今之乐由古之乐也。"曰:"可得闻与?"曰:"独乐乐,与人乐乐,孰乐?"曰:"不若与人。"曰:"与少乐乐,与众乐乐,孰乐?"曰:"不若与众。""臣请为王言乐。今王鼓乐于此……此无他,不与民同乐也。今王鼓乐于此……今王田猎于此……此无他,与民同乐也。今王与百姓同乐，则王矣。"

杨伯峻《孟子译注》注"语庄子以好乐"的"乐"字："历来注释家都把这'乐'字解为'音乐'。但也有人主张（如宋人陈善的〈扪虱新语〉）把它解为'快乐'……但我们细推全文，'鼓乐'连言，认为原意仍是'音乐'的'乐'。"又译"独乐乐，与人乐乐，孰乐"句："一个人单独地欣赏音乐快乐，跟别人一起欣赏音乐也快乐，究竟哪一种更快乐呢？"[7]

按，"音乐"之解源于东汉赵岐。赵岐认为"先王之乐"和"世俗之乐"中，"乐"为音乐，世俗之乐"谓郑声"；又注四个"乐乐"的前"乐"字为"作乐"或"听乐"，"乐乐"意为欣赏音乐。[8]赵岐之后，一些古注和今人的注译，大都采用赵岐的注解，同时把"好乐"、"言乐"、"古之乐"、"今之乐"等"乐"字也解作音乐。[9]宋人陈善《扪虱新语》指出篇中"鼓乐"的"乐"是音乐义，其余的都应释作悦乐或快乐的观点[10]，一直不为大家所采纳。

分析赵岐对篇中全部"乐"字的注释，并考察《孟子》的文意、语法及其他相关材料，陈善的观点是正确的，值得我们充分注意。

先看赵岐的注释。赵岐注篇中"王之好乐甚……今之乐由古之乐也"说："甚，大也。谓大要与民同乐，古今何异也？"注语中"大要与民同乐"注"王之好乐甚"，其中"同乐"注原文"好乐"，据此，"好乐"的"乐"应指悦乐或快乐，不指音乐。又注语说"与民同乐，古今何异"，细味"同乐"和"古今"的关系，原文"今之乐由（犹）古之乐"的"乐"也是指悦乐或快乐，不指音乐。下文齐宣王问"今之乐由古之乐""可得闻与？"赵岐注："王问古今同乐之意，宁可得闻邪？"既然所问是"古今同乐之意"，那么，原文"今之乐"和"古之乐"无疑是指今人和古人的快乐，不是音乐。赵岐又注下文"臣请为王言乐"云："孟子欲为王陈独乐与众人乐之状。"这里"独乐"和"与众人乐"意思相对，其关系就是文中"独乐"和"同乐"的关系，因此前后几个"乐"字有明显的相关性，原文"言乐"、"独乐"和"与众乐"诸"乐"字，显然也是指悦乐或快乐。

从古人的思想观念来看，春秋战国时期儒家提倡雅乐，反对"郑声"之类的淫声，如《论语·阳货》引孔子语："恶紫之夺朱也，恶郑声之乱雅乐也。"根据这一点，当齐宣王对孟子说"寡人非能好先王之乐也，直好世俗之乐耳"时，如果"乐"是指音乐，即世俗之乐的"郑声"，作为儒家代表的孟子肯定会强烈反对。可是孟子没有反对，反而赞扬说，齐宣王能这样，"齐其庶几乎"（齐国便会很不错了）。这里我们不能说孟子和齐宣王"同流合污"。正确的解释是齐宣王说的"先王之乐"和"世俗之乐"不是音乐，而是指先王和当时世俗的悦乐或快乐。悦乐或快乐作为心理感受或社会现象，今人和古人是基本相同的，所以孟子说"今之乐由（犹）古之乐"。

音乐一般有时代差异，相信孟子是懂得这一点的，因而他不大可能说今天的音乐就是古代的音乐。在先秦其他典籍中，"古之乐"的说法也有见到，其中的"乐"指悦乐或快乐，不指音乐。如《左传·昭公二十年》："饮酒乐。公曰：'古而无死，其乐何若？'晏子对曰：'古而无死，则古之乐也，君何得焉？'"古人常常以鼓乐和田猎等方式获取悦乐，所以孟子给齐宣王"言乐"时，还说到君王"田猎于此，百姓闻王车马之音"等等。如果"乐"是音乐，田猎和音乐就很难扯到一起了。这一点宋代陈善已指出。

《孟子》同篇稍后又有如下一段话，谈"为民上者"与民同乐：

齐宣王见孟子于雪宫。王曰："贤者亦有乐此乎？"孟子对曰："有。人不得，则非其上矣。不得而非其上者，非也；为民上而不与民同乐者，亦非也。乐民之乐者，民亦乐其乐；忧民之忧者，民亦忧其忧。乐以天下，忧以天下，然而不王者，未之有也。"

这段话和本文开头所引的一段话，中心都是讲君王与民同乐进而"王天下"的道理，其中"与民同乐"、"乐民之乐"、"乐其乐"等用语，也大致相同。"乐民之乐"、"乐其乐"实际上就是"独乐乐，与人乐乐"加上定语"民"、"其"或连词"之"的扩展用法；反过来看，"独乐乐，与人乐乐"相当于"独乐其乐，与人乐其乐"。孟子对齐宣王的问话即："独乐其乐，与人乐其乐，孰乐？……与少乐其乐，与众乐其乐，孰乐？"每句话中的两个"乐"字，意义都是悦乐或快乐，不同只是词性上有差异。

词性上，上述"好乐"、"古之乐"、"今之乐"、"先王之乐"、"言乐"等"乐"以及四个"乐乐"和"乐民之乐"、"民亦乐其乐"的后"乐"字是名词，指快乐、娱乐或乐事（如鼓乐、田猎）。"好乐"即喜欢娱乐，"言乐"即谈论乐事。田猎乃乐事之一种，所以孟子"言乐"时，既说到鼓乐又说到田猎。"同乐"、"孰乐"之"乐"是形容词，义为快乐。"乐此"之"乐"以及四个"乐乐"和"乐民之乐"、"民亦乐其乐"的前"乐"字是动词，意为"享受（感受）……的快乐"或"对……感到快乐"，"独乐乐，与人乐乐，孰乐"意思是：独自享受乐事的快乐，和同别人一起享受乐事的快乐，哪一个更快乐？"民亦乐其乐"意思是：人民对他（君王）的快乐也感到快乐。今人说"与他人分离快乐"，类似《孟子》所谓"与人乐乐"。

"独乐"和"独乐其……"语，《孟子》他篇和先秦其他典籍也见使用，其中的"乐"是"快乐"义（"乐其"之"乐"用为动词），不是"听乐"或"欣赏音乐"。如《孟子·梁惠王上》："《汤誓》曰：'时日害丧，予与女偕亡。'民欲与之偕亡，虽有台池鸟兽，岂能独乐哉!"《庄子·让王》:"若伯夷叔齐者……高节戾行,独乐其志,不事于世。"语法上,"独乐其志"和"独乐(其)乐",除后者未出现定语"其"字外,结构相同,"其志"和"(其)乐"是宾语。

孟子认为,一个人独享快乐和与他人共享快乐相比、与少数人共享快乐和与多数人共享快乐相比,后者更快乐,因而有"独乐(其)乐,与人乐(其)乐,孰乐"和"与少乐(其)乐,与众乐(其)乐,孰乐"之间。如果君王对人民的快乐感到快乐,那么人民对君王的快乐也会感到快乐,这便是"乐民之乐者,民亦乐其乐"的含义。孟子的目的是劝谏齐宣王不要独乐其乐,而要与民同乐,从而获取民心,以得天下。如果我们解"独乐乐"、"与人乐乐"是齐宣王独自欣赏音乐和与民共同欣赏音乐,这使《孟子·梁惠王》篇中的立论要旨,在前后相关段落中会明显不一致。

古人很重视君王"独乐乐"和"与人乐乐"的行为,并用来衡量君王是否有德。《后汉书·臧宫传》引《黄石公记》就说:"有德之君,以所乐乐人;无德之君,以所乐乐身。"意思是有德行的君王用快乐的事使人快乐,无德行的君王用快乐的事使自身快乐。从这里不难看出,《黄石公记》的话正是《孟子》中君王"独乐乐,与人乐乐"的意思,只是表述的方式有所不同。这再一次证明"乐乐"不是欣赏音乐。

孟子的"同乐"、"忧民"思想是一种进步思想,后代的仁人志士一直受其影响,并把它作为高尚的人生准则,写进文章加以赞颂。如宋代欧阳修《醉翁亭记》"人知从太守游而乐,而不知太守之乐其乐。醉能同其乐……",范仲淹《岳阳楼记》"先天下之忧而忧,后天下之乐而乐"等。同样不难看出,这些古代散文名句无疑是巧妙运用《孟子》"同乐"、"乐乐"、"乐其乐"、"忧其忧"等词句演化而成,其中的"乐"字都不是指音乐,而是"快乐"或"对……感到快乐"。

音乐给人快乐,同时也是一种乐事;古代汉语中,音乐、快乐书面上都写作"乐";又《孟子》文中在谈论乐事时提到了鼓乐。大概受这些因素的影响,东汉赵岐误将本文开头引文中的少数"乐"字注释为"音乐"或"听乐"(欣赏音乐),后人受这一解释的影响,进而对篇中其他"乐"字也释为"音乐"。实际上如宋人陈善所说,除了"鼓乐"的"乐"以外,其余的"乐"字,意思均是悦乐或快乐,只是语法上有形容词、名词或动词的区别而已。

参考文献

[1] 方有国《也谈"乐岁终身饱(苦)"的释义问题》,载《西南师范大学学报》1997 年第 6 期;《〈孟子〉虚词"舍"新解》,载方有国《上古汉语语法研究》,巴蜀书社,2002 年。

〔2〕　杨伯峻《孟子译注》,中华书局,1981年。

〔3〕　朱东润主编《中国历代文学作品选》上编第一册,上海古籍出版社,2002年。

〔4〕　王力主编《古代汉语》(修订本),中华书局,1981年。

〔5〕　郭锡良主编《古代汉语》,天津教育出版社,1991年。

〔6〕　清代焦循《孟子正义》引"肢"作"枝",中华书局《诸子集成》本,1986年。

〔7〕　中华书局,1981年。

〔8〕　赵岐《孟子章句》,《十三经注疏》(影印本,上下册),中华书局,1980年版。下引赵岐注出处同此。

〔9〕　如清代焦循《孟子正义》引丁氏"乐乐"、"同乐"、"孰乐"之"乐"音洛,"余并音岳";杨伯峻《孟子译注》(中华书局,1981年)分别译"好乐"、"言乐"为"爱好音乐"、"谈谈欣赏音乐和娱乐"等。(按:杨先生译"言乐"之"乐"为"音乐和娱乐"有些游移不定。译为"娱乐"是对的,详下文。)

〔10〕　见清代焦循《孟子正义》引阎若璩《释地又续》,《诸子集成》本,中华书局,1986年。

古医方和佛经中"邪忤"的词义考探

上海师范大学人文学院　徐时仪

摘要： 中医文献古医方和佛经中"邪忤"一词所指"难以名状的邪戾怪物"义可能源自记人们见到不可名状的怪物时发出的惊叫声,或者是记人们驱除怪物时发出的恐吓怪物之声。"野狐"、"野雩"、"野胡"、"夜狐"、"夜壶"、"夜胡"、"麻胡"、"妈虎"等词在语义上与"邪忤"有相似之处。"邪忤"、"野狐"、"麻胡"等所指多为抽象而难以名状的怪物,故引申而有"模糊"义,又可隐实示虚趣写作"马虎"。

关键词： 邪忤　野狐　夜壶　麻胡　妈虎　模糊　马虎　语源

一　"邪忤"一词的词义

中医文献中载有疗治邪忤鬼怪所致祸病的方药。如唐王焘《外台秘要方》卷十三《鬼疰方》："古今录验神秘丸,疗鬼疰邪忤飞尸疰击犬马啮蜂蛇毒螫尽皆消除方:大黄_{四两},硝石_{三两熬},巴豆_{去心皮熬}、雄黄_{研各二两}。右四味,捣筛,蜜和丸,如小豆。先食服二丸,日一服。忌野猪肉、芦笋_{出第七卷中}。"又如明朱橚《普济方》卷二百三十八："神秘丸,治鬼疰邪忤飞尸疰击犬马啮蜂蛇毒螫尽皆消除:大黄_{四两},硝石_{三两熬},巴豆_{去心皮熬}、雄黄_{研各二两}。右捣筛蜜和丸,如小豆。先食服二丸,日一服。忌野猪肉、芦笋。"文中"邪忤"一词有"难以名状的邪戾怪物"义。佛经中也有用例,如唐释道世《法苑珠林》卷一百五《受戒篇》第八十七之二《五戒部·神卫》："佛告梵志言若男子女人带佩此二十五灌顶章句善神名者,若入军阵斗诤之时,刀不伤身,箭射不入,鬼神罗刹终不娆近。若到蛊道家,亦不能害。若行来出入,有小魔鬼亦不得近。带此神王名著身,夜无恶梦,县官盗贼,水火灾怪,怨家阴谋,口舌斗乱,自然欢喜,两作和解。俱生慈心,恶意悉灭。妖魅魍魉,邪忤薜荔,外道符呪,厌祷之者,树木精魅,百虫精魅,鸟兽精魅,溪谷精魅,门中鬼神,户中鬼神,井灶鬼神,洿池鬼神,厕溷中鬼神,一切诸鬼神皆不得留住某甲身中。"又如唐菩提流志译《不空罥索神变真言经》卷二十:"得不空王广大威德,不为一切鬼神怨难邪忤娆恼。"例中"邪忤"一词与妖魅、魍魉、鬼神等并举,皆为不可名状的邪怪之物。

二　"邪忤"一词的始见年代

考"邪忤"一词早在唐以前已出现,如东晋帛尸梨蜜多罗译《大灌顶经》第十二卷载:"若夜梦恶鸟鸣、百怪、蜚尸、邪忤、魍魉、鬼神之所娆者,亦当礼敬琉璃光佛。"经中"邪忤"一词即指触逆人的邪戾怪物。考《玄应音义》卷四释此经中"邪忤"之"忤"云:"吾故反。忤,逆也。《通俗文》:得忤曰痾。"①忤,有"触犯"义,即玄应所释"逆"义。邪,有"不正"和"邪恶"义,又指"妖异怪戾之事"。据《广韵·麻韵》云:"邪,鬼病。"玄应引《通俗文》所云"得忤曰痾"中"得忤"即遇到邪逆怪物,"痾"指中了邪逆的病。"痾"是东汉出现的俗语词,《说文》未收,考《广雅》卷一《释诂》载:"痾,病也。"如《汉书》卷二十七中之上《五行志》第七中之上载:"传曰:'貌之不恭,是谓不肃,厥咎狂,厥罚恒雨,厥极恶。时则有服妖,时则有龟孽,时则有鸡祸,时则有下体生上之痾,时则有青眚青祥,唯金沴木。'说曰:'凡草木之类谓之妖。妖犹夭胎,言尚微。虫豸之类谓之孽。孽则牙孽矣。及六畜,谓之祸,言其著也。及人,谓之痾。痾,病貌,言寖深也。'"又"祸与妖痾祥眚同类,不得独异。"②又如《后汉书·律历》中载:"哀平之际,同承太初,而妖孽累仍,痾祸非一。"③据《汉书》和《后汉书》所载,痾为妖孽所致祸病,亦即佛经中说到的因邪忤鬼怪娆恼而致病,故《通俗文》云"得忤曰痾"。

"邪忤"一词后也写作"邪物"。如晋葛洪《肘后备急方》卷三:"治女人与邪物交通独言独笑悲思恍惚者:末雄黄一两,以松脂二两溶和虎爪,搅令如弹丸。夜内火笼中,烧之。令女人寝坐其上,被急自蒙,唯出头耳。一次未差,不过三剂,过自断也。又方:雄黄一两,人参一两,防风一两,五味子一升,捣筛。清旦以井水服,方寸匕,三服差。"隋巢元方《巢氏诸病源候总论》卷四十《与鬼交通候》:"然妇人与鬼交通者,脏腑虚,神守弱,故鬼气得病之也。其状不欲见人,如有对忤,独言笑,或时悲泣。是脉来迟伏,或如鸟啄,皆邪物病也。"宋唐慎微《证类本草》卷十五《巴豆》:"去恶肉,除鬼毒、蛊疰、邪物,杀虫鱼。"宋张杲《医说》卷八《服黄连》:"刘奉林,周时人,学道嵩山。四百年三合神丹,为邪物所败。"又如《西游记》第六十二回:"行者道:

---

①　玄应《一切经音义》(简称《玄应音义》)今传本主要为碛砂藏、赵城藏、丽藏本等释藏本和庄炘、钱坫等校刻本,各本及慧琳《一切经音义》(简称《慧琳音义》)中所转录部分皆略有不同,此据丽藏本,碛砂藏本和庄炘、钱坫等校刻本无此条。

②　《汉书》,中华书局1962年版,第1352—1354页。

③　《后汉书》,中华书局1965年版,第3034页。

'怪哉！怪哉！这早晚有三更时分,怎么得有人在这顶上言语？断乎是邪物也！'"《儿女英雄传》第三十一回:"大凡是个虎,胸前便有一块骨头,形如'乙'字,叫作'虎威',佩在身上,专能避一切邪物。"

三　与"邪忤"相关的词语

"邪忤"一词由"难以名状的邪戾怪物"义引申可泛指造成灾祸的妖邪之物。[1] 因其本无一定的具体形状可言,故有指人、兽、鬼的不同说法,即既可指狐、虎、狼等野兽,又可指鬼怪,还可指凶狠的人,然皆有令人害怕之义,且因音近而有"野狐"、"野零"、"野胡"、"夜狐"、"夜壶"、"夜胡"、"邪虎"、"麻胡"、"妈虎"等写法,[2] 在语义上则皆有相似之处。关于这些词的词义,说法不一。有说是狐或近似狐的动物。如《慧琳音义》卷四十一释《大乘理趣六波罗蜜多经》卷一"野干"一词云:"或云射干。射音夜。司马彪及郭璞并云'野干能缘木',《广志》云'巢于危岩高木',故知非野狐也。淮南名曰麻狐。禅经又云'见一野狐,又见野干',故知二别,野狐大于野干也。"[3] 有说是狼,如 1936 年《盐山新志》载:"麻胡,俗云狼也。俗儿啼,怖以麻胡即止。"[4] 也有说是猴,认为"麻胡"乃是"猕猴"的音转。[5] 又有说是鬼,或用以指凶恶的人。据唐李匡义《资暇集》卷下"非麻胡"条载:"俗怖婴儿曰麻胡来,不知其源者以为多髯之神而脸刺者,非也。隋将军麻祜性酷虐,炀帝令开汴河,威棱既盛,至稚童望风而畏,互相恐吓曰麻祜来。稚童语不正,转祜为胡。只如宪宗朝泾将郝玭,蕃中皆畏惮,其国婴儿啼者以玭怖之则止。又武宗朝,闾阎孩孺相胁云薛尹来,咸类此也。况《魏志》载张文远辽来之明证乎。"又据宋王楙《野客丛书》卷二十一《麻胡》载:"今人呼'麻胡来',以怖小儿,其说甚多。《朝野佥载》云:伪赵石虎以麻将军秋帅师。秋,胡人,暴戾好杀。国人畏之。有儿啼,母辄恐之曰:'麻胡来!'啼

---

[1] "邪忤"有令人害怕义,有的方言又有"厉害"义,记其音写作"邪虎"。如毕方、钟涛《千重浪》第八章:"他们吵得再邪虎,也损伤不着咱们一根毫毛。"又引申有"怪异;玄乎"义。如康濯《东方红》第六章:"这村子里怎么想不到的邪虎事儿那么多啊!"

[2] 如《聊斋俚曲·慈悲曲》:"今日跟到山里,万一撞着犸虎着呢?"又《磨难曲》:"淌里洋来淌里洋撞,马虎好似狼。"参吴庆峰《"麻胡"讨源》,《山东师范大学学报》1983 年第 3 期。

[3] 《正续一切经音义》,上海古籍出版社 1986 年影印本第 1605 页。

[4] 参许宝华和宫田一郎《汉语方言大词典》(中华书局 1999 年版,第 5704 页)。丁惟汾《俚语证古》卷十二《兽》:"威吓小儿,每云吼子来了。吼字当作夒(古音读吼)。"又"狼谓之'麻虎'。'麻虎'为'夒虎'之双声音转。《尔雅·释兽》:'夒獶似猴。'《释文》引《字林》云:'獶,狼属。一云狐也。'虎,谓其如虎食人也。"(齐鲁书社 1983 年版,第 270 页和第 273 页)张文质《"妈虎"释义》一文认为"妈虎虽然又叫毛猴,但它既不是虎,也不是猴,而是狼"。(《河北师范大学学报》1989 年第 3 期)

[5] 吴庆峰《"麻胡"讨源》,《山东师范大学学服》1983 年第 3 期。

声即绝。又《大业拾遗》云炀帝将去江都，令将军麻祜浚阪。祜虐用其民，百姓惴栗，呼麻祜来以恐小儿，转祜为胡。又《南史》载刘胡本名坳胡，以其面坳黑，以胡为名，[①]至今畏小儿啼，语曰刘胡来，啼辄止。又《会稽录》载会稽有鬼，号麻胡，好食小儿脑，遂以恐小儿。"[②]清翟灏《通俗编》卷三十四《状貌》释"麻胡"一词载各家说法甚详，指出"数说各殊，未定孰是。今但以形状丑驳、视不分明曰麻胡，而转胡音若呼。"陈刚先生《关于"妈虎子"及其近音词》一文指出"大抵说来，这类词所指不外乎人、兽、鬼三个方面"。认为北京话里的"妈虎子"一词来自江淮地区，在词义上又与其他近音词相混。这些近音词还包括满语的词在内。如果进一步作广泛调查，也许可以发现以"m-h-"形式构成的"人、兽、鬼"名称还有不少，各地词义交错的情形也许更复杂些。[③]

上海话过去（20 世纪五十年代初）为使小孩听话而哄吓小孩仍说到"野胡"一词，如"侬再不闭上眼睛困觉，野胡要来了"。马叙伦《读书续记》卷一说："杭人恐吓小儿，辄曰阿胡来，谓是象虎声也。"[④]鲁迅《朝花夕拾·〈二十四孝图〉》说："北京现在常用'马虎子'这一句话来恐吓孩子们。或者说，那就是《开河记》上所载的，给隋炀帝开河，蒸死小儿的麻叔谋；正确地写起来，须是'麻胡子'。""妨害白话者的流毒却甚于洪水猛兽，非常广大，也非常长久，能使全中国化成一个麻胡，凡有孩子都死在他肚子里。"[⑤]陈刚先生《关于"妈虎子"及其近音词》一文说到"北京城里人过去

---

①　《南史》卷四十《刘胡传》："刘胡，南阳涅阳人也，以面坳黑似胡，故名坳胡，及长单名胡焉。"中华书局 1975 年版，第 1028 页。

②　宋曾慥《类说》卷二十九《麻胡》亦云："俗怖婴儿曰麻胡。隋将军麻祜，性酷虐，稚童互相恐吓曰麻祜来，转祜为胡。如宪宗朝泾将郝玭，番中皆畏其威，婴儿啼者以玭怖之则止。武宗朝孩孺相胁云薛尹来者类此也。"又卷四十《麻胡恐小儿》："后赵石勒将麻秋性觥险，太原胡人也，有儿啼母辄恐之麻胡来啼声绝，至今以为故事。"《十六国春秋》卷二十二《麻秋》："麻秋，太原胡人也。仕勒为征东将军。虎世为凉州刺史。率众伐凉，互有胜败。秋植性虓险鸩毒，有儿啼，母辄恐之曰：麻胡来。啼声遂绝。"宋高承《事物纪原》卷十《麻胡》云："《朝野金载》曰后赵石勒将麻胡性虓险鸩毒，有儿啼每辄恐之麻胡来啼声绝。《本草拾遗》曰炀帝将幸江都，命麻胡浚汴河，以木鹅试波深浅，止皆死。每儿啼言麻胡来即止，人畏若是。《演义》曰今俗以麻胡恐小儿，俗传麻胡（'胡'似为衍字）祜为隋炀帝将军开汴河，甚毒虐，人多惧之。胡祜声相近，以此呼之耳，误矣。《会稽录》云会稽有鬼号麻胡，好食小儿脑，遂以恐小儿。若麻祜可以恐成人，岂独小儿也。"《金史》卷一百十一《赫舍哩约赫德传》："（赫舍哩约赫德）以屡败宋兵，威震淮泗，好用鼓椎击人，世呼曰卢鼓椎。其名可以怖儿啼，大概如呼麻胡云。"明徐应秋《玉芝堂谈荟》卷六："怖小儿之麻胡，前有秋，后有佑，又有刘胡及鬼，俱曰麻胡，凡四见。"

③　陈刚《关于"妈虎子"及其近音词》，《中国语文》1986 年第 5 期。

④　马叙伦《读书续记》，商务印书馆民国二十年版第 20 页。

⑤　鲁迅《朝花夕拾·〈二十四孝图〉》，人民文学出版社 1956 年版第 232 页。鲁迅在《后记》中又说："我在第三篇讲《二十四孝图》的开头，说北京恐吓小孩子的'马虎子'应作'麻胡子'，是指麻叔谋，而且以他为胡人。现在知道是错了，'胡'应作'祜'，是叔谋之名，见唐人李济翁的《资暇集》卷下，题云《非麻胡》。"

常用'妈虎子'一词哄小孩","在词义上,北京人多数不知道'妈虎子'是什么,只知道是用来吓唬小孩的。"

四 "邪忤"一词的语源

据有关文献记载,古代民间有逐除邪魔的驱傩打鬼活动。如清富察敦崇《燕京岁时记·打鬼》载:"每至打鬼,各喇嘛僧等抢演诸天神将以驱逐邪魔,都人观者甚众,有万家空巷之风。"宋代俗呼"打夜胡"。如孟元老《东京梦华录》卷十《十二月》:"自入此月,即有贫者三数人为一火,装妇人神鬼,敲锣击鼓,巡门乞钱,俗呼为打夜胡,亦驱祟之道也。"又如吴自牧《梦粱录》卷六《十二月》:"自此入月,街市有贫丐者三五人为一队,装神鬼判官钟馗小妹等形,敲锣击鼓,巡门乞钱,俗呼为打夜胡,亦驱傩之意也。"又作"打野狐"。如宋赵彦卫《云麓漫抄》卷九:"世俗,岁将除,乡人相率为傩。俚语谓之打野狐。按《论语》:'乡人傩,朝服立于阼阶。'注:'大傩,驱逐疫鬼也。'亦呼为野云①戏。今人又讹耳。"

"打夜胡"、"打野狐"的"夜胡"、"野狐"又作"野虖",如唐姚思廉《梁书》卷九《曹景宗传》:"(景宗)为人嗜酒好乐。腊月于宅中使作野虖逐除,遍往人家乞酒食。本以为戏,而部下多剽轻,因弄人妇女,夺人财货,高祖颇知之,景宗乃止。"②《南史》亦载有此文,文中"野虖"则作"邪呼"。③考"邪呼"为驱傩打鬼时的叫喊声,"邪呼"在表示叫喊这一意义上又与人们劳动时一起用力喊叫的号子声相似,很可能其最初也只是记录当人们见到不可名状的怪物时发出的惊叫声,或者是记人们驱除怪物时发出的恐吓怪物之声,"邪"为以母麻韵的发声词,后又兼用"邪"的邪母麻韵所表的"不正"和"邪恶"义。据《淮南子·道应训》载:"今夫举大木者,前呼邪许,后亦应之,此举重劝力之歌也。"又作"邪轷"、"舆謣"、"邪謣"等。《文子·微明》:"今夫挽车者,前呼邪轷,后亦应之,此挽车劝力之歌也。"《吕氏春秋·淫辞》:"今举大木者,前呼舆謣,后亦应之。"高诱注:"舆謣,或作邪謣。前人倡,后人和,举重劝力之歌声也。"④又据《后汉书·礼仪志》载:"先腊一日大傩,谓之逐疫。其仪:选中黄门

---

① 云(雲),似为"雩"之讹。《汉语大词典》据此而立有"野云戏"一词,释为"大傩的别称"。

② 《梁书》标点本校勘记:"'野虖',《南史》作'邪呼'。按'野虖'、'邪呼'并状众謼叫声,词异而义同。"中华书局 1973 年版第 185 页。

③ 唐李延寿《南史》卷五十五《曹景宗传》:"腊月于宅中使人作邪呼逐除,遍往人家乞酒食。本以为戏,而部下多剽轻,因弄人妇女,夺人财货,帝颇知之,景宗惧乃止。"中华书局 1975 年版第 1357 页。

④ 许维遹《吕氏春秋集释》卷十八按:"《文子·微明篇》舆謣作邪许,《淮南》同,他籍或作邪所,声近而义同。今北方共著力于一事者,犹有劝力之歌。"中国书店 1985 年版第 19 页。晏鸿鸣《"歇和"探源》指出:

子弟年十岁以上,十二以下,百二十人为侲子。"宋吴仁杰《两汉刊误补遗》卷九《傩呼》云:"大傩,选百二十人为侲子囄呼。仁杰按:《淮南书》举大木者前呼邪许,后者应之,盖众声和呼之义,故汉制大傩囄呼而后世谓之邪呼。《南史》曹景宗腊月于宅中使人作邪呼逐除徧往人家是也。近时小说乃作打夜狐,不知邪呼自有本字。许嵩谓俗呼野雩及野胡,亦误也。"

驱傩打鬼的"打夜狐"后又演变为一种娱乐游戏。如符曾《南宋杂事诗》卷四:"才见贫儿打夜狐,禁园鼓吹又喧呼。东华门外龙池上,埋祟年年果有无。"又如元张铉《至大金陵新志》卷十四《摭遗》:"京师每岁除日行傩,今所谓逐除也。结党连群,通夜达晓,家至门到,责其送迎。孙兴公尝著戏为傩,至桓宣武家。宣武觉其应对不凡,推问之,乃兴公。案《礼》:'傩,逐疠鬼也。'《论语》云:'乡人傩,朝服立于阼阶。'注云:'傩,驱逐疫鬼也。'亦呼为野雩戏,今俗谓傩为野胡,并讹言耳。"据宋杨彦龄《杨公笔录》云:"唐敬宗善击球,夜艾自捕狐狸为乐,谓之打夜狐,故俗因谓岁暮驱傩为打夜狐。"又据宋梁克家《淳熙三山志》卷四十《土俗类二·岁除》载:"驱傩,乡人傩,古有之。今州人以为打夜狐。曾师建云:《南史》载曹景宗为人好乐,在扬州日,至腊月则使人邪呼逐除,徧往人家乞酒食以为戏。迄今闽俗乃曰打夜狐。盖唐敬宗夜捕狐狸为乐,谓之打夜狐。闽俗岂以作邪呼逐除之戏与夜捕狐之戏同,故云。抑亦作邪呼之语讹而为打夜狐欤?"明方以智《通雅》卷四十九"打夜狐跳鬼"亦云:"唐敬宗自捕狐狸,谓之打夜狐。今民称跳鬼为打夜狐,讹为野胡。"考刘昫《旧唐书》卷十七上《敬宗传》载:"帝好深夜自捕狐狸,宫中谓之打夜狐。"又宋祁《新唐书》卷二百八《敬宗传》载:"帝夜艾自捕狐狸为乐,谓之打夜狐。"《旧唐书》和《新唐书》所载敬宗打夜狐的自捕狐狸为乐亦当是类似驱傩打鬼的娱乐游戏。①

五 "野胡"、"妈虎"等词的引申义

"打野狐"装神鬼要扮成神鬼的模样,故"野胡"、"妈虎"等词又有"鬼脸"义。上

"几种典籍时代接近,记载相似,是这个词在此期公认的语义。"《清史稿》卷三百六十一:"防边之道,兵民相辅。""来则痛击,去则修边。前戈矛,后邪许。"例中"邪许"除"修边"时的"劝力之歌",还有"痛击"时的"助威之声"的语义。《语言研究》2006年第3期。

① 据明朱权《太和正音谱》卷上《词林须知》论述杂剧角色渊源说:"付末,古谓苍鹘,故可以扑靓者。靓谓狐也,如鹘之可以击狐,故付末执槛瓜以扑靓是也。""付粉墨者谓之靓,献笑供诸者也。古谓参军,书语称狐为田参军,故付末称苍鹘者以能击狐狸。"刘宗迪《狐魅渊源考》一文认为打夜狐是参军戏。"野虖"或"邪呼"与"夜狐"乃一声之转,以"夜狐"为"邪呼"等,当是史家不谙"打夜狐"之本事,而仅取其声尔。(《攀枝花大学学报》1998年第1期)陈多《新世纪傩戏学发展刍议》一文说"屡见于唐、宋人笔下的'打夜狐''打野泊'、

海人过去(20世纪五十年代初)大人与小孩逗乐吓唬小孩或孩子们互相吓唬逗乐时往往用两手食指扒住外眼角往下拉,同时再用小指扒住嘴角往两边拉,扮作鬼脸,口里嚷嚷着"野胡来了"。陈刚先生《关于"妈虎子"及其近音词》一文说北京也有"扒妈虎儿"一语,"即用两手扒住眼角及嘴角来扮鬼脸。河北省说'扒妈猴儿'"。[①]上海话形容小孩调皮弄得满脸肮脏叫"夜壶脸","夜壶脸"也指纸制的面具。[②]"夜壶"为记音词,其源亦似与"邪忤"有关,意谓脸肮脏得像鬼脸一样难看。陈刚先生《关于"妈虎子"及其近音词》一文也说到安徽安庆一带有时用"麻虎子"一词来比喻污秽的儿童面孔。此义又与满语相关。据《清文鉴》卷七《乐器》三载,满语 mahu 一词的汉译为"鬼脸",又据《大清一统志》卷三十六载:"玛呼,国语面具也。"又附《翻译语解》:"玛呼,国语鬼脸也。"[③]

　　"野狐"、"麻胡"等所指多为抽象而难以名状的怪物,故由此引申则有"模糊"义。[④]如杜甫《戏作花卿歌》:"绵州副使着柘黄,我卿扫除即日平。子璋髑髅血模糊,手提掷还崔大夫。"又如《朱子语类》卷一百三十二:"绍兴间,曾天隐作中书舍人。曾亦贤者,然尝为蔡京引用。后修《哲宗实录》成,太上赵丞相要就褒赏修《实录》官,制辞上说破前后是非。曾以蔡之故,常主那一边,及行词只模糊。"又作"模胡"。如宋胡宏《五峰集》卷二《与彪德美》:"须是指摘分明说出,难为模胡说也。"又《与谈子立》:"见处要有领会,不可泛滥。要极分明,不可模糊,直到穷神知化处,然后为是耳。"例中"模糊"与"模胡"为记音词,皆有"不分明;不清楚"义。由"不分明;不清楚"义引申又有"草率,马虎"义。如明朱橚《普济方》卷八十三《坤壬》:"呕而发

'打野呵'、'打野胡'、'野云戏'等中的'夜胡'、'野泊'等等,总不外是'胡头'('狐头'、'野狐脸'——吴语对面具的俗称)等的谐音;所以它们只是源自南北朝、隋、唐时民间对以'胡头'等丰富了的'傩戏'、'面具戏'、带面具抢演的戏的别称、俚语而已。"(《戏剧艺术》2003年第1期)蔡敦勇《路歧新考及其它》一文指出"打野呵"与"打野胡"、"打夜胡"、"打野狐"不同。(《艺术百家》1998年第3期)

① 陈刚《关于"妈虎子"及其近音词》,《中国语文》1986年第5期。

② 许宝华和宫田一郎主编的《汉语方言大词典》和李荣主编的《上海方言词典》收释有"夜壶脸",中华书局1999年版,第3564页和江苏教育出版社1997年版第77页。

③ 李铭《马虎考》一文说:"野胡、夜胡,盖亦指麻胡。此语传入满洲,满人因称假面为'玛呼'。世人所云'装玛呼'者,即装假面,亦即装鬼脸之意。盖又由满语传入汉语中。又辗转讹变而谓装胡涂为'装玛呼',遂混'玛呼'与'模糊'为一,而'模模糊糊',亦作'马马虎虎'矣。"(《逸经》第九期,1936年)肇黄《麻胡考》一文说,野胡"盖亦指麻胡,传入满州,因称假面为'玛呼'。"(《现代评论》第4卷第80期)马思周《满汉合造"妈虎子"》一文认为"妈虎子"是满汉语融合的产物,"清代满族的'妈呼(狐)'只有两个义项:指鬼脸,指怪兽。""汉族'麻胡',清代以前指人、指丑、指鬼。融合后满语排挤了汉语,唯'兽'(或怪兽)及其引申义'恶魔'得以行世。汉语改变满语,使该词成为吓唬小孩儿的专用语。"(《吉林师范学院学报》1998年第4期)

④ 参吴庆峰《"麻胡"讨源》,《山东师范大学学报》1983年第3期。

热用柴胡,此证多由胃气虚。怫郁诸经并表里,良医审视莫模糊。"《汉语大词典》释此义引清陈康祺《郎潜纪闻》为首见例,偏晚。

　　"模糊"一词后又可隐实示虚趣写作"马虎"。① "马虎"一词用以表"草率,马虎"义出现较晚,《汉语大词典》引叶圣陶《潘先生在难中》为首见例。② 吴方言中与此义有关的记音词尚有"耶耶乎"一词,义为"随便,马虎,不负责,不高明"等。如鲁迅《集外集拾遗·公民科歌》:"做个公民实在弗容易,大家切莫耶耶乎。"注:"耶耶乎,上海一带方言,马马虎虎的意思。"也作"约约乎"、"呀呀乎"、"呀呀呼"、"呀呀糊"。③ 如《九尾龟》第二十三回:"勿要半夜里转去受仔风寒,倪倒担勿落格个干系,耐格身体又亏,勿是约约乎格。"《九尾狐》第四十四回:"阿晓得眼下格时世,靠勿住格人实在多,嘴里说得蛮蛮好,心里其实约约乎。"《嘉定县续志》:"约约乎,俗谓随便也。"④《海天鸿雪记》第十四回:"又春道:'倻格做生意,本来是呀呀乎格。'"又十八回:"真呀呀乎格人,倪也看勿入眼。"《文明小史》第十二回:"呀呀呼!当典里的规矩,就是一根针也得估估看,那有不看东西,不估价钱,可以当得来的?真正呀呀呼!"此词也用以形容"质量差、水平低"。⑤ 又作"夜夜壶"、"雅雅和"、"亚亚乎"等。如:"倻葛两个字是写得雅雅和葛。"⑥又有记音的"野胡蛋"一词也指"不负责,不高明"。禅宗讥讽一些妄称开悟而流入邪僻的人为"野狐禅",据《五灯会元·百丈怀海禅师》载,从前有一老人谈因果,因错对一字,就五百生投胎为野狐。后遇百丈禅师点化,始得解脱。考"野狐禅"中"野狐"的词义,似亦与难以名状的"模糊虚妄"和"草率疏忽"义有关。

　　大致而言,"邪忤"一词至迟不晚于东晋已出现,具有指"丑恶暴戾又难以名状的怪魔"义,"麻胡"、"马虎"、"野狐"、"野胡"、"夜狐"、"夜壶"、"夜胡"、"玛呼"等作为记音词则与其似皆有语源上的关联。

---

　　① 周作人《苦竹杂记·模糊》一文说,模糊今俗语云麻糊,或写作马虎。我想这不必一定用动物名,还是写"麻糊"字,而南北可通用。刘瑞明《"马"与"狗"的谐音示虚趣难词》一文认为"模糊"最早本是"麻糊"的写法。"麻糊"见字明义,是真实理据,而"马虎"是隐实趣写。《宁夏大学学报》2002年第2期。

　　② "马虎"一词大约在元代已趋于成词,如崔遵《和裕之》:"行李西来便得君,相从回首七经春。君方备悉原思病,我亦私怜仲父贫。底事前成今日别,枯肠难著此愁新。鸢肩火色真将验,马虎何劳更问辛。"(《元遗山诗集笺注》附录,人民文学出版社1989年版,第695页)但尚未见有表"草率,马虎"义的用例。

　　③ 《清稗类钞·上海方言》:"呀呀糊,糊涂也。"

　　④ 吴连生《吴方言词考》认为"耶耶乎"字应作"约约乎"。"约"有"大概、差不多"义。"约约乎"便是"差不多"的意思,引申为马马虎虎。汉语大词典出版社1998年版第37页。

　　⑤ 参吴荣主编的《上海方言词典》,江苏教育出版社1997年版第333页。

　　⑥ 吴方言中表示程度严重或令人吃惊之义又有记音词"夜夜和"一词,如:"一件衣裳要一万块,真是夜夜和哉。"参汪平《〈苏州方言词典〉补遗》,载《吴语研究》,上海教育出版社2003年版第124页。

敦煌变文语词辨释

西南大学汉语言文献研究所　蒋宗福

自敦煌文书发现以来,其变文部分经过许多学者的研究,解读破译了大量疑难问题,除敦煌学本身取得了重大进展外,又为更好地利用敦煌文献这一宝库开展各相关学科的研究奠定了坚实的基础,这是值得充分肯定而又令人欣喜的成就。当然,不可否认的是,由于敦煌文书多数写卷抄写质量不高,加之年代久远,损泐漫漶,还有一些疑难问题没有彻底廓清,需要我们继续努力。有鉴于此,援例就个别尚有争议的问题提出来讨论。

黑侵侵

《敦煌变文校注·妙法莲花经讲经文(四)》:"昔有五百长者,身色一似黑灰。知佛现大光明,不敢向前礼拜。我佛只为怜悯,怕伊心地羞惭。忽然变却金容,也作灰身形状。此人灰相黑侵侵,终是羞惭恶业深。欲礼毫光长隐映,每逢妙相即沉吟。"(页746)黄征先生《敦煌变文疑难字词考释》谓"黑侵侵"为"浓黑貌",他说:"《敦煌变文校注》注曰:'侵侵,形容丑陋之状。'按:'侵侵'作为'黑'的后补成分,它只能对'黑'作一点意义加强作用,而不能自己另外表达'丑'的意义。实际上,表达'丑'义的是'黑侵侵'整个词,因为在古代面貌黑色是丑陋的象征。'黑侵侵'一词虽然不习见,但与之类似的词语'黑乎乎'、'黑魆魆'、'黑浸浸'、'黑黢黢'、'黑林侵'等,都是形容黑色之深的。"[1]

按《校注》将"黑侵侵"一词拆开训释,确有未当,黄先生的批评是有道理的。至于说"表达'丑'义的是'黑侵侵'整个词,因为在古代面貌黑色是丑陋的象征",似有可商。变文"此人灰相黑侵侵",显系描写人物相貌,"黑侵侵"是对"灰相"的复写,即"黑侵侵"就是"灰相",并非既是"灰相"又"黑侵侵",这是因为变文前面是以散句

---

① 《敦煌语言文字学研究》,甘肃教育出版社,2002年12月第1版,第87—88页。

铺写:"五百长者,身色一似黑灰","我佛……忽然变却金容,也作灰身形状",显然"灰身形状",与"身色一似黑灰"相似,目的是"怕伊心地羞惭",故"此人灰相黑侵侵",谓人相貌黑。若谓"此人灰相浓黑貌"或人相"浓黑貌",则于义并不协恰。另外,谓"在古代面貌黑色是丑陋的象征",恐亦不可一概而论。如南朝梁慧皎《高僧传》卷一《康僧会》:"(支谦)博览经籍,莫不精究;世间伎艺,多所综习;遍学异书,通六国语。其为人细长黑瘦,眼多白而睛黄,时人为之语曰:'支郎眼中黄,形躯虽细是智囊。'汉献末乱,避地于吴。孙权闻其才慧,召见悦之,拜为博士,使辅导东宫,与韦曜诸人共尽匡益。"又卷七《释慧静》:"姓王,东阿人。少游学伊洛之间,晚历徐衮。容貌甚黑,而识悟清远。时洛中有沙门道经,亦解迈当世,与静齐名,而耳甚长大。故时人语曰:'洛下大长耳,东阿黑如墨。有问无不酬,有酬无不塞。'"世人并不以支谦"细长黑瘦"、慧静"容貌甚黑"为丑陋。

"黑侵侵"形容黑而光亮的样子,今四川绵阳、三台、梓潼、江油等地甚至今在西南官话中习用,书面或作"黑浸浸"[1]。《大词典》收录"黑浸浸",谓"乌黑光亮貌",首引周立波《山乡巨变》:"她的稠密的黑浸浸的头发,衬着太阳照映的金黄的稻草,显得越发黑亮了。"周立波为湖南益阳人。"浸浸"作词尾,构成"ABB"式的词语,西南官话中习见。如"油浸浸",谓"含油很多或油浸透的感觉"[2];"汗浸浸",形容微微出汗的样子,元曲中习见[3]。

烺

《维摩诘经讲经文(一)》:"狂痴心,煎似锅,焰焰添莘(薪)烺天猛。"(《敦煌变文集》540页、《敦煌变文校注》762页)笔者最近见到黄征先生《敦煌变文疑难字词考释》所作新解:

> 《敦煌变文校注》曰:"烺,蒋礼鸿谓是'炮'的形近误字。近是。……但'炮'是一个生僻字,未见于载籍使用,……实在令人怀疑。……我们怀疑'烺'为'娘'的误字。'娘'为'朗'字别构。……'娘天猛'指火焰之烈把天都照明了。……"按:此上两说似皆未妥,"烺"应该是"张"的形误字。'张天'是一个经常用以形容灰尘、烟焰飞腾的形容词,例如《张议潮变文》:"分兵两道,里合四边。人持白刃,突骑争先。须臾阵合,昏雾张天。"(180.4)"张天"与此同,即

---

① 参见拙作《四川方言词语考释》,巴蜀书社,2002 年 9 月第 1 版,第 266 页。
② 曾晓渝主编《重庆方言词解》,西南师范大学出版社,1996 年 7 月第 1 版,第 395 页。
③ 参见拙作《四川方言词语考释》,巴蜀书社,2002 年 9 月第 1 版,第 258 页。

满天之意。此词早已有之,如《三国志·周瑜传》:"顷之,烟炎张天。""烟炎"之"炎"音义同"焰",故变文"焰焰添莘(薪)张天猛"句与《三国志》句意思相同。①

按蒋礼鸿、张涌泉先生所释固然非是,但思路大致不差,即从形误或音误上求解,"炮"与"烺"、"烺"和"烺"形近,而"烺"与"朗"同音②。黄征先生谓"'烺'应该是'张'的形误字",其实两字形并不近,"烺"不可能是"张"的形误字;所谓"'张天'是一个经常用以形容灰尘、烟焰飞腾的形容词",这是由常用词"张天"猜测"烺天",但并无根据,实难令人信服。

上引"狂痴心,煎似锅,焰焰添莘(薪)烺天猛",任半塘先生《敦煌歌辞总编》第678首后附此卷录文则作"枉痴心,煎似滚。火焰添薪烺天猛",并于"烺"字后注"待校"(页1130)。此继蒋礼鸿先生《敦煌变文字义通释》之后,显然任先生并不认同蒋校,而《敦煌变文校注》虽作了详校,但仍有怀疑(其结论略见上面黄文所引),黄征先生《敦煌变文字义新待质录》第34条即"烺"字,先对《校注》的解说提出质疑③,进而有《敦煌变文疑难字词考释》一文所作新解。由此可见,这确实一个疑难问题。

"烺"字不见于古今字书,但见于敦煌文书伯3913《坛法仪则·付法藏品部第三十四》、北图咸字29v(3554)号《付嘱法藏传略抄并注》:"火先焚经像,检录科仪,悉为烺烬,一无所遗。"笔者2002年曾就此作过讨论④,近读黄征先生新说,觉得这一问题距正确答案已愈来愈远,有必要就此再略作申述,以质证于方家。

"烺天猛"与伯3913"烺烬"均不辞,"烺"实即"煨"字形讹。斯4478《付法藏因缘传》:"持火用焚经像,悉为灰烬,一无所遗。"与伯3913例句式几乎完全相同。又,同记佛图经像神奇的斯516、伯3717《历代法宝记》云:"道经子书符术等,见火化为煨烬。"可见伯3913"悉为烺烬",即斯4478之"悉为灰烬"、斯516及伯3717之"化为煨烬"。

又,"悉为煨烬",为写被火套话。如唐韦绚《刘宾客嘉话录》:"或云后借得岐王一年,王家失火,图书悉为煨烬,此书亦见焚。"《旧唐书·音乐志二》:"广明初,巢贼干纪,舆驾播迁,两都覆圮,宗庙悉为煨烬。"《五灯会元》卷六《宋太宗》:"京寺回禄,

---

① 《敦煌语言文字学研究》,甘肃教育出版社,2002年12月第1版,第88页。
② 详见蒋礼鸿先生《敦煌变文字义通释》增补定本"炮"条,上海古籍出版社,1997年10月新3版,第361页;黄征张涌泉《敦煌变文校注》,中华书局,1997年5月第1版,第762页。
③ 《中古近代汉语研究》第一辑,上海教育出版社,2000年4月第1版,第224页。
④ 见拙作《敦煌禅宗文献研究》第142—143页,四川大学博士论文,2002年。

藏经悉为煨烬。"宋范致明《岳阳风土记》:"东南楹亦有谢仙二字,逼近柱础,又不知何也,其后摹刻岳阳楼上,元丰二年岳阳楼火,土木碑碣悉为煨烬,惟此三字曾无少损,至今尚存。"

《大词典》"煨烬"①谓"灰烬,燃烧后的残余物",首引晋左思《魏都赋》:"翼翼京室,耽耽帝宇。巢焚原燎,变为煨烬。"正与伯 3913 及斯 4478 合,亦可证"烬烬"即"煨烬"。又,《说文·火部》:"煨,盆中火。"《大字典》《大词典》"煨"均立"焚烧"义,首并同引《新唐书·沙陀传》:"克用请帝还京师,以二千骑卫乘舆。时宫室煨残,驻尚书省。"《敦煌变文校注》认为"'炪'是一个生僻字,未见于载籍使用,讲经文作为一种民间文学(其作者和听众大抵为'下里巴人'),却使用这样的生僻字,实在令人怀疑。从句子结构看,'天'字前似乎应该是一个动词才合适"①,"煨"字正好充当了动词这个角色,"煨天猛"指烧得很猛,烈焰腾空;"煨"字非僻字,"民间文学"用之正得其宜。"焰焰添莘(薪)烬天猛","烬(煨)"谓燃烧,句意犹今俗语"众人拾柴火焰高"。

筋吒

黄征先生《〈变文字义待质录〉考辨》第 38 条"筋吒":《佛说观弥勒菩萨上生兜率天经讲经文》:"把戟夜叉肥薿趚(薿趚),持枪罗刹瘦筋吒。"(页 650)……"筋吒"或是主谓结构。……《索隐》说:"吒音宅,与磔同。"……引《通俗文》:"张伸曰磔。"筋吒,似乎是说因为身瘦而筋脉呈露开张。

征按:"吒"是"吒"的别字,《说文》:"吒,喷也,叱怒也。"《史记·淮阴侯列传》:"项王暗噁叱吒,千人皆废。"司马贞索隐:"吒,字或作吒,叱吒,发怒声。"由发怒而引申为青筋额暴,应无不可。或改"筋吒"为"筋斗",未确②。

按"肥薿趚(薿趚)"与"瘦筋吒"前后对举,一写肥胖,一写瘦,意思显豁,未必定从"吒"字而求深解。古今形容瘦的词语很多,如宋元文献中有"瘦岩岩"、"瘦恹恹"、"瘦亭亭"、"瘦怯怯"、"瘦伶仃"等③。今四川方言常用词如"瘦筋筋",形容瘦骨伶仃的样子;"瘦卡卡",形容很瘦弱④;"瘦壳壳",形容很瘦,像是只剩了一个躯壳的样子⑤。变文"瘦筋吒",犹今蜀语"瘦筋筋",形容持枪罗刹瘦骨伶仃的样子。

① 中华书局,1997 年 5 月第 1 版,第 762 页。
② 《敦煌语言文字学研究》,甘肃教育出版社,2002 年 12 月第 1 版,第 72—73 页。
③ 高文达主编《近代汉语词典》,知识出版社,1992 年 3 月第 1 版,第 724 页。
④ 王文虎等《四川方言词典》,四川人民出版社,1987 年 11 月第 1 版,第 360 页。
⑤ 罗韵希等《成都话方言词典》,四川省社会科学院出版社,1987 年 11 月第 1 版,第 194页。

梭梭

黄征先生《〈变文字义待质录〉考辨》交末附《敦煌变文字义新待质录》,第 54 条"梭梭":《双恩记》:"双眉郁郁人敷鬓,两耳梭梭重埵轮。"(940.5)①

按"梭梭"与"郁郁"对举,一写双眉,一写两耳。郁郁,谓茂密,此写双眉浓密。梭,今四川方言重叠为"梭梭",作形容词尾表状态,如"黑梭梭"、"长梭梭"、"萎梭梭"等②;又,梭有斜义,当由梭为引纬线的织具的形状比附而来,如"梭梭头",《四川方言词典》356 页谓"一种女式发型。短发过耳,由前向后逐渐放长。不别发夹",《重庆方言词解》299 页谓"一种女式短发型,因发式由上斜溜往下,故名"。"两耳梭梭垂埵轮",当谓两耳轮斜溜耳垂下弹,因人耳轮上宽下窄,而相面者一般以耳垂肥厚下垂者为福相,所谓"两耳垂肩,两手过膝"为大福大贵之相。

不是莫错

黄征先生《〈变文字义待质录〉考辨》第 63 条"不是莫错":《大目乾运冥间救母变文》:"报言狱主:'我无儿子出家,不是莫错?'"(1033.5)③

按此为青提夫人告狱主的话,本为口语对白。因目连救母找到地狱,狱主告青提夫人,青提夫人大感意外,故急切中说:"我无儿子出家,不是……莫错?"犹谓我无儿子出家,来者三宝不是我儿,莫不搞错了?"不是莫错"这样的句式虽不多见,但意思并不难理解,而相近的句式则习见,如《祖堂集》卷四《药山和尚》:"师问僧:'汝从什摩处来?'对曰:'南泉来。'师曰:'在彼中多少时?'对曰:'经冬过夏。'师曰:'与摩则作一头水牯牛去也。'对曰:'虽在彼中,不曾上他食堂。'师曰:'不可口吃东西风也。'对曰:'莫错和尚,自有人把匙箸在。'"最后一句,《五灯会元》卷五《澧州药山惟俨禅师》则作"和尚莫错,自有拈匙把箸人在"。《景德传灯录》卷十一《台州胜光和尚》:"龙华照和尚来,师把住云:'作么生?'照云:'莫错。'师乃放手。"又卷二十二《泉州招庆院省僜净修大师》:"问:'全提不到,请师商量。'师曰。'拊掌得么?'僧曰。'恁么即领会去也。'师曰:'莫错。'"

————————

  ① 《敦煌语言文字学研究》,甘肃教育出版社,2002 年 12 月第 1 版,第 82 页。
  ② 罗韵希等《成都话方言词典》,四川省社会科学院出版社,1987 年 11 月第 1 版,第 190 页;曾晓渝主编《重庆方言词解》,西南师范大学出版社,1996 年 7 月第 1 版,第 299 页。
  ③ 《敦煌语言文字学研究》,甘肃教育出版社,2002 年 12 月第 1 版,第 83 页。

明清白话小说词语丛札

四川大学中文系/中国俗文化研究所 雷汉卿

摘要：通过搜罗文献例证并结合现代话的汉语方言,对现行语文辞书失收的明清白话小说词语进行考释,明确其含义;对一些现行语文辞书虽收录而义项不全的词语的意义给予补充。

关键词：白话小说 扛帮 没撩没乱 经济 稀哩麻哩

明清小说保存了大量方言俗语词,是研究近代汉语口语词的重要语料。笔者在阅读时发现:有不少词语未被现行语文辞书(如《汉语大词典》、《近代汉语词典》、《宋元明清百部小说语词大词典》等)收录,需要给予准确的解释。有些虽收录而义项往往有缺漏,有待补充。今就随手札记的若干词语整理成篇,以求教于同行专家。

【八抬八绰】《西游记》六十二回:"那当驾官即备大轿一乘,黄伞一柄,锦衣卫点起校尉,将行者八抬八绰,大四声喝路,径至金光寺。自此惊动满城百姓,无处无一人不来看圣僧及那妖贼。"《红楼圆梦》二十二回:"吩咐伺候,下面齐声答应。宝玉向司道等拱手道:'再会!'全副执事,八抬八绰进节署去了。"清张南庄《何典》卷三:"一到断过七,形容鬼撺掇着,就在阴山脚下寻块坏心地,做了鬼坟坛,在太岁头上动了土,把棺材生好牛头杠①,八抬八绰的扛出门去。"《汉语方言大词典》根据《何典》用例释为:"本指由八人抬、很宽绰的大轿子。引申为非常阔气,派头很大。"按:"八抬"即八个人抬,古代有八人抬的轿子叫"八人大轿"。《绿野仙踪》八十二回:"苏氏在地下拉了把椅儿,放在下面,等着庞氏母女坐了,方说道:'这位姑娘,将来穿蟒衣,坐八抬,匹配王公宰相,就到朝廷家,也不愁不做个正宫。'"《红楼梦》五十三回写贾母等"先坐八人大轿,带领众人进宫朝贺行礼"。又有"八抬八座"一说,比喻作大官。《儿女英雄传》十五回:"安老爷指了邓九公,向公子道:'这是九大爷,请安!'公子便恭恭敬敬的请了个安,喜得个邓九公双手敬捧起他来,说:'老贤侄,

---

① 成江注:"牛头杠,俗语。一横二竖的杠子,似牛头。"

大爷可和你谦不上来了。'又望着老爷说：'老弟，你好造化，看这样子，将来准是个八抬八座罢咧！'"

　　需要指出的是这里的"绰"和"宽绰"义无关。"绰"(chāo)有"抓、提"的意思，元郑光祖《三战吕布》第二折："某绰金盆在手，一金盆打杀了丁建阳。"《西游记》第二回："那魔王穿了甲胄，绰刀在手，与众妖出得门来，即高声叫道：'那个是水帘洞洞主？'"同上二十一回："老妖结束齐整，绰一杆三股钢叉，帅群妖跳出本洞。""绰"作为动词与"抬"对言，也是"扛"、"抬"的意思，《醒世恒言》三十四卷："朱家人也不打他，推的推，扯的扯，到像八抬八绰一般，脚不点地，竟拿上船。"既然是"推的推，扯的扯"，就像抬八抬大轿。《金瓶梅》七十回："少顷，只见官吏军士，各打执事旗牌，一对一对传呼，走了半日，才远远望见朱太尉，八抬八簇肩舆明轿，头戴乌纱，身穿猩红斗牛绒袍，腰横荆山白玉，悬挂太保牙牌、黄金鱼钥，好不显赫威严！""八抬八簇"意思是八个人抬轿，八个人簇拥围随。"簇"也是动词。江淮官话有"八抬八插"，孙锦标《南通方言疏证》卷三："今俗以高官坐轿者，谓之八抬八插。""插"也当是插杠而抬的意思。

　　【蹬】《何典》卷十："阎王大喜，慰劳了一番，便教将清胖大头鬼押赴市曹，剥皮蹬卵子，拆了骨头。"潘注："蹬卵子，宫刑。蹬，阉割。"成注："剥皮蹬卵子，在松江方言里，指杀羊宰牛。蹬卵子，也指阉割。"意思不错，便始终未落实"蹬"在此处的具体含义。就方言本字来说，"蹬"应该是"抌"字。《玉篇·手部》："抌，引也。"《广雅·释诂》："抌，引也。"王念孙疏证："古通作'顿'。《荀子·劝学篇》云：'若挈裘领，诎五指而顿之，顺者不可胜数也。'杨倞注云：'顿，挈也。'案：顿者，振引也。言挈裘领者，诎五指而振引之，则全裘之毛皆顺也。《释名》云：'挈，制也，制顿之使顺己也。'义与此同……今江、淮间犹谓引绳曰顿矣。"《金瓶梅》五十九回："被李瓶儿一手扯住他衣袖，央及道：'好哥哥，你饶恕我则个。'花子虚一抌，撒手惊觉。"文献中也作"顿"，蒲松龄《聊斋俚曲集·增补幸云曲》第三回："两程并做一程走，顿断丝缰又加鞭，恨不能插翅飞进宣武院。"同上《富贵神仙》第九回："路途遥远，路途遥远，快骡顿辔又加鞭。""抌"是中古㾃韵端母字，今普通话读 dèn，在西北甘肃、青海省方言中前后鼻音不分，读[təŋ³⁴](乐都)，把用手将物体拉住叫"抌住"，把绳子等使劲扯断叫"抌断"。北京土语里"抌"的意思是"短暂地一下一下拉"，如"听他说的不象话，就抌了一下他的衣裳"|"揪住绳子抌一下儿，牛就叫一声"①。

---

　　①　徐世荣编《北京土语辞典》，北京出版社 1990 年，第 102 页。

【扛帮】《大词典》"扛帮"条有两个义项:(1)结帮。明张居正《请申旧章饬学政以振兴人才疏》:"若纠众扛帮,聚至十人以上,骂詈官长,肆行无礼,为首者照例问遣。"《二刻拍案惊奇》卷十:"在城有一伙破落户管闲事吃闲饭的没头鬼光棍……专一捕风捉影,寻人家闲头脑,挑弄是非,扛帮生事。"清阮大铖《燕子笺·伪缉》:"扛帮作哄,谁许你口儿强!"(2)顶撞。明汪廷讷《狮吼记·谏柳》:"你言言嘲讪,句句扛帮。"《闹祠》:"俺岂不知夫妻恩爱须和顺,自是他朋友扛帮惹祸殃,此恨难忘。"

按:义项(1)书证阮大铖《燕子笺·伪缉》文与"结帮"义不合。义项(2)解释有误[①]。"扛帮"一词至今还存活在青海地区方言中,意思是有目的地用花言巧语撺掇、唆使别人做某事,相当于普通话的"唆使、怂恿"。如"乃(那)个哈怂坏蛋就会扛帮人"|"你我哈甭扛帮(你不要怂恿我),该做啥的我知道!"|"旁(别)人甭扛帮的话仗(架)打不起来"。《燕子笺》"扛帮作哄"是唆使挑起事端,所以才说"谁许你口儿强"。《狮吼记》的"扛帮"对"嘲讪"(讥笑),很容易理解成"顶撞",实则不然。"句句扛帮"是说每句话都带有挑唆的口气。所谓"讥笑"也是激将之法,暗含有"唆使"意味。《闹祠》"扛帮惹祸殃"意思是唆使挑拨而生祸患。从明清小说来看,"扛帮"的这个意义更显豁:

(1)忽又想:"翟让是个汉子,但恐久后被手下人扛帮坏了,也是肘腋之患。"(《隋唐演义》六十四回)

(2)这城中有一富户,姓甄名雍,原来是个破落户出身,为人刁钻奸巧,佛口蛇心,专务足恭谄佞,习成一家生理,俗言叫做"惯扛帮",又叫做"乌嘴虫"。(《禅真逸史》卷二十九)

(3)小献宝说:"这几年,学生送的束脩,进了学送的谢礼,与人扛帮作证,受贿讲和,搀夺经纪,诈骗拿讹,匀扯来,那一日没有两数银子进门?"(《醒世姻缘传》四十一回)

(4)(高封)对阮其祥道:"刘广谋叛,在逃未获,叵耐云天彪与他儿女亲家,一味扛帮。我要上济南都省,面禀制置使,休教那厮抢原告。"(《荡寇志》卷八十四)

(5)自抵任以来,每于此处留心察查,令各府州县凡有审虚之事,必按律反坐,

---

① 王学奇、王静竹《宋金元明清曲辞通释》"扛帮"条①—②义项与《汉语大词典》同。义项三为"帮助",书证为明汪廷讷《狮吼记》二○[金洛索]:"我但说他,你就护在里面,无论是与非,定扛帮,谁与区区做主张。"

并访其扛帮讼师,不许漏网。(清代《世宗宪皇帝朱批谕旨》卷一百七十四)①

(6)请嗣后遇有奏审重案,如果虚诬,即交原审大臣,将有无唆使扛帮情节,严行根究,按律问拟,以儆刁风。(《皇朝通典》卷八十六《刑七·杂议》)②

(7)此皆由各属不逞之徒,往来省会,结交在省讼棍,狼狈为奸,遇事生风。代人架捏情词,包告包准,扛帮硬证而愚民无知,信若神明。(清郭琇《华野疏稿》卷三)

(8)代人捏写本状,教唆扛帮,赴京及赴巡抚巡按,并投按察司官处,各奏告叛逆等项机密,强盗人命,重事不实并全诬十人以上者,俱发边卫充军。(《名臣经济录》卷四十七《应诏陈言以弭灾异事》)

(9)一投镞棍及讼师,教唆扛帮无不至。弥天架谎云雾遮,平地生波风浪沸。(《于清端政书》卷八《忍字歌》)

按:例(1)"扛帮坏了"即唆使坏了,例(2)"惯扛帮"就是惯于挑唆是非,像"乌嘴虫"。"乌嘴虫"就是俗话所说的"乌鸦嘴",话多而令人生厌。例(3)"扛帮作证"是说怂恿别人作证见(证人),例(4)"一味扛帮"是说云天彪怂恿刘广告状。例(5)"扛帮讼师"是指那些唆使别人告恶状打官司的人。例(6)"唆使扛帮"中"唆使"与"扛帮"同义复合。例(7)"扛帮硬证"是唆使人捏造证词诬陷别人,例(8)—(9)"教唆扛帮"同"唆使扛帮"。

从结构来说"扛帮"是一个同义复合的双音词,明清小说中"扛"有"撺掇,怂恿"的意思。《型世言》十五回:"先时在馆中,两个人把后庭拱他,到后渐渐引他去闯寡门,吃空茶,那沈刚后生家,怎有个见佛不拜之理?这花纹、甘霷两个本是穷鬼,却偏会说大话道:'钱财臭腐,怎么恋着他做个守钱虏?'没主意的小伙子,被这两个人一扛,扛做挥金如土。先时娘身边要,要得不如意,渐渐去偷。到后边没得偷,两个叫去借,人不肯借,叫他把房屋作戤,一时没利还,都写一本一利借票,待父天年后还足。"文中"一扛"意思就是"一怂恿"。"帮"是个记音字,在文献中又作"谤",元王实甫《西厢记》五本四折、末白:"这一桩事都在红娘身上,我则将言语谤着他,看他说甚么,红娘,我问人来,说道你与小姐将简帖儿去唤郑恒来。"元李行道《灰兰记》

---

① 据文渊阁四库全书本。又明归有光《震川别集》卷九《王哲审单》:"查得姚古、鲍希专与王哲扛帮硬证,除已结证外,见在县未结,文卷内二十馀宗,状状有名。"

② 据文渊阁四库全书本。明林俊《见素集奏议》卷二《请复常平疏》:"乞敕法司计议:除情重外,如扛帮诬告,强盗人命不实,诬告十人以上。因事忿争,执操凶器,误伤旁人……愿纳谷一千石或七八百、五六百石,容其自赎,免拟发遣。"

第一折:"我当初自伤,别无甚忖量,将他来不防,将他来不防,可送咱这场。俺越打得手脚八慌,他越逞着言词儿谤,端的个狠毒世人无双。""谤"也是"怂恿、挑唆"的意思,"谤着他"是用言语怂恿他。"逞着言词儿谤"是说放肆地怂恿挑唆。本剧后文说"那婆娘面子花花,你则道所事贤达,搬调的男儿问咱家,他便逞俐齿,弄伶牙,对面说三般话"。"搬调"也即"谤"的意思,元曲多见。杨文奎《儿女两团圆》第一折:"我如今请将姊子过来,吃几杯酒。我将三两句话搬调他,把李春梅或是赶了,或是休了。家缘过活,都是我两个孩儿的,便是我生平愿足。"无名氏《赚蒯通》第四折:"蒯文通,韩信说是你搬调他来,你正是个通同谋反的人,当得认罪。"无名氏《神奴儿》第三折:"自家李二的便是。二嫂,你好下的手也!自从你搬调的我要分另了家私,将我哥哥气杀了,一应家私,都在手里,你还不足,直把神奴儿勒杀了。"从方言来看"谤"也有"怂恿"的意思,如"将将(刚刚)两个不打了,叫家(他)谤给了几句哈可(又)打开了"|"叫人谤给了几句家(他)就扑上去打开了"|"乃(那)个人没脑子,叫人谤喀(怂恿怂恿)就胡来哩"(青海乐都)。由此可见"扛帮"是用语言"唆使、怂恿"。

【火折】打火的工具。"火折"可能是像近代"火镰"一类取火的工具。元张好古《张生煮海》第三折:"家僮将火镰火石引起火来。""火镰"和"火石"是配合使用的。"火石"是一种质地较硬的石头,用来与火镰碰撞以取火。《品花宝鉴》五十五回:"若能结庐在此,便比什么所在都好。扪苔剔藓的将那坟垄看了许久,便叫刘喜从火镰内取了火,点了香,浇了酒,将那带来几样果子也摆在坟前。"《儿女英雄传》四十回:"拿起方才安的那根小烟袋儿来抽了抽,又把作的那个大红毡子捆丝儿的小烟荷包儿,装上烟,拿小火镰儿打了个火点着了,叼着烟袋儿,靠着屋门儿,一只脚蹺在门槛儿上,只向半空里闲望。"据调查,"火折"一词集中出现在《三侠剑》一书中,共出现了88次,如第一回:"贾明说道:'师兄,地道里边黑,你可别打火折,若是一打火折,恐怕贼人顺着火亮儿,可就看见咱们啦。'"同上:"傻英雄又喊道:'小子,你吹灯也跑不了! 胜三大伯你打着火折。'胜三爷听罢,左手打着火折,右手压鱼鳞紫金刀,贾明在前,用一只镔铁杵,把脸面护住,然后把茶青绸子门帘扯下,爷俩进了西暗间。拿火折一照,只见方才说话的二人踪影不见。"也叫"火折子",同上第二回:"胜爷在金头虎贾明后面,一手打着火折,一手提着鱼鳞紫金刀,爷俩个进到屋中,用火折子一照,再一看贼人,踪影皆无。"又:"遂伸手把背后刀鞘摘下来,又一摸兜囊之中有匕首刀、火折子、火扇子、五钩如意飞抓,遂用包两截褂的包裹,把这些兵刃连刀鞘包在一块儿,把小包裹手中一提。"①同上第五回:"苏氏二贼听得真而且真,二贼看二位姑娘,一个红粉佳人,一个淡妆绝色,不由的邪心勃勃。遂掏出薰香盒子,取火折子,用火点薰香。"

从《三侠剑》又可知道"火折"是比"火镰"更先进的打火工具,其作用相当于后来的"打火机"。如第四回:"再摸东暗间屋门,倒扣着呢。胜爷一想,忘了与店中要火种了,遂取小包袱取火折,到西暗间一摸小包袱,踪迹不见。胜爷心中说道:'我进店之时,看见外屋茶桌底下有火纸。'胜爷伸手摸着火纸②、火石、火镰、打着了火,将里外间蜡烛俱都点着,里外间一照,仍不见瞎子。"现在使用气体打火机,以前的打火机除使用汽油外还要有火石(用铈、镧、铁制成的合金)才可以打火。可见"火纸、火石、火镰"虽然配套使用但却是分体的。"火折"似乎是三位一体,一打即燃,或许就是打火机的前身?

【没撩没乱】没事情可做或不知道该做什么事情。《水浒传》七回:"且说这高衙内引了一班儿闲汉,自见了林冲娘子,又被他冲散了,心中好生着迷,怏怏不乐。回到府中纳闷。过了三两日,众多闲汉都来伺候。见衙内自焦,没撩没乱。众人散了。数内有一个帮闲的,唤做乾鸟头富安,理会得高衙内意思,独自一个到府中伺候。见衙内在书房中闲坐,那富安走近前去道:'衙内近日面色清减,心中少乐,必然有件不悦之事。小子一猜便着。'衙内道:'你猜我心中甚事不乐?'富安道:'衙内是思想那"双木"的,这猜如何?'"又正说间,府里老都管也来看衙内病症,只见:'不痒不疼,浑身上或寒或热。没撩没乱,满腹中又饱又饥。白昼忘餐,黄昏废寝。'"张季皋主编《明清小说辞典》引《水浒传》此条释为:"烦躁不安,神志不清。"李法白、刘敬芙《水浒语词词典》释为:"心绪纷乱,精神恍惚,不得安宁。"并引旁证认为即金元戏曲中之"没留没乱"等③。王学奇、王静竹《宋金元明清曲辞通释》于"没乱"条下罗列"没撩乱"等十个同义词形式,释云:"没乱,意为迷离惝恍,心神无主,手足无措。"突出了"手足无措"这一义素,相比较而言要准确一些。原因是方言中"撩乱"本是动词,意思是"做"、"收拾"等。青海乐都方言把做事情叫"撩乱",如"你之(这)

---

① 《三侠剑》第二回:"贼人方子华遂在栏柜上把小包裹打开。老者一看包裹里边有撬门拨户的匕首刀、火折子、火扇子、五钩如意飞抓,这些物件全不要紧,老者一看有薰香盒子。"同上第七回:"此时月光不甚明亮,张玉龙刚要走,被此人一脚踢倒,晃着了火折子一照,说道:'原来是熟人啊。'张玉龙一看是贾七爷,心中已经明白上了当啦。"

② "火纸"是燃火的纸卷,又叫"纸吹"。《官场现形记》第八回:"陶子尧闭着眼睛,吃水烟,不去理他。看看一根纸吹吹吃完,新嫂嫂赶忙又点好一根送上。"《海上花列传》六十二回:"诸三姐在旁蓦然想起,连忙向抽屉寻出半匣纸烟,拣取一卷,点根纸吹,送上鹤汀,说:'大少爷请用烟。'"

③ 金董解元《西厢记》卷三:"没留没乱,不言不语,尽夫人问当,夫人说话,不应一句。"

们早的起来撩乱啥者哩?"|"春上(春季里)打发(出嫁)丫头(姑娘)的话,要早点撩乱哩,到跟前手忙脚乱来不及"。"早点撩乱"就是早点做准备。没事情可做或不知道该做什么事情叫"没撩乱头了"。这种结构是用否定形式加强语气,其做法是将一个双音动词、名词或形容词用否定词"没"拆开,组成一个四字格"成语",在明清小说和现代方言中不乏其例:

(1) 抓挠——没抓没挠(冀鲁官话——天津):心绪不宁,不知做什么好。

(2) 说道——没说没道(晋语——山西忻州):形容人孤苦伶仃,说话无对象。

(3) 巴鼻——没巴没鼻(徽语——安徽歙县):没头没脑;没缘由的。

(4) 头脑——没头没脑(中原官话——河南,吴语——上海):一个劲,不问是非情由①。

(5) 头脸——没头没脸:意思是不管什么地方。《醒世姻缘传》七十六回:"(素姐)一手将狄希陈踩翻在地,拾起一个小板凳来,没头没脸的就打。"

(6) 棱角——没棱没角(晋语——山西忻州):(手工物品)不合规格。如"徒弟到底手艺不行,做下的家具没棱没角难看的很"。

(7) 情绪——没情没绪。《醒世恒言》第二十七卷:"把那前后苦楚事,想了又哭,哭了又想。直哭得个有气无力,没情没绪。"

(8) 心肺——没心没肺(东北官话):形容人头脑简单,反应迟钝。是非不辨或大大咧咧,无所用心。

(9) 心想——没心没想:心浮,心不在焉。《二刻拍案惊奇》卷十一:"比及大郎疑心了,便觉满声饮酒之间,没心没想,言语参差,好些破绽出来。"

(10) 倒正——没倒没正(冀鲁官话——天津):轻重不分;本末倒置。

以上的形式有些作三字格时意思不变,如"没抓挠"、"没巴鼻"、"没情绪"、"没棱角"等和四字格结构表达的理性意义完全一样,但四字格的"色彩"要强一些。

在汉语中由否定词"不"来加强语气而构成这种四字格形式的更多。如:不知不觉叫"不警不觉"(西南官话——成都),脚手不停地动、嘴巴不停地说或不停地吃叫"不停不住"(西南官话——成都),不做声、不吭气叫"不哼不哈"(东北官话),形容两头不着、处于尴尬境地叫"不上不下"(吴语——上海),拖泥带水、没完没了叫

---

① 如"没头没脑骂勒伊一顿"(上海)。《二刻拍案惊奇》卷十六:"且说夏主簿遭此无妄之灾,没头没脑的被贪赃州官收在监里。"

"不了不当"（吴语）①，自发出现的叫"不引不诱"（晋语——山西忻州），事先无计划而捎带完成叫"不打不算"（晋语——山西忻州），恰到好处叫"不中不止"（吴语——上海），年轻力壮叫"不老不小"（胶辽官话——山东牟平），不轻不重、没有多大分量叫"不咸不淡"（晋语——陕西北部），不三不四叫"不荤不素"（冀鲁官话）②，冷言冷语叫"不凉不热"（晋语——山西忻州）。

可以肯定上文中"撩乱"是一个双音节动词，用否定形式强调则形成"没撩乱"、"没撩没乱"。

【拿定班儿】打定注意。《禅真后史》十二回："龚敬南道：'议单是我三人私立的，何必与买主相会？适才那富翁拿定班儿，止肯出这些数目，被区区掉三寸不滥之舌，葛伯祥打着边鼓，委曲赞襄，婉转开谕，着意弥缝，尽心帮衬。'"或作"拿定班"，《三宝太监西洋记通俗演义》五十六回："可可的邹衍系狱，六月降霜，一个人要一个帽套。六月间那有第二家卖帽套的，拿定了班卖，却不是一本十利。……腊月间那有第二家卖扇子的，拿定了班卖，却也是一本十利。""拿班"本是戏曲用词，即拿出或摆开上台表演的架势即装腔作势、摆架子，初无所谓褒贬，后多用为贬义。近代又作"拿班作势"，《金瓶梅》七十五回："却说春梅走到前边，还气狠狠的向众人说道：'方才把贼瞎淫妇两个耳刮子才好。他还不知道我是谁哩！叫着他张儿致儿③，拿班作势儿的。'"《红楼梦》二十三回："不想后街上住的贾芹之母周氏，正盘算着也要到贾政这边谋一个大小事务与儿子管管，也好弄些银钱使用，可巧听见这件事出来，便坐轿子来求凤姐。凤姐因见他素日不大拿班作势的，便依允了。"《儒林外史》第五回："过了几日，整治一席酒，请二位舅爷来致谢。两个秀才拿班做势，在馆里又不肯来。严致和吩咐小厮去说：'奶奶这些时心里有些不好，今日一者请吃酒，二者奶奶要同舅爷们谈谈。'二位听见这话方才来。"

可见"拿班"是心里愿意而表面上装出不愿意，是不坚定的表现。那么"拿定班儿"就是拿定注意，下了决心，文中富翁也即瞿天民拿定主意只出一百金也即当初要价三百金的三分之一，否则就中止交易。

【难为】"难为"在小说中意义丰富，除辞书所收录者外，还可归纳出以下义项：

（1）伤害；使受到伤害。《醒世恒言》第八卷："刘璞见妻子美貌非常，甚是快

---

① 《喻世明言》第十卷："知道五年十年在世，却去干这样不了不当的事！讨这花枝般的女儿，自家也得精神对付他，终然担误他在那里，有名无实。"

② 《金瓶梅词话》二十六回："你放在家里，不荤不素，当作什么人看成？"

③ 张儿致儿，拿班做势。

乐。真个是人逢喜事精神爽，那病平去了几分。刘妈妈道：'儿去睡了罢，不要难为身子。'原叫丫鬟扶着，慧娘也同进去。"同上二十七卷："生下儿女，恰像写着包揽文书的，日夜替他怀抱。倘若啼哭，便道是不情愿，使性儿难为他孩子。偶或有些病症，又道是故意惊吓出来的。"《拍案惊奇》卷二十九："只见杨老妈走来慌张道：'孺人知道么？ 小官人被罗家捉奸，送在牢中去了。'张妈妈大惊道：'怪道他连日有些失张失智，果然做出来。'杨老妈道：'罗、辛两家都是富豪，只怕官府处难为了小官人，怎生救他便好？'"《二刻拍案惊奇》卷六："且说刘翠翠自那年掳去，初见李将军之时，先也哭哭啼啼，寻死觅活，不肯随顺。李将军吓他道：'随顺了，不去难为你阖家老小；若不随顺，将他家寸草不留！'翠翠惟恐累及父母与丈夫家里，只能勉强依从。"《醒世姻缘传》二十七回："麻从吾合他老婆一齐的都自己采头发，把四个眼乌珠，一个个自己抠将出来，拿了铁火箸往自己耳内钉将进去，七窍里流血不止。麻中桂跪了哀求，鬼说：'我儿，你是好人，不难为你。你爹娘做人太毒，我奉了天符，方来见世报应。'麻从吾合老婆须臾之间同时暴死。"这个意思今方言中还在使用，如："车翻掉了，人哈没难为下"，意思是虽然车翻了但没伤着人。"药吃错了可要难为人哩"｜"娃娃哈好好看者，覅难为下给（不要使其受到伤害）"（青海乐都）。

（2）犹花费、耗费。《金瓶梅》六十七回："伯爵道：'昨日北边徐内相发恨，要亲往东平府自家抬银子去，只怕他老牛箍嘴箍了去，却不难为哥的本钱。'西门庆道：'我不怕他。我不管什么徐内相、李内相，好不好把他小厮提在监里坐着，不怕他不与我银子。'"《糊涂世界》第十回："轿夫等均已齐备，济大人又对骆青相说了多少客气的话，方才上轿。骆青相又先到村口去送，一直等济大人的行李人等一齐走完，方才收拾回省。这一番预备，骆青相也很要难为几个钱。"

（3）表示感谢的客套话，犹"谢谢"、"麻烦"。《粉妆楼全传》十三回："公子接了茶便问道：'姐姐，我的包袱在那里？'梅香回道：'你的包袱，那日晚上是我家老爷收到小姐房中去了。'公子道：'你老爷往那里去了？'梅香道：'前日往南庄收租去了。'公子道：'难为姐姐，代我将包拿来，我要拿东西。'"同上二十五回："那王二拿了银子，好不欢喜，就邀龙标到家坐下，他忙忙拿了银子，带了篮子，上街去买菜，打酒整治。龙标在他家等了一会，只见王二带了个小伙计，拿些鸡鸭、鱼肉、酒菜等件送在厨下，忙叫老婆上锅，忙个不了。龙标说道：'难为了嫂子，忙坏了。'王二道：'你我弟兄都是为朋友之事，这有何妨！'不一刻，俱已备办现成了。"《梼杌闲评》第五回："只见贻安拿了两封书子并礼物来道：'这是送白爷的。'又取出件潞绸羊皮小袄，一件小薄被道：'这是大娘怕你冷，送你穿的，被儿送你包孩子的。又是一袋炒米并糕饼,叫你路上保重,明年等你过夏哩。'一娘道:'难为哥,烦你禀上奶奶,等我回来再叩谢罢。'说毕,抱着辰生,驱车奔大路而行。"

【经济】"经济"除辞书所收列的义项外,在明清小说中还可归纳出下列义项:

(1)本领;技能。《孽海花》第五回:"雯青自己在书房里,选了几支用熟的紫毫,调了一壶极匀净的墨浆。原来调墨浆这件事,是清朝做翰林的绝大经济,玉堂金马,全靠着墨水翻身。墨水调得好,写的字光润圆黑,主考学台放在荷包里。墨水调得不好,写的字便晦蒙否塞,只好一世当穷翰林,没得出头。"《海上尘天影》十五回:"秋鹤住在此地,日日的考求,只苦没得测量的仪器东西,又没得地与熟悉的乡导官请他指点指点,不过自己把书籍来校对校对,消磨岁月。有时又自己思想学他这种经济,世无知己,权不能专,要他何用。这么一想,也就自暴自弃起来。"

(2)雄才;谋略。《禅真后史》三十二回:"天子道:'苗贼骨查腊跋扈不仁,恣行叛乱,官军屡讨不服……赖卿大展经济,诸贼受擒,卿之功绩显著。'"《儒林外史》三十四回:"小弟为朝廷立法:'人生须四十无子,方许娶一妾;此妾如不生子,便遣别嫁。是这等样,天下无妻子的人,或者也少几个,也是培补元气之一端。'萧柏泉道:'先生说得好一篇风流经济!'迟衡山叹息道:'宰相若肯如此用心,天下可立致太平!'"《红楼复梦》六十九回:"他家的这个包管家也是个忠心义胆的人,我见他给主人料理葬事、修造房屋、经营产业,出力出心,丝毫不苟;还兼着一身本领,勇力过人,真是个草野丈夫。我听说昨日是他的议论颇有规则,可见他胸中自有经济。我的意见竟将这总理重任托包管家去办最为妥当。"《官场现形记》四十六回:"倘或天下人一齐都吃本土,不吃洋烟,还愁什么利源外溢呢。童某并不是欢喜一定要吃这个捞什子,原不过以身作法,叫天下人晓得我是为洋药节流,便是为本土开源,如此一片苦心而已。王爷道:'不想老先生抽抽鸦片烟,却有如此的一番大经济在内。可佩!可佩!'"《雪月梅·〈雪月梅〉读法》:"太史公云:'《诗》三百,大抵圣贤发愤之所作也。'经传且然,何况稗官野史?作此书者,想其胸中别有许多经济,勃不可遏,定要发泄出来。"

(3)运行周转的资金。《孽海花》十六回:"克兰斯折回来,方告诉姑娘:'这位是瓦德西中尉,很热心的助着我运动哩!'姑娘道:'说的是。前月接到你信,知道党中经济很缺,到底怎么样呢?'克兰斯叹道:'一言难尽。自从新皇执政,我党大举两次:一次卡米匿桥下的隧道,一次温宫后街的地雷。虽都无成效,却消费了无数金钱,历年运动来的资本已倾囊倒箧了。敷衍到现在,再敷衍不下去了。'"《孽海花》十七回:"正是龙拿虎掷、燕呢莺嗔、天地无声、风云异色的时候,民意女员鲁翠曳长裙、围貂尾，站立发言台上，桃脸含秋、蛾眉凝翠的宣告近来党中经济缺乏，团力涣散，必须重加联络，大事运动，方足再谋大举。"同上："波儿麻及众人听了鲁翠的话，都面面相觑道：'加氏到底是谁杀的?'鲁翠道：'就是夏雅丽杀的!'波儿麻道：'奇了! 嫁他又杀他，这什么道理?'鲁翠道：'就为我党经济问题。她杀了他，好倾他的家，供给党用呀!'"

【拚性舍命】豁出性命，不顾一切。《何典》卷九："大家号肠拍肚的哭了一场，算计要赶到色鬼家里去拚性舍命。"按："拚"读 pán（不读 pīn）[1]，或作"攒"，在这里和"舍"同义，意思是舍弃、割舍性命。但这个意思最初文献中并无专字，一开始是用"判"字来表示的。东汉赵晔《吴越春秋·勾践伐吴外传》："一士判死兮，而当百夫。""判死"即舍弃生命、为国捐躯。据黄峰（2002）研究认为"判"字的这个用法在六朝时期的文献里面很少见到，直到唐代，用"判"表示割舍意思的用例才多了起来[2]。如杜甫《曲江对酒》诗："纵饮久判人共弃，懒朝真与世相违。"仇兆鳌注："判，正作攒。"又，《将赴成都草堂途中有作先寄严郑公五首》之三："借荒庭春草色，先判一饮醉如泥。"元稹《珠行》诗："海底无波珠沉，采珠之人判死采。万人判死一得珠，斛量买婢人何在。"敦煌变文《伍子胥变文》："如有判命相随，火急即须投募。"宋元时期又出现了用"攒"或"拚"代替"判"的现象。宋词中的例子如宴几道《鹧鸪天》词："彩袖殷情捧玉钟，当年攒却醉颜红。"周邦彦《解连环》词："攒今生对花对酒，为伊泪落。"李甲《帝台春》词："拚则而今已拚了，忘则怎生便忘却。"王沂《水龙吟》词："把酒花前，剩拚醉了，醒来还醉。"元明清戏曲作品中用"拚"或"攒"的例子很多。元尚仲贤《气英布》一折："攒的个当场赌命，怎容他遣使求和。"元白朴《梧桐雨》二折："攒着个醉醺醺直吃到夜静更阑。"明无名氏《八仙过海》一折："攒了个酩酊归洞府，烂醉天下门。"清许廷录《五鹿块》三折："拚得个碎首阶前一命殂。"《窦娥冤》第一折、白："我如今攒的好酒好饭，养你爷儿两个在家，待我慢慢的劝化俺媳妇儿。"还有写作"攒"的，如宋黄庭坚《采桑子》词："度鬼门关，已攒儿童作楚蛮。"孤本元明杂剧本《裴度还带》三折："攒生就死。"清无名氏《双锤记》五折、白："有了刀枪我也攒了命，大家努力杀他娘。"[3]可以说"判"、"拚"、"攒"在表示"豁出去、不顾一切"的意思时，它们是音义相同的[4]。如今天四川西充方言还有"拚（读作 pán）命"的说

---

① 参黄峰《"拚"字杂议》，乐山师范学院学报 2002 年 3 期。
② 同上第 68 页。
③ 据《宋金元明清曲辞通释》第 799 页引，语文出版社 2002 年。
④ 黄峰《"拚"字杂议》，乐山师范学院学报 2002 年 3 期第 70 页。

法。成都方言还说"pò 著(dào)命不要",这个"pò"当即为"拚"在语音上的转化，音韵学上就叫"阴阳对转"①。

【皮面】按:"皮面"一词《大词典》设立两个义项:(1) 刀割面皮。(2)浮皮;表面。但从小说中来看还可指"书信的封皮"。《绿野仙踪》第四回:"一日刚送潘知县出门，只见王范拿着一封书字，说是京都王大人差人来下书。于冰道:'我京中并无来往，此书胡为乎来?'及至将书字皮面一看，上写'大理寺正卿书寄广平府成安县冷太爷启'，下面又写道'台篆不华'四字。""书字"这里指书信②，"书字皮面"就是现在说的信封上面，也即封皮上。下面例子中这个意思更显豁，《七侠五义》十六回:"夫人先问了老爷安好。包兴急忙请安，答道:'老爷甚是平安，先打发小人送来密书一封。'说罢双手一呈。丫环接过，呈与夫人。夫人接来，先看皮面上写着平安二字，即将外皮拆去，里面却是小小封套。正中签上写着'夫人密启'。夫人忙用金簪挑开封套。"同上一二八回:"公孙先生把匣子打开，取出黄云缎的包袱，将麻花扣一解，露出里面盟单，皮面上写龙虎风云聚会，展开一看，上面写天圣元年元旦日吉立。"有时候就叫"封皮面"，如《水浒传》四十七回:"急取一幅花笺纸来。李应亲自写了书札，封皮面上使一个讳字图书，把与杜兴接了。后槽牵过一匹快马，备上鞍辔，拿了鞭子，便出庄门，上马加鞭，奔祝家庄去了。"可见"封面"是"封皮面"的缩略说法。

【身命】衣服鞋帽之类。《醒》二十七回:"不多几日，丁利国携了老婆，一个太爷太奶奶，岂可没个人跟随? 又雇觅了一人扮了家人。既到儿子任内，岂可不穿件衣裳? 又都收拾了身命。"按:"身命"一词语文辞书未收录，各家皆无解释，青海方言指穿戴的衣裤鞋帽之类。如"上学起(去)哩，再说不管怎么说身命总得换咖(换一换)"|"老人太可怜了，连一身好些的身命都没穿咖(穿一穿)就走(去世)了"。本文的"收拾了身命"就是收拾了穿戴的东西如衣服鞋帽之类。

【稀哩麻哩】因某种原因对所应该做的事情偶尔为之,时或间断。《醒》五十五回:"童奶奶又和他说了前后的话，又问说:'你那家子曾收用过了不曾?'丫头道:'收过久了。'童奶奶问:'没生下甚么?'丫头说:'也只稀哩麻哩的勾当，生下甚

---

① 此例为赵振铎教授提供。
② 《红楼梦》一〇八回:"湘云道:'三姐姐去了曾有书字回家么?'贾母道:'自从嫁了去，二老爷回来说，你三姐姐在海疆甚好。只是没有书信，我也日夜惦起。为着我们家连连的出些不好事，所以我也顾不来。'"《绿野仙踪》第五回:"过了二十余天，忽然京中来了两个人，骑着包程骡子，说是户部经承王爷差来送紧急书字的，走了七日才到。柳国宾接了书信，人来回于冰话，于冰也不拆开。'"

么!'"这是被前主人收用过的丫头回答童奶奶的话,意思是虽然通了房,但主人与他同房只是偶尔为之,不是经常的行为,所以没有生下孩子。董遵章(1985)释为"糊里糊涂"。《汉语方言大词典》同,徐复岭(1993)解释为"马里马虎"。按:以上解释皆欠准确。"稀哩麻哩"是青海地区普遍使用的一个方言词,与之意思相同的还有"点哩麻哩"、"点儿麻儿"、"点点麻麻"、"一点半点",其中的"点"可以理解为"星星点点",是"稀少而分散"的意思。如乐都话:"一年四季点哩麻哩有个头疼脑热的,再_{另外}啥病啊没有",意思是偶尔患头疼感冒。"农忙的时候没工夫,点儿麻儿的到山里砍上些烧柴哈几天就烧完了",意思是间或抽空去山里砍柴。"电影队一点半点来放给一场电影就走了,时常没来着",意思是偶尔来一次。总之都不是经常的行为,是间或、偶尔为之。

【钻干】《醒》十三回:"若是知道眉高眼低的婆娘,见他们打得龇牙裂嘴的光景……也该不做声。他却喃喃呐呐、谷谷农农,抱怨个不了。晁源也是着急的人,发作起来,说道:'你说的是我那鸡巴话! 我叫你钻干着做证见来? 你抱怨着我!……送这差不多五十两银子己你,指望你到官儿跟前说句美言,反倒证的死拍拍的,有点活泛气儿哩! 致的人问成了死罪,打了这们一顿板子!"黄肃秋未出注,辞书未收录。按"钻干"一词见于青海地区方言,意思是竭力厕身其间起到不好的作用或充当不好的角色,相当于通常所说的"搀合"。如"这是亲戚伙伙里(亲戚之间之)的事情,旁人_{别人}钻干的干当没有(没有别人搀和的道理)!"|"这是我们家里的事情呗,你钻干到里头做啥哩?"|"本来啥事情都没有,叫那个坏蛋钻干到里头戳腾(挑拨)坏了"(乐都)。这个词的意思相当于《左传·庄公十年》"肉食者谋之又何间焉"的"间"。晋杜预注:"间,犹与也。"孔颖达疏:"间谓间杂,言不应间其中而为之谋。"又隐公三年"远间亲"孔颖达疏:"间,谓居其间,使彼疏远也。"文中写高四嫂收了五十两银子主动替人家做"证见"(证人),本指望"到官儿跟前说句美言",没想到适得其反,晁源等人照样被官府打了板子。而不知趣的高四嫂还要强作好人,啰唆个没完,结果引起了当事人晁源的愤怒,骂她搀和在中间把事情搞糟了。"我叫你钻干着做证见来?",就是用责备的口吻反问对方:难道是我叫你瞎搀和到里头来作证的吗?

【肘】抬,举。《醒》第八十七回:"那戴奶奶推推就就的腔调,合权奶奶再没二样。看来臭肘一肘,临时都是'请字儿不曾出声,去字儿连忙答应'的主顾。"黄肃秋校注本未出注。在方言中"肘"有"抬、举"的意思,如山东聊城话"你把旗举的高高儿的",四川成都话"好生端碗,莫把碗肘起",青海方言凡把人或物举起来都叫

"肘",如"把旗杆肘高些"、"把娃娃肘起来"、"把头肘高些"。另外把皮影戏叫"肘猴儿"或"肘猴子"①。因为"肘头"是仰着头显得高傲不理睬人,所以把拿架子、摆架子叫"肘架子",如青海大通话:"人你哈用咖哈用—用你就肘开了",意思是人要你帮忙你就开始摆架子。"肘上个架子了哈姓啥的都没不知道着",意思是摆着臭架子连自己姓什么都忘了。"你天天肘上个头做啥哩?",意思是你每天头仰的高高的干啥(吓唬谁)呢? 文中"臭肘一肘"就是(仰起头来)摆一摆臭架子。本回是说别看戴奶奶推推就就的样子,只不过是摆摆架子拿拿腔,到跟前你还没说"请",她便已经答应要"去"了。

【坠】拖住,拽住。《醒》八十一回:"惠希仁合单完道:'你交下,快着来,我先坠着童氏,省的被得躲了。'"黄注:"坠着,跟着、监视。"也做"缀",八十六回:"吕祥道:'这爷就不是了,不带我去罢呀,哄着我京里差不多住起一个月,盘缠够三四十两银子……你京里另娶不另娶,可是累我腿哩,怕我泄了陶②,使人缀住我,连我的衣裳都不给了!'"黄注:"缀住,同坠着。"按:根据上下文释为"跟着、监视"意思大致不错,但不准确。实际上"坠"是"縋"的记音字,《说文·糸部》:"縋,以绳有所悬也。"段玉裁注:"以绳系物垂之是为縋。"青海方言把用手将人或物体拉住叫"縋",如"他縋住麻绳望上爬"|"把绳子縋紧些"|"把缰绳縋紧些"|"我想走,可家他縋住不叫走"。引申为"拖累"、"拖住",如"我想出起去打工,可两个娃娃縋住着走不开",意思是小孩子拖住了我不能出门打工。由此可见,《醒》中"坠着"意思是设计拖住某人的意思。"我先坠着童氏"就是我先设法稳住童氏不让走开,"使人缀住我"从原文来看是狄希陈和骆校尉设计摆脱了吕祥的跟随,也就是拖住了他,所以吕祥十分懊恼,所以才破口大骂狄希陈。

【烊易】《何典》卷一:"那些吃茶的清趣朋友,蛇头接尾屄的前门进,后门出,几乎连阶沿砖都踏烊易了。"刘注:"烊易,谓因摩擦多而消损。"成注:"踏烊易,松江方言。烊,蜡烛熔化。易(在此读音:tè),语气助词。"《方言大词典》"烊易"条:"器物因摩擦而消损。"按"烊"即"炀"之异体,《集韵·阳韵》:"炀,烁金也。或作'烊'。"《广韵·阳韵》:"烊,销烊。""销烊"即熔化。汉张机《金匮要略论》卷一:"右五味以水四升,先煮四味,取二升去滓,内(纳)阿胶烊消尽,温服七合。"唐孙思邈《备急千金要方》卷三《论合和》:"硝硝、朴硝皆绞汤讫,内汁中,更上火两三沸,烊尽乃服。"

---

① 山西永济也说"肘猴儿",山东东平话叫"肘大猴儿"。
② 黄注:"泄了陶,泄子底。"

熔化的铜叫"烊铜",唐释道世《法苑珠林》卷一〇八《破戒篇·引证部》:"若所噉食,即是吞烧铁丸,饮热烊铜……是时狱卒即驱逐人,令坐热铜橛上,以铁钳开口,灌以烊铜。""易"即"鋊",《广韵·沃韵》余蜀切,音 yù,指的是铜屑。《说文·金部》:"鋊,铜屑也。"明焦竑《俗书刊误》卷十一:"金石久用无楞曰鋊(音御)。《汉书》'磨钱取鋊'。"《汉书·食货志下》:"今半两钱法重四铢,而奸或盗摩钱质而取鋊。"颜师古注引如淳曰:"钱一面有文,一面幕,幕为质。民盗摩漫面而取其鋊,以更铸作钱也。"又引臣瓒曰:"许慎云:'鋊,铜屑也。'摩钱漫面以取其屑,更以铸钱,《西京黄图叙》曰'民摩钱取屑'是也。"铜屑是通过"磨"得来的,那么磨的动作也叫"鋊",明杨慎《丹铅总录》卷七《珍宝类·磨鋊》:"南宋孔颛铸钱,议曰五铢钱,周郭其上下[①],令不可磨取鋊。鋊音裕。《五音谱》'磨硙渐销曰鋊'。今俗谓磨光曰磨鋊是也。往年中官问于外庭曰:'牙牌磨鋊字何如写?'予举此答之。""鋊"见于今各地方言中,李恭《陇右方言发微》:"陇南各县亦谓物因磨砻渐销曰鋊。"明李实《蜀语》:"磨之渐销曰鋊。"1918 年《上海具续志》:"鋊,俗呼如异,物渐磨去也。"今青海地区方言读 [yi¹³],如"斧头刃子快鋊完了,到铁匠跟前拍咖(锻打一下)"|"锥子使唤者时间长了,尖尖子越鋊越短了"(乐都)。

参考文献

[1] 汉张机《金匮要略方论》,人民卫生出版社,1985。
[2] 汉张机《金匮要略》,人民卫生出版社,2000。
[3] 东汉赵晔《吴越春秋·勾践伐吴外传》,江苏古籍,1999。
[4] 唐孙思邈《备急千金要方》,人民卫生出版社,1982。
[5] 唐释道世《法苑珠林》,上海古籍出版社,1991。
[6] 明臧晋叔《元曲选》,中华书局,1958。
[7] 明杨慎《丹铅总录》,文渊阁四库全书本。
[8] 明吴承恩《西游记》,人民文学出版社,1980。
[9] 明西周生《醒世姻缘传》(黄肃秋校注),上海古籍出版社,1981。
[10] 明清溪道人编次《禅真逸史》,台北天一出版社,1984。
[11] 明凌濛初《拍案惊奇》,上海古籍出版社,1985。
[12] 明罗懋登《三宝太监西洋记通俗演义》,上海古籍出版社,1985。
[13] 明清溪道人《禅真后史》,齐鲁书社,1988。
[14] 明陆人龙《型世言》,中华书局,1993。
[15] 明施耐庵《水浒传》,人民文学出版社,1997。

---

① 《汉书·食货志》:"有司言三铢钱轻,轻钱易作奸诈。乃更请郡国铸五铢钱,周郭其质,令不可得摩取鋊。"唐颜师古注引孟康曰:"周匝为郭,文漫皆有。"

[16]　明凌濛初《二刻拍案惊奇》,上海古籍出版社,1998。

[17]　明吴承恩《西游记》,人民文学出版社,1980。

[18]　明冯梦龙《醒世恒言》,人民文学出版社,1956。

[19]　会评会校本《金瓶梅》(秦修容整理),中华书局,1998。

[20]　清曹雪芹《红楼梦》,人民文学出版社,1957。

[21]　清吴敬梓《儒林外史》,人民文学出版社,1977。

[22]　清蒲松龄《聊斋俚曲集》(蒲先明注),国际文化出版公司,1999。

[23]　清李宝嘉《官场现形记》,人民文学出版社,1957。

[24]　清蒲松龄《蒲松龄集·聊斋俚曲集》,上海中华书局,1962。

[25]　清张南庄《何典》(潘慎注),人民文学出版社,1981。

[26]　清张南庄《何典》(成江注),学林出版社,2000。

[27]　清曾朴《孽海花》,上海古籍出版社,1980。

[28]　清无名氏《梼杌闲评》,人民文学出版社,1983。

[29]　清俞万春《荡寇志》,人民文学出版社,1981。

[30]　清茧叟《糊涂世界》,花城出版社,1986。

[31]　清佚名《粉妆楼全传》,宝文堂书店,1986。

[32]　清临鹤山人《红楼圆梦》,北京大学出版社,1988。

[33]　清陈朗《雪月梅》,上海古籍出版社,1987。

[34]　清西湖散人《红楼梦影》,北京大学出版社,1988。

[35]　清文康《儿女英雄传》,齐鲁书社,1995。

[36]　清李百川《绿野仙踪》,天津古籍出版社,1998。

[37]　清石玉昆《七侠五义》上海古籍出版社,2000。

[38]　清乾隆敕撰《皇朝通典》,上海古籍出版社,2002。

[39]　孙锦标《南通方言疏证》,南通翰林书局,1913。

[40]　民国张杰鑫《三侠剑》,北京燕山出版社,1997。

[41]　董遵章《元明清白话著作中山东方言例释》,山东教育出版社,1985。

[42]　李法白　刘敬芙《水浒词语词典》,上海辞书出版社,1989。

[43]　许宝华　宫田一郎主编《汉语方言大词典》,中华书局,1999。

[44]　徐复岭《〈醒世姻缘传〉语言和作者考论》,齐鲁书社,1993。

[45]　吴士勋　王东明主编《宋元明清百部小说语词大辞典》,陕西人民教育出版社,1992。

[46]　张季皋主编《明清小说词典》,花山文艺出版社,1992。

[47]　王学奇　王静竹《宋金元明清曲辞通释》,语文出版社,2002。

说"立成"

——《明史》词语札记一则

西南大学汉语言文献研究所　喻遂生

　　《明史》成书晚近,似不大为古汉语研究和辞书编纂者重视。数年前参与《明史全译》的工作,特别是翻译其中的《历志》,感觉《明史》中亦有不少有趣的或值得研究的语料。也许是因为孤陋寡闻,有的词语,我们从似是而非,到基本理解,还颇费周折,"立成"便是其中的一例。

　　《明史·历志》"立成"204见[①]。开始见到"其气闰转交四应,并周天黄赤道,诸类立成,悉从岁差,随时改正"(519页),我们还以为"立成"即"成立"。但"成立"似亦不妥,查《汉语大词典》"立成"条,只有"站立成礼"和"立刻完成"两个义项。《历志》"其加分累积之,即盈缩积,其数并见立成"(592页)、"置半径内减黄赤道内外矢"夹注"即赤道二弦差,见前条立成"(611页),似即"立刻完成"之意。但再看《历志》有51个数据表以"××立成"为题,如"黄赤道相求弧矢诸率立成"(553页)、"黄道每度去赤道内外及去北极立成"(574页),《历志》中还有"日五星中心行度立成造法"(767页)、"五星自行度立成造法"(768页)、"太阴经度立成造法"(772页)等,讲述各种"立成"的推算方法。又说"以定限,取立成内行度,迟用迟,疾用疾,内减日行分八分二十秒,得之"(715页)、"以盈缩历,从立成内取之"(715页),原来"立成"是可造作、有内外的名物,将其理解成"立刻完成"完全是错误的。"立成"其实是"表格"之意,实际上在《历志》第四卷也给出了"立成"的定义:"立成者,以日月五星盈缩迟疾之数,预为排定,以便推步取用也。"(623页)意即立成是根据日月和金木水火土五星运行的快慢,预先计算编排,以供推算天体运行时取用的数据表。知道了"立成"是数据表,回过头来看"故新法立成诸表,虽以顺天府为主,而推算诸

---

　　①　本文例句查找和数量统计使用了《二十五史检索系统》,所引例句和页码,均核对了中华书局标点本原书。

方行度,亦皆各有本法"(537 页),不就是将"立成"和"诸表"并提吗？但此义项《汉语大词典》失收,《中国大百科全书·天文学》卷也没有"立成"条或相关解释,从便于读者阅读古书着想,应予补收。

后来翻了不少关于天文历法的书,可能因在专业圈内是常识,只有一两本书才对"立成"作了明确的解释。如潘鼐、向英先生《郭守敬》一书在谈到郭守敬著有《推步》七卷、《立成》二卷时加注说:"'立成'是天文上的数据资料和数表。……三国时吴徐整《三五历记》说:'数起于一,立于三,成于五,盛于七,故天去地九万里。'立成之称出于此。"①陈久金先生《回回天文学史研究》说:"这些数表在回回历中称之为'立成',是不须作繁复运算,只要查找一下立即就能得到的意思。"②两家对"立成"表格义语源的解释不同,我们认为,陈久金先生的说法是对的。因古书中"立成"很早就开始连用,较早的意思是立而可成、立刻完成。如《后汉书·耿秉传》:"有警,军陈立成,士卒皆乐为死。"(718 页)《祢衡传》:"衡乃从求笔札,须臾立成,辞义可观。"(2657 页)句中"立成"为动词,作谓语。从《魏书》开始,出现了《××立成图》、《××立成法》之类的书,如《兵法孤虚立成图》(《魏书·太祖纪》42 页)、《太公书禁忌立成集》、《九州行棋立成法》、《元辰立成谱》、《周易立成占》(《隋书·经籍志》1013、1028、1031、1034 页)等。在这些书名中,"立成"仍是动词,但作定语,书名相当于现今《××速查图》、《××速成法》之类的意思。同时还出现了直接称为《××立成》的书,如《黄帝军出大师年命立成》、《三元九宫立成》、《易立成》(《隋书·经籍志》1015、1028、1034 页)、《墓图立成》(《旧唐书·经籍志下》2044 页)等。这时"立成"已明显地名词化,带有方法、图表之意了。

"立成"与历法相关的用例,最早见于书名《历立成》(《新唐书·艺文志》1548 页),到了《宋史·律历志》,才有了"立成"为历法数据的明确的用例,如:

疾加、迟减,若用立成者,以其度下损益率乘度余,满转度母而一,所得,随其损益,即得迟疾及定差。(1715 页)

若用立成者,直以其度下损益分乘度余,百约之,所得,损益其度下盈缩差,亦得所求。(1736 页)

若算立成,自冬至后一日,日加满初象,即加象下约余,为一象之数。(1538 页)

---

① 潘鼐、向英《郭守敬》107 页,上海人民出版社,1980 年。
② 陈久金《回回天文学史研究》128 页,广西科学技术出版社,1996 年。

前两例说如果用立成,就用它的相应度数下的损益率、损益分,"损益率、损益分"是数据,排在相应的度数下当然就是表格了。第 3 例说"算立成",算出来"为一象之数",其义也是数据。

《宋史·律历志》说得一(人名)"著《历经》七卷,《历议》二卷,《立成》四卷"(1922 页),这说明至少从宋代起,"立成"已与"历经"、"历议"相对,成为历法体系鼎立三足之一了。《宋史·艺文志》收录了各种历法的《立成》,如《大衍历立成》、《宣明历立成》、《正元历立成》、《崇元历立成》、《调元历立成》、《钦天历立成》、《应天历立成》、《乾元历立成》、《仪天历立成》、《崇天历立成》、《明天历立成》(5273 页),这些《立成》多有与之配套的《历经》或《历议》,显然这些《立成》已是专门的历法数据表了。

《二十五史》中,《三国志》、《南齐书》、《梁书》、《陈书》、《南史》、《北史》、《北齐书》、《周书》、《新五代史》没有历法志。有历法志的各史,表述天文历法数据的方式也各不相同。有的用表述式,有的用列表式,列表又有无格表和有格表两种。很奇怪的是,在使用了"立成"一词的所有历法志中,只有《明史·历志》在表前明确地加上了《××立成》的标题。《元史·历志》有格表很多,有的和《明史·历志》大体相同,但表前或者用"二十四气陟降及日出分"(1287 页)之类的标题,或者在"求××"的叙述文字之后直接出现表格。可以说,在《明史》中"立成"的名词用法达到了极点。到了清初,由于回回历在康熙历案中与西洋历斗争失败,退出历史舞台,"立成"被弃用,在《清史稿·时宪志》中,就完全不用"立成"一词了。

最后还有两个小问题,一是既然"立成"就是表格,那为什么同是表格,《明史》中《诸王世表》、《外戚恩泽侯表》、《宰辅年表》等又不叫"立成"呢? 我们想可能"立成"还是强调"本来需要繁复计算的数据,因已事先算好而立马可得"之意,而《诸王世表》之类,无复杂数据可言,所以还是按传统称"表"。

二是陈久金先生说"这些数表在回回历中称之为'立成'",我们认为称"立成"限定在回回历中,似可不必。一般认为回回历自元代传入中国,虽然陈久金先生在《回回天文学史研究》中证明阿拉伯天文学在宋初就已对中国历法产生了影响[1],这应该是可信的,但《宋史》收录了那么多种历法的《立成》,这些历法不能说就是或都是回回历。况且从"立成"的语源和"立成"与历法连用的时代(《新唐书》载唐代之《历立成》)来看,"立成"也不应该是回回历传入以后才产生的。

---

① 　陈久金《回回天文学史研究》52 页,广西科学技术出版社,1996 年。

总之，我们觉得"立成"的数据、数表义可以表述为：中国古代某些历法中的数据或数表。因不需再作繁复运算，通过查检立马可得而得名。

论朱骏声的《〈小尔雅〉约注》

赵伯义

朱骏声为清代乾嘉学派著名学者,曾师事钱大昕,其著述富赡,于文字训诂的研究均有重大建树,尤其在《说文》的研究上成就卓越,其《说文通训定声》使之成为《说文》研究的四大家之一。《小尔雅约注》(以下简称《约注》)虽非朱氏代表作,但是其书充分显示出朱氏深厚的小学底蕴,在清代《小尔雅》的注释中令人瞩目。为此,笔者就研习所得铺染成篇,以聆读者教诲。

《小尔雅》为最先承袭《尔雅》的辞典,在训诂学发展史上至关重要,诚如朱骏声所云:"诂训之书权与《尔雅》,自后《小尔雅》、《方言》、《释名》、《广雅》赓之,而《小尔雅》十三章最古,亦六籍之襟带,百氏之纲维也①。"在这里,朱氏从学术渊流角度深刻阐释《小尔雅》的地位,令人信服。《小尔雅》旧题孔鲋撰,虽然尚无确证,但是东晋就有李轨《小尔雅解》问世,依周秦之书汉晋为之作注的先例,则其成书于秦汉之间当无疑义,况且其书篇幅不大,刻写甚易,其作者当为同时学人②。

延至北宋,宋咸又为《小尔雅》作注,然而苦其陋略,清人莫栻、任兆麟、宋翔凤、胡承珙、胡世琦、葛其仁等就先后为之作疏证。其书固然各有得失,不过都促进了《小尔雅》的传播与应用,其业绩不可磨灭。朱氏承其后,会通各家之说,博观约取,重新校释《小尔雅》,则以简明扼要出之,故名《约注》③。

继承《尔雅》的传统,《小尔雅》义训深奥,行文简古。况且久经流传,其版本歧异,用字难免驳杂。为此,朱氏注释《小尔雅》,对每个释条都要考察其义训,分别辨字、举例、按断。下面就根据这三项内容,依次具体评说。

辨字,就是探求《小尔雅》义训应该使用的汉字。《约注》从音义上披露其本字,从形义上追溯其古字,从形、音、义上恢复其正字。朱氏欲借此正本清源,还《小尔

---

① 引自朱氏《小尔雅约注序》。
② 详见拙作《小尔雅概说》,《古籍整理研究学刊》1993年,第1期。
③ 请参之朱氏《小尔雅约注序》。

雅》本来面貌，为其注释扫清障碍。

披露本字，朱氏均采用"某借为某"的说解形态，可以直接显示《小尔雅》借字与本字的关系，其说解堪称简洁而明朗。例如，《广诂》："承、赞、凉，助也。"注：承借为"丞"。《吕览·贵信》："右抽剑以自承。"在此条中，《小尔雅》将承训为"助"，取佐助之义。朱氏采用"某借为某"的说解形态，注为"承借为丞"，意谓在佐助的义项上承通"丞"，点出其本字。《说文》："承，奉也，受也。"依许氏之说，承字的本义与佐助无涉，也不能引申出佐助之义。在这种情况下，若拘泥于汉字形体以求义，则《小尔雅》义训扞格不通。于是朱氏就另辟蹊径，从音义上求得"承"之本字"丞"，则使其义训焕然冰释。甲骨文丞字象从陷井救人之形，其本义当为拯救。而拯救为救助行为，就引申为佐助。《吕氏春秋·立介》："有龙于飞，周徧天下，五蛇从之，为之丞辅。"高诱注：丞，佐也。《汉书·淳于长传》："长侍病，晨夜扶丞左右，甚有甥舅之恩。"在这两个用例中，"丞辅"、"扶丞"均为同义连用，可证实丞字有佐助之义，应属于其固有用法。按之上古音，丞、承均为船母、蒸部，彼此读音相同，可以通假，承通"丞"而训为佐助，在先秦不乏用例。《左传·哀公十八年》："使帅师而行，请承。"杜预注：承，佐也。朱氏所引《吕氏春秋·贵信》之例，也可作为承训为佐的有力证据。既然承通"丞"在音义上左右逢源，说明朱氏探求本字获得成功。在此例中，朱氏突破汉字形体的束缚，从音义上破解通假，使释义畅通无阻，说明他深谙此道。然而智者千虑，必有一失，偶尔他也舍近求远，将能直接解释的汉字硬行通假，失之迂曲。例如，《广言》："谒、复，白也。"注：复借为告。《礼·曲礼》："愿有复也。"在此条中，《小尔雅》将复训为"白"，取告诉之义。朱氏也采用"某借为某"的说解形态，注为"复借为告"，意谓在告诉的义项上复通"告"。其实复字本有告诉之义，无须通假，实在多此一举。《说文》："复，往来也。"依许氏之说，复为往而后返，其本义为返回。受命而往，则归来必有所禀报，则引申为告诉。可知告诉为复之引义，属于固有义项而非假借而来。《管子·中匡》："管仲会国用，三分之二在宾客，其一在国。管仲惧而复之。"尹知章注：复，白也。《周礼·大司寇》："凡远近惸独老幼之欲有复於上，而其长弗达者，立于肺石。"郑玄注：复犹报也，报之者若上书诣公府言事矣。在这两条书证中，复字均直接表示告诉之义，无须借用他字。至于告字本义为祰祭，祭祀祖先必杀牛，又亲口告之，于是引申为告诉。告字表示告诉之义，遍及历代古籍，一直延用至今，姑举一个先秦书证的示例。《书·盘庚下》："今予其敷心腹肾肠，历告尔百姓于朕志。"孔传：言输诚於百官以告志。这就是说，告诉之义在"复"与"告"的语义系统中均为引义，其义各有所属，彼此均无假借关系。况且按之上古音,复在奉母沃部,告在见母幽部,彼此读音相去甚远,无缘通假。实质上,"复"与"告"为同义词,在语音上无涉,不能以通假律之。

追溯古字,朱氏或采用"某借为某"的说解形态,或采用"某则某之借字"的说解形态,殊途而同归。其说解形态与披露本字混同,说明朱氏尚未划清汉字分化与通假的界限。例如,《广诂》:"肆、赴、捷,疾也。"注:捷借为疌。《离骚》:"夫惟捷径以窘步。"在此条中,《小尔雅》将捷训为"疾",取疾速之义。朱氏注为"捷借为疌",意谓捷通"疌",然而疌、捷形体相承,断非通假。《说文》:"疌,疾也。"徐锴系传:止,足也;又,手也;手足共为之,故疾也。依徐锴析形,则知疌训为"疾"合乎理据,其本义当为疾速。然而遍查古籍未见疌训为"疾"的用例,说明其本字未及应用就造新字。后来在疌字左边加手则作"捷",仍承袭疾速之义。捷训为疾速在先秦古籍广有用例,可为明证。《荀子·君子》:"亲疏有分,则施行而不悖;长幼有序,则事业捷成而有所休。"《吕氏春秋·贵卒》:"吴起之智可谓捷矣。"高诱注:捷,疾也。在疾速的义项上,既先有疌字而后用捷,其形体又递相增益,则疌、捷无疑为古今字。朱氏注作"疌借为捷",则企图借用分析通假的说解形态追溯古字,用心良苦。其实,依出现的先后次第,在疌字创造之时尚未有捷字,怎么能说"疌借为捷"呢? 这样说,岂非捕风捉影? 况且"疌"字本义为疾速,何须借用他字? 只是疌字古朴,隶变之后形不显义,不得已而加意符手,才创造一个新字"捷",以付使用。这就是说,朱氏追溯古字,借用披露本字的说解形态,容易将二者混同。至于朱氏所引《楚辞·离骚》的用例,其中捷字表示走捷径之义,为迅疾的引义,与本条的义训不合,应属举例失误。在此例中,尽管所用说解形态不妥,不能充分说明古今字的特色,但是所释汉字形体相承,其说解又能显示用字先后,为后代深入探求古今字还有启迪作用。

恢复正字,朱氏采用"某当作某"的说解形态,集中纠正《小尔雅》用字的讹误,其功用与形态密合。例如,《广诂》:"庸,偿也。"注:庸当作赓。《管子·国蓄》:"愚者有不赓之事。"在此条中,《小尔雅》将庸训为"偿",取补偿之义,然而庸字无补偿之义,于是朱氏就从校勘角度寻觅新的解说途径,注为"庸"当作"赓",则庸字为"赓"之误,以其形近而讹也。依朱氏之说,解释本条义训顺理成章。赓字在《说文》中虽然未收,但是见于《尔雅》。《释诂》:"赓,续也。"从《尔雅》之说,赓字本义当为继续,在先秦就有用例。《书·皋陶谟》:"乃赓载歌曰:'元首明哉! 股肱良哉! 庶事赓哉!'"孔传:赓,继也。继续从事则可以弥补缺憾,于是引申为补偿。朱氏所举用例正确,可惜引文过短,今补足之。《管子·国蓄》:"智者有什倍人之功,愚者有不赓本之事。"尹知章注:赓犹偿。又释词"偿"的本义为归还,归还不足则补偿之,于是引申为补偿。《管子·国蓄》："物适贱，则半力而无予，民事不偿其本。"在这里，赓字与"偿"均见《管子》同篇，在相应句式中可以换用，正好说明其义训相同，可知朱氏校勘有理。

朱氏辨字多能显示《小尔雅》用字的本源，有利于正确解释其义训，同时说明通假、古今、讹误现象，揭示我国历代古籍用字的规律。但是限于历史条件，朱氏使用的术语还很粗疏，经常用两种说解形态分析一种用字现象，以致造成某些概念混淆。

举例，就是列举历代古籍的用例，以证实《小尔雅》释条的义训。我国历代注疏解释义训时，都特别重视实证。朱氏继承其传统，在注释《小尔雅》时也征引书证，以疏通其义训。在书证中，用例书证犹为重要，因为它能将义训落到实处。因此，朱氏亦多举用例书证，至若各种词典的义训书证则寥寥无几。列举书证遍及全书各篇，成为朱氏注释的主体。

朱氏根据《小尔雅》义训的难易，征引书证很灵活。若《小尔雅》义训明朗，朱氏就直接征引书证解释被释词，简明扼要。例如，

《广诂》："玄、黔、骊、黝，黑也。"注：《夏小正》："八月玄校。"《左襄十六传》："邑中之黔。"《檀弓》："戎事乘骊。"《周礼·牧人》："阴事用黝牲。"余按：此条义训取"黑色"之义。

又"造、之、如，适也。"注：《诗·公刘》："乃造其曹。"《礼·大学》："之其所亲爱。"《左隐五传》："公将如棠观鱼者。"余按：此条义训取"去、到"之义。

《广言》："收、戢，敛也。"注：《礼记》："收其威也。"《诗·鸳鸯》："戢其左翼。"余按此条义训取"收敛"之义。

又"放、投，弃也。"注：《汉书·哀帝纪》："圣王所放。"《诗·苍伯》："投畀豺虎。"余按：此条义训取"放弃"之义。

又"谐、籥，和也。"注：《书·尧典》："克谐以孝。"《盘庚》："率籥众戚。"余按：此条义训取"和谐"之义。

又"偏、赘，属也。"注：《左襄三传》："举其偏，不为党。"《诗·桑柔》："具赘率荒。"余按：此条义训取"隶属"之义。

上面六个释条中，均有两个以上被释词，都用一个词语解释，其共同义项很明朗。朱氏根据整个释条的义训，分别列举用例书证，依次解释被释词。所选书证精当，可见其读书之博，取材之严。再如，

《广言》："晞，乾也。"注：《诗·湛露》："匪阳不晞。"余按：此条义训取"晒干"之

义。

又"骤,数也。"注:《左文十四传》:"公子商人骤私于国。"余按:此条义训取"屡次"之义。

又"萃,集也。"注:《诗·墓门》:"有鹗萃止。"余按:此条义训取"聚集"之义。

《广训》:"恶乎,於何也。"注:《礼·檀弓》:"吾恶乎用吾情。"余按:此条义训取"在哪里"之义。

《广器》:"汪,池也。"注:《左僖三十三传》:"覆於周氏之汪。"余按:此条义训取"池塘"之义。

《广物》:"桑之实谓之葚。"注:《诗·氓》:"无食桑葚。"余按:此条义训取"桑葚的果实"之义。

上面六个释条中,均只有一个被释词,与其释词衔接紧凑,其义训更明朗。朱氏针对被释词,每条只引一个用例,其义训就得以落实。其用例与义训相合,说明其选例精细。

列举用例是朱氏注释的主要手段,在《约注》中充分释放其能量。列举用例固然多着眼于被释词,有时也把摄像镜头对准释词,在一个释条为释词与被释词分别出示其用例,使义训在不同的语境中交相辉映,相得益彰。例如,《广器》:"楫谓之桡。"注:《诗·竹竿》:"桧楫独舟。"《楚辞·湘君》:"荪桡兮兰旌。"在此条中,朱氏为释词与被释词同时列举用例,分别展示《诗经》、《楚辞》的相应语境,使义训相同的两个词语不期而遇,倍感亲切。再如,《广服》:"簀,牀笫。"注:《礼·檀弓》:"大夫之簀欤!"《仪礼·士昏礼》:"牀笫。"在此条中,释词与被释词都很生僻,朱氏就分别列举《礼记》、《仪礼》的用例,在不同语境中把它们串连在一起,也有利于掌握《小尔雅》的义训。又如,《广服》:"棊局谓之弈。"注《左襄二十五传》:"弈者举棋不定,不胜其偶。"张华《博物志》:"尧造围棋以教子丹朱。"在此条中,《小尔雅》的义训固然不难,但是释词中所谓"棊"容易产生歧异,一般会认为说的是象棋。朱氏似乎看透读者的心理,列举用例就带有"尧造围棋"的字样,直接点破棋之种类,顺便说明围棋的来源,既释词又演绎传统文化,可谓一举两得。朱氏注释《小尔雅》,能对其释条前后兼顾,使其义训贯通,顺理成章。

朱氏注释固然以列举用例为主,但是也常与辨字结合,这样不仅能使其释义更明确,而且还能揭示《小尔雅》义训条例。例如,《广诂》:"肆、子、烬,余也。"注:肆借为"薙"。《诗·汝墳》:"伐其条肆。"《云汉》:"靡有孑遗。"烬当作烖。《诗·桑柔》:"具祸以烬。"在此条中,《小尔雅》将"肆"、"孑"、"烬"均训为"余",均有剩余之义,朱氏所引用例与之完全契合,说明其注释再现了释条义训的原貌。《说文》:"孑,无右臂也。"许氏完全拘泥于小篆,其说不足为训。张舜徽《约注》说:"许云无右臂者,喻其旁无辅翼耳。"据此其本义当为孤单,孤单则为众之多余,于是引申为剩余。《诗·大雅·云汉》:"周余黎民,靡有孑遗。"在这里,将朱氏所引用例展开,则孑训为"剩余"分外明朗,说明《小尔雅》将"孑"解释到义项。《说文》:"烬,火余也。"评考朱氏之说,烬、烬为古今字,其音义一脉相承烬字本义为灰烬,引申为剩余。《国语·吴语》:"既疲弊其民,而夺之食,安其受烬,乃无命矣。"韦昭注:烬,余也。朱氏所引《诗经·大雅·桑柔》的用例中,烬字也取剩余之义,说明《小尔雅》也将烬字解释到义项。至于《小尔雅》将肄字训为"余",则只解释到义素。依朱氏辨字,肄当通"蘖"。而《说文》蘖字作櫱,并云"伐木余也。"《诗·周南·如坟》:"遵彼汝坟,伐其条肄。"毛传:肄,余也,斩而复生曰肄。毛氏先将肄训为"余",解释到义素,后又释为斩而复生(之枝条),则解释到义项。这就是说,肄通"蘖"(櫱),其本义为伐而复生的枝条,而《小尔雅》采取毛氏前面的义训,将肄训为剩余,就只解释到义素[①]。这样,朱氏就借助古籍用例揭示出义项、义素同居一条的现象,为深入研究《小尔雅》创造条件。

朱氏所举用例多恰当,能证实《小尔雅》的义训,但是有时对用例择之不慎,以相近义项注释,必然导致讹误。例如,《广诂》:"控、弯、挽,引也。"注:《诗·载驰》:"控于大邦。"《淮南·原道》:"弯綦卫之箭[②]。"挽当作挽。《左襄十四传》:"或挽之[③]。"在此条中,《小尔雅》将控、弯、挽训为引,其义训取拉之义。朱氏列举"弯"、"挽"的用例正确,而引用"控"的用例却不妥当。《说文》:"控,引也。从手,空声。《诗》曰:"控于大邦。""据笔者考察,许氏分析形体以确定控字本义,又有先秦古籍用例为证,其本义为拉当无疑义。然而详考其引《诗经》用例,控字却不能显示拉的义项。其实许氏之误源于《毛传》,他不过传讹而已。《诗·鄘风·载驰》:"控于大邦,谁因谁极?"毛传:控,引也。以《毛传》解释句意扞格不通,显然属于误训。其实,在此句中,控字应取赴告之义,意谓向大国赴告卫国的灾祸,依靠哪个大国来救助呢?

---

① 《小尔雅》继承《尔雅》的义训传统,有时将被释词解释到义素,关于《尔雅》义训解释到义素的情景,请参看拙作《〈尔雅〉义训分析论》,见《古汉语研究》2001年,第3期。

② 苦于引例过短,在这里补足之,以助理解。《淮南子·原道训》:"射者扞鸟呼之弓,弯綦卫之箭。"高诱注:扞,张也,弯,引也。綦,美箭所生地名;卫,利也。余按:依高诱注,本句的弓与箭互文见义,泛指弓弩,则弯箭无疑当解释为拉弓。

③ 《左传·襄公十四年》:"臧孙说,谓其人曰:'卫君必入。夫二子者,或挽之,或推之,欲无入,得乎?'"

至于控字训为拉,在秦汉古籍不乏用例。《史记·匈奴传》:"控弦之士三十余万。"汉班固《两都赋》:"弦不再控,矢不单杀。"以上两个用例解释此条义训均很贴切,然而朱氏都弃而不用,诚为憾事。再如,《广言》:"抵、享,当也。"注:《管子·小问》:"寡人之抵罪也久矣。"《汉书·韦元成传》:"靖享尔位。"在此条中,《小尔雅》将抵、享均训为"当",而释词"当"又为多义词,按之被释词的义项,其义训应取相当之义,才能彼此一致。朱氏未能深察《小尔雅》义训,所引两个被释词的用例义项歧异,于是出现失误。《说文》:"抵,挤也。"从许氏之说,抵字本义为排挤,向相因方向引申则为抵抗,抵抗失败则要赔偿,就又引申为抵偿。《吕氏春秋·分职》:"若是则受赏者无德,而抵诛者无怨矣。"高诱注:抵,当也。《汉书·高帝纪上》:"与父老约法三章:杀人者死,伤人及盗抵罪。"颜师古注:抵,当也。考之朱氏所引《管子》的用例也应取抵偿之义,与《小尔雅》义训不合。要抵偿则务求相当,于是引申为相当。杜甫《春望》:"烽火连三月,家书抵万金。"陆游《自警》:"老毫谁规我,忠言抵万金。"明佚名《宝剑记》:"此剑贵如干将,价抵连城。"以上三个用例均可释为相当,恰与《小尔雅》义训相当,然而朱氏均未取。《说文》:"享,献也。"参之甲骨金文,享字本义为向祖先进献祭品,引申为鬼神享用祭品,从享用又引申为承担。《书·咸有一德》:"克享天心,受天明德。"孔传:享,当也。在此例中,孔传训享为"当",即取承担之义。朱氏引来注释《小尔雅》的义训则不妥。从承担又引申为相当。《东观汉记·光武帝纪》:"家有敝帚,享之千金。"此句意谓家里有一把破敝的笤帚,相当于千金那么贵重。我们这样解释通顺流畅,说明将享释为"相当"可以成立。朱氏误引《尚书》之例并非不理解词句用意,是源于他对《小尔雅》义训理解不对。朱氏列举用例有误,或失之于因袭前人成例,或失之于曲解雅训。类似的讹误在《约注》中还有一些,限于篇幅恕不多引。

　　按断,就是在辨字、举例之后再以按语弥补、深化其注释的内容。朱氏按断的材料往往以按语领起,多见于《广诂》以下诸篇。按断的内容很丰富,或概括义训,或辨析异义,或探求语源,或考证名物,或为词语断代,不一而足。例如,《广物》:"把谓之秉。"注:《孟子》:"拱把之桐梓。"注:以一手握之。《诗·大田》:"彼有遗秉。"按:刘禾盈一手为秉。在此条中,朱氏在举例注释后,就以按语概括其义训,简洁明了。再如,《广鸟》:"白项而群飞者谓之燕乌,燕乌,白脰乌也。"注:《尔雅》:"燕,白脰乌也。"按:大于雅乌而小于慈乌。在此条中,朱氏在引用《尔雅》义训后,就以按语辨析同类鸟名,以大小别之。又如,《广量》:"倍寻谓之常。"注:常借为长。《考工·卢人》:"东戟长。"按:度莫长于常,故即命之为长也。在此条中,《小尔雅》

将常释倍寻，长一丈六尺。朱氏辨字、举例之后加以按断，他认为取诸身的长度单位莫长于"常"，为此就以"长"为之命名。而长通"常"，于是就写作"常"。这就是说，常作为长度单位，其命名源于"长"，从而就探求到"常"的语源，出语惊人，发人深省。又如，《广器》："辕谓之辀。"注：《考工记》：大车之辕挚。《诗•小戎》："五楘梁辀。"按：柏车、羊车曰大车，左右两木直平谓之辕，一牛在辕间。田车、兵车、乘车曰小车，居中一木曲而上谓之辀，两马夹辀傍。辕辀对文则别，散文亦通。在此条中，《小尔雅》将辀释为"辕"，其义训简赅，容易将辕、辀等同，忽略其差别。为此，朱氏在列举书证之后，又以按语将车分为大车、小车，大车两辕平直，一牛居其间，使车沿路而行，就称为辕；小车一辕曲而向上，两马夹辕而行，若同居一舟，就称为辀。这表明同为驾车部件，但是彼此有双与单，平直与弯曲之别。从此可见，辕与辀的用途相同，均用于驾车，但是其形制略异，恰如朱氏所云"辕、辀对文则别，散文亦通。"在这里，朱氏的按断对辕与辀辨别得具体、明确，展示出其形制的异同，从而拓宽了《小尔雅》义训的内容，也有利于古代名物制度的研究。又如，《广服》："玺谓之印。"注：《周礼•司市》："以玺节出入之。"《左襄二十九传》："季武子使公冶问玺书，追而与之。"按：古者尊卑共之，秦以来始为天子之称，独以玉。在此条中，《小尔雅》将玺训为"印"，说明先秦玺、印同用。朱氏在举例解释《小尔雅》义训之后，又以按语说明秦代之后玺、印之变化，为其称谓断代。这样能显示玺印在秦代前后的变迁，扩大《小尔雅》义训的内涵。

有时朱氏不出示"按"的字样，而在辨字、举例的前后稍加解说，不妨视为按语的变例。其内容虽然很零碎，但是均像金子一样熠熠生辉。例如，《广训》："我从事独贤，劳事独多也。"注：《诗•北山》毛传："贤，劳也"，此则谓贤多也。在此条中，《小尔雅》通释《诗•小雅•北山》的语句，将贤字之义落实。朱氏注释则引出《毛传》"贤，劳也"之训，以资参考。《说文》："贤，多才也。"段注：引申之，凡多皆曰贤。从多才可引申为多，段氏之说可信。《诗•大雅•行苇》："舍矢既均，序宾以贤。"郑笺：谓射中多少为次第。据此，贤有多义。若拓展《小尔雅》所释词句，则为"大夫不均，我从事独贤"。在这里，先言大夫办事不公正，分派差事多少不一，于是发出唯独我做事很多的感慨。前后两个分句的内容相因，语法结构相应，贤字恰好承均字而来，则贤字训为"多"，怡然理顺；反之若将贤字训为"劳"，则与均字也不协调。朱氏虽然没有说明二者孰是孰非，然而他没有批驳《小尔雅》的义训，其倾向已经很明朗，况且朱氏引出《毛传》义训，为我们提供比较的材料，也为后人研究留有余地。

综观《约注》三项内容，对注释《小尔雅》均有重大贡献，尤其是按断几乎准确无误,显示出朱氏明辨是非的敏锐目光。其余辨字、举例虽各有得失,但是仍得大于失。在三项内容中,举例占用篇幅最多,遍及全书各条,使之成为朱氏注释的主体,解释《小尔雅》义训的支柱,集中反映出他对《小尔雅》的透彻理解。辨字在数量上略逊于举例,虽非每条必备,但至少涉足于三分之一的条目,这种情况在《小尔雅》注疏中罕见,甚至在整个雅学著作的注疏中也绝无仅有,使之成为《约注》一大特色。朱氏如此倾心说明用字的来由,盖源于他酷爱《说文》之学,对汉字的使用情有独钟,遂使其书在辨字上独树一帜。至于按断的内容更少,但也不容或缺,在《小尔雅》中有画龙点睛之功。朱氏对诸项内容的编排也颇具匠心,在一致中有变化,就是他注释《小尔雅》的释条时,多以辨字、举例、按语为序,其理据自然,层次清晰,偶尔又以辨字、按断穿插于举例之中,于整齐划一中有波澜,就避免了行文呆板、凝滞,形成静中有动的布局。